노인교육론

노인 교육론

김동일 · 김종식 · 박임선 · 최승아 공저

동문사

PREFACE

머리말

하루가 다르게 변화하는 경제성장은 4차 산업혁명을 넘어 새로운 시대의 변화가 급격히 진행되고 있다. 또한 사회현상으로 여성활동이 활발해지고 출산율 감소와 인구 고령화가 빠르게 진행되고 있다. 고령(高齡)은 노(老)와 같은 의미이며 노(老)란 육체적·정신적으로 늙어간다는 의미를 뜻하고, 급격히 변화하는 사회환경은 노인들에게 적응력과 경제력의 기회도 많이 줄어드는 세대이다.

과거 우리나라 노인들은 정신적, 신체적으로 노화가 진행되면서 생활이 불편하게 되고 경제활동이 어려운 존재이자, 사회에서 중심이 아니고 약자로 여겨졌으나, 현대 사회의 노인세대들은 평균연령이 증가하게 되면서 과거에 비해 퇴직 후 남은 시간을 자기 계발 및 취미활동을 하는 데 사용하며, 삶의 질을 향상하고 더불어 정신적, 신체적 건강을 지키려 노력한다. 그리고 다양한 분야의 일자리를 개척하여 경제활동을 지속하고자 한다.

고령화 시대를 맞이하여 노인들은 자산 소득, 근로 소득, 저축, 연금, 보험 등을 적극적으로 활용하여 더욱더 보람 있는 삶의 질을 영위하기 위해 육체적·정신적으로 노력하며 살고 있다. 또한, 경제활동도 활발히 하여 경제적으로 안정된 소비를 하고 웰빙지향적, 문화지향적, 가족지향적인 삶에 맞추어 학습을 통해 연구하며 노력하고 있다. 그리고 노인은 경제력, 친구, 가족들과 함께 행복하고 여유로운 삶을 추구하려고 노력하는 것을 알 수 있다. 고령화 사회에 접어들어서 과거의 어려운 생활에서 벗어나 어느 정도 소득의 안정과 자산을 지니고 경제적 활동과 문화적 생활을 영위하며, 자기 계발과 여행, 음식, 운동 등 건강한 삶의 질을 추구하려는 노인들의 생각과 삶의 방식이 과거보다 다양하게 변화하는 양상을 알 수 있다.

노인의 삶의 질에는 대인관계가 어떠한 영향을 미치는지 결과를 보면 노인들의 소득과 학력, 건강 수준, 경제력, 이런 요소들이 삶의 질에 많은 영향을 미치는 것으로 나타났다. 즉, 대인관계는 참여와 소통을 얼마나 적극적으로 하는지에 따라 삶의 질에 대인관계가 유의미한 영향을 미친다는 결론이 산출되었다. 노인은 대인관계를 통해서 사교와 문화생활을 즐기고 소통을 하면서 적극적인 사고로 삶의 질을 향상하고 있다.

노인은 각자의 일정한 경제적·사회적 지위에서 벗어나는 은퇴를 막막하고 어두운 미래라 생각하지 않고 과거와는 다른 제2의 삶의 시작점, 즉 인생 이모작으로 보며 자기 계발을 통해 자신을 새로이 형성해 가는 긍정적인 기회라고 생각한다. 그리고 과거 노인세대에 비해서 경제적 활동 시기에 점차 평균연령의 증가로 미래에 대한 안정을 위해 체계적으로 경제적인 기반을 구축해 놓았을 뿐만 아니라, 경제적 부분이 안정적이기 때문에 인간의 기본 의식주가 해결되어 여유롭게 시간을 보낼 수 있게 되어서 취미, 여가생활, 여행, 문화 활동, 소비 경향 등에 적극적으로 관심을 가지며 노인 라이프스타일의 문화를 만들어나가고 있다.

또한 앞의 내용과 마찬가지로 노인세대가 경제적으로 안정되어 있기 때문에 과거에 자녀들한테 물려주었던 관행과는 다르게 남은 인생의 질을 높이기 위해 최대한 행복과 기쁨을 만들 수 있는 것에 투자하고자 하며, 노인들이 자녀들에게 모든 것을 물려주게 되어 궁핍하고 힘겹게 삶을 연명해 가는 전통적 개념에서 벗어나서 오히려 자녀들의 경제적인 지원과 간섭을 받지 않고 독자적으로 자기 자신만의 인생을 살아가려는 특징도 과거에 비해 아주 두드러지게 드러나고 있다.

결과적으로 노인 라이프스타일의 특징들은 과거에 힘겹고 서툴며 윤택한 삶으로부터 멀리 떨어진 노인의 이미지에서 벗어나서 첨단기술에 능통하고 정보통신기기를 자유자재로 사용할 수 있으며, 무엇보다도 최신 경향에 민감하게 반응하여 젊은 세대와의 소통에서도 갈등 없이 원활하게 공존하면서 긍정적인 이미지 부각과 독자적인 계층을 형성하여 우리 사회의 구성원으로 더욱 새로워진 노인상을 제시하고 있다.

그렇다면 품위 있는 노년기를 보내기 위해서는 어떻게 해야 할까. 나만의 라이프스타일을 만들려면 결국은 '교육'이 답이다. 그런 의미에서 노인교육은 노인라이프스타일을 제안하는 방법이라고 본다.

『노인교육론』은 노인을 이해하는 것에서 시작한다. 그러므로 Chapter 01 고령화와 노인의 이해, Chapter 02 노화, Chapter 03 노인의 건강과 질병, 운동, Chapter 04 노인 고독사 및 우울과 자살 등의 내용을 시작으로 Chapter 05 노인의 성, Chapter 06 노인교육, Chapter 07 외국의 노인교육, Chapter 08 은퇴와 노인의 경제, Chapter 09 노인과 문화예술, Chapter 10 노인의 정보화교육, Chapter 11 노인학교 설립과 운영, Chapter 12 노인교육프로그램개발 및 평가, Chapter 13 노인 여가, Chapter 14 노인자원봉사 그리고 Chapter 15 노년기 죽음의 이해를 마지막으로 내용을 다루었다.

2025년 8월

대표 저자 김동일

CONTENTS

차 례

Chapter 01

고령화와 노인의 이해

1. 고령화의 이해
2. 노인의 이해
3. 노인인권의 이해

1. 고령화의 이해

1) 노인문제

21세기 현대사회에서 노인문제는 고령화 추세와 함께 사회문제로 크게 대두되었다. 농경사회에서 노인들은 확대가족 혹은 친족 중심 조직의 중요한 구성원으로서, 그리고 삶의 경험과 지혜를 겸비한 존재이자 재산의 실제 소유주로서 가장 높은 위치를 차지하고 많은 권한을 행사할 수 있었다. 그러나 현대사회는 농경사회로부터 도시사회로의 생활양식과 산업구조의 변화, 직업의 분화, 대가족 해체와 더불어 핵가족의 발생과 사회의 거대한 조직화 경향, 지속적인 기계의 자동생산으로 길어진 여가시간 그리고 평균수명의 연장 등이 노인생활에 영향을 주었다. 더욱이 노인이 가정 안팎에서 할 수 있는 일이 적어졌으며, 노인들은 사회적 지위의 격하, 역할상실, 경제적 빈곤, 건강 악화에 대한 부적절한 대처, 소외와 고독감 등의 새로운 문제에 직면하게 된 것이다. 노인들이 자원을 갖기 위해서는 국가적으로 노인정책이 잘 수립되어 소득, 건강, 소외 문제라는 노인의 3고(三苦), 그리고 역할까지 포함하여 노인의 4고(四苦)를 해결해야 한다(양옥남 외, 2016).

노인문제 발생 원인을 구체적으로 제시하자면, 사회제도적 측면, 보건복지적 측면, 경제산업적 측면, 개인적 측면으로 구분된다(전명숙, 2023; 고명석 외, 2021; 고재욱 외, 2013).

(1) 사회제도적 측면

노인문제는 과거에 없던 말로서 현대 산업사회에 들어와 생겨난 용어이다. 과거에는 사회의 모든 제도나 대책이 나이 든 사람들을 중심으로 마련되고 운용되어 왔기 때문에 어른으로 존경을 받아 왔다. 그러나 산업화와 도시화로 발전하면서 노인의 가족구조와 거주형태 변화, 노후 생활환경의 변화, 지식정보화 사회의 생활환경 변화, 노인 간호 인력의 부족, 노후보장을 둘러싼 세대갈등 첨예화 등 노인문제의 심각성이 대두되고 있다.

오늘날 노인문제의 원인을 포괄적으로 잘 뒷받침하는 이론은 카우길과 홈스(Cowgill & Holms)의 현대화 이론이다. 한 사회의 현대화 정도가 높으면 높을수록 노인의 지위는 더욱 낮아진다는 것이다(Cowgill et al., 1972). 카우길(Cowgill)에 의하면 현대화란 한 사회가 생물적 동력, 제한된 기술, 비교적 미분화된 제도, 가부장적이고 전통적인 전망과 가치관에 바탕을 둔 전원적인 생활양식에서 고도로 분화된 제도, 효율성과 발전을 중시하고 거시적 전망에 바탕을 둔 도시적 생활양식의 변천이라고 보았다. 현대화 현상을 나타내는 핵심요소로 건강기술의 발전, 도시화, 교육의 대중화를 들고 있다.

(2) 보건복지적 측면

보건복지적 측면에서 노인 의료비 및 요양 서비스 수요 증대, 요보호노인케어를 위한 사회적 비용 증가, 자녀 양육 및 노인부양의 책임 문제가 대두되고 있다.

첫째, 노인 의료비 및 요양 서비스 수요 증대에 따라 의료비 부담은 점점 가중된다. 노인 의료비가 인구 규모에 비해서 상대적으로 많은 것은 노인의 진료비와 수진율이 다른 연령집단에 비해 상대적으로 높기 때문인데 이러한 현상은 고령화 사회일수록 더욱 심화한다(전명숙, 2023). 2016년 65세 이상 노인의 외래 진료 및 입원의 다빈도 상병을 살펴보면, 대부분이 고혈압, 당뇨병, 관절염, 입원의 경우 치매, 뇌혈관질환, 심장질환 등의 만성질환에 해당한다(이은경, 2018). 현재 우리나라의 만성질환 예방 정책으로 보건복지부의 국가건강검진 사업, 국가예방접종 사업 등이 있지만, 한국의 보건의료체계는 여전히 예방보다는 치료 중심으로 운영되고 있다. 그러나 만성질환 예방을 위해서는 건강한 생활습관(금연, 금주, 운동) 형성, 건강관리 프로그램 참여 등 일상의 노력부터 동네 의원을 통한 단골 주치의 제도 등과 같은 정부 차원의 노력에 이르기까지 광범위한 관심과 투자가 필요하다(이은경, 2018). 또한 노인의료비의 증가는 지속가능한 건강보험 제도의 유지를 위해서라도 관리되어야 한다. 하지만 65세 이상 고령자의 건강보험상 1인당 진료비는 매년 증가하고 있다. 전문가들은 노인인구가 초고령사회에 진입하게 되면 노인진료비의 비중이 압도적인 상황이 될 것으로 예측한다. 또한 노화로 인해 발생하는 질환은 인간의 힘으로 해결하는 데 한계가 있기에 노인의료비 절감 측면에서 노인의 영양관리가 얼마나 중요한 문제인지 점검할 필요가 있다고 지적한다.

둘째, 요보호노인케어를 위한 사회비용이 증가하고 있다. 평균수명의 연장에 따라 가족주기가 변화하여 고령자의 독립생활기간이 증대하고, 노인부부끼리 생활하는 기간과 배우자 사별 후 여성 노인이 혼자 생활하는 기간이 길어지며, 이에 따라 요보호노인에 대한 수발서비스를 제공하기 위한 사회비용이 많이 늘어날 전망이다.

셋째, 자녀양육 및 노인부담의 책임문제가 대두되고 있다. 고령화사회에서 가족들은 노인과 관련하여 부양이나 보호에 관한 문제는 여전히 존재하고 있다. 무엇보다 노인들이 겪고 있는 가장 큰 어려움은 경제적 어려움으로 33% 정도로 가장 크다고 말한다. 그리고 다음은 건강문제로 29% 정도이며, 소외감과 외로움에 대한 것은 11%이며, 일거리가 없음에 대해서는 10% 정도이고, 특히 직업이 없음은 5% 정도로 조사되었다(조성남, 2004). 국가가 노인복지에 투자해야 하지만 이러한 투자는 결국 생산인구의 부담으로 돌아오게 될 것이다(엄현목, 2019). 통계청에 따르면 미래세대가 짊어져야 할 다양한 경제적 부담 중 대표적인 것이 바로 '총부양비'이다. 총부양비란 유소년부양비와 노년부양비를 합친 것인데, 간단하게 말해 100명의 생산연령인구(15~64세)가 부양해야 할 유소년(0~14세)과 고령인구(65세 이상)의 수를 뜻하는 것이다. 한국의 총부양비는 OECD 국가 중에서도 가장 낮으며 좋은 수준이다. 고령화사회의 대표적인 국가로 불리는 일본의 총부양비는 생산연령인구 100명당 이미 64명 이상이고, 프랑스와 스웨덴 등 살기 좋은 곳으로 손꼽히는 유럽 국가들도 이미 60명을 넘긴 상태이다.

우리나라의 노년부양비는 2020년 21.8명에서 2036년 50명을 넘기고, 2070년 100.6명 수준으로 증가할 것으로 예상된다. 문제는 한국의 고령화가 지나치게 빠르게 진행되고 있는 반면 출산율은 저조하다는 데 있다. 현재 65세 이상 노인 1명을 생산연령인구 4명이 부양했다면 2070년에는 1명이 부양해야 한다는 의미로 생산연령인구의 부담이 커진다는 것이다. 그만큼 가정과 자녀들에게 노인부양에 있어서 사회적인 부담이 가중된다는 것이다. 그러므로 국가나 사회적인 차원에서 부양문제를 해결할 수 있도록 모색하는 것이 시급하다(전명숙, 2023).

(3) 경제산업적 측면

경제 산업적 측면에서는 경제성장 둔화, 노동시장 변화, 재정 금융 및 산업구조의 변화를 설명할 수 있다.

첫째, 인구고령화로 인해 경제성장이 둔화되는 문제가 발생한다. 노동공급의 감소, 노동생산성 저하, 고령인구 증가에 따른 저축률 하락, 소비위축, 투자 감소, 재정수지의 악화 등을 초래할 것으로 예상하기도 한다. 또한 저출산·인구고령화 자체가 경제성장을 둔화시키기보다는 연금·의료보험제도, 복지서비스 및 노동시장 구조 등 기존의 제도가 저출산·고령화 시대에 따라가지 못함으로써 경제성장이 저해되는 측면이 더 클 것이라는 견해도 있다. 이처럼 고령화 진전으로 노인빈곤, 노동력 부족, 의료비 및 연금재정 고갈 등 각종 사회·경제적 문제가 파생되는데, 이러한 문제를 완화하려는 방안 마련이 최대 이슈이다.

둘째, 노동시장의 변화로 인해 원인이 되기도 한다. 노동력 규모의 감소와 구성의 고령화를 초래하여 노동력의 양적·질적 변화를 유발할 것이다. 고령자 노동공급은 증가하고 청년인구는 감소하여 환경변화에 대한 적응력 및 경제의 활력이 저하된다. 따라서 산업인력의 고령화는 생산성의 획기적 향상이 이루어지지 않는 한, 우리 경제성장 주력산업의 고령화를 초래하여 성장잠재력을 저하시킨다. 특히 과학·공학 분야의 고령화는 젊은 층의 이공계 대학기피 현상과 맞물려 첨단기술 인력 분야에서도 공백상태가 우려된다. 노동력 부족 문제를 해결하기 위해서는 여성 및 고령자 고용확대의 필요성이 더욱 중요하게 대두될 전망이다. 이미 '남성-일(직장), 여성-가정'이라는 전통적 성역할의 분리는 퇴색된 지 오래이며, 여성의 경제활동 참여가 늘어나면서 일과 가정에서의 양성평등 욕구가 증대되고 있다.

셋째, 재정·금융 및 산업구조의 변화로 인한 문제이다. 고령화사회가 지속할수록 연금 가입자는 줄어드는 반면, 연금 수혜자는 더욱 늘어만 갈 것이다. 결국 다음세대에게 국가적인 부채를 남겨주게 될 것이며, 국민과 국가는 더욱 부담이 가중될 것이다. 국민연금은 심각한 수급 불균형이 예상된다. 연금보험료의 경우, 보험료를 내는 사람보다 연금을 받는 사람들이 많아지기 때문이다. 앞으로 50년 후에는 가입자가 17%로 줄어들 것이고, 연금의 수혜자는 8배 이상으로 증가할 것으로 예상한다(이현승 외, 2003). 저출산에 따른 근로인구의 감소는 조세수입 및 사회보장기여금 등의 수입을 지속적으로 감소시키는 반면, 노인인구의 증가는 연금수급자의 증가 및 노인의료, 복지비용 등 재정지출 급증으로 이어져 재정수지에 악영향을 미칠 것이기 때문이다.

넷째, 개인적 측면의 노인문제는 일반적으로 빈곤, 질병, 고독, 무위의 4고(苦)로 나뉜다. 즉, 노년기는 노인이 조기정년을 맞아 퇴직하거나, 노후소득보장제도 및 일거리 마련의 미비 등으로 소득원이 상실되어 은퇴 후 빈곤문제가 야기되고 있으며, 신체적 약화나 노화로 질병이나 건강상의 문제가 발생하고 있다. 그리고 핵가족화 및 대화의 부족, 가족결속력 감소 등으로 인해 고독과 소외감의 문제 등이 생겨나고 있으며, 아울러 가정과 직장에서의 역할상실로 인해 할 일이 없는 무위의 문제가 대두되고 있다. 이런 노인의 문제는 한 가지씩 오는 것이 아니라 두 가지 이상이 겹쳐서 진행되므로 노인의 고통은 더욱 가중되고 있다고 볼 수 있다. 현재, 우리 사회는 과거의 어느 시기보다 노인을 위한 자리를 마련하지 못하고 있다. 또한 노인인구의 증가는 노인문제에 대한 보다 질적인 접근과 다각적 측면에서 노인문제에 대한 이해를 필요가 있다. 수입 감소, 긴 여가, 역할상실, 건강 악화와 보호, 부양 및 보호, 사회적 · 심리적 고립과 소외감 등이다.

충효사상을 지배적 이데올로기로 삼는 유교문화권 사회에서는 경로효친의 덕목을 가장 으뜸가는 미덕의 하나로 여겨왔음이 사실이다. 오늘날의 노인은 이러한 문화를 자연스럽게 받아들이고 실천해 왔다. 그러나 현대사회에서는 수용되기 어려운 측면이 부분적으로 존재한다. 서구식 근대교육을 받은 젊은 세대들이 그러한 문화를 비판적이거나 무관심으로 보고 있다는 점에서 문제의 심각성이 발견된다. 노인들 대부분이 겪고 있는 문제로서 바람직스럽지 못한 상황이고, 따라서 개선을 요구하는 상황이라고 볼 수 있다. 노인문제를 사회문제의 하나로 간주할 수 있으며 사회적 노력이 요구된다(오정숙, 2019). 준비되지 않은 노년의 삶은 새로운 삶에 대한 기회라기보다는 오히려 고통의 연장이 될 수 있다(이혜정, 2021).

2) 인구 구조의 변화

인구 구조(population composition) 변화는 일정 시점에서 출생한 인구수에서 사망한 인구수를 제하고 유입된 인구수와 유출된 인구수의 차이를 더하여 결정된다. 즉, 인구 구조 변화는 출산, 사망, 인구이동으로 영향을 받는다. 출산율 감소는 인구 피라미드의 기저(base)를 감소시키는데, 인구 피라미드에서 젊은 연령층이 줄어듦으로써 인구의 연령 구조가 고령화된다. 반면 사망률 감소는 인구 피라미드의 정점(peak)을 확장해 인구 고령화 현상을 가져온다(전명숙, 2023). 국제기구를 비롯한 많은 국가는 인구를 나이에 따라 크게 세 그룹으로 구분하는데, 0~14세까지 인구는 유소년인구, 15~64세 인구는 생산연령인구, 65세 이상의 인구를 고령인구라 한다(이연호 외, 2015). 생산연령인구는 실질적으로 국가의 경제활동에 가장 중요한 역할을 담당하며 경제활동이 가장 활발한 25~49세의 인구를 핵심 생산인구라 일컫고, 이들은 생산, 소비 등 경제 흐름의 주도적 역할을 하는 연령집단이라고 할 수 있다.

학문적으로는 통상 개인적 노화(individual aging)와 인구의 노령화(population aging)를 구분하여 사용하는 것이 일반적이다. 인구의 고령화란 노인인구가 다른 연령층의 인구보다 빨리 증가하는 현상을 의미한다(Cowgill, 1974). 노인인구가 상대적으로 빨리 증가하기 위해서는 평균수명이 연장되든지 혹은 출산율이 낮아져야 한다. 고령화는 동서양을 막론하고 전 세계적으로 진행되고 있는 현대사회의 특징이다(김진숙 외, 2018).

20세기 이래 두드러지게 나타난 고령화 추세는 이러한 두 조건이 충족됨에 따라 나타났는데, 이러한 추세의 구조적 배경을 인구변천(population transition) 이론에 따라 다음과 같이 설명하고 있다. 인류사회가 지속된 고출산-고사망의 단계에서,

산업화의 전개에 따라서 출산율은 높은 수준을 유지하되, 의학-의술의 발전 결과 사망률이 급격하게 감소하는 단계, 사망률 감소와 출산율 역시 큰 폭으로 감소하는 단계를 거쳐서, 출산율과 사망률이 공히 낮은 수준에서 균형을 이루는 단계로 이행된다는 이론이다. 이러한 네 단계 중에서 노인인구가 급격하게 증가하기 시작하는 단계는 세 번째 단계이다. 두 번째 단계에서의 사망률 감소는 모든 연령층에 영향을 미치지만, 특히 영·유아기에 미치는 영향이 지대하므로 노인인구의 상대적 증가로 귀결되지는 않는다. 결국, 사망률 감소와 출산율 감소가 인구 고령화를 초래한 결정적 원인이 된다(Rosset, 1964).

우리나라의 경우 출산율의 감소와 평균수명 연장으로 인해, 2020년에는 20세 이하 연령층과 70세 이상 연령층의 인구 비중은 적고, 40~60대 연령층의 인구 비중이 높은 전형적인 항아리형 구조를 보이고 있다. 출산율이 현재와 비슷한 수준으로 유지되고 기대수명이 증가한다는 것을 전제로 2040년에는 인구 규모가 가장 큰 연령층이 70세 이상이 되는 전형적인 호리병형의 인구피라미드 구조가 나타날 것으로 전망된다. 인구피라미드가 호리병형 구조로 변해 가는 것은 우리나라의 인구 고령화 현상이 심화된다는 것을 의미한다.

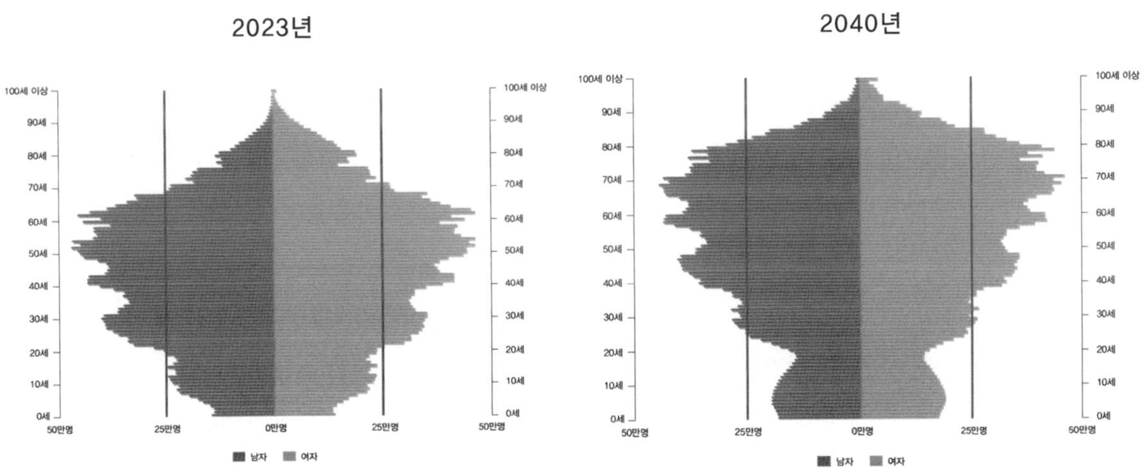

| 그림 1-1 | **인구 피라미드 구조**

출처: 통계청 SGIS플러스(통계지리정보서비스). (2024). https://sgis.kostat.go.kr

통계청에 따르면, 2020년 65세 이상 고령인구는 우리나라 인구의 15.7%(812만 5천 명)로, 앞으로도 계속 증가하여, 2025년에는 20.3%에 이르러 우리나라가 초고령 사회로 진입할 것으로 전망되고 있다. 이후에도 계속 증가하여 2036년에는 30%를 넘어서고, 40년 후인 2060년에는 43.9%에 이를 것으로 보인다(통계청, 2020).

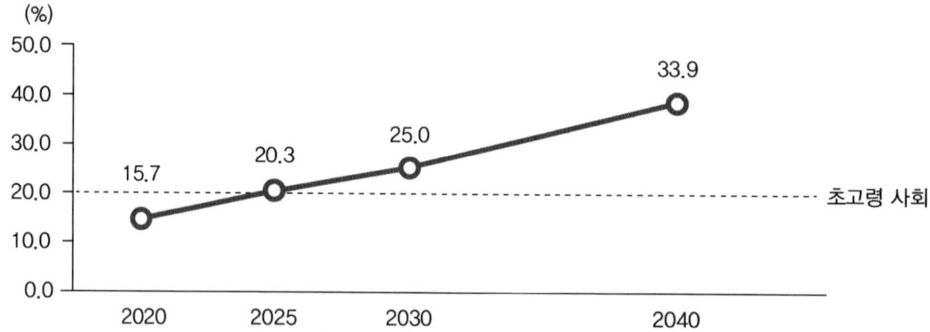

| 그림 1-2 | 고령자 인구(65세 이상) 비중

출처: 통계청. (2020). 장래인구특별추계: 2017~2067. 대전: 통계청.

3) 고령화

고령화는 인간이 출생한 이후 신체적으로 점차 노화에 이르는 과정을 의미한다(최운실 외, 2021). 고령화 사회는 전체 인구에서 고령자가 차지하는 비율이 증가하는 사회를 말하며, 일반적으로 고령화율로 그 수준을 나타낸다. 고령화율은 65세 이상 고령 인구(노령 인구)가 전체 인구에서 차지하는 비율로 표현하는 것이 일반적이다.

국제연합은 65세 이상의 인구가 4% 미만인 사회를 '연소인구 사회', 4%에서 7% 미만의 사회를 '성숙인구 사회', 7%를 넘는 사회를 '고령화(aging) 사회', 14%를 넘는 사회를 '고령(aged) 사회'라고 한다(김동일 외, 2023). 또한 고령사회에서 더욱 고령화가 진행된 사회를 초고령 사회라고 한다.

| 표 1-1 | UN의 65세 이상 고령화율 기준

구분	기준 내용
고령화사회(aging society)	65세 이상 인구가 총인구 대비 7% 이상의 사회
고령사회(aged society)	65세 이상 인구가 총인구 대비 14% 이상의 사회
초고령사회(post-aged society)	65세 이상 인구가 총인구 대비 20% 이상인 사회

고령화 추세는 선진국에서만 나타나는 현상이 아니라 제3세계에서도 점차 확산되는 현대사회의 공통적 현상이다. 다만, 차이점은 그러한 징후가 언제 나타나며 어떠한 방식으로 전개되는가 하는 점이다. 마이어스(Myers)는 국가별로 고령화 진행 정도에 따라 전망하였는데, 프랑스와 스웨덴은 19세기에 고령화 징후를 보였고, 65세 이상 노인인구 비율이 1900년경 8%를 이미 초과하였다. 미국과 그리스는 20세기에 노인인구 비율이 급증하기 시작하여 8%에 이르렀으며, 일본과 아르헨티나 등 국가군은 2차대전 후 고령화 추세를 보이기 시작하다가 1975년경에 8%에 도달했다. 한국, 스리랑카 등은 1970년대 노인인구 비율이 급증하는 고령화 추세를 보이고 있는데, 이러한 추세는 앞으로 더욱 가속화될 것으로 전망하였다(Binstock et al., 1985). 고령화는 세계 각국에서 나타나는 현상이지만 정도나 속도는 나라에 따라 다르다(김동일 외, 2023). 고령화의 속도를 비교하기 위해 몇 개 국가의 고령화율이 7%에서 14%에 달하는 데 필요한 연수를 살펴보면, 미국은 73년(1942년~2015년), 영국은 46년(1930년~1976년), 독일은 42년(1930년~1972년), 프랑스는 115년(1864년~1979년), 스웨덴은 85년(1887년~1972년), 이탈리아는 61년(1927년~1988년)이지만, 이것에 대해 일본은 24년(1970년~1994년)으로 일본의 고령화는 빠른 속도로 진행되고 있다.

| 표 1-2 | **주요 국가별 인구 고령화 진전현황 비교**

국가	도달 연수			증가 소요 연수	
	고령화(7%)	고령(14%)	초고령(20%)	7% → 14%	14% → 20%
대한민국	2000	2018	2025	18	7
미국	1942	2015	2036	73	21
프랑스	1864	1979	2018	115	39
스웨덴	1887	1972	2014	85	42
이탈리아	1927	1988	2006	61	18
일본	1970	1994	2006	24	12

출처: OECD data. https://data.oecd.org

인구 고령화는 의료기술의 발전 및 보건환경의 개선에 따른 전 세계적인 인구 현상이다. 우리나라의 노인인구는 70년대 이후 급격하게 증가하기 시작하여 인구 고령화 속도는 세계에서 가장 빠른 수준으로 상승하고 있다. 65세 이상 노년인구가 1990년에 전체인구의 5%에 이르렀고 2021년은 16.5%, 그리고 2070년에는 46.4%로 가파르게 증가할 것으로 예측되며 초고령사회로 진입할 전망이다(국가평생교육진흥원, 2022). 이러한 노년인구의 증가와 더불어 최근에는 노인문제를 한국사회가 당면한 중요한 사회문제의 하나로 인식하기 시작하였다.

| 표 1-3 | 인구추이

(단위: 명, %)

연도	총인구	65세 이상	구성비	65~69세	구성비	70~74세	구성비	75세 이상	구성비
2000	46,136,101	3,374,561	7.3	1,377,316	40.8	918,878	27.2	1,078,367	32.0
2005	47,278,951	4,372,262	9.2	1,683,265	38.5	1,254,536	28.7	1,434,461	32.8
2010	48,580,293	5,434,298	11.2	1,817,086	33.4	1,568,552	28.9	2,048,660	37.7
2015	51,069,375	6,617,378	13.0	2,144,023	32.4	1,770,741	26.8	2,702,614	40.8
2020	51,780,579	8,125,432	15.7	2,659,790	32.7	1,990,720	24.5	3,474,922	42.8
2025	51,905,126	10,511,160	20.3	3,713,701	35.3	2,538,413	24.1	4,259,046	40.5
2030	51,926,953	12,979,573	25.0	4,094,210	31.5	3,566,417	27.5	5,318,946	41.0
2040	50,855,376	17,223,537	33.9	4,283,614	24.9	4,073,642	23.7	8,866,281	51.5
2050	47,744,500	19,007,129	39.8	3,848,413	20.2	3,744,208	19.7	11,414,508	60.1
2060	42,837,900	18,814,555	43.9	3,698,049	19.7	3,278,075	17.4	11,838,431	62.9

주: 외국인 포함, 2018년 이전은 인구주택총조사 자료, 2019년 이후는 장래인구추계 자료

출처: 최승호. (2020). 한국과 EU의 AAI 지표에 의한 고령화 비교 연구. 서울벤처대학원대학교 석사 학위논문.

2. 노인의 이해

1) 노인의 정의

노인의 개념을 정의한다는 것은 쉽지만은 않다. 누가 노인인가, 노인을 몇 세부터 규정할 것인가, 또는 노인의 기준을 무엇으로 가늠할 것인가라는 물음에 해답을 찾는 일이 매우 어렵다.

사전적 의미의 노인은 나이가 들어 늙은 사람이다. 늙었다는 것은 신체적, 정서

적, 심리사회적으로 생활하는 데 있어 노화로 인한 어려움이 있다는 것이고, 이로 인해 노인은 절정기 성인들과 비교할 때 환경 적응력이 떨어지며 사회적 약자로 돌봄의 대상이 되는 사람이다. 1951년 제2회 국제노년학회에서는 노인이란 생리적 · 행동적 · 심리적 · 사회적으로 노화과정의 변화가 복합적으로 작용하는 사람이라 규정하고 있으며, 브린(Breen)은 노인을 생리적 및 생물학적인 면에서 퇴화기에 있는 사람, 심리적인 면에서 정신기능과 성격이 변화되고 있는 사람, 사회적인 면에서 지위와 역할이 상실되어 가는 사람으로 보고 있다. 다시 말해, 노인은 생리적 및 신체적 기능의 퇴화와 더불어 심리적 변화가 일어나서 개인의 자기 유지 기능과 사회적 역할 기능이 약화되고 있는 사람이라고 정의할 수 있다(Breen, 1960).

노년기를 나이에 따라 구분할 경우, 이에 근거해 노인 집단을 구분할 수도 있다. 예를 들어, 우리나라와 선진국에서는 노인의 기준을 65세를 정하는 경우가 많기 때문에 현실적인 측면에서 노인을 고령 초기 노인, 고령 중기 노인, 고령 후기 노인인 세 가지 집단으로 구분할 수도 있다. 고령 초기의 노인은 65~74세의 노인을 말하며, 고령 중기의 노인은 75~84세의 노인, 고령 후기의 노인은 85세 이상의 노인을 말한다(박석돈 외, 2018). 미국의 전국사회복지사협회(NASW)에서 발간한 사전에 따르면, 노인은 65세가 넘는 사람을 일컫는다. 대부분의 선진국에서는 노인을 구분하는 기준을 65세로 정하고 있다. 일반적으로 노인이 누구인지에 대해서는 나이로 정하는 경우가 많으며, 이때 노인을 구분하는 나이를 65세로 정하는 경우가 많다(노병일, 2018).

우리 사회에서 전통적으로 60세가 넘으면 노인으로 인정하였다. 이전에는 노인들의 수명이 지금보다 훨씬 짧아서 만 60세가 되면 환갑잔치를 하면서 장수를 기원하였다. 환갑잔치는 두 가지의 의미를 담고 있는데, 하나는 장수를 기원하는 것이고, 다른 하나는 만 70세에 칠순 잔치를 기대할 수 없기 때문이다(전영숙, 2023). 제도적 측면에서 「고용상 연령차별금지 및 고령자고용촉진에 관한 법률」에서는 55세 이상을 고령자로 규정하고 있으며, 「국민연금법」에서는 노령연금 수혜자를 60세로, 「노인복지법」에서는 65세를 노인으로 규정하고 있지만, 최근 학계에서는 은퇴 연령인 만 65세 이후의 시기를 노인으로 규정하기도 한다(엄현목, 2019).

현재 법적으로 노인을 만 65세로 규정하고 있지만 100세 시대를 고려한다면 현 시대 노인의 정의는 사회적으로 규정되는 노인과 개인이 체감하는 노인은 개인의 삶의 질에 따른 노화의 정도에 따라 차이가 있다. 따라서 30년 이상의 시간을 서로 다른 상태의 노년기를 보내는 것과 관련하여 이 시기를 어떻게 적응하고 맞이할 것인지를 고민하고 준비해야 한다. 노년기는 노인으로 살아가는 인생의 후반기를 뜻한다. 노년기의 노화와 노인의 삶 전반에 대한 연구를 위한 노년학(Gerontology)에 관한 관심이 1940년대에 시작되면서 노인들과 관련된 학문 분야들이 노인의 신체적, 심리적, 정신적, 사회적인 부분들뿐 아니라 노인들의 복지와 교육에 대한 관심으로 확장되어 노년기의 삶을 연구하는 학문적 접근이 더 다양화되었다. 노년기의 삶을 살아가기 위한 교육학적 접근은 특별히 성인교육으로서의 평생교육학적 접근을 통해 노인들의 삶의 질을 높이고 활기차고 성공적인 노년기를 보낼 수 있도록 돕는 것이 필요하다.

2) 노인의 개념

노인에 대한 개념을 정의하는 것이 더욱 어려워지고 있다. 따라서 이 노인에 대한 개념을 개인의 자각, 사회적 역할 상실, 역연령, 기능적 연령, 생물학적 연령, 심리적 개념으로 나누어 살펴보고자 한다.

(1) 개인의 자각

개인의 자각(self-awareness)은 노인 스스로 자신이 노인이라고 여기는 것으로 규정하는 것을 말한다. 최성재와 장인협(2010)은 개인의 자각에 의한 연령을 노인의 지표로 지적하였다. 개인 스스로가 주관적 판단에서 노인을 규정하는 것으로 자신의 주관적 판단이 많이 좌우하게 된다. 어떤 사람은 누가 보아도 노인이라고 여겨지지만 정작 본인은 아직 노인이 아니라고 생각할 수 있는 반면, 어떤 사람은 여전히 중·장년기에 속해 있는데도 불구하고 자신을 노인이라고 말하고 있기에 노인으로 규정할 수도 있다(엄현목, 2019). 자신 스스로에 대한 평가는 개인의 교육 수준, 성별, 직업 유무, 사회적 경험에 따라 달라지며 일반적으로 고학력이고 전문직일수록, 건강하거나 활동이 왕성할수록 주관적인 연령을 낮게 평가한다(김미자 외, 2023). 현대에 들어 자각 연령이 더 낮아지고 있다. 하지만 이 개념은 매우 주관적이면서도 추상적이기에 노인에 대한 정책이나 연구에 있어 한계점을 지닐 수밖에 없다. 다만 이 개념은 노인들에 있어서 대인관계나 혹은 노인을 위한 상담, 노인에 대한 일상적인 모습을 연구하고 임상적으로 실천함에 매우 유용하게 사용될 수 있을 것으로 여겨진다(엄현목, 2019).

(2) 사회적 역할 상실

사회적 역할 상실에 따른 노인은 한 개인이 속한 사회에서 자신의 연령에서 수행해야 하는 역할을 얼마나 잘 수행하는가를 의미하는 것으로 사회적 기대나 규범을 반영하는 나이를 의미하는 것이다. 그리고 사회적 지위에 있어서 그 역할이 상당히 상실된 사람이라고 본다. 이는 사회적인 활동에서 퇴직이나 혹은 가정으로부터 그 지위와 역할을 상실한 상태에 있는 노인을 말한다. 노인의 사회적 역할 상실에서 은퇴는 개인의 삶의 양식을 바꾸어 놓는 중요한 변화로, 일상의 활동, 사회적 관계, 자아정체감 등이 직업을 중심으로 형성되어 왔기 때문이다(이인정 외, 2020). 여기에서 노인이라는 개념은 사회적 기대에 따른 일종의 구성개념이라고 볼 수 있다. 그러므로 노인에 대한 사회적인 편견이나 부정적인 시각이 사회적 연령의 부산물이라고 볼 수 있다. 자신은 전혀 노인이 아니라고 생각하거나 혹은 노인이라고 해서 특정한 일을 수행할 수 없다고 생각하지 않더라도 주위의 사람들과 사회적인 관계를 통해 부정적인 시선을 의식하게 되는 것은 바로 이러한 사회적 연령기준에 근거한 것으로 볼 수 있다(김희수, 2022). 이러한 정의는 노인을 사회적인 역할에서만 보았다는 한계가 있다. 무엇보다 여성의 경우에는 더욱 그렇다. 이러한 노인이 사회적 지위와 역할이 불분명하거나 혹은 그 역할을 수행하지 못하는 사람들의 경우에는 적용하기 힘들다. 우리나라는 55세에 정년퇴직을 하고 그 이후에는 대부분이 사회적인 지위나 역할에 있어서 매우 저조한 상태에 놓여 있으므로 55세 이후에는 사실상 사회 통념상으로 볼 때 사회적으로 노인이 되는 것으로 이해한다(엄현목, 2019).

(3) 역연령

연령은 인간의 발달 단계, 생애주기와 깊은 관계가 있는데, 인간의 노화 상태를 판단하는 보편화된 기준으로 사용되고 있다. 역연령(曆年齡, chronological age)이란 일반적으로 생활 연령이라고도 하며 출생 이후부터 달력상으로 계산하는 연령을 의미한다. 역연령은 학교 입학, 졸업, 퇴직, 연금수령 등을 위하여 연령의 제도화로, 역연령에 의한 노인의 정의가 보편화되었다. 서구에서는 보편적으로 사회보장제도의 급여수급 자격을 기준으로 노인을 65세로 규정하고 있다. 그러나 65세라는 획일적 기준을 적용할 경우 다양한 사회보장제도의 급여나 서비스를 이용할 필요가 없는 사람이 포함되거나 반대로 필요한 사람들은 오히려 제외되는 문제가 생길 수 있으며, 학술 연구에서도 여러 가지 제약을 가할 수 있다.

우리나라의 노인복지관에서 노인의 연령기준을 60세 또는 65세로 설정하고 있다. 특히 60세를 회갑이라고 하여 이 시점부터 노인이 되는 것으로 인정하는 사회적 관습이 있고, 또 일반 기업체의 정년퇴직 연령도 55세 정도인 경우가 대부분이다. 이러한 제반 법규와 사회문화적 특성을 근거로 하여 볼 때, 우리나라에서의 노인에 관한 연령 기준은 55~65세라고 할 수 있다(권중돈, 2021). 역연령에 따른 노인의 정의와 연령을 기준으로 한 노인집단의 분류에는 한계가 있으나, 65세라는 연령은 노인이 되는 법적·정책적·행정적 기준으로 보편적으로 활용되고 있으며, 학술적으로도 이 시기부터 노인이라고 규정한다.

e-나라지표의 '기대수명 및 건강수명 추이'를 보면, 노인들이 생각하는 노인 기준 연령은 평균 80.60세로 나타났다(e-나라지표, 2024). 이러한 역연령에 의한 노인의 정의는 일정한 연령 이상을 노인으로 규정함으로써 노화의 개인차, 개인의 능력을 고려하지 않고, 30~40년 이상 연령의 차이가 있음에도 불구하고 노인이란 집단으로 분류하여 연령 차이에 따른 욕구나 문제의 차이 등을 무시하게 되었다.

우리 사회에서는 노인을 역연령에 따라 평가하기 때문에 노인 연령 기준에 대한 새로운 정립이 필요함을 알 수 있다.

| 표 1-4 | 기대수명 및 건강수명 추이

구분	2012	2013	2014	2015	2016	2017	2018	2019	2020	2021
남자	77.57	78.12	78.58	78.96	79.30	79.70	79.70	80.30	80.50	80.60
여자	84.17	84.60	85.02	85.17	85.40	85.70	85.70	86.30	86.50	86.60
계	80.87	81.36	81.80	82.06	82.40	82.70	82.70	83.30	83.50	83.60

출처: 통계청, 생명표, 국가승인통계 제101035호.

| 표 1-5 | OECD 가입국의 기대수명 비교

구분	한국	일본	스페인	프랑스	이탈리아
남자	80.6	81.6	80.3	79.3	80.6
여자	86.6	87.7	86.2	85.5	85.1

출처: OECD. Stat, Health Status Data(2022.11월 추출).

(4) 기능적 연령

기능적 연령(functional age)은 실제 활동 기능에 따른 연령으로, 산업 노년학의 분야에서 관심을 가지고 발전시킨 개념이다. 특정 연령의 범주에 속하는 개인을 외모나 혹은 생산성, 신체적 기능, 정신적 기능, 자아 통제력 등을 기준으로 노인을 정의하고 있다. 대부분 나이듦에 따라 신체적 기능과 업무수행능력은 줄어드는 것이 일반적이지만, 모든 사람에게서 기능의 수준이 줄어드는 것은 아니다. 그러므로 기능적 연령에 따른 노인에 대한 정의에서는 노인 개인이 할 수 있는 일이나 특정한 업무에 있어서 그의 기능이 저하된 상태에 한해서 노인이라고 규정하는 것이다(엄현목, 2019). 기능적인 연령에 따른 노인의 정의는 일괄적으로 역연령에 따라서 노인으로 규정하는 것으로부터 나타날 수 있는 개인적 차이에 대한 한계점을 보완할 수 있는 장점이 있다. 하지만 기능적 연령을 기준으로 하는 영역에 있어서 개인차에 의한 노화를 인정하기는 하지만 판단기준이 매우 복잡하다는 단점이 있고, 더 나아가 행정이나 정책에 있어서 그 편의성이 매우 낮아 노인 연구에 있어 법과 정책, 실천현장에서 활용하는 데 많은 한계가 있다(엄현목, 2019).

(5) 생물학적 연령

생물학적 연령(biological age)은 신체적 외모나 운동능력, 지적능력 등이 그 기준이 될 수 있다. 일반적으로 노인을 구분하는 신체적 기준으로는 흰 모발과 주름진 피부, 구부러진 자세 등을 들고 있다. 우리가 어떤 사람의 외모를 보았을 때 젊어 보인다거나 혹은 나이 들어 보인다는 표현을 하는 것은 바로 이러한 생물학적 연령에 근거한 것이다(김희수, 2022). 중년기는 사회적 전이가 심하며, 노화 증상이 나타나기 시작하는 시기이다. 하지만 중년기에 노화가 시작돼도 40~50대에 속한 사람을 노인으로 규정하지는 않는다. 대개 일반적으로 60대부터 생물학적인 노화가 진행된다. 그리고 70대 후반에 이르러서는 신체가 갖는 쇠약함을 극도로 느끼고 심지어 만성질환을 앓게 되는 경우가 많아진다(전영숙, 2023). 그로 인해서 인지기능 역시 저하되고 사회 관계망과 사회활동 참여가 축소되며, 타인에 대한 의존성이 급격히 증가하게 된다(엄현목, 2019). 또한 지적능력에서도 영역별로 차이를 보이는데, 수학적 문제해결능력은 나이가 들어가면서 점차 감퇴하는 반면, 언어적 능력은 비교적 일정하게 유지된다. 이러한 능력에서 문제를 보이는 사람들은 그들의 생활능력과 무관하게 자신을 노인으로 분류하게 된다. 노화는 거의 인식되기 어려울 정도로 점진적으로 일어난다(김희수, 2022). 노인은 이러한 인간발달단계를 근거로 해서 50대 후반부터 초기 노년기 혹은 후기 성인기로 구분하며, 60세와 65세부터 노년기로 분류한다. 그리고 75세 이후를 후기 노년기로 구분하기도 한다(권중돈, 2022).

하지만 생물학적 노화는 여러 다양한 과정의 산물로 이루어지며, 신체기관의 노화가 동일한 비율로 진행되지 않는다. 노화의 속도는 문화나 개인차와 같은 여러 가지 요인의 영향을 받기 때문에 언제부터 노인으로 볼 것인지에 대해 정확한 해답을 내기는 어렵다. 또한 노화에서 나타나는 개인차는 상당히 크다. 어떤 사람은 노화가 빨리 일어나는 반면, 어떤 사람은 그 속도가 느리다. 신체 내부기관과 피부는 노화의 속도에서 차이가 있고, 개인이나 성별에 따라서도 차이를 나타내 보인다(김희수, 2022).

(6) 심리적 연령

심리적 연령(psychological age)은 한 개인의 심리적 성숙도를 의미하는 것으로 환경 변화에 얼마나 잘 적응해 나가며, 예기치 않은 생활사건으로 인한 스트레스는 얼마나 잘 대처해 나가는가가 기준이 된다(김희수, 2022). 그러므로 보통 이때로부터 노인들은 사회적인 지위와 그의 역할을 상실하게 되며, 사회에 참여하는 참여도가 현저히 줄어들고, 심지어 자녀를 출가시키고, 노인 부부만 홀로 남게 되는 그러한 상태의 노화를 경험하게 되며 이러한 사회적 노화가 급속하게 진행되는 것이다(전영숙, 2023). 또한 타인과의 관계를 형성하는 능력이나 자신의 인생을 독립적으로 꾸려 나가는 능력도 심리적 연령을 의미한다. 흔히 말하는 '피터팬 신드롬'이나 '마마보이' 같은 용어가 바로 이러한 심리적 연령을 의미하는 것으로 볼 수 있다. 실제 생활연령이나 생물학적 연령과는 무관하게 부모로부터 분리되지 못하고 의존적인 상태를 유지하는 사람들의 경우 심리적 연령은 낮게 평가된다(김희수, 2022). 에릭슨(Erikson)은 자아통합감과 절망감이라는 양극의 개념으로서 노년의 심리적 측면을 설명하였다. 죽음에 직면해서 노인들은 자신의 삶을 되돌아보고 삶에 대한 통합성과 일관성, 그리고 전체성을 유지하려는 인간의 노력을 강조함으로써 생물학적으로는 쇠퇴하지만 심리적으로는 더욱 원숙해지는 인간의 모습을 강조하였다(Erikson, 1963).

이처럼 노인에 대한 다양한 관점에서 정의를 종합하면, 노인은 신체적으로나 생리적으로 퇴화하고 있으며, 정신적 기능이 변화되며, 개인적으로나 사회적으로 지위와 역할이 약화된 65세 이상의 사람으로 정의할 수 있다.

3. 노인인권의 이해

1) 인권의 개념

인권(human rights)이라는 개념은 봉건사회의 몰락과 근대 자본주의 사회의 형성이라는 역사적 측면과 17~18세기 유럽의 자유주의 정치사상에 입각한 자연법사상에서 비롯되었다(기순임, 2011). 그러나 인권은 인간이기에 갖는 천부적 권리라는 선험적이고 절대적인 최고선으로만 기술되는 정태적 개념이 아니며, 시대 상황과 사람들 사이의 의사소통과 상호작용을 통해 구성되고 진화하는 역동적 개념이다(Ife, 2012).

인권을 인간이기 때문에 당연히 갖는 천부적 권리로서 인간의 존엄성을 보장받을 권리로 보는 관점이 있는가 하면, 평등할 권리 또는 차별받지 않을 권리로 보고 시대와 국가의 상황에 따라 강조되는 인권의 내용과 실천이 다양해질 수 있다고 보는 관점도 있다(이창수 외, 2005). 또 다른 인권에 대한 관점은 자연법적 전통에 따른 천부적 권리로서의 인권 개념이 지니는 모호함을 비판하면서 인권 관련 헌장, 선언, 국제규약, 헌법 등에 의해 구체적으로 규정된 권리로만 보아야 한다는 관점도 있다(Sweet, 2003). 이처럼 인권 개념은 학자마다, 시대와 사회·문화적 맥락에 따라 달라지기도 하므로 그 개념을 명확하게 정의한다는 것은 쉬운 일이 아니다.

인권은 사람이 사람답게 살기 위해 필요한 것으로서 당연히 인정된 기본적 권리 또는 인간이 자연인으로서 누려야 할 당연한 권리를 의미한다. 그러나 세계인권선언에서는 인권의 개념을 보다 적극적으로 해석해 인간이 지닌 권리라는 의미를 넘어 인간이 존엄한 존재가 되기 위해 가져야 할 당연한 권리로 보고 있다(국가인권위원회, 2004). 세계인권선언에서는 인권을 인간이 누구이고 무엇을 하든지 간에 하나의 존엄한 존재로서 존중받을 권리를 규정하고 있으며, UN 인권센터(2005)에서는 인간의 타고난 천성에 내재하여 있는 것으로, 이것 없이는 인간으로 살 수 없는 권리라 정의하고 있다. 또한, 우리나라의 「국가인권위원회법」에서는 「헌법」 및 법률에서 보장하거나 대한민국이 가입·비준한 국제인권조약 및 국제관습법에서 인정하는 인간으로서의 존엄과 가치 및 자유와 권리라고 규정하고 있다(국가인권위원회법, 2023). 이러한 인권에 대한 개념 정의를 종합하면, 인권을 인간이기에 갖는 본질적이고 선천적인 권리로서 인간이 그 자체로서 존엄성을 인정받고 인간답게 살아가는 데 필요한 모든 권리라고 정의할 수 있다(권중돈 외, 2016).

인권은 다음과 같은 몇 가지 중요한 특성을 보인다(염형국, 2004; 국가인권위원회, 2004; Reighert, 2011).

첫째, 모든 인간이 인간답게 살 권리이다. 인권은 모든 사람이 갖는 권리이며, 인간이기에 갖는 천부적·생래적(生來的) 권리이고, 인간다운 삶을 영위하는 데 필요한 권리이다. 즉, 인간의 권리(right of man)라기보다는 인간답게 살 권리(human rights)이다.

둘째, 인간이 갖는 보편적 권리이다. 성, 연령, 종교, 사회적 신분 등에 관계없이 모든 인간이 인간이기 때문에 가질 수 있는 권리이다. 이때 보편성이란 모든 사람이 비슷해져야 한다거나 동일한 존재로 인정하고 동일하게 처우받아야 한다는 의미는 아니며, 개인과 집단 사이에 존재하는 모든 다양성과 차이를 인정하고 자신의 존재에 합당한 권리를 누릴 수 있어야 한다는 것이다.

셋째, 인권은 불가분(indivisibility)의 권리이다. 개인의 인권을 인정하되, 선별적으로 어떤 인권을 부인하거나, 인권 영역의 중요성에 서열을 매겨 특정 영역의 인권보다 더 중요하게 또는 소홀하게 취급해서는 안 되며, 모든 권리를 인정하고 보호해야 한다.

넷째, 약자를 위한 권리이다. 사회적 약자는 당연히 누려야 할 권리를 침해 또는 박탈당하는 경우가 많으므로, 이들을 위해 반드시 지켜지고 확보되어야 하는 권리이다.

다섯째, 책임을 동반한 권리이다. 인권은 사회적 관계를 전제로 하므로 개인은 권리의 향유에 따르는 의무를 반드시 수반하며, 타인의 권리를 무시한 채 개인적 이익, 즉 사익(私益)만을 주장해서는 안 되며 모두가 서로 존중해 주어야 하는 권리이다.

여섯째, 인권은 도덕적 권리로서 실정법상의 권리 이상의 것이다. 즉, 인권은 도덕적 특성이 갖는 구속력을 가지므로 법에서 보장하고 있는 기본권에만 한정되지 않으며, 현행법이 보장하고 있지 않더라도 인간의 존엄성을 보장하는 데에 필요한 제도와 법을 초월한 권리이다. 그러므로 인권의 기준에 부합하는 정치사회제도와 법 제도는 정당화되는 반면 인권 기준에 반하는 제도를 개혁할 수 있는 근거와 명분을 인권이 제공해 준다.

일곱째, 인권은 다양한 권리를 포괄하며 이러한 권리의 최상위 권리이다. 인간이 누리는 권리에는 실정법에 근거를 둔 법적 권리, 정치사회적 제도와 그 내적 규칙에 근거한 제도적 권리, 도덕적 원칙에 근거한 도덕적 권리 등 다양한 권리가 있다. 인권은 이러한 권리 중의 하나가 아니며, 상층부에 자리 잡고, 인권의 기본 정신이 반영되거나 실행되도록 하는 권리이다.

2) 노인인권의 개념과 영역

노년기라는 특정 연령대에 속해 있는 노인은 다른 연령집단과 다름없이 인간이 누리는 모든 권리를 향유할 수 있는 인권의 주체이다. 그러므로 인권의 개념과 노인인권의 개념은 다르지 않고, 다만 그 대상이 노인으로 국한될 뿐이다. 따라서 노인인권은 노인이 존엄한 존재로 존중받고, 인간다운 노후생활을 영위하는 데 필요한 모든 권리(권중돈 외, 2016)이다. 그러나 인간다운 생활을 할 수 있는 권리라는 노인인권에 대한 개념 정의는 매우 추상적이며, 노인의 특성과 사회적 환경을 충분히 반영하지 못하고 있으므로, 노인인권을 보다 구체적으로 개념화할 필요가 있다.

노인을 위한 국제인권규약은 채택되지 않고 있지만, 노인인권에 관한 국제원칙과 계획, 법률 그리고 노인인권에 관한 기존 연구를 살펴보면, 노인인권의 영역과 세부 권리 내용을 추론할 수는 있다. 1969년 백악관 노인회의에서 채택된 미국의 노인헌장에서는 노인의 권리를 아홉 가지로 기록하고 있다. 미국 노인헌장에서는 노인이 ① 인간으로서의 역할을 수행할 수 있는 권리, ② 각자의 능력에 따라 취업할 수 있는 권리, ③ 노후생활의 궁핍을 면할 수 있는 권리, ④ 여가·교육 및 의료에 대한 지역사회의 자원을 공평하게 향유할 수 있는 권리, ⑤ 노후의 필요를 충족시킬 수 있는 주거에 거주할 수 있는 권리, ⑥ 가족의 최선의 이익에 반하지 않는 한 정신적·경제적 원조를 받을 수 있는 권리, ⑦ 본인이 원하는 경우에는 독립해 생활할 수 있는 권리, ⑧ 생존이나 사망 시에도 인간으로서 존엄성을 잃지 않을 권리, ⑨ 노후를 풍부하게 보내는 데 필요한 모든 지식에 접근할 수 있는 권리를 지닌다고 규정하고 있다(권중돈 외, 2016).

우리나라의 「노인복지법」 제2조에서는 노인은 존경받으며 건전하고 안정된 생활을 할 권리와 능력에 따른 경제활동 및 사회활동 참여 권리를 지님과 동시에 심신의 건강유지와 사회발전에 기여할 의무를 규정하고 있다(이예슬, 2020).

모선희(2004)는 권리의 주체로서의 노인, 자기결정의 원칙, 잔존 능력의 존중과 활용, 노인의 가치와 존엄의 확보라는 인권 사상을 기반으로 하여 노인의 권리 영역을 주거권, 고용보장의 권리, 건강권, 교육권, 소득보장권, 기타의 권리라는 여섯 가지 영역으로 구분하고 있다. 김미혜(1999) 역시 인권 사상을 기반으로 하여 ① 의식주 등을 보장받을 권리, ② 수발을 요구하고 받을 권리(수발청구권), ③ 적절하고 충분한 의료를 보장받을 권리, ④ 적절한 노동과 이에 상응하는 소득을 보장받을 권리, ⑤ 재산상의 관리, 보호를 보장받을 권리, ⑥ 정치 및 정책에 참여할 권리, ⑦ 문화적 생활을 누릴 권리, ⑧ 권리 구제를 요구할 권리를 노인인권 영역으로 규정하고 있다.

이상의 노인인권에 관한 국제 원칙, 법률, 선행연구에서 제시한 노인인권 영역과 내용이 각기 상이하긴 하지만, 노인인권 역시 인간존엄권, 자유권, 사회권 그리고 청구권을 포함하는 것으로 볼 수 있다(유용식, 2014). 따라서 노인인권의 영역은 인간존엄권, 자유권, 사회권, 청구권으로 구분할 수 있다. 인간존엄권에는 행복추구권과 평등권이, 자유권에는 신체자유권, 사생활자유권, 정신적 자유권, 경제적 자유권, 정치적 자유권이, 사회권에는 경제권, 노동권, 주거권, 건강권, 평생교육권, 문화생활권, 사회참여권, 가족유지권, 소통권이 청구권에는 법 절차적 권리가 있다.

| 표 1-6 | 노인의 인권영역과 세부적 권리

영역	인권항목	세부적 권리
인간 존엄권	행복추구권과 평등권	• 천부적 자유와 존엄, 생명권, 신체의 자유와 안전, 강제노동과 노예제도의 금지, 고문 금지, 법 앞에서의 평등, 차별 금지
자유권	신체자유권	• 불법 체포 및 구속으로부터의 자유, 불법 강제 노역으로부터의 자유
	사생활자유권	• 사생활의 비밀과 자유, 주거의 불가침, 거주 및 이전의 자유, 통신의 자유
	정신적 자유권	• 양심의 자유, 종교의 자유, 학문과 예술의 자유, 개인적 및 집단적 표현의 자유
	경제적 자유권	• 재산권의 보장, 직업 선택의 자유
	정치적 자유권	• 정보접근권, 정치활동의 자유, 참정권
사회권	경제권	• 연금수급권, 기초생활보장권, 노후경제생활 교육받을 권리 등
	노동권	• 은퇴 준비 교육권, 경제활동 참여권(기업체 취업, 창업, 노인일자리 사업), 적정 보수를 받을 권리, 적정 노동환경 요구권(산재보험 등) 등
	주거권	• 주거환경보장권(주택소유, 주거환경 개선, 임대보증금지원 등)
	건강권	• 건강증진권(건강교육, 건강상담, 건강교실 등) • 위생 및 영양권(이미용, 목욕, 세탁서비스, 경로 식당(중식서비스), 밑반찬·도시락 배달, 푸드뱅크 등) • 건강급여권(의료이용, 건강보험과 의료급여 등) • 재활서비스 이용권(양·한방진료, 재활문제해결(물리치료, 작업치료, 운동재활, 일상생활[ADL]훈련 등)) • 요양보호권(방문요양, 노인돌봄서비스, 주간·야간·단기보호, 장제서비스), 시설입소권(노인요양시설 등) 등
	평생교육권	• 노인교실, 노인복지관 등의 교육프로그램 참여권(한글교실, 외국어교실, 교양교실, 정보화교육, 역사교실, 예능교실, 전통문화교실 등)
	문화생활권	• 경로당, 노인복지관 등의 여가프로그램 참여권(음악, 미술, 원예교실, 다도교실, 문화교실, 운동, 바둑·장기 등)
	사회참여권	• 자원봉사활동 참여권, 동아리·클럽 활동 참여권, 교통편의서비스 이용권 등
	가족유지권	• 가족과의 교류, 가족의 부양을 받을 권리 등
	소통권	• 가족, 이웃, 친구, 비노인층 등 관계망과의 교류권
청구권	법 절차적 권리	• 청원권, 재판의 청구권, 형사보상 청구권, 국가배상 청구권, 범죄피해자의 구조 청구권

출처: 권중돈 외. (2016). 노인 인권 길라잡이. 서울: 국가인권위원회.

3) 노인인권 관련 활동

(1) 세계 노인인권 활동

① 세계인권선언(1948)

세계인권선언은 오늘날 가장 중요한 국제인권문서로서, 국제연합의 가장 중요한 성과 중의 하나이다. 세계인권선언은 그 이전까지만 해도 서구적 개념으로만 여겨지던 인권을 전 지구적 개념으로 등장시켰으며, 노동권, 건강권, 교육권 등 몇몇 산업국가가 19세기와 20세기 초반에 이미 획득한 경제적 및 사회적 권리들을 포함하고 있다. 특별히 노인을 염두에 둔 내용을 꼽아보면 세계인권선언 제25조를 들 수 있다. 모든 개인이 누리는 사회보장권과 관련하여 고령을 분명히 포함하고 있다.

> "모든 사람은 의식주, 의료 및 필수적인 사회복지를 포함하여 자신과 가족의 건강과 안녕에 적합한 생활수준을 누릴 권리와 실업, 질병, 장애, 배우자 사망, 고령, 그 밖의 자신이 통제할 수 없는 상황에서의 다른 생계 결핍의 경우 사회보장을 누릴 권리를 가진다."

② 빈 고령화 국제 행동계획(1982)

1982년 오스트리아 빈에서 개최된 제1차 '고령화에 관한 세계회의(World Assembly on Ageing)'에서 「고령화 관련 국제행동계획(Vienna International Plan of Action on Ageing)」이 채택되었다. 그 해에 유엔 총회에서는 빈 고령화 국제행동계획을 승인하였다. 빈 고령화 국제행동계획은 고령화에 대한 첫 번째 국제적 계획이다.

빈 고령화 국제행동계획에서는 여러 가지 방안을 제시하고 있다. 예를 들어 빈 고령화 행동계획의 경우, 건강과 영양 영역, 노인 소비자에 대한 보호 영역, 주택과 환경 영역, 가족 영역, 사회복지 영역, 소득보장과 고용 영역, 교육 영역과 관련된 방안을 제시하고 있다(United Nations Department of Economic and Social Affairs, 2020a; 2020b). 내용은 각국 정부와 시민사회가 인구 고령화에 효과적으로 대처하고 경제개발과 관련한 노인의 잠재력 및 노인수발 문제를 다루고 있다. 이 회의의 중요한 함의는 노인인권 보호가 민간 차원이 아닌 정부 차원에서 주도적으로 진행되어야 할 것이 요구되었다는 점이다. 다시 말해, "각국 정부는 노인의 인권보장 의무를 맡고 있는데, 인권이라는 것은 처음부터 국민이 정부에 대해 요구하고 정부가 이를 보장하는 것이어야 한다. 즉, 노인의 인권을 보장하기 위하여 정부는 어떠한 것을 해야만 한다"고 제안되었다. 각 회원국들이 실행하여야 할 구체적인 조치를 상세히 제시하고 있어 노인인권의 국제적 보호에 유용한 최초의 지침이라 볼 수 있다(임병우 외, 2023).

③ 노인을 위한 UN원칙(1991)

1991년에 유엔 총회에서는 '유엔의 노인 원칙(United Nations Principles for Older Persons)'을 채택하였다(노병일 외, 2007; United Nations Department of Economic and Social Affairs, 2020b; Cox et al., 2017). 1991년 UN 총회에서 채택된 이 원칙은 노인의 독립, 참여, 케어, 자아실현, 존엄 다섯 가지 분야에 대해 18개 사항을 제시하였다. 그 내용은 정부가 수행하는 의무로서 원칙들을 살펴보면 다음과 같다(임병우 외, 2023).

첫째, 독립(independence)의 원칙으로 여섯 가지 목표가 제시되어있다. ① 가족과 지역사회의 지원 및 자조를 통하여 적절한 식량, 물, 주거, 의복 및 건강보호를 받을 수 있어야 한다. ② 일할 기회를 제공받거나 다른 소득의 기회가 있어야 한다. ③ 직장에서 언제, 어떻게 그만둘 것인지에 대한 결정에 참여할 수 있어야 한다. ④ 적절한 교육과 훈련 프로그램을 받을 수 있어야 한다. ⑤ 개인의 선호와 변화하는 능력에 맞추어 안전하고 적응할 수 있는 주거환경에서 살 수 있어야 한다. ⑥ 가능한 한 오랫동안 가정에서 살 수 있어야 한다.

둘째, 참여(participation)의 원칙은 세 가지 목표로 제시되고 있는데, ① 노인들이 그들의 복지에 직접 영향을 미치는 정책의 형성과 이행에 적극적으로 참여하고, 그들의 지식과 기술을 젊은 세대와 함께 공유하여야 한다. ② 지역사회 봉사를 위한 기회를 찾고 개발하여야 하며, 그들의 흥미와 능력에 알맞은 자원봉사자로서 봉사할 수 있어야 한다. ③ 노인들을 위한 사회운동과 단체를 형성할 수 있어야 한다.

셋째, 돌봄(care)의 원칙으로 다섯 가지 목표가 제시되고 있다. ① 각 사회의 문화적 가치체계에 따라 가족과 지역사회의 보살핌과 보호를 받아야 한다. ② 신체적 · 정신적 · 정서적 안녕의 최적 수준을 유지하거나 되찾도록 도와주고, 질병을 예방할 수 있는 건강보호를 받을 수 있어야 한다. ③ 노인들의 자율과 보호를 확보하기 위해 사회적 · 법적 서비스를 받을 수 있어야 한다. ④ 인간적이고 안전한 시설에 입소해서 적절한 보호, 재활, 사회적 · 정신적 서비스를 제공받아야 한다. ⑤ 노인들이 보호시설이나 치료시설에 거주할 때도 그들의 존엄, 신념, 욕구와 사생활을 존중받으며, 노후생활에 필요한 보호와 삶의 질에 대한 사항을 스스로 결정할 수 있는 인권과 자유를 향유할 수 있어야 한다.

넷째, 자아실현(self-fulfillment)의 원칙으로 노인들은 그들이 가지고 있는 잠재능력을 충분히 발휘할 기회를 가지며, 지역사회에서 제공하는 교육, 문화, 종교, 여가 프로그램을 이용할 수 있어야 한다. 이 원칙은 노인을 대상으로 하는 교육, 여가, 문화 프로그램을 제공해 주어야 하는 국가의 의무를 제기한다.

다섯째, 존엄성(dignity) 원칙으로 노인들은 존엄과 안전 속에서 살 수 있어야 하며, 착취와 육체적 · 정신적 학대로부터 자유로워야 한다. 또한 나이 · 성별 · 인종이나 민족적인 배경, 경제적 수준의 정도 등에 따라 차별받지 않고 항상 공정한 대우를 받아야 한다. 이는 노인학대를 근절하고 예방하는 국가의 책임을 강조하며, 차별과 착취로부터 노인을 보호하기 위해서는 적절한 법적 장치들을 마련해 두어야 함을 시사한다.

④ 고령화에 관한 선언(1992)

1992년 UN 총회는 빈 행동계획 10주년에 「고령화에 관한 선언(Proclanution on Ageing)」을 채택하였다. 여기에서는 1982년에 채택된 빈 행동계획의 시행을 촉구함과 동시에 여성노인의 사회적 기여를 인정 · 지원하고, 남성노인이 퇴직 이후에도 지속해서 자기계발을 할 수 있도록 지원하며, 노인을 돌보는 가족에 대한 지원 등을 강조하였다(임병우 외, 2023). 그리고 1999년을 '노인의 해(International Year of

Older Persons)'로 제정 · 선포하였다.

⑤ 마드리드 고령화 국제행동계획(2002)

빈 회의가 제1차 세계 고령화 회의였다면, 2002년 스페인의 마드리드(Madrid) 회의는 제2차 세계 고령화 회의로서, 159개국이 참가하였다. '마드리드 고령화 국제행동계획(또는 고령화에 관한 마드리드 국제행동계획, Madrid International Plan of Action on Ageing)'을 채택하였다. 1982년의 빈 회의는 사회복지 차원에서 선진국의 고령화 상황에 집중했던 반면, 2002년 4월의 마드리드 회의는 개도국 내 고령화 상황이 주요 의제였다(강병근, 2008). 마드리드 행동계획의 주요 테마는 노인의 권리라는 주요 이슈에 관련되는데, "발달에 대한 권리를 포함하여 모든 인권과 기본적 자유의 촉진과 보호는 노인이 충분히 참여하고 차별 없이 평등에 기반한 포용적 사회의 창출에 필수적이다. 연령에 기초한 차별에 투쟁하고, 노인의 존엄성을 촉진시키는 것은 노인에 대한 존중을 보장하는 데 기본이 된다. 모든 인권과 근본적 자유의 촉진과 보호는 모든 연령을 위한 사회를 달성하는 데 중요하다".

이 계획에는 노인들이 안전과 존엄성을 가지고 노후를 보낼 수 있도록 시민권적 권리가 강조되었으며, 지속적인 사회참여를 보장하는 원칙이 제시되었다. 즉, 노인 연령층의 잠재적 가능성이 사회발전의 동력으로 실현될 수 있도록 정책 및 관행의 변화를 요구했다. 이는 노인을 의존적 역할에서 벗어나, 완전한 권리를 가진 시민으로서의 사회참여를 보장하여 미래발전의 토대로 활용해야 한다는 인식을 반영하고 있다. 노인복지의 관점 또한 시혜적 관점에서 권리적 차원으로 이동함을 보여준다(조영황, 2005). 「마드리드 고령화 국제행동계획」은 총 132개 문항으로 구성되어 있으며, 노인, 민간단체, 정부, 학계 및 산업계, 국제기구 등이 고령화에 대응하여 건강과 영양, 소비자 보호, 주택과 환경, 가족, 사회복지, 소득보장과 고용, 교육 분야 등 다양한 영역에서 어떻게 행동해야 할 것인지를 98개 권고조항으로 명시하고 있다(United Nations Department of Economic and Social Affairs, 2020b; Cox et al., 2017).

(2) 우리나라 노인인권 활동

① 경로헌장

우리나라의 경우, 1982년 5월 8일에 경로헌장을 세상에 널리 알렸다. 경로헌장의 명칭은 처음에는 '노인헌장'으로 하였으나, 후에 '경로헌장'으로 바뀌었다. 우리나라의 경로헌장에서는 국민이 노인을 모시는 자세와 방향을 제시하고 있다.

우리나라의 경로헌장에서는 모든 국민은 다음과 같은 것을 이루기 위해 노력할 것을 권장하고 있다. ① 노인은 가정에서 전통의 미덕을 살려 자손의 극진한 봉양을 받아야 하며 지역사회와 국가는 이를 도와야 한다. ② 노인은 의식주에 있어서 충족되고 안락한 생활을 즐길 수 있어야 한다. ③ 노인은 심신의 안정과 건강을 누릴 수 있어야 한다. ④ 노인은 자신의 능력에 따라 사회활동에 참여할 수 있어

경로헌장

노인은 나라의 어른이다.

노인은 우리를 낳아 기르고 문화를 창조 계승하며 국가와 사회를 수호하고 발전시키는 데 공헌하여 온 어른으로서 국민의 존경을 받으며 노후를 안락하게 지내야 할 분들이다. 그러나 인구의 고령화와 사회구조 및 가치관의 변화는 점차 노후생활을 어렵게 하고 있다.
우리는 고유의 가족제도 아래 경로효친(敬老孝親)과 인보상조(隣保相助)의 미풍양속을 가진 국민으로서 이를 발전시켜 노인을 경애하고 봉양하여 노후를 즐길 수 있도록 노인 복지증진에 정성을 다하여야 한다.
노인은 심신의 변화를 깨닫고 자신의 위치와 할 일을 찾아서 후손의 번영과 국가의 발전을 위하여 여생을 보내는 슬기를 보여야 한다.

우리는 아래와 같은 사항을 구현하기 위하여 다 함께 노력한다.
첫째, 노인은 가정에서 전통의 미덕을 살려 자손의 극진한 봉양을 받아야 하며 지역사회와 국가는 이를 적극 도와야 한다.
둘째, 노인은 의식주에 있어서 충족되고 안락한 생활을 즐길 수 있어야 한다.
셋째, 노인은 심신의 안정과 건강을 누릴 수 있어야 한다.
넷째, 노인은 자신의 능력에 따라 사회활동에 참여할 수 있어야 한다.
다섯째, 노인은 취미 오락을 비롯한 문화생활과 노후생활에 필요한 지식을 얻는 기회를 가져야 한다.

출처: 대한노인회서울시연합회. (2024). https://seoulsenior.or.kr

야 한다. ⑤ 노인은 취미 오락을 비롯한 문화생활과 노후생활에 필요한 지식을 얻는 기회를 가져야 한다. 앞으로 노인이 누려야 할 권리를 정하거나 제시하는 데 있어, 우리나라의 경로헌장을 지침으로 삼을 필요가 있다(노병일, 2022b).

세계 최초의 노인헌장이라는 점에서도 특별한 의의를 지니는 이 헌장은 전문과 5개 조항으로 되어 있으며, 전문에서는 노인의 위치, 산업사회 속에서 노인이 처한 상황, 선(先)가정 후(後)사회의 노인대책, 노인의 책임 등을 천명하고, 이어 조문을 통해 노인이 나라의 어른으로서 받아야 할 실천사항을 구체적으로 명시하였다(대한노인회서울시연합회, 2024).

② 노인의 날과 경로의 달 및 어버이날

우리나라의 경우 노인에 대해 사회적으로 더 관심을 가지게 하고 또한 노인을 존경하는 의식을 더 가지게 하기 위해서 10월 2일을 '노인의 날'로 정하고 있고, 또한 10월을 '경로의 달'로 정하고 있다. 또한 부모에 대한 효 사상을 키우기 위해서 5월 8일을 '어버이날'로 정하고 있다(노병일, 2022b).

4) 인권과 노인복지 실천

인권이 추상적이고 형식적 수준의 담론에 그친다면, 인권은 공허한 메아리에 불과할 수 있다는 인권 분야 내부의 비판이 일면서, 인권을 현실에서 보장하고 실현할 수 있는 실질적인 기제(mechanism)가 만들어져야 한다는 주장이 강력하게 제기되고 있다(조효제, 2016). 이에 인권 분야에서는 법률적·제도적 접근 이외에 실제로 인권 문제를 효과적으로 다룰 방안에 대한 논쟁이 진행되고 있다(Ife, 2006). 인권을 현실에서 구현하기 위한 각종 사회제도가 있지만, 인권이 삶을 영위하는 데 필요한 자유와 욕구의 충족을 목적으로 한다는 점에서 노인복지정책이나 실천과 더욱 깊은 연관성을 가져야 한다(Gewirth, 1982).

노인복지 분야에서도 노인복지정책과 실천을 통해 노인의 욕구충족과 문제해결을 위한 서비스 제공에는 헌신적이었지만, 노인복지가 추구해야 할 가치와 이념적 지향점, 궁극적으로 도달하고자 하는 목적에 대해서는 비교적 소홀했다는 비판이 제기되고 있다. 한 국가의 사회문화적 상황이 상이하기는 하지만, 노인복지 제도의 발달단계는 첫째, 자선과 구제, 둘째, 노인 문제의 해결, 셋째, 노인의 욕구충족 단계를 거치게 되며, 마지막 단계로는 노인의 권리보장 또는 인권보호 단계로 진행된다(권중돈 외, 2016).

우리나라는 2011년 6월 「노인복지법」 개정을 통해 노인보호전문기관이 노인인권 보호 관련 사업을 전개하도록 공식화함으로써 노인복지정책과 실천에서 인권관점을 기반으로 한 노인복지실천(Right-Based Approach, RBA)에 대한 관심이 증가하고 있다(권중돈 외, 2016). 실제로 국제사회사업가협회(IFSW, 2002)는 인권이 노인복지의 심장부라고 보고 노인복지의 가치, 윤리, 이론 및 서비스 과정 전체에서 인권을 고려하지 않으면 안 되며, 인간의 욕구에 반응하는 인권은 노인복지실천에서 반드시 옹호되어야 한다는 점을 강조하고 있다.

이처럼 인권 분야와 노인복지 분야는 상호 융합하고 협력하려는 노력을 통해 각각의 분야가 지닌 한계를 보완하고, 노인의 인권 보호와 복지증진을 도모하기 위한 실천적 행동에서 시너지 효과를 거둘 수 있다.

5) 인권과 노인복지 실천의 연관성

인권과 노인복지는 서로 다른 길을 걸어왔지만, 두 분야는 많은 연관성을 지니고 있다(Ife, 2012). 인권의 발달단계를 기준으로 살펴보면, 1세대의 인권이 주로 법률가들이 관심을 두고 자유를 쟁취하기 위한 노력의 장이었는데, 사회복지 분야에서도 보호가 필요한 계층과 소수자의 권리를 옹호하는 활동과 인권을 보장하기 위한 노력을 전개해 왔다. 2세대 더 나아가 3세대 인권은 사회복지전문가의 역할이 중요한 영역이다. 2세대 인권의 발달과정에서는 교육권, 주거권, 건강권, 직업권, 사회보장권 등을 보장하는 노인복지제도가 확충되었으며, 공공과 민간에 의한 직접적 서비스 제공 과정을 인권보장의 한 과정으로 이해했다. 3세대 인권의 발달과정에서는 사회복지실천에서 지역사회 개발의 측면이 강조되고 있으며(Ife,

2012), 최근에는 상생발전을 도모할 방안을 모색하는 과정에서 더욱 깊은 연관성을 지니게 되었다. 이러한 인권과 노인복지의 관계를 구체적으로 살펴보면 다음과 같다(권중돈 외, 2016).

첫째, 노인복지가 뿌리를 두고 있는 가치는 인권 사상과 유사하다. 인간의 존엄성, 자유, 평등, 민주, 정의, 사회적 책임과 연대 같은 노인복지의 기본 가치는 인권에 함축된 기본 가치와 동일하다.

둘째, 인권과 노인복지의 목적이 유사하다. 인권은 인간이 그 자체로서 존엄성을 인정받고 인간답게 살아가는 데 필요한 모든 권리이며, 노인복지의 목적은 인간다운 노후생활의 영위로서, 인권과 동일한 목적을 추구하고 있다.

셋째, 노인복지의 원칙은 인권의 원칙과 유사하다. 노인복지의 원칙은 자립, 보호, 참여, 자기실현, 존엄은 인간존엄권을 바탕으로 한 자유권과 사회권의 보장이라는 인권의 원칙과 동일하다.

넷째, 노인복지정책과 실천의 다양한 급여와 서비스, 원조 행위는 결국 인권을 현실에서 구현해 내는 방법이다. 노인복지는 목적과 목표를 달성하기 위해 노인복지정책과 노인복지실천이라는 두 가지 방법을 활용한다. 그러나 두 가지 방법 모두 인간존엄권을 기반으로 하여 노인의 자유권과 사회권을 보장하기 위한 급여와 서비스로 구성되어 있다.

다섯째, 노인복지실천의 다양한 이론과 모델, 개입 활동은 인권 관점에 근거를 두고 있다. 미국사회복지사협회(2000)의 정책 선언에 의하면 사회복지사는 사회적 약자 및 취약계층의 권리옹호, 취약집단의 건강과 복지증진에 기여 등과 같은 모든 개입 영역에서 인권 관점을 기반으로 한 실천을 요구하고 있다. 또한, 노인복지실천의 욕구 모델, 사회정의 모델, 시민권 모델, 역량강화 모델은 노인복지 수급권자의 인권을 증진하는 데 강조점을 두고 있는 것으로 인권 관점을 채택하고 있다(조효제, 2016).

6) 인권 관점 노인복지정책과 실천 과제

노인복지정책이나 실천이 노인 문제나 노인의 욕구를 해결하고 충족시키는 데 강조점을 두기보다는 노인의 인권을 보장하기 위한 인권 관점 접근(right-based approach)으로 전환될 때만이 노인 문제의 예방과 기초 욕구뿐 아니라 높은 수준의 욕구까지도 충족시킬 수 있으며, 노인이 당연히 누려야 할 권리를 보호받을 수 있는 진정한 의미의 노인복지 제도로 발전할 수 있을 것이다. 이에 노인복지 분야에 인권 관점 실천을 도입하고 더욱 확산해 나가기 위해서 현시점에서 노력해야 할 과제는 다음과 같다(권중돈 외, 2016).

첫째, 노인인권 증진과 인권 관점 노인복지실천의 강화를 위해 가장 먼저 추진해야 할 과제는 노인인권의 영역과 세부적 권리에 대한 사회적 합의를 도출하는 것이다. 이러한 합의를 도출하기 위해서 선행되어야 할 것은 노인인권의 영역과 세부 권리를 규정하기 위한 공개적 논의의 장을 마련하는 것이다. 따라서 보건복지부와 국가인권위원회가 중심이 되어 '노인인권포럼' 같은 논의 구조를 마련하고, 학계·행정부·법조계·실천 현장·노인 당사자 집단이 함께 참여해 노인인권의 개념, 범위와 영역, 세부적 권리 조항에 대한 합의된 시안을 마련하여 '노인권리선언'과 같은 하나의 선언문 형태로 정리해 공식적으로 공포하고, 세부적인 행동 원칙 또는 지침을 마련할 필요가 있다.

둘째, 법 및 제도적 기반 구축이다. 노인의 인권을 증진하기 위한 복지 급여나 서비스는 법에 기반을 두고 이루어지며, 인권을 서비스로 구현하기 위해서는 법의 제정, 개정, 이행, 준수가 전제되어야 한다(조효제, 2016). 따라서 노인복지실천에서 인권 관점을 기반으로 한 급여나 서비스가 제공되기 위해서는 노인인권 보호를 위한 법률이 제정되고 정비되어야 한다. 즉, 「노인복지법」을 개정해 권리로서의 복지 성격을 더욱 분명히 하고, 「장애인차별금지법」과 같은 수준의 구체적 조항을 담은 「노인차별금지법」을 제정하거나, 아니면 「노인복지법」에 노인차별 금지와 인권보호에 관한 구체적 조항을 신설해 노인의 인권을 보호하기 위한 법적 및 제도적 기반을 구축해야 한다.

셋째, 노인의 인권 의식 전환과 주체적 참여이다. 인권의 실현을 위해서는 당사자 스스로 자신의 권리를 주장하는 것이 필수적이다(조효제, 2016). 그러나 현세대의 노인들은 자신의 개인적 권리를 주장하는 것을 점잖지 못한 행동으로 간주하는 경향이 있어, 권리를 요구해야 하는 상황에도 이를 자제하는 경향이 강하다(권중돈 외, 2016). 이와 아울러 현세대의 노인들은 노인의 인권에 대해 교육을 받을 기회가 없었기 때문에 자신의 권리가 무엇인지도 모르는 경우가 많다. 따라서 노인을 대상으로 한 인권교육 프로그램을 개발해 적극적으로 실시하고, 노인 스스로 권리를 주장할 수 있는 역량을 개발하여 노인의 권리를 향유하기 위해 활용 가능한 지역자원이나 복지정보가 상세히 담긴 노인인권 안내서를 발행해 보급함으로써 노인인권 의식을 강화할 수 있을 것이며, 자연스럽게 노인 스스로 자신의 권리 찾기 운동을 전개할 수 있을 것이다.

넷째, 노인복지종사자와 시민의 인권에 대한 인식 전환이다. 노인의 인권 보호는 노인의 인권 의식을 강화한다고 해서 저절로 이루어지는 것이 아니다. 그러므로 인권 관점에 근거한 노인복지실천을 위해서는 노인복지종사자와 일반시민의 노인인권에 대한 인식 증진이 필요하다. 그러므로 노인복지종사자와 예비 종사자에 대한 노인인권교육이 선행되어야 한다. 따라서 노인복지 기관과 시설 종사자를 대상으로 한 노인인권교육이 강화되어야 한다.

다섯째, 노인 권익 옹호와 인권 네트워크 구축이다. 노인복지 제도에서 희소한 자원의 효율적 배분과 효용의 극대화 원칙, 즉 공리주의 원칙을 무시할 수는 없다. 그러나 노인복지정책과 실천에서 효율성과 효용성의 가치만을 주장하기보다는 효용과 효율의 대원칙은 수용하되 복지에 인권의 가치가 포함되도록 최대한 폭넓게 규정하고, 이러한 인권을 침해하지 않는 범위 내에서 제한된 자원을 효율적으로 사용해 효용의 최적화를 시도하는 것이 바람직하다(조효제, 2016). 그러나 노인은 자신의 권리를 주장할 권력과 기회, 자원이 제한되어 있으며, 노인복지정책이 확대됨에도 자신의 권리를 충족시키지 못하는 사회적 취약 집단에 속한다. 그러므로 노인이 자신의 권리를 충족하는 데 필요한 자원을 통제할 수 있도록 적극적으로 옹호해야 하며, 그 집단이 역량을 강화하기 전까지는 그 집단에 대해 자원

배분의 우선순위를 배분하는 조건의 평등이 이루어질 수 있도록 옹호해 나가야 한다(조효제, 2016).

Chapter 02

노화

1. 노화의 정의
2. 노화 이론
3. 노화에 대한 인식

1. 노화의 정의

1) 노화의 개념

노인이나 노년기와 관련하여 사용하는 단어는 '노화(aging 또는 ageing)'이다. 그러나 인간이 태어나는 순간부터 노화 과정은 진행되고 연령이 증가함에 따라 신체의 구조와 기능이 점진적으로 약해지며, 질병과 사망에 대한 감수성이 급격히 증가하여 쇠약해지거나 무기력 등의 현상이 나타난다(김희수, 2022). 노화는 인간발달의 모든 단계와 관련이 있으며 더 나이가 들어가는 과정이다(Shiel, 2020). 국립국어원 표준국어대사전에서 노화를 '질병이나 사고에 의한 것이 아니라 시간의 흐름에 따라 생체 구조와 기능이 쇠퇴하는 현상'으로 정의하고 있다(국립국어원 표준국어대사전, 2025). 이는 노화가 노년기에는 신체적·정신적 상태가 이전 시기보다 좋지 않게 될 가능성이 훨씬 커지기 때문이다. 이러한 이유로 노년기에는 이전 시기보다 젊음이 더 빠르게 사라지게 되고, 결국에 가서는 노화 과정의 마지막인 죽음을 맞이하게 된다. 그리고 인간이 노년기에 겪는 여러 가지 상황은 노화 때문에 발생하는 경우가 많다. 노화의 한자로는 늙은이 노(老), 될 화(化)라고 번역하는데, 이를 통해서도 노화는 노년기와 크게 관련됨을 알 수 있다(노병일, 2022a). 결국, 노화에 따라 나타나는 변화는 노년기의 생활에 영향을 미치고 있다. 그러므로 노화는 노년기와 특히 관련된다.

비버와 밀러(Beaver & Miller)는 노화를 건강한 성인에게서 대부분의 신체 장기와 기관에서 비축 능력이 떨어지고 질병과 죽음에 대한 취약성이 급격하게 증가하는 상태로 변해가는 과정으로 정의했다(Beaver et al., 1992). 노년학자들은 노화를 유기체가 환경으로부터 오는 스트레스로부터 항상성을 유지하는 능력이 감퇴하는 과정으로 정의한다(박종한, 2006). 생물학자들은 성장을 수정부터 성숙에 이르는 순간까지 일어나는 신체적 변화과정으로 그리고 노화를 유기체의 세포, 조직, 기관 등이 쇠퇴하기 시작하여 불가피하게 죽음에 이르는 과정으로 정의한다(김철웅, 2020).

다시 말해, 노화로 인해 신체적 구조와 기능이 절정의 순간을 거친 후 점점 점진적으로 면역력이 저하되면서 질병과 만성질환으로 사망에 대한 감수성이 급격하게 증가하게 되면서 감퇴해지는 과정이다(권중돈, 2016). 신체 노화에 대한 몇 가지 특징을 보면 다음과 같다(김희수, 2022).

첫째, 노화는 시간의 경과에 따라 생기며, 시간적 과정에 관련되거나 환경의 변화에 적절히 반응하는 조직의 기능과 관련된다.

둘째, 노화는 시간의 흐름에 따라 세포나 조직, 기관 등의 유기체 전반에 걸쳐서 점진적으로 일어난다.

셋째, 노화는 본질적으로 생체에 내재하고 있는 필연적 과정에서 생기는 것으로 외상이나 질병 혹은 외적·환경적 인자에 의해서 발생하기보다는 내재성을 갖는다.

넷째, 연령에 수반되는 생리적 기능의 저하, 스트레스에 의한 변화로 기회복력(氣回復力)이 저하되며, 예비력의 저하로 병에 걸리기 쉽고, 죽음의 확률이 연령과 더불어 기하급수적으로 증가한다.

| 표 2-1 | **노화지표**

항목	노화지표
체지방/체중	지방을 제외한 나머지 체중은 성장기 이후 10년에 3kg 정도 근육 상실
체력	운동신경 퇴화로 체력 저하
기초대사율	20세 이후부터 10년에 2%씩 저하
지방질	근육에 비해 지방질 비율이 평균 두 배 증가
산소이용효율	65세까지 신체 산소이용효율은 30~40% 감소
혈압	나이가 들수록 꾸준히 상승
혈당내성	혈중 포도당을 이용하는 능력이 점차 떨어져 제2형 당뇨병에 걸릴 위험성 높아짐
콜레스테롤치/HDL 함유	50세까지 전체 콜레스테롤 양 증가
뼈의 골밀도	뼈의 밀도가 낮아지며 골다공증 유발
체온조절 능력	체온조절 능력 체온을 안정되게 유지하는 능력의 저하

출처: 김희수. (2022). 노인상담의 이해. 서울: 동문사.

2) 노화의 개념적 특성

발달학자들은 생물학자들의 관점보다 노화를 광범위한 범위에서의 변화로 설명한다. 노화는 전 생애를 통해 생물학적 변화, 심리적 변화, 사회적 변화를 경험하는 데 있어 나타나는 획득과 손실, 그리고 중성적 변화들을 모두 포함한 발달과정으로 정의되며, 이러한 세 가지 변화는 각각의 개별적인 변화일 수도 있고 상호 유기적으로 연관되어 변화를 초래할 수 있다(함혜근, 2017; Birren, 1961). 따라서 나이 듦에 따라 자신의 생물학적, 사회적, 심리학적으로 복잡한 변화에 의미를 부여하게 된다(최은영, 2018).

첫째, 생물학적 노화는 신체 기관과 체계 구조기능이 시간의 경과에 따라 변화하는 것을 의미한다.

둘째, 심리학적 노화는 축적된 경험에 의한 행동, 감각·자각 능력, 자아에 대한 인식 등이 시간의 경과에 따라 변화하는 것을 의미한다.

셋째, 사회학적 노화는 생활주기로 발생하는 규범, 사회인지 역할의 변화 등을 의미한다.

이처럼 노화의 특성은 각각의 환경에 따른 변화에 주목할 필요가 있다. 발달학자들이 말하는 인간의 노화는 곧 인간이 발달하는 과정이며, 정자와 난자가 수정하는 자궁에서부터 죽음에 이르러 무덤에 들어가는 순간까지 인간에게 일어나는 체계적인 변화과정으로 이해되어야 함을 주장한다(김철웅, 2020).

노화는 일차적 노화(primary aging)와 이차적 노화(secondary aging)로 구분된다. 일차적 노화는 인간 누구에게나 일어나는 점진적이고 불가피하며 보편적인 노화를 말하며, 이차적 노화는 일차적 노화가 일어나는 속도에 영향을 미치는 것으로 스트레스, 질병, 흡연 등이 노화과정을 가속화하는 것을 말한다(한현지 외, 2022).

노화의 개념을 이해하기 위하여 다음과 같은 노화의 특성을 이해해야 한다(한현지 외, 2022).

첫째, 노화는 병이 아닌 일차적인 변화이며 본질적이다.

둘째, 노화는 진행형이며 한번 시작하면 후퇴하지 않는다. 즉, 일단 노화가 시작되면 원래 상태로의 회복이 불가능하다. 원래대로 회복이 된다면 노화가 아닌 병이 치료된 것이다.

셋째, 노화는 인간의 몸에 해악을 가져오는 장애를 동반한다.

넷째, 노화는 인간 누구에게나 일어나는 보편적인 것이다. 그러나 출현방식은 개인마다 다르다.

비(Bee)는 발달과정으로 노화를 정확히 이해하기 위해서는 다음과 같은 사항을 고려해야 한다고 주장하고 있다(Bee, 2008).

첫째, 노화는 일반적으로 발달상의 변화로만 이해하는 것이 아니라 안정성을 고려해야 한다. 노화는 노화의 과정에서만 일어나는 변화뿐만 아니라 생물학적·심리적·사회적 측면에서 변하지 않고 동일하게 남아 있는 특성(staying the same)인 안정성에 대해서도 함께 고려해야 한다.

둘째, 노화의 과정에서는 상실이나 쇠퇴가 일반적인 특징이지만, 경험과 지혜가 확장되는 것과 같이 새로운 특성을 얻기도 하므로 이러한 특성들을 이해하여 노화를 정의해야 한다.

셋째, 노화가 모든 사람에게 보편적으로 나타나는 일차적이고 본질적이지만, 개인에 따라 노화의 속도나 정도에 차이가 있으므로 노화의 보편성과 개별성을 동시에 고려해야 한다.

넷째, 노화를 유전적 프로그램에 기인하는 외적 변화로 인식하고 있지만, 외부의 환경적 요인 역시 노화를 유발하는 주요 요인이 된다. 그러므로 노화의 원인과 결과를 논의할 때 반드시 유전과 환경 등 내적·외적 요인을 동시에 고려해야 한다.

다섯째, 생물학적 노화를 기준으로 하여 일단 노화되면 비가역적이라고 하지만 직업적 역할상실과 같은 사회적 노화는 얼마든지 원상회복이 가능하다. 그러므로 노화는 비가역적 특성과 반드시 일치하지 않는다는 점을 고려해야 한다.

이처럼 노화에 관한 개념적 정의에 따라 특징을 살펴보면 다음과 같다.

노화는 유기체 내에서 일어나는 필연적인 것으로 출생에서 죽을 때까지 전 과정에서 일어나지만 노년기에 그 속도가 빨라지며, 신체의 구조나 기능의 변화뿐만 아니라 인간의 적응이나 행동에서 변화 유형을 포함한다(한현지 외, 2022).

3) 노화 과정

노년학이 사회학적으로 주도된 것은 무엇보다 노화 과정에 수반되는 정신영역을 다루는 심리학적 관점이었다. 사회구조와 생활 관계의 조건들에 대한 분석을 연구대상으로 하는 사회학은 사회학적 노년학의 과제들을 넘겨받게 되었고, 노화를 겪는 주체의 입장과 태도에 노화가 미치는 영향들에 관한 심리학적 노년연구에서 두드러지게 나타나고 있다(이종영, 2016). 독일의 노년심리학자 레어(Lher)는 이러한 심리학적 노화연구를 연대기적으로 초창기(1835~1918), 체계정립기(1919~1945), 확장기(1945년 이후)로 구분하였다(김근홍, 2001).

(1) 초창기(1835~1918)

제1기에는 무엇보다도 나이에 의해 조건 지어진 인간 신체 기관의 변화들에 대한 분석이 이루어졌으며, 이는 특히 지적능력 같은 심리학적 요인들과 연관 지어졌다. 이 과정에서 실증적 방법론이 연구에 도입되었다.

(2) 체계정립기(1919~1945)

제2기에는 노화연구가 체계화되기 시작하였다. 특히 구소련연방과 미국에서 이러한 체계화 작업이 활발히 이루어졌는데, 실험적 연구들을 통해서 노인들의 정신적 수행능력이 나이에 따라 무엇이 달라지는지를 파악하는 것이 연구의 주된 목적이 되었다. 이를 위해 여러 가지 실험 절차와 방법들을 개발하였으며, 미국에서 쓰인 웩슬러 실험(Wechsler-Test) 같은 것도 그 가운데 하나이다.

(3) 확장기(1945년 이후)

제3기는 독일에 노화연구가 도입된 시기라고 할 수 있다. 1960년대까지 이 분야에서 논의를 주도했던 것은 나이에 의해 조건 지어진 수행능력과 기능상의 변화에 관한 연구들이었다. 그러나 그 후에는 오히려 사회심리학 방향으로 주제를 설정하게 된다. 이때 무엇보다 중요한 쟁점으로 대두된 것은 나이와 관련된 변화들과 사회적 활동성 및 사회관계 등이다.

2. 노화 이론

1) 노화 이론의 중요성과 다양성

늙는다는 것은 몸의 조직과 기능이 소모되어 낡아져 가고 있음을 의미하며, 노화는 정신적·신체적 기능의 감퇴 또는 쇠퇴를 말한다. 따라서 인간이 노화함에 따라서 인간의 신체와 정신은 변화하고 성숙하게 된다(Brossoie, 2015). 우리나라는 개인과 사회의 노화 현상을 당연하고 쉽게 받아들이는 경향이 있다(방준석, 2021). 인간이라면 누구나 필연적으로 마주쳐야 할 숙명인 노화는 상승적 발달을 뜻하는 성장이나 성숙과는 대립되는 개념으로, 시간의 흐름에 따라 유기체에 나타나는 생물학적, 심리적 및 사회적 측면에서의 퇴행적 발달을 뜻한다(권중돈, 2022). 이것은 노인에게 그대로 해당된다.

노화 이론은 노인이 변화하고 성숙하는 상황을 인지하고 노인이 겪는 어려움을 이해하는 데 도움을 주고 있다. 또한 노인이 겪는 문제를 예방하거나 줄여주는 방안을 설계하는 데 도움을 주고 있다. 특히 노화 이론은 노년기에 얻을 수 있는 좋은 측면을 노인의 복리를 위해 긍정적으로 활용하는 데 도움을 줄 수 있다. 노화 이론은 노년학 분야나 노인의 행복을 위해 중요한 위치를 차지하고 있다.

여러 가지 개인적 요인과 사회적 요인에 영향을 받아 인간의 노화 과정은 복잡하다. 그동안 여러 학문적 관점에서 다양한 노화 이론을 제시해 왔다. 무엇보다도 생물학자와 심리학자와 사회학자는 노화 과정에 대해 여러 가지 이론을 제시해 왔다. 최근에 간호학자도 노화 과정에 대한 이론을 제시해 왔다(Lange et al., 2018; Brossoie, 2015). 노화에 관한 이론은 크게 생물학적 노화 이론, 심리적 노화 이론, 사회적 노화 이론으로 구분된다. 생물학적 노화는 신체의 기관과 체계의 구조 및 기능이 시간의 경과에 따라 변화하는 것이고, 심리적 노화는 축적된 경험에 의한 행동, 감각, 지각기능, 자아에 대한 인식 등이 시간의 변화에 따라 변화하는 것이다. 사회적 노화는 생활주기를 통하여 일어나는 규범, 기대, 사회적 지위 및 역할의 변화 등을 의미한다. 이러한 세 가지 면의 노화는 개인에 따라서 뿐만 아니라 개인 내에 있어서도 각각 다르게 일어나기 때문에 개인 간에 있어서 차이가 있다(임병우 외, 2023).

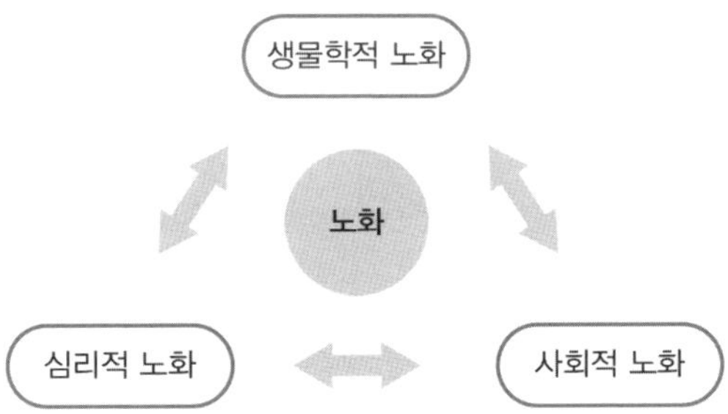

| 그림 2-1 | 세 가지 노화의 관계

2) 생물학적 노화 이론

생물학적 노화는 사람들이 일상생활을 살아나가는 동안 생물학적으로 성숙한 인간들에게 일어나는 모든 규칙적 변화이다(홍숙자, 2012). 생물학적 측면에서 노화는 수정에서 시작되어 사망 시까지 계속되는 과정이며, 세포와 신체조직, 신체기관에 걸쳐 일어나는 기능·구조·생화학적 변화과정으로 볼 수 있다(손유림 외, 2017). 노화와 수반되는 생리적 변화는 일반적으로 각기 다른 속도로, 각기 다른 조직에서 진행되며(조유향, 2008), 노인에게 있어 전신의 체력이 감퇴하는 신체기능 쇠퇴는 활동성을 감소시키고 흥미의 범위를 협소화시키며, 시각, 청각 능력의 퇴화로 말미암아 사고나 상호작용이 점점 더 어려워져 외부적 감각자극을 제대로 받아들이지 못하게 된다(김미옥, 1987). 노화 자체는 병이 아니다. 노화 과정이나 노화에 따라 생길 수 있는 질병에 대한 지나친 염려나 오해는 실제 신체적인 노화로 인한 것보다 더 부정적인 결과를 초래할 수 있으므로 일반적인 노화와 그 과정에 대한 인식과 이해는 필요하다(진영선, 2014).

| 그림 2-2 | 생물학적 인간발달과정

노인 질병의 특징을 보면, 한 가지 이상의 질병을 동시에 앓고 있으며 만성적 질환이 많다. 원인이 불분명하거나 복합적 원인으로 발병되며, 질병의 경과는 길어지고 재발이 쉽다. 한 질병이 경과되고 있음에도 또 다른 새로운 질병이 발병되는 경향이 있다(김정균, 1984). 또한, 몸의 각 부분을 연결하는 조직인 엘라스틴(elastin), 콜라겐(collagen), 레티큘린(reticulin) 등의 감소로 신경통증이 증가하여 운동에 제한이 생겨 근육과 피부 등 조직의 빠른 퇴화가 온다(한영희, 2003). 생물적 노화의 개념에 대해서 스트렐라(Strehler, 1977)가 제시한 판별기준은 다음과 같다.

첫째, 생물적 노화는 모든 사람에게 보편적으로 일어나는 것이어야 한다. 예를 들면, 신체의 면역체계가 약화되는 것은 모든 사람에게 공통으로 일어나는 현상이다. 물론 그 시기나 진행속도에서는 어느 정도의 차이가 있을 수 있으나 결국은 모든 사람에게 일어나는 변화이다.

둘째, 생물적 노화의 주원인은 신체 내적인 데 있어야 한다. 과도하게 방사선에 노출되면 신체적 변화가 생기지만 이것은 신체 외적인데 원인이 있으므로, 이러한 변화는 생물학적 노화현상이라고 볼 수 없다.

셋째, 생물적 노화는 신체적 기능에 부정적인 영향을 미쳐 생명의 종식에 기여하는 것이어야 한다.

넷째, 생물적 노화는 점진적으로 일어나야 한다. 예를 들면, 기능의 상실도 장기간에 걸쳐 서서히 일어나야 한다.

생물적 노화로 인해 신체에 일어나는 구체적인 현상을 살펴보면 다음과 같다(노길희 외, 2023).

| 표 2-2 | **생물학적 노화현상**

신체	외적변화	신체	외적변화
피부	• 주름이 생기고 탄력성이 감소함 • 건조하고 거칠어지며 가려움 • 창백해짐 • 타박상과 물집이 쉽게 생김 • 상처가 빨리 낫지 않음 • 반점과 사마귀 등이 생김 • 모세혈관이 팽창함	체형	• 신장과 근육조직 감소 • 군살이 찜 • 허리가 굵어짐 • 엉덩이가 넓어짐 • 어깨가 좁아짐 • 자세가 구부정해짐 • 가슴이 처짐
머리카락	• 흰 머리카락이 나기 시작함 • 윤기가 없어짐 • 머리카락 양 감소 • 눈썹, 코털이 거칠어짐 • 음모와 액모 양 감소	눈	• 눈꺼풀이 두꺼워지고 처짐 • 눈가에 주름이 생김(까마귀발주름) • 눈이 움푹 들어감 • 수정체가 혼탁해져서 백내장이 됨 • 각막이 생기를 잃음
코, 입	• 코가 넓어지고 길어짐 • 코끝에서 입가로 선이 생김 • 잇몸이 오그라듦 • 입주위에 주름 생김 • 턱이 늘어져서 두 개로 보임	얼굴과 머리	• 뺨이 늘어짐 • 이마가 벗겨짐 • 귀가 길어짐 • 귓불이 통통해짐 • 머리둘레가 커짐

출처: 노길희 외. (2023). 노인복지론. 고양: 지식터. 재구성.

생물학적 노화에 관한 보편적 이론은 정립되지 못하고 있지만, 생물학적 노화의 원인에 대해 여러 가지 이론과 가설이 등장하게 되었다. 여러 이론 중 마모이론, 유해산소이론, 프로그램이론, 면역이론, 스트레스이론, 유전이론, 생리학적 이론 등이 있다.

(1) 마모이론

마모이론(소모이론, Wear and tear theory)은 기계를 장시간 오래 사용하면 마모 현상에 의해 노후되는 것처럼 인체의 어느 부위가 충분히 닳게 되면 기능이 저하된다는 견해인데, 노화를 퇴화의 산물로 보는 입장이다. 오래 탄 자동차의 엔진과 부품이 마모되듯이 우리 몸도 계속 쓰면 낡고 망가진다는 것이다(이정연, 2022). 그러나 유기체는 기계와 달리 손상을 복구하는 특징이 있으며, 운동과 같은 단련을 통해 기능을 향상시킬 수 있다. 세포의 마모 현상은 내적·외적 스트레스에 의해 가중된다(방준석, 2021). 즉, 노화는 인간의 신체 기관이 시간이 지남에 따라 마모되기 때문에 일어난다고 가정한다(유성호 외, 2015).

(2) 유해산소이론

노화에 대한 유해산소이론은 산화기(free radical) 이론이라 하는데, 하먼(Harman)에 의해 제안되었다. 신진대사 과정에서 흡연, 감염, 지나친 운동 등으로 활성산소를 생산하는데 이 산소가 지방질이나 단백질을 파괴하고 세포기능 저하로 노화가 진행된다. 고도로 불안정한 세포 구성물질의 증가로 세포가 비정상적으로 성장하여 노화가 진행된다는 견해로서 산화기 생산을 억제하고 복구하는 과정보다 산화기 축적이 더 빠르면 노화가 진행된다는 것이므로 아동기부터 식이와 환경을 조절하거나 특정 약물을 사용하여 노화를 지연시키는 것이다(방준석, 2021). 체내에서의 손상은 유해산소가 축적되어 세포조직에 손상을 끼칠 때 비로소 일어난다(유성호 외, 2015). 활성산소는 주로 세포 내 대사 또는 염증반응의 일환으로 발생하며, 산화력이 강한 맹독성 분자로 체내의 다른 물질과 결합해 세포를 노화시킨다(한정란, 2015).

(3) 프로그램이론

프로그램이론 또는 예정계획이론(Genetic program theory)이라고 한다. 미리 짜여 있는 유전적 계획에 따라 일어나는 것을 의미한다. 유전정보를 담고 있는 DNA에 우리 몸이 늙어가도록 프로그래밍 되어 있다는 이론으로, 인간이 얼마나 오래 살고, 얼마나 빨리 노화되는지 이미 유전적으로 결정되어 있다는 것이다(이정연, 2022). 유기체의 유전인자 속에는 노화의 속성이 미리 프로그램되어 있어 시간이 경과함에 따라 그 속성이 나타나 키가 줄고 몸무게가 늘고 반응 속도가 감퇴하며 여성에게는 폐경 등이 나타나는 것이다. 유기체가 나이 들수록 세포분열 횟수가 증가하여 특정한 형태로 변화되며 이러한 변화는 예측이 가능하다는 점에서 노화 과정이 사전에 유전적으로 프로그램되어 있다는 주장이다(유정호 외, 2015). 이는 유전적 근거에 따라 피할 수 없는 과정이다.

(4) 면역이론

면역이론은 파괴되지 못한 이물질의 부작용으로 노화를 촉진한다(박성희, 2015). 백혈구가 이물질에 대한 식별능력이 저하되어 이물질을 모두 파괴하지 못하여 누적된 이물질에 의해서 노화가 진행된다. 아직 파괴되지 못한 이물질이 계속 체내에 있으면서 부작용을 일으켜 결국은 노화를 촉진한다는 이론이다. 질병을 인지하고 싸우는 면역체계의 능력이 나이가 증가함에 따라 감소한다고 전제한다(Miller, 1990). 비정상세포는 지지되지 않을 가능성이 크고 결국에는 주요 생리체계기능의 손상으로 유도하여 만성질환 상태를 초래하게 된다(유정호 외, 2015).

(5) 스트레스이론

1930년대에 셀리(Selye)에 의하여 주장된 스트레스 이론(stress theory)은 연령이 증가함에 따라 스트레스 대처능력이 감소한다는 이론이다. 스트레스는 혈관, 내분기계, 소화기계 및 심장계 질환 등 인체 전반에 걸친 스트레스성 병리현상을 나타내며, 체내의 부정적 병리 현상을 유발하여 노화가 진행된다는 이론이다(한현지 외, 2022).

(6) 유전이론

유전이론은 유전적 결정이론, 유전인자 작용 착오이론, 유전자 돌연변이이론으로 설명된다.

① 유전적 결정이론: 유전인자(DNA) 속에 노화의 속성이 미리 프로그램되어 있어 유기체가 일정한 시간이 되면 노화가 진행된다.

② 유전인자 작용 착오이론: 유전인자(DNA)가 단백질이나 효소와 결합하여 생명유지에 필요한 단백질을 형성하는 과정에서 유전정보에 맞지 않는 단백질을 생산할 때 노화 진행된다.

③ 유전자 돌연변이이론: 유전자가 손상을 입으면 정상유전자로 복구되는데 이 시스템이 비정상일 경우 돌연변이 세포 생성이 누적될 때 노화가 진행된다.

(7) 생리학적 이론

생리학적 이론은 신진대사 이론, 칼로리 제한이론, 신경호르몬 이론으로 인해 노화가 진행된다고 한다.

① 신진대사 이론: 신진대사에 필요한 적정수준의 열량 부족으로 인해 노화가 발생된다.

② 칼로리 제한이론: 영양실조, 과다한 영양공급으로 인해 노화가 진행된다.

③ 신경호르몬 이론: 뇌의 시상하부 신호에 의해 분비되는 호르몬 분비가 감소하거나 생화학적 조절 기능이 약화되어 노화가 진행된다.

3) 심리학적 노화 이론

심리학적 노화 이론(psychological theory of aging)의 경우, 정신적 과정, 감정, 태도, 동기, 성격이 삶의 단계가 변함에 따라 발달하는 측면에서 노화를 설명하고 있다(Lange et al., 2018). 심리학적 노화 이론에는 인지이론, 개인자아이론, 발달과업이론 등이 해당한다.

(1) 인지이론

인지(cognition)는 지각, 기억, 판단, 이성, 지성, 의사결정 등 모든 정신적 활동을 설명하는 심리적 능력이다. 인지이론은 인지의 변화로 노화를 설명한다. 인지이론은 유기체적 접근(organismic approach), 기계론적 접근(mechanistic approach), 맥락적 접근(contextual approach), 심리측정적 접근(psychometric approach)을 포함한다.

유기체적 접근은 개인적 경험과 생물학적 능력을 반영하고 생애주기의 여러 단계에 따라 변하며, 인지구조가 질적으로 또 순차적으로 변하는 것이 노화이다. 기계론적 접근은 외부환경에 직접적으로 반응하고 형성되며, 이러한 변화로 인해 쇠퇴하는 것이다. 맥락적 접근은 개방적인 인지시스템에서의 상호반응적 · 양방향적 과정으로 간주한다. 심리측정적 접근은 삶의 전반에 걸쳐 발전하는 인지의 다양한 측면을 중시한다.

(2) 개인자아이론

개인(personality)의 경우, 자아(ego)와 개인적 무의식(personal unconsciousness)과 집합적 무의식(collective unconsciousness)으로 구성되어 있다. 개인적 무의식에서는 삶을 개인적 관점에서 보고 있고, 집합적 무의식에서는 삶을 외부의 관점에서 보고 있다. 대표적인 이론은 스위스의 정신분석학자인 융(Jung)의 이론이다. 융의 이론에 따르면, 인간이 노화함에 따라서 믿음과 자신이 살면서 이룩한 것에 대해 생각하기 시작한다. 융의 경우, 과거를 받아들이고, 자신의 신체적 능력이 줄어드는 상황에 적응하며, 자신에게 중요한 사람들과 교류하지 못하게 되거나 이들이 세상을 뜨는 것에 대처하는 것이 성공적으로 노화한다고 보고 있다(Lange et al., 2018).

자아개념이론이란 다른 사람들과의 상호작용으로부터 나는 어떠한 사람인가에 대한 자아개념을 갖게 되고, 그러한 자아개념이 그 개인의 행동에 영향을 미친다는 이론이다(유정호 외, 2015). 노년기가 되어도 안정적이고 긍정적인 개인(personality)은 유지하고 싶어 하고, 노인에 대한 부정적인 이미지를 극복하기 위해 노력한다는 것이다.

(3) 에릭슨의 발달단계이론

발달단계이론(stages of personality development theory)의 경우, 성격이 발달하는 단계에 주목하고 있다. 성격발달단계와 관련된 대표적인 이론은 에릭슨(Erikson)이 제시한 이론이다(노병일, 2018). 에릭슨(Erikson, 1963)이 제시한 이론의 경우, 성격은 여덟 가지의 연속적인 단계를 거치면서 발달하고 있고, 각 단계에는 발달과 관련된 과제가 있다고 보고 있다. 에릭슨의 이론에 따르면, 마지막 단계인 여덟 번째 단계는 자아의 고결함과 절망감이 갈등하는 단계인데, 이 단계에서는 삶에서 이룬 바를 평가하고 있다(Lange et al., 2018). 그의 이론에서 노년기에 발달 단계의 특징을 자아통합 대 절망으로 설명하였다. 노년기의 발달과업에서 자아통합은 지금까지 살아온 인생 여정에서 후회나 회한으로 절망에 부딪힐 수 있으나, 자신의 한계성을 있는 그대로 용납하고 다가오는 죽음에 대해서도 수용하는 태도를 갖는 것이다. 이에 반해 절망은 삶에서 남은 시간이 없고 다른 삶을 시작하기에는 너무 늦었다는 느낌을 나타내며, 지나온 삶에 대해서도 고통스러움을 느끼고, 죽음에 대해서 공포를 나타낸다. 지혜는 한 시대를 살면서 얻은 지식으로 인생에 대해 초연하면서도 적극적인 관심을 두는 것을 의미한다. 이 단계에서 실패한 결과는 인생이 무의미하다고 느끼는 것이다(이인정 외, 2020).

(4) 하비거스트의 발달과업

하비거스트(Havighurst, 1972)는 생의 발달단계를 6단계로 구분하여 각 발달단계에서 해결해야 할 과업을 제시하였는데, 노년기의 발달과업은 다음과 같다.

① 약화되는 신체적 힘과 건강에 따르는 적응

② 퇴직과 경제적 수입 감소에 따른 적응

③ 배우자의 죽음에 대한 적응
④ 자기 동년배 집단과의 유대관계 강화
⑤ 사회적 역할을 융통성 있게 수행하고 적응하는 일
⑥ 생활에 적합한 물리적 생활환경의 조성

(5) 한국인의 발달과업

김종서 외(1982)는 한국인의 생애주기에 따라 지적, 정의적, 사회적 및 신체적 영역에 속하는 과업을 설정하였는데 다음과 같다.

| 표 2-3 | 한국인의 생애주기 발달과업

영역	발달과업
지적 영역	• 세대차와 사회변화 이해 • 은퇴생활에 필요한 지식과 생활 배우기 • 정치, 경제, 사회, 문화에 대한 최신동향 알기 • 건강증진을 위한 폭넓은 지식 찾기
정의적 영역	• 적극적으로 일하고 생활하는 태도 유지 • 취미를 계속 살리고 여가를 즐겁게 보내기 • 정년퇴직과 수입 감소에 적응하기 • 소외감과 허무감을 극복하고 인생의 의미 찾기 • 배우자 사망 후의 생활 적응하기 • 동료 또는 자신의 죽음에 대해 심리적으로 준비하기
사회적 영역	• 동년배 노인들과 친교 유지하기 • 가정과 직장에서 일과 책임을 합당하게 물려주기 • 가정이나 사회에서 어른 구실하기 • 자녀 또는 손자들과 원만한 관계 유지하기
신체적 영역	• 줄어가는 체력과 건강에 적응하기 • 노년기에 알맞은 간단한 운동을 규칙적으로 하기 • 건강유지에 필요한 알맞은 섭생하기 • 지병이나 쇠약에 대해 처방하기

출처: 이해영. (2019). 노인복지론. 서울: 창지사.

4) 사회적 노화 이론

사회적 노화 이론은 생물학적으로 늙어가는 과정보다는 사회적·문화적 환경 등 다양한 맥락에서 사회적 역할상실과 사회적 신분의 하락과 관련된 문제를 다룬다. 이 이론에서 연령이 중요한 기준이 되는데, 연령이란 단순히 살아가는 세월을 의미하는 것이 아니라 경제활동, 사회활동 그리고 문화적 변화를 경험한 개인의 '제도화된 경력'을 의미한다(Kohli, 1978).

사회적 노화 이론은 역할이론, 분리이론, 교환이론, 활동이론, 지속이론, 사회적 와해이론, 하위문화이론, 현대화 이론, 연령계층이론, 노년초월이론, 낙인이론, 사회유리이론, 정체감 유지이론 등이 있다.

(1) 역할이론

역할이론(role theory)은 각각의 개인이 노화와 관련하여 어떻게 대응하고 적응할 것인가를 설명하기 위한 시도 중의 하나로서 1960년대 말에서 1970년대 초기에 보편적으로 사용된 이론이다(Cottrell, 1942). 노인의 단계에 접어들게 되면서 은퇴 등으로 인한 직업상실이나 배우자의 사별과 같은 상황을 경험하게 되고 이를 대체할 수 있는 적합한 역할을 획득하지 못하면 상실로 인해 자존감이나 자아정체감이 소실된다는 것이다. 반면에 새롭고 이를 대체할 만한 역할을 찾아 적응하며 살아가는 노인의 경우에는 사회의 아웃사이더가 아닌 사회 구성원으로 통합되어 남은 삶을 보람 있게 살아나간다는 것이다. 따라서 노인들에게 역할상실에 대처하는 방법을 학습하고 사회화시키는 것이 중요한데 은퇴계획과 같은 개입을 통해 이전의 직업 역할로부터 여가 역할 또는 자원봉사 역할로 전환케 한다든가 또 다른 직업을 갖도록 준비시키는 것은 적절한 대처법이라 할 수 있다(남기민, 2011). 다만 역할이론은 사람들의 독특한 정신적 과정을 고려하지 못하고 있을 뿐 아니라 사람들의 주관적이고 심리적인 기능을 평가절하하고 있다는 점에서, 또한 문화, 사회계급, 그리고 권력의 영향을 과소평가하고 있다는 비판을 받고 있다(Richardson et al., 2006).

(2) 활동이론

활동이론(Activity theory)은 분리이론과 상반되며, 지속적인 사회적 활동이 중요하다는 점을 강조한다. 따라서 노년기에 만족스럽게 지내기 위해서는 어떤 일에 몰두하고 관여하는 것이 필요하다고 본다. 결국 사회의 모든 연령층에 있는 사람들에게 있어서 자신들의 사회적 활동이 자기 생활에 중요한 영향을 미친다는 이론이다. 그리고 노년은 중년의 연장일 뿐이라고 보는 입장이며, 정상적인 노화과정은 중년기의 활동과 태도를 가능한 한 유지하는 것이 도움이 된다고 본다. 또한 노인계층은 사회활동에 있어서 참여 정도와 생활의 만족도 사이에 긍정적 상관관계가 있다고 한다. 불가피한 신체적 변화를 제외하고는 중년기와 근본적으로 동일한 심리적·사회적 욕구를 지니고 있으므로 지속적인 사회활동으로 인해 개인적인 만족을 얻으며 사회적인 품위를 유지할 수 있다는 시각이다. 활동이론을 처음으로 제시한 하비거스트(Havighurst)와 올브레체트(Albrecht)에 따르면, 사회는 퇴직한 사람이 자신의 지역사회에서 활동하며 지내기를 원한다.

인간은 활동할 힘이나 능력이 있을 때까지 그것에 맞게 활동을 하다가 점차 노화로 인해서 더 이상 활동할 수 없게 될 때 사회에서 점차 물러나야 한다는 것이다. 많은 이들로부터 지지를 받는 이론이지만 이와 같은 이론이 일괄적으로 모든 사람에게 적용하기에는 한계성을 갖고 있으며, 그에 대한 설명은 다음과 같다.

첫째, 개인에 따라 노년의 건강이나 능력에 큰 차이가 있으며, 노후에 활동보다 휴식을 선호하는 이들도 있기 때문이다.

둘째, 노년의 소일거리나 자원봉사 활동은 직업에 의한 사회적 역할을 온전히 대체하기는 어렵다는 점에서 활동이론은 한계가 있다는 비판을 받는다.

노화는 사회적 상호작용의 감소가 노인에 의해서 시작되는 것이 아니라 사회외적인 환경에 의해서 강요된다고 보고 있다. 그러므로 노화과정에서 발생하는 개인적 활동과 역할의 감소가 새로운 활동과 역할로 대체될 때 생활에 대한 만족감이 높아지고, 사회적으로 활동을 유지하려는 사람이 훨씬 긍정적인 자아 이미지와 사회적 통합, 그리고 생활에 있어서 만족을 성취하고 성공적인 노화를 맞이

한다는 것이다.

사회학자들은 노년기의 역할 변화에 의해 생기는 자아개념의 긴장해소를 가장 중요한 성취과업으로 보았다. 그러므로 노후의 생활만족은 개인이 적절한 사회활동을 유지할 때 일어난다고 주장하는 반면, 활동이 적은 노인은 일상생활의 요구에 성공적으로 대처하는 데 어려움이 생긴다. 이에 활동하는 것은 노년기가 부정적으로 미치는 영향을 늦추는 데 도움을 준다고 보고 있다. 일부 학자는 활동이론을 받아들이지 않고 있다. 예를 들어, 활동이론을 비판하는 학자의 경우, 활동이론은 신체적 능력, 재정적 상태, 사회적 자원을 이용할 수 있는 정도는 노인이 선택하는 것을 제약하는 경우가 많다는 점을 고려하지 못하고 있다고 주장하고 있다. 그러나 활동이론이 비판을 받고 있음에도 불구하고 활동이론의 주요한 내용은 많은 학자의 지지를 받고 있다. 다만 활동이론에 근거한 연구에서는 교류하는 횟수보다는 활동의 형태가 더 중요하게 고려하여야 할 요소인 경우가 많다(Lange et al., 2018).

(3) 분리이론

분리이론(Disengagement theory)은 최초의 노년사회학 이론으로 은퇴이론이라 불리기도 한다. 사람의 연령이 높아질수록 자신의 활동을 줄이고 좀 더 수동적인 역할을 추구한다는 이론으로 노인들이 왜 사회의 중심에서 이탈하는가를 설명하기 위해 개발되었다(Cumming et al., 1961). 분리이론(disengagement theory)의 특징은 사회와 관계로부터 서서히 분리하는 데 있다고 주장하고 있다. 노인이 되면 타인과의 상호작용이 감소하게 되고, 자신의 내적 삶에 더욱 열중하여 사회와 분리되는 과정을 거치는 게 자연스러운 것으로 본다. 노인은 젊은이보다 건강이 취약하고 죽음의 가능성이 더 높기 때문에 개인 측면에서 최적의 만족과 사회의 지속적 발전을 유지하려면 노인과 사회가 상호 분리되어야 한다는 것이다. 그리고 책임을 노인층으로부터 젊은 층에게 넘김으로써 사회는 계속해서 제 역할을 할 수 있게 된다. 노인이 분리하면 노인과 사회 모두에게 매우 만족스러운 새로운 균형이 나타난다고 보고 있다. 따라서 노화로 인한 은퇴는 자연스러운 것이다. 은퇴는 노인들로 하여금 어느 정도 사회적 역할에서 이탈하도록 해 주는 대표적인 사건이라고 할 수 있다. 노인이 사회에서 분리되어야 하는 이유를 정리하면 다음과 같다(김미자 외, 2023).

첫째, 노인이 되면 사회적 역할이나 활동, 자아투입량이 크게 줄어들기 때문에 분리되어야 한다.

둘째, 노인이 되면 가정이나 사회에서 할 수 있는 역할이 축소되기에 분리는 불가피하다.

셋째, 신체적 노화로 인해 적극적 활동으로부터 점차 에너지를 축소하는 것이 정상적이고 성공적인 노화과정이므로 분리되어야 한다.

넷째, 노화로 인한 질병은 부정적인 의미로서 해석될 수 있으나 실제 치료나 회복에 있어서 가능성이 적다는 점에서 분리되어야 한다.

다섯째, 노년기는 인생을 마무리하고 죽음을 앞둔 시기이기에 사회와의 분리는 자연스러운 것이다.

그러나 은퇴의 적절한 시기는 사회의 문화와 개인에 따라 다르며, 오히려 노인을 버리고 싶어 하는 문화가 노인의 이탈을 합리화한 것이라고 비판한다. 또한 분리이론에서 주장하는 바는 현재 상황과 어울리지 않고 있다. 무엇보다도 인간 수명이 늘어남에 따라 사회는 노인이 중요하게 이바지할 수 있다고 보는 방향으로 나아가고 있다(Lange et al., 2018). 따라서 분리이론은 크게 비판받고 있으며, 비판적인 시각의 이유는 다음과 같다(김미자 외, 2023).

첫째, 노인들도 활발한 사회참여를 통해 더 높은 만족감을 느끼는 사람이 있는 반면 반대로 참여보다는 모든 것을 내려놓고 편히 쉬는 것을 선택하는 사람도 있다. 따라서 사회적 분리에 대하여 만족하는가 아닌가는 노화에 따른 획일적인 결과라기보다는 개인의 성격에 따라 다를 수 있는 것이다.

둘째, 노인이 직업적 역할을 상실한다고 하더라도 자원봉사나 사회에 기여할 수 있는 활동과 조부모로서의 역할 등 기존과는 다른 개인적이고 사회적 활동에 계속해서 참여할 수 있기 때문에 분리의 시각으로만 노년기를 바라보기에는 어려울 수 있다.

셋째, 분리는 서서히 점진적이며 자연스럽게 일어나야 하며, 사회제도에 의해서 강제적이고 인위적으로 진행되는 것은 바람직하지 않다. 건강이나 죽음 등과 같이 어쩔 수 없는 상황이 아니라면 분리보다는 적극 참여토록 하는 것이 나은 방법이라 할 것이다.

활동이론과 분리이론을 비교해보면 알 수 있듯이, 분리이론에서 주장하는 바는 활동이론에서 주장하는 바와 크게 대조되고 있다(노병일, 2022b).

(4) 교환이론

교환이론(exchange theory)은 공리주의와 행동주의의 영향을 받은 사회학적 이론이다. 인간은 합리적인 존재로서 보상에 있어서 극대화시키고 비용에 있어서는 최소화하는 경제적 행동이나 인간관계를 선택한다. 즉 개인과 집단 사이에 교환이 지속된다면 교환에 참여하는 사람이 그 상호작용에서 이득을 얻는 한 지속된다고 본다(Homans, 1961). 사회적 상호작용은 서로 만족시킬 수 있는 사람 간에 일어나며, 노인의 사회적 상호작용 감소는 사회적 상호 교환관계에서 힘의 감소에 의한 결과이다.

현대 산업사회에서의 노인은 상실된 경제력, 지식 및 기술의 낙후, 가족과의 유대관계 감소 등 충분한 교환자원을 소유하지 못함으로써 교환관계에 있어서 불리한 상황에 놓이게 되어 노인의 교환가치가 감소하거나 약화되어 사회적 상호작용에서 소외된다. 다시 말해서, 노인이 되면 개인적 건강, 사회적 대인관계, 경제적 수입 등 권력의 원천이 줄어들어 사회와 노인 사이에 교환의 불균형이 일어나게 되므로 노인의 사회 내 상호작용은 감소하거나 단절된다. 따라서 현대 사회에서 노인의 지위 하락으로 이어지며 그로 인하여 노인문제가 야기된다. 하지만 이와 같은 이론에 대해서 모든 인간이 개인적 이익만 중시하는 이기적 존재는 아니라는 점과 경험의 가치는 외면한 채 노화를 일방적인 능력의 저하와 쇠퇴로 바라보는 견해는 연령 차별적인 시각이라는 점에서 비판이 제기되고 있다.

(5) 지속이론

지속이론(continuity theory)은 성인이 되면서 평생 구성하게 되는 특수한 습관, 성향, 개인적 흥미, 목적, 소속감 등이 개인의 성격 일부분이 된다는 견해이다. 노인 자신의 건강이나 생활환경이 변화함에도 불구하고 노인은 살아가면서 내적 특징과 외적 특징을 보존하고 유지한다는 주장이다. 노인은 나이가 들어감에 따라 잃어버린 역할을 비슷한 형태의 역할로 대체하고 전형적인 환경적응 방식을 유지하면서 일관된 행동패턴을 유지하는 경향이 있다고 본다. 또한 개인은 극적으로 변하는 것이 아니며 성격도 전 생애를 통해 비슷하게 지속되고 삶의 만족도는 일생의 경험과 현재 활동, 생활방식 등이 일관성에 의해 결정된다는 것이다(Hooyman et al., 2008; Neugarten et al., 1968).

성격은 역할과 삶의 만족도에 영향을 미치고 사는 동안에 변함이 없다고 보고 있으며, 인간이 노년기에 이르렀을 때 잘 발달한다고 보고 있다. 그러나 변화가 있다면 오래된 방법과 새로운 요구 간의 갈등으로 오래된 방법을 억제할 때 나타난다. 다만 어느 정도의 합리성과 타당성을 지니고 있으나 노화에 대한 개인의 반응이 신체적, 심리적 변화나 개인의 행동패턴 등 다양한 상호관계를 통해 설명되기 때문에 검증이 어렵다는 점과 분석단위가 개인에게 초점을 맞추고 있기 때문에 외부 사회적 요소들의 역할을 간과한다는 점에서 비판받고 있다(Hooyman et al., 2008).

(6) 사회적 와해이론

사회적 와해이론(social breakdown theory)은 인간의 행동은 환경적 영향에 의해 획득되고 유지되며 수정된다는 행동주의 심리학을 기반으로 한다. 노화를 노인이 몸담고 살아온 사회적 환경이나 상황과 매우 밀접한 관계가 있는 것으로 본다(김미자 외, 2023). 노인은 부적절한 행동에 대해 사회적 비판을 받게 되면 의존적 존재가 되고, 장점과 능력을 인정받으면 자율적 존재가 되는데, 일반적으로 사회가 노인을 부정적으로 인식함에 따라 노년기의 사회관계와 사회참여가 위축된다. 사회가 노인에게 은퇴를 강요하게 되면 노인은 자신감 상실과 정서적 불안 등으로 부적절한 행동을 하고 의존적 존재가 되어 문제를 경험하게 된다(고명석 외, 2021). 노인을 능력이 없는 하찮은 존재로 보는 사회의 편견은 심리적으로 약해져 있는 노인에게 부정적 자기 인식을 갖도록 만들고, 이러한 노인의 부정적인 자아정체감이나 자기 인식은 노인의 사회적인 관계성이나 활동에 부정적인 영향을 미치게 하며, 그런 노인의 모습은 다시 노인에 대한 부정적인 사회의 편견을 보다 강화한다(김미자 외, 2023). 사회적으로 인식된 부정적 환류가 부정적 인식을 강화시키는 순환적 틀이 되어 노인의 사회적 관계와 활동을 어렵게 만들고 외부인에게 도움을 요청하게 되면 이러한 과정 자체는 '문제 있는, 무능한 취약자'로 낙인되고 이러한 낙인 속에서 다시 외부의 도움을 요청하는 순환적 관계에 빠지게 되고 결국 사회적 와해 증후를 초래한다는 이론이다(최원석 외, 2011). 결국 노인은 이러한 악순환의 틀 속에 갇힘으로써 사회적으로 와해되어 간다는 것이다. 이러한 사회적 와해이론은 노인을 적극적인 자기 인식 없이 그저 사회적 평가나 사회적인 인식에만 종속된 존재들이라고 본다는 점에서 비판받고 있다(김미자 외, 2023).

(7) 하위문화이론

하위문화이론(subculture theory)은 노인이 속한 문화에 계속해서 참여하고 발전시켜 나가는 것이 성공적인 노화에 크게 도움이 된다는 견해이다. 하위문화이론의 경우, 노인은 자기들끼리 어울리기를 좋아한다고 주장하고 있다. 노년기의 동질적이고 공통적인 관심과 특성, 의식, 노인에 대한 사회 편견 등이 노인집단의 결속력과 상호작용을 촉진시키고 노인들만의 특유의 규범과 가치를 만들어 내도록 자극한다는 것이다(고명석 외, 2021). 이러한 이론은 긍정적인 측면에서 보면 노인을 활동적 존재로 인식하고 노인이 속한 사회에 영향력을 인정한다는 점에서 의미를 갖지만 노인 간의 개인차와 다양성을 과소평가했다는 점과 노인이 살아온 환경과 문화 및 인간관계의 여러 차이에 대해서도 간과했다는 점에서 한계성을 드러내기도 한다(김미자 외, 2023). 그러나 오늘날의 노인은 사회적으로 활발하게 지내는 경우가 많기 때문에 하위문화이론은 비판받고 있다(노병일, 2022a).

(8) 현대화 이론

현대화 이론(modernization theory)은 사회가 변화되어 가는 과정에서 현대화는 당연하며, 노인의 사회적인 지위의 하락이나 역할의 축소는 이러한 현대화 과정에서 필연적인 것으로 보는 관점이다(김미자 외, 2023). 전통사회에서 노인들은 전통적인 지식을 수단으로 지위나 역할이 절대적이었다면 산업화된 사회에서는 노인들의 지위가 상대적으로 감소한다는 것이다(고명석 외, 2021). 왜냐하면 보건의료기술이 발전하고, 생산기술이 발전하며, 도시화와 교육의 대중화가 이루어지면 현대화의 요인들이 노인의 지위를 하락시킨다는 것이다(Cowgill et al., 1972). 그러나 현대화 이론에 대한 비판적인 시각이 적지 않다. 역사적으로 산업화 이전의 사회에서 모두가 노인들의 지위가 절대적으로 높았던 것은 아니라는 사실이다. 또한 산업사회에서는 노인의 지위가 낮았지만, 후기 산업사회로 와서는 오히려 노인의 지위와 권력이 더 높아지고 있어서, 현대화될수록 노인 지위가 하락한다는 주장은 적절하지 않다. 그리고 보편적 구조의 당위성을 고집함으로써 문화, 인종, 계층, 성의 다양성이 노화에 미치는 영향들을 간과하였다는 것이 가장 크게 비판받을 만한 점이다(김미자 외, 2023).

(9) 연령계층이론

연령계층이론(age stratification theory)은 라일러와 포너(Riley & Foner)에 의하여 제기된 이론으로 사회가 경제적 계급에 의해 계층화되는 것과 마찬가지로 청년, 중년, 노년으로 연령에 따라 계층화된다는 것이다(Riley et al., 1968). 사회는 기본적으로 연령등급에 의해 연령계층으로 구성되어 서열화되어 있다고 가정한 이론이다.

각각에 다른 연령집단에 속한 사람들은 기대되고 수행되는 사회적 역할이 다를 수밖에 없다. 하나의 연령계층에 소속된 사람들은 동일한 문화권에서 서로 유사한 역사적인 경험을 통해 성장하게 됨에 따라 유사한 가치관과 태도를 만들어가기 때문에 다른 연령집단과 구분되는 특징이 있다. 사람들은 생활과 사회구조의 상호작용을 중시하고 사회적·심리적·생리적 요소들의 상호의존성을 강조함으로써 연령을 더 넓은 시각에서 보고 있다.

노화에 따른 권력의 약화, 사회배분 구조에서의 소외로 인하여 노인은 세대 간 차이를 느끼고 낮은 서열로 밀려나게 됨으로써 문제를 경험하게 된다. 때문에 노인계층은 다른 계층과 사회적 기대와 역할이 달라짐으로 노인은 이전까지 누리던 역할과 권력 등이 약화되면서 배분과정에서 소외되어 간다. 즉, 노화에 따른 권력의 약화, 사회배분 구조에서의 소외로 인하여 노인은 세대 간 차이를 느끼고 낮은 서열로 밀려나게 됨으로써 문제를 경험하게 된다(임병우 외, 2023).

이와 같은 연령계층이론에 대해서도 비판이 제기되는 이유는 노인 개개인이 지니는 의미와 의도는 무시한 채 동일한 연령집단으로서만 조명하고 사회적 역할만을 지나치게 강조함으로써 개인의 자율성을 무시하는 문화결정론(구조결정론)의 형태를 암시한다는 지적도 있다(김치영 외, 2014).

(10) 노년초월이론

노년초월이론(gerotranscendence theory)은 노인은 물질적 관점이나 합리적 관점에서 초월하고 인류적인 관점도 변화하며, 자연스럽게 삶의 만족도가 증진된다(고명석 외, 2021). 노년기가 되면 시간, 장소, 대상에 대한 관점이 변하고 과거 및 미래 세대와의 친밀성이 증가하며, 삶에 대한 지각이 변화하고 죽음에 대한 공포가 사라지며, 숨겨져 있던 자아의 특징을 발견하고 자아중심성이 줄어들며, 이타성을 회복하고 자아통합 상태에 도달한다(노병일, 2022a).

노인이 성공적으로 변화하기 위해서는 외부에 주목하고, 다가올 죽음을 받아들이며, 세대 사이에 서로 어울리고 우주와 하나가 되는 것을 노년초월이론에서 보는 관점이다(Lange et al., 2018). 또한 노년초월이론은 분리이론에 근거하는 측면이 있다. 그러나 분리이론에서는 발달하는 과정에서 사회적 분리는 필요하고 자연스러운 것이라고 주장하지만, 노년초월이론에서는 이런 주장을 받아들이지 않고 있다(Lange et al., 2018).

(11) 낙인이론

낙인이론(labelling theory) 사회심리학에서 일탈행위를 설명하는 한 방법으로 사람들이 일탈된 사람이라고 간주한 사람에 대해 어떻게 행동하는지에 초점을 맞춘다. 사회가 노인을 비생산적이고 쓸모없는 존재로 규정하면, 노인은 이러한 사회적 규범과 낙인에 맞추어 행동하려는 경향이 있다.

(12) 사회유리이론

사회가 노화된 개인을 사회에서 밀어내고, 개인도 사회에서 나가고 싶어 하게 되어 사회구성원인 다른 사람과 노인의 상호작용이 줄어들게 된다는 것이 주된 내용이다(고명석 외, 2021). 이 과정은 개인 자신 혹은 다른 사람에 의해 시작될 수 있다.

(13) 정체감 유지이론

에췰리(Atchley)에 의해서 제기된 이론으로 직업적인 일에만 전적으로 전념하는 것이 아니라 다른 여러 가지 일이나 역할과 관련되어 있으므로 퇴직 후에도 참여하여 정체감을 유지해야 한다는 이론이다(Atchley, 1971).

3. 노화에 대한 인식

오늘날 사회에서는 노화에 대해 부정적으로 인식하기도 하고 긍정적으로 인식하기도 한다. 노년기는 여러 가지로 어려움을 겪는 시기이다. 따라서 노인이나 기타 사회구성원은 노화에 대해 부정적으로 인식할 수 있다. 노화에 대한 부정적 인식은 나이가 드는 것과 더 많이 아프게 되는 것이며 노인에게는 새로운 기술을 가르칠 수 없다는 것이다(Chen, 2001). 그러나 노화에 대한 긍정적 인식은 노년기는 새로운 환경과 기회를 맞이하는 시기이다. 노화에 대해 긍정적으로 인식하는 예로, 나이가 드는 것은 자유를 누리고 지혜를 쌓고 삶을 즐기는 것이라고 인식하는 것이 있다(Chen, 2001).

대부분의 사람은 노화와 관련해 긍정적 측면보다는 부정적 측면을 생각하는 경우가 많다. 따라서 모든 사람은 노화를 잘하고자 관심을 가지게 된다. 모든 사람이 원하는 노화는 바람직한 노화일 것이다. 바람직한 노화와 관련해 일반적으로 사용하고 있는 용어는 '성공적 노화(successful aging)'와 '건강한 노화(healthy aging)'가 있다. 성공적 노화와 건강한 노화에 대해 구체적으로 살펴보면 다음과 같다.

1) 성공적 노화

(1) 성공적 노화의 정의

1980년 중반에 이르기까지 노년학 연구에서는 생물학적 노화, 심리적 무기력, 장애, 질병, 사회적 의존성 등 부정적 측면 연구에 편중하는 경향이었다(이규석, 2018). 성공적 노화가 관심을 받게 된 것은 1986년 미국 노년 사회학회에서 성공적 노화라는 주제를 채택하면서 시작되었고, 특히 로우와 칸(Rowe & Kahn, 1987)이 발표한 논문 '인간노화'가 성공적 노화 연구에 촉매제 역할을 하였다(신해윤, 2022). 이후에도 노화연구자들은 로우와 칸이 성공적 노화와 관련해 주장한 것이 아직도 관련이 있는지에 대해 연구하고 있다(Menec, 2003; Castel, 2018). 점차 노인 인구가 증가함에 따라 건강하게 되고 경제적 여유가 생기면서 노인들의 지적 수준이 높고 사회활동에 왕성하게 참여하는 노인 인구의 증가에 따라 성공적인 노화에 여러 학자의 관심은 더욱 증폭되었다(권중돈, 2022; 이규석, 2018). 그러므로 성공적 노화를 하는 노인은 더 오래 살고, 또한 나이가 듦에 따라서 기능이 낮아지는 정도가 훨씬 더 적은 것으로 나타나고 있다(노용균, 2007).

성공적인 노화에 대한 준거는 문화적, 사회적 배경에 따라 각기 다양한 시각에서 볼 수 있다(김진숙 외, 2018). 로우와 칸(Rowe et al., 1998)은 성공적 노화란 신체적, 정신적, 사회적으로 안정된 품위를 지키며 나이 드는 것으로 정의하며 규칙적인 신체활동, 강한 사회적 지지 체계, 그리고 삶에 대한 도전에 대처할 수 있는 믿음을 강조하였다(함혜근, 2017).

성공적 노화(successful aging)란 노화와 관련된 각종 상실의 영향을 최소화하는 반면에 노후의 긍정적인 요소를 극대화하는 것을 의미한다(유성호 외, 2015). 글래스(Glass, 2003)는 인지적, 사회적, 정서적 기능을 유지하고 삶의 질과 질병이 없는 상태로, 엘리자베스 등(Elizabeth et al., 2004)은 신체적, 심리 및 사회적 건강을 압축하는 다차원적인 결합체를 성공적 노화로 정의하였다(최미진, 2019). 또한 플루드(Flood)의 경우, 성공적 노화는 개인이 의미 있다고 보는 방식으로 신체적 · 심리적 · 사회적으로 관여하는 상태를 유지하는 것이라고 정의한다(Lange et al., 2018).

(2) 성공적 노화 모델

발테스와 발테스(Baltes et al., 1990)는 전 생애발달 심리학 관점에서 보상을 수반한 선택적 적정화 모델을 제안하였는데, 이 모델을 통해 개인이 노화과정에서의 변화에 어떻게 적응하는지를 세 가지 과정으로 설명하고 있다(함혜근, 2017).

첫째, 노인들은 노화와 관련된 변화에서 활용할 수 있는 기능을 선택하며, 이는 자신의 만족감과 통제력을 유지하기 위해 조절하는 개인적 적응을 보여주는 것이다.

둘째, 선택한 기능을 희망하는 수준으로 최대화하는 적정화 과정을 거치며, 이는 노인들이 이러한 과정을 지속해서 수행할 수 있는 역량을 가지고 노화와 관련된 변화를 조절하여 성장하는 잠재력을 가지고 있음을 의미한다.

마지막으로 보상은 선택한 상황에 대한 효율성이 감소할 때 학습, 보조기구, 외부적 도움 혹은 심리적 보상 기제 등으로 상실을 보상하는 전략을 이용하는 것이다.

로우와 칸(Rowe et al.)은 적극적이고 지속적으로 인생 참여를 통해 성공적인 노년기를 영위해야 한다는 사회참여모델을 제시하였다(Rowe et al., 1998). 이는 성공적 노화에는 세 가지 주요한 행동 특성이 나타나는데, 첫째, 질병에 의한 장애 위험이 적고, 둘째, 높은 수준의 인지기능 유지 및 신체기능 유지, 마지막으로 적극적인 인생 참여를 성공적 노화의 지표로 보는 활동적인 노년을 강조하면서 노화를 발달과 성장을 포함한 긍정적 관점으로 제시하였다(최미진, 2019).

발테스 등(Baltes et al.)은 성공적 노화 지표를 일곱 가지로 제시하였는데, 그것은 수명 및 신체적 건강, 정신적 건강, 인지적인 효능, 사회적 유능성, 생산성, 개인적인 통제, 성공적 노화로 구성된다고 보았다(이규석, 2018; Baltes et al., 1990). 홍현방(2002)은 성공적 노화에 관한 구성 요소들을 심도 있게 연구하였는데 그에 따르면, 성공적 노화는 일차원적인 것이 아니라 다차원적이며 심리적인 발달 차원으로 자아개념과 통제감, 사회적 관계 차원으로 사회적 접촉, 가족과의 접촉, 신체적인 건강과 정신적 건강으로 구성된다고 보았다(이규석, 2018). 김진숙 외(2018)는 성공적인 노화에 대한 요소들을 다음과 같이 제시하였다.

| 표 2-4 | 성공적인 노화 요소

노화 요소	내용
신체적 건강	• 질병이 없고 건강한 상태로 일상적인 활동과 가벼운 운동을 스스로 할 수 있는 수준의 건강한 신체
경제적 건강	• 은퇴 후 경제활동을 지속하지 않더라도 개인 또는 부부가 사용할 수 있는 정도의 충분한 재산
삶의 적응력	• 가족이나 친지를 의존하지 않고 자기 스스로 독립적인 생활을 하며 살아갈 수 있는 능력
가족의 결속	• 노인에게는 자기 문제 외에 가족 문제, 그리고 가족과의 관계 문제가 성공적인 노화의 중요한 요소
심리적·정서적 안정감	• 독립심, 자기효능감, 긍정적 사고, 수용, 적응성, 진취적 사고, 적극적 사고 등이 심리적·정서적 안정감에 영향을 주는 요인
종교적 활동	• 인간은 자신이 어떻게 할 수 없는 부분이나 죽음과 같이 경험해 보지 못하는 것에 있어서 종교 또는 영적인 충족이 필요

출처: 김진숙 외. (2018). 노인교육론. 고양: 공동체.

성공적 노화는 여러 가지 요소 또는 차원을 포함하고 있다. 실제로 로웨와 칸은 성공적 노화를 다음과 같은 세 가지 주요한 요소를 설명하는데, 첫째, 장애나 질병이 없는 상태, 둘째, 높은 수준의 인지적 능력과 신체적 능력, 마지막으로, 다른 사람과 의미 있게 교류라고 하였다(Castel, 2018). 그러므로 성공적 노화를 하는 노인은 더 오래 살고, 또한 나이가 듦에 따라서 기능이 낮아지는 정도가 훨씬 더 적은 것으로 나타나고 있다(노용균, 2007).

2) 건강한 노화

(1) 건강한 노화의 정의

세계보건기구는 2002년에 '활발한 노화(active aging)'를 정책의 기준으로 제시하였다. 그 후에 2015년에 '활발한 노화' 대신 '건강한 노화'와 관련된 사업에서 주목하고 있다. 건강한 노화는 노년기에 복리를 누릴 수 있게 하는 기능적 능력(functional ability)을 키우고 유지하는 과정이라고 보고 있다. '기능적 능력'이란 모든 인간이 자신이 가치 있는 존재가 될 수 있게 하고 또한 자신이 가치 있다고 생각하는 것을 할 수 있게 하는 능력을 말한다.

건강한 노화를 이룩하는 것과 관련해서 고려해야 할 점은 첫째, 노인은 다양하기 때문에 누구에게나 적용되는 대표적인 노인은 존재하지 않는다는 것을 의미한다. 둘째, 노인의 능력과 환경이 다양한 이유는 인간이 살아가면서 유리한 점과 불리한 점이 계속해서 영향을 미치기 때문에 많은 노인은 능력과 환경이 똑같지 않다.

(2) 성공적 노화와 건강한 노화

성공적 노화에서도 건강은 중요한 요소라고 보고 있기 때문에 성공적 노화와 건강한 노화는 서로 밀접하게 관련된다고 볼 수 있다(노병일 외, 2015).

건강하게 잘 늙어가는 삶, 노년기를 성공적으로 보내는 것은 주요 관심사로, 성공적 노화와 관련된 노년학 용어는 기원전 44년 키케로(Cicero)에 의해 훌륭한 노화(good aging)의 본질을 다룬 수필에서 시작된다(최미진, 2019). 성공적 노화란 노화와 관련된 각종 상실의 영향을 최소화하는 반면에 노후의 긍정적인 요소를 극대화하는 것을 의미한다(윤경아 외, 2012). 성공적 노화 이론을 주장한 발테스 부부는 노년기에도 노인이 다른 인생의 시기처럼 발전을 계속할 수 있을 때 성공적인 노화를 경험하게 된다고 주장하였다(박성희, 2015).

이상적으로는 노화과정과 관련된 변화들은 오랜 기간에 걸쳐서 점차적으로 일어나는 것이다. 만일 이러한 변화의 영향을 최소화하는 데 필요한 신체적 또는 행동적 적응이 훨씬 더 쉬워진다(김동희 외, 2003).

건강한 노화는 저절로 일어나지 않는다. 건강한 노화는 미래에 대한 계획을 요구하는데 우리는 모두 그렇게 할 수 있는 능력을 갖추고 있다. 폴과 월튼(Paul & Walton)에 따르면 "자신이 젊을 때 목표하는 것은 50대, 60대, 70대, 그리고 80대일 때의 당신에게 영향을 미칠 것이다. 축 늘어진 근육, 빠진 이, 주름살, 나쁜 시력, 딱딱한 관절, 나빠진 기억, 침울함, 만성적 질병들, 이러한 것들을 조정할 수 있다. 노년기의 건강과 밀접하게 관련되어 있는 좋은 건강의 습관을 통하여 퇴화의 결과를 예방하고, 지연시키고, 감소시키며, 심지어 되돌릴 수도 있다."라고 하였다. 자신의 건강습관을 증진시키는 것은 어느 연령에서든지 커다란 차이를 만들 수 있다. 하지만 말할 필요도 없이 빨리 시작할수록 더 좋은 결과를 거둘 수 있을 것이다(김동희 외, 2003).

한 개체의 노화기 전을 설명하려는 시도는 오랫동안 여러 학자에 의해서 계속되어 왔다. 그 결과 많은 가설이 나왔고, 가설마다 그 배경을 설명할 수 있는 실험관측들이 뒤따랐다. 그러나 노화를 연구하는 실험에 의해 누구나 공감할 수 있는 가설이 도출되지는 못했다. 현재까지 제안된 대부분의 가설은 노화현상을 부분적으로만 설명할 수 있을 뿐이다. 즉 여러 가설 중 한 가지 가설이 노화기 전을 완전히 설명해 줄 수도 없고, 또 모든 과정을 완전히 설명할 수 있는 만족할 만한 이론은 없으며, 노화기 전에 관한 연구도 초보단계에 있다고 보아야 할 것이다(김동희 외, 2003).

Chapter

03

노인의 건강과 질병, 운동

1. 노인의 건강
2. 노인의 질병
3. 노인과 운동

1. 노인의 건강

1) 건강의 개념

건강은 신체적 독립을 유지하고 개인의 일상생활을 영위하며, 삶의 목표를 추구하고 달성하는 데 필수 조건이다. 특히 노년기의 건강상태는 자립적이고 활기찬 노후생활을 유지하는 데 필수 불가결한 요소이다. 노인의 건강상태를 유지하고 질병 치료와 재활을 지원하며, 일상생활 영위에 필요한 제반 서비스를 계획·실행하기 위해서는 의학적 진단뿐만 아니라 일상생활상의 기능수준도 확인해야 한다(고명석 외, 2021).

생물학적인 관점에서 건강은 질병이 없거나 질병에 저항할 수 있는 신체 상태를 의미하며, 생태학적 관점에서 건강은 개인이 사회적 및 물리적 환경 속에서 건강하게 상호작용하는 상태를 의미한다. 생태학적 관점은 건강에 영향을 미치는 환경적 영향을 고려하지 못했다는 한계를 극복하고자 제시된 관점으로 공중보건에 관한 관심과 건강 관련 사회정책에 관한 관심을 불러일으켰다.

세계보건기구(WHO)에서 말한 건강이란 단지 질병이 없는 데 그치지 않고 신체적, 정신적, 사회적 안녕의 완전한 상태를 말한다. 또한 세계보건기구는 건강보장운동(Health for All Movement) 선언을 하면서 건강서비스를 이용하는 가능성뿐만 아니라 개개인의 안녕상태를 유지함으로써 사회적, 경제적으로 생산적 삶을 영위할 수 있도록 건강에 해를 주는 각종 요인을 제거하는 것이라고 하였다.

2) 노인의 라이프스타일

라이프스타일은 외부의 환경요인이 개인의 태도나 신념 그리고 관심과 활동 등에 영향을 미쳐 지속되는 일관성 있는 생활양식이며(Moschis et al., 1997), 가족 구성원의 생활양식에 맞추어 상품, 사건, 자원을 생활양식에 맞게 만들어 가는 행위를 의미한다(Plummer, 1974). 또한 시간과 돈을 사용하며 살아가는 총체적 생활방식이며, 시간을 어떻게 사용하며 자신을 어떠한 관점에서 보는가에 의해서 결정되는 삶의 형태이다(Shin et al., 2015). 그러므로 각자 개인들이 살아가고 있는 생활양식을 나타내고 각자의 삶의 형태로 노년의 생활을 측정하는 중요한 변인으로 볼 수 있다(Moschis et al., 1997). 노년기에 접어들면서 새로운 라이프스타일을 맞이하게 된다. 젊은 세대는 직업을 가지고 경제활동이 우선시 되지만, 고령 세대는 은퇴하여 별다른 경제활동이 없는 상태에서 여가시간을 보내는 것이 일반적이다(이상행, 2014). 따라서 65세 이상의 고령세대는 분명히 라이프스타일이 젊은 세대와 다르며 그 차이는 경제력과 여유시간, 건강에 기인할 것이다(Gong, 2010).

즉, 경제활동과 사회참여가 줄어듦에 따라 상실감과 낮은 자아존중으로 정신건강의 고립, 고독사의 위험 가능성이 높아지며(Kang, 2018), 신체활동의 감소로 안 움직이는 생활습관이 생기면서 지구력, 유연성, 근력이 감소하여 낙상의 위험이 증가할 뿐만 아니라 각종 만성질환에 이환될 가능성이 커져 신체적 건강에 부정적 영향을 미치게 된다(Sun, 2008). 이러한 문제점으로 노인의 사회참여 활동화 방안이 필요하며, 일부 연구에서는 노인의 비교적 늘어난 여가시간을 이용하여 사회참여가 대체하는 방안을 제시하고 있다(지은정 외, 2012). 오늘날 노인의 건강문제는 개인의 문제일 뿐만 아니라 가족 및 사회적인 문제가 되므로 노인들의 건강상태를 파악하는 일과 이에 영향을 주는 관련 요인들을 찾는 일은 사회적으로 매우 중요한 의미가 있다. 따라서 고령화가 가속화되고 있는 현시점에서 노인의 건강상태 증진을 위한 예방 측면에서의 노력이 필요할 것이다.

3) 노년의 건강과 삶

노년의 건강이 삶에 미치는 영향을 개인적인 측면과 가족적인 측면, 사회적인 측면에 살펴보면 다음과 같다. 먼저, 개인적인 측면에서의 건강상의 문제는 노인의 삶의 질을 저하시킨다. 질병이나 장애로 인해 일상생활의 독립성 유지가 어려워질 수 있으며 타인에 대한 의존성이 증가하여 자존감 저하, 건강을 유지하기 위해서 경제적 부담을 유발한다. 노년기 의료서비스와 요양서비스에 대한 비용을 위해 본인부담금이 존재하므로 개인의 경제적 부담을 가중할 뿐만 아니라 경제, 여가, 사회참여활동을 제약할 수 있다. 노인은 생계비 마련을 위해 경제활동을 원하지만 건강문제로 경제활동에 참여할 수 없다고 보고되고 있다.

가족적인 측면에서는 도움이 필요한 노인을 돌보기 위해 경제적 활동을 중단하거나 줄임으로써 간접적 비용을 발생시킬 수 있다. 뿐만 아니라 사회적 활동의 제약, 심리적 부담, 가족 내의 역할 갈등을 경험하는 경우가 흔하며 결과적으로 노인의 건강은 노인가족의 삶의 질에도 영향을 미친다.

사회적인 측면은 급속한 인구의 고령화로 인해 노인의료비 부담이 급격하게 증가하여 65세 노인 1명에게 국민건강이 지출한 1년 평균 의료비는 64세 미만의 성인에게 지출한 비용보다 무려 4배 이상 높다.

4) 노년기 건강의 특성

노년기에는 일반적 노화를 경험함에 따라 다양한 만성질환을 보유할 확률이 높다. 그 과정에서 개인의 신체적, 사회 심리적, 경제적 특성은 병리적 노화 현상을 가속화하거나 지연시킴에 따라 개인의 건강상태도 다양함을 나타낸다. 노년기 건강의 특성은 다음과 같다.

첫째, 노인들은 여러 가지 만성질환을 가진다.

둘째, 노년기에 많이 나타나는 만성질환은 노화현상과 구분하기가 쉽지 않다.

셋째, 노년기에 주로 경험하는 질병은 수반 증상이 없으나 비전형적으로 나타나는 경우가 많다.

넷째, 노인은 신체적 기능이 쇠함에 따라 건강이 나빠진다고 획일적으로 인식하는 경우가 있으나 노인집단에도 개인마다 건강상태가 다르다. 노인의 건강상태가 다양한 이유는 전 생애 누적 효과로 설명할 수 있는데 유전적 요인, 생활습관, 주거환경, 사회적·경제적 상태의 영향이 축적되어 나타나기 때문이다.

5) 노년기 건강의 요소

(1) 신체적 요인

신체적 요인은 유전적 요인과 일반적 요인으로 구분된다. 유전적 요인은 여러 쌍생아 연구에서 개인의 신체적 건강에 유전적 영향이 있다는 것을 입증하고 있다. 쌍생아 간 보유한 만성질환 중 당뇨병과 피부질환 등을 연구한 결과 보유율의 일치도는 48%에 달했다. 쌍생아 간의 신체질량 지수를 조사하였는데 그 일치도가 73%에 달하여 신체건강의 영향 요인으로 유전적 요인의 높은 영향력을 입증하였다.

또한, 일반적인 노화로 인한 신체 변화를 고려할 수 있다. 시간의 흐름에 따라 세포, 조직, 기관의 기능이 쇠퇴하는 현상인데 노안이 나타나고 시력, 청력의 정확성이 저하되며, 골밀도가 저하되고 혈관의 탄력이 저하되고 심장 및 폐의 효율성이 떨어지는 등의 변화를 의미한다.

(2) 심리 행동적 요인

정서상태가 건강에 미치는 영향은 긍정적 정서 영향과 부정적 정서영향으로 구분된다. 웃음과 신체적 건강의 관계에 관한 연구에서 웃음과 유머는 인간의 자가면역체를 활성화시켜 질병과 감염의 위험을 현저하게 줄인다고 보고하고 있다. 행복감, 기쁨, 흥분감, 열정, 만족감 등의 긍정적인 정서는 수명연장과 관계가 있고 질병이환율, 신체통증, 신체적 증후 감소와 영향이 있다고 보고 인간으로 하여금 행복감을 느끼게 하는 긍정적인 정서상태는 심장질환, 호흡기계 질환, 고혈압, 감기, 기타 감염 발병률을 감소시켰다. 이런 관련성은 신체적 건강을 주관적으로 평가할 때 더 뚜렷하게 확인되었다.

건강행동은 신체적 건강에 영향을 미치는 또 다른 심리행동적인 요인이다. 건강행동이란 개인의 건강에 직접적인 영향을 줄 수 있는 행동을 의미하며 흡연, 음주, 운동, 식습관 등은 대표적인 건강행동의 예이다.

한 개인의 건강은 개인의 심리사회적 행동을 변화시킴으로써 건강증진이 가능하다고 설명한다. 흔히, 스트레스 대처기술을 증진하고, 흡연이나 과음 등의 해로운 건강행동을 줄이며, 규칙적인 운동을 함으로써 개인의 건강증진은 가능하다고 설명한다. 개인 차원에서 건강증진을 위해 개입할 수 있는 가능성을 향상했으며 건강상태에 대해 낙관적인 관점을 제시하였다는 측면에서 의미가 있다.

(3) 사회적인 요인

성별과 연령은 건강을 연구하는 심리사회적 연구에서 거의 빠짐없이 고려되었던 요인인데, 여성은 남성에 비해서 일반적으로 기대수명이 높지만, 신체적 통증과 우울증상은 더 많이 호소하였다. 사회적 관계가 건강에 미치는 영향은 사회심리학적 관점에서 지속적인 관심을 받아왔으며, 사회적 관계는 개인의 스트레스 대처능력을 강화함으로써 질병으로부터 인체를 보호하고 건강을 회복시킬 것이라고 가정하였다. 노년기 건강에 영향을 미치는 사회적 요소로 사회계층이 고려되었다.

6) 노인의 건강 실태

(1) 노인의 신체적 건강 실태

우리나라 노인의 신체적 건강실태는 주관적 건강평가, 건강수명, 사망원인, 만성질병 및 장애, 일상생활수행능력 등으로 구분한다.

① 주관적 건강평가

주관적 건강평가(self-rated health)는 개인이 자신의 건강상태에 대해 어떻게 지각 혹은 평가하고 있는지를 측정한 것이다. 매우 간단한 측정이지만, 객관적인 신체 건강뿐 아니라 정신건강이나 삶의 질 등이 복합적으로 반영된, 종합적인 지표인 것으로 알려져 있다. 또한 주관적 건강평가는 향후의 건강결과 및 사망률을 예측하는 데도 유용한 것으로 평가된다(Idler & Bonyamini, 1997; Schoenfeld et al., 1994). 65

세 이상 노인들을 대상으로 10년 이상 추적 조사한 연구(Schoenfeld et al., 1994)에 의하면, 신체 및 인지 기능이 좋은 '성공적으로 노화'한 70~79세 노인 1,192명 중 자신의 건강상태를 나쁘다고 평가한 경우 그렇지 않은 사람들에 비해 연구 기간 사망률이 더 높았다. 독거노인과 전체노인을 비교한 결과 독거노인은 자신의 건강에 대해 더 부정적으로 인지하고 있어 건강에 대한 욕구가 강한 집단임을 확인했다.

② 건강수명

수명은 얼마나 오래 사는가를 나타내는 수명은 흔히 사용되는 건강지표이다. 우리나라 남녀의 기대수명은 해마다 조금씩 증가하였다. 건강수명은 인구의 사망 패턴과 질환(상병) 패턴이 현재와 유사한 양상으로 일정하게 유지된다고 가정할 때, 질병이나 장애가 없이 건강하게 살 수 있는 기간을 나타낸 것이다. 따라서 기대수명과 건강수명 간의 차이는 장애나 질병을 가지고 살아가야 하는 삶의 기간이라고 볼 수 있다. 사용되는 자료의 종류나 산출방법에 따라 여러 가지 건강수명이 산출될 수 있다. 대표적인 건강수명의 유형은 다음과 같다(한경혜 외, 2019).

첫째, 무병기대수명(Disease-free life expectancy): 질병의 유무를 정의하고, 질병이 없는 수명을 계산하는 방법으로 현재의 사망과 상병 유형이 지속된다고 가정할 때 질병 없이 사는 평균연수이다.

둘째, 장애 없는 건강기대수명(Disability-free life expectancy): 손상, 장애, 불구가 없는 수명을 계산하는 방법으로 인간으로서 통상적으로 인정되는 정상 범위 내의 활동을 수행할 수 있는 능력에 제한이나 부족함, 장애가 없이 살 수 있는 평균연수이다.

셋째, 건강기대수명(Healthy life expectancy): 건강상태에 대한 주관적 평가에 근거한 건강수명으로 건강상태가 '매우 좋음' 혹은 '좋음'의 상태로 살 수 있는 평균연수이다.

③ 사망원인

5대 사망원인은 1위 암, 2위 뇌혈관질환, 3위 심장질환, 4위 당뇨병, 5위 만성하기도 질환이다. 3개월 이상 지속해서 앓고 있으며 의사의 진단을 받은 만성질병이 있다고 응답한 비율은 전체 노인의 89.5%이고, 만성질병을 2개 이상 지니고 있는 복합이환자가 73.0%에 달하며, 전체 노인이 평균 2.7개의 만성질병을 갖고 있다.

④ 일상생활수행능력

일상생활수행능력은 자신의 신변 보살피기에 필요한 기능을 지칭하는 기본적 일상생활수행능력(Activities of Daily Living: ADL)과 지역사회에서 독립적으로 살아가기 위해 필요한 기능을 지칭하는 도구적 또는 수단적 일상생활수행능력(Instrumental Activities of Daily Living: IADL)으로 구분된다.

기본적 일상생활수행능력이란 인간이 살아가는 데 필요한 최소한의 활동들을 얼마나 독립적으로 할 수 있는지를 살펴보는 지표이다. 최소한의 개인유지(self-maintenance) 활동들을 타인의 도움을 받지 않고 독립적으로 할 수 있는지를 살펴보게 된다. 예를 들면, 옷 입기, 세수하기, 양치질하기, 목욕하기, 식사하기, 앉았다 일어나기, 대소변보기 등이 해당한다.

도구적 일상생활수행능력은 개인유지 활동 이상의 사회적 삶을 살아가기 위해 필요한 행동들에 대해 얼마나 독립적으로 수행 가능한지를 살펴보는 것이다. 예를 들면, 식사준비하기, 빨래하기, 금전관리하기, 교통수단이용하기, 장보기, 전화 걸고 받기, 근거리 외출 등의 수행능력을 의미한다.

(2) 노인의 정신적 건강 실태

① 우울증

우울증의 대표적인 증상으로는 지속적인 불안감, 공허감, 초조함, 죄책감, 절망감, 무기력, 평상시 좋아하던 일에 대한 의욕상실 등과 같은 정서적 문제, 집중력 장애, 판단력 장애 등의 인지적 문제, 신체적 증후, 피곤함, 식욕변화, 체중변화, 수면장애 등의 신체적 문제를 포함한다. 우울상태 경험률은 성별에 따라 차이를 보였는데, 여성에게는 우울상태 경험률이 높았으며, 연령이 증가할수록 우울상태 경험률이 높아 여성과 고연령 집단이 정신건강 고위험 집단임을 확인할 수 있었다.

② 자살

우리나라는 경제협력개발기구(OECD) 국가 중 최고의 자살률을 보였다. 또한 자살률은 연령이 높아질수록 더 급속하게 증가하였으며, 80대 이상의 자살률이 OECD 평균보다 5배 이상 높아 노인 정신건강이 심각하게 위험함을 알 수 있다. 자살생각에 영향을 미치는 요인으로 주관적 건강상태가 나쁠수록, 우울증상이 높을수록, 스트레스가 심할수록, 배우자가 없을수록 자살생각이 높다고 보고하여 신체적 및 사회심리적 욕구가 자살생각에 복합적으로 영향을 미침을 알 수 있다.

(3) 노년기 건강 유지를 위한 노력

① 개인적인 측면

유전적 요인이나 자연적으로 경험하는 일반적 노화과정에 대한 개입은 제한적일 수 있으나, 질병관리를 위한 노력은 필요하다. 정기적인 검진을 통해 질병을 조기에 발견하고 만성질환을 조기에 관리한다면 질병으로부터 부정적 결과를 최소화할 수 있다.

스트레스란 스트레스요인을 극복할 만큼의 자원을 가지지 않았다고 느낄 때 경험하게 되므로 스트레스 대처를 위한 자원 개발에 노력해야 할 것이다. 스트레스 관리 프로그램에 적극적으로 참여하는 것이 바람직하며 건강한 생활습관과 규칙적인 운동, 영양 균형이 잡힌 식단을 유지하는 것도 바람직한 건강행동을 유지하기 위한 방법이다.

심리적 요인을 개선하기 위해서는 부정적인 정서를 줄이기 위한 노력이 필요하다. 건강한 생활습관과 규칙적인 운동, 영양 균형이 잡힌 식단을 유지하는 것도 바람직한 건강 행동을 유지하기 위한 방법이 될 수 있다.

사회적 차원에서는 사회적 관계망과 사회적 지지를 얻을 수 있도록 사회적 관계 유지를 위한 노력이 필요하다. 사회적 관계의 양적 측면보다 질적 측면이 건강 유지 및 증진에 직접적인 영향을 미친다는 점을 고려할 때 사회적 관계망의 무조건적인 팽창보다는 만족스러운 도움이 필요할 때 서로 도움을 주고받을 수 있는 사회관계망 확보가 절대적으로 중요하다.

② 사회적 측면

개인의 건강수준은 소득, 교육수준, 직업 등으로 결정되는 사회계층과 밀접한 관련이 있으며, 사회계층이 개인의 건강에 미치는 영향은 개인의 노력만으로 해결될 수 없는 문제이며, 거시적 측면에서 제도와 정책을 마련함으로 개선이 가능하다. 특히 사회경제적으로 소외된 계층이 의료서비스와 건강 관련 정보에 대한 접근성을 확보할 수 있도록 법적·제도적 지원이 필요하다. 또한 저소득층이 거주하는 환경개선을 위한 지원이 필요하며 그들이 심리사회적 위기에 처했을 때 대처할 수 있도록 지원하는 것이 필요하다.

2. 노인의 질병

1) 노화의 차원

노화과정에는 단계가 있으며 전형적인 노화에는 세 가지 차원이 있다. 일차적 노화(primary aging)는 정상적인 노화로서 모든 종에서 발견되는 불가피한 것이고 점진적인 특징이 있다. 개인의 유전적 프로그램에 의하여 사람마다 노화속도에 차이가 있다. 이차적 노화(secondary aging)는 보편적이거나 불가피한 것은 아니다. 삼차적 노화(tertary aging)는 생의 마지막 단계로서 최후의 급속한 쇠퇴 과정이 진행되는 것이 특징이다. 성공적인 노화는 생애 수십 년간의 일차적 노화를 지나 85세 초고령 이후 조용히 세상을 떠나는 것으로 짧은 기간의 삼차적 노화를 경험하는 것이다.

2) 신체의 기본적 변화

신체의 기본적인 변화 가운데는 회복력, 적응력, 반응력의 저하 현상과 예비력의 감소 등이 나타난다.

회복력 저하란 아픈 다음에 자연적 회복 기능이 느려지는 것이고, 적응력 저하는 자신이 변화에 적응하면서 자기를 바꾸어 가는 속도가 느린 것을 의미한다. 그리고 반응력 저하는 위급상황에 대한 대처 동작이 느리고 병원체의 침입에 대한 백혈구의 방어활동 및 면역반응의 작용이 활발하지 못한 것을 말한다. 마지막으로 예비력 감소란 신체의 각 기능은 운동이나 위기 상황에 부닥칠 때 발휘되는 최대의 능력과 일상생활에 필요한 능력이 약화하는 것을 의미한다(양옥남 외, 2016).

3) 노인성 질환의 특징

노인의 신체적 질병은 의학적 소견이나 증상에서 젊은 사람들과 다른 반응을 나타낸다. 노인병 하면 노화와 관련을 갖고 발생하는 신체적·정신적 질병을 말하며 크게 두 가지로 분류할 수 있다. 하나는 젊어서 생긴 질병이 지속된 것과 다른 하나는 노인 특유의 병적 상태인 노인성 난청, 노안, 노인성 백내장, 노인성 치매, 노인성 우울증, 노인성 골다공증, 노쇠 등이다.

나이가 들면 신체적·정신적 쇠퇴로 인한 여러 가지 질병이 발생한다. 인간발달단계에 따른 노인성 질환의 특징은 다음과 같이 나타난다(한현지 외, 2022).

첫째, 노인성 질환은 단독으로 발생하는 경우가 드물다. 노인은 하나의 질병에 걸리면 다른 질병을 동반하기 쉽다. 따라서 노인은 여러 질병을 동시에 가지고 있다.

둘째, 노인성 질환은 증상이 거의 없거나 애매하여 정상적인 노화과정과 구분하기 어렵다. 기존 질병명으로는 구분되지 않고, 기능이상으로만 나타나는 질병이 흔하므로 단순한 식욕부진이나 전신허약감에도 주의를 기울여야 한다.

셋째, 노인성 질환은 원인이 불명확한 만성 퇴행성 질병이 대부분이다.

넷째, 노인성 질환은 경과가 길고, 재발이 빈번하며, 합병증이 생기기 쉽다.

다섯째, 노인은 노화에 따라 신장기능이 저하되어 소변농축 능력과 수분 재흡수 능력이 감소하기 때문에 질환의 발생에 따른 신체 변화에 대한 적응 능력이 떨어져 수분과 전해질의 균형이 깨지기 쉽다. 수분과 전해질의 불균형은 의식장애, 심장수축이상, 신경이상 등을 초래할 수 있다.

여섯째, 노인은 젊은 사람과 달리 약물에 대한 반응이 민감하므로 약물을 사용할 때 보다 많은 주의가 요구된다.

일곱째, 노인은 질환 유발 위험요인에 대한 반응이 민감하므로 약물을 사용할 때 보다 많은 주의가 요구된다. 노인의 경우 신장의 소변 농축 능력과 배설 능력이 저하되어 치료 약물이 신체 내에 오래 남아 중독상태에 빠질 수 있다.

여덟째, 노인은 질환 자체가 비교적 가벼워도 의식장애를 일으키기 쉽다. 뇌졸중과 같은 질환뿐만 아니라 가벼운 폐렴, 설사 등에도 의식장애의 발생이 빈번하다.

아홉째, 노인성 질환은 관절 경축과 욕창을 수반하기 쉽다. 노인이 질환으로 인해 근육을 움직이지 않게 되면 몸의 일부를 압박하게 되고, 노화에 따른 혈액순환 기능 저하로 욕창이 잘 발생한다. 또한 노인은 골격근의 수축력 감소로 관절이 쉽게 뻣뻣해진다. 따라서 관절 경축과 욕창 예방을 위한 세심한 배려가 요구된다.

열째, 노인성 질환으로 인하여 일상생활수행능력의 저하가 일어나며 질환 자체가 치유되어도 누워있는 상태가 지속되는 경우가 많다. 따라서 가능한 활동량을 늘려 누워있는 상태가 되지 않도록 돕는 것이 중요하다.

열한째, 노인의 심리적 요인은 질병 발생에 많은 영향을 준다.

열두째, 노인성 질환은 신체적 측면과 아울러 심리적, 사회적, 경제적, 영적 측면이 모두 연관되어 있어 의학, 간호학, 사회심리학, 경제학, 사회복지학 등의 학제적이고 총체적인 접근이 필요하다.

3. 노인과 운동

1) 운동의 필요성

현대 사회는 물질문명의 발달로 사람들의 육체적 노동과 작업량을 현저하게 감소시켰다. 전 세계적으로 일상생활에서 발생하는 힘든 신체적 일들이 점차 생활 주변에서 멀어져감으로써 생활 수단이 편리해져 사람들의 운동 부족 현상이 일어나고 있다. 현대인의 건강을 위협하는 가장 큰 요인이 운동 부족이라는 데는 누구나 동의하고 있지만, 생활에서 이루어지는 활동량의 저하는 많은 사람의 운동 부족증을 더욱 심각하게 하고 있다. 시간이 지나 장기간 운동 부족이 계속되면 생활의 질이 떨어질 뿐 아니라 성인병을 유발하게 된다.

또한, 현대 경쟁사회에서 끊임없이 받을 수밖에 없는 스트레스와 각종 환경오염이 건강을 지속해서 위협하고 있기 때문에 우리는 건강하게 사는 현명한 방법을 배워야 한다. 현대 생활이 과거와 크게 달라진 점은 노동의 기계화에 따른 운동 부족, 스트레스의 가중, 영양의 편중 등이며, 이는 체력을 저하하고, 저항력을 감소시켜 신체기능을 원활하지 못하게 하는 등의 문제를 야기시킨다(김동희 외, 2003).

운동 부족 현상은 신체의 발육을 방해할 뿐만 아니라 체력의 감소를 가져오며, 정서 불안정, 근육의 긴장과 수면장애 등으로 심장기능의 저하, 혈관의 탄력성 저하, 심폐기능의 저하와 근력저하 등 신체기능 약화 현상의 원인이 된다.

만성적 운동 부족에서 오는 대표적인 것은 심장병이다. 심장의 기능이 나빠지고 심장근이 약화하여 수축력이 저하됨으로써 1회 심박출량이 적어지기 때문에 혈액을 충분히 공급시키기 위해서는 심장의 펌프작용이 더욱 많아지게 된다. 이는 심장에 과중한 부담을 주게 되어 심장기능을 저하할 뿐 아니라 심장병의 원인이 되기 쉽고, 혈액의 운반 통로가 되는 혈관은 운동 부족으로 인하여 그 탄력성을 잃게 된다. 혈관의 탄력성이 저하되면 원활한 혈액공급이 어렵게 되며 고혈압을 일으키는 주요 원인이 된다(김동희 외, 2003). 혈액이 모든 신체조직에 충분히 공급되지 못함으로써 가벼운 운동에 의해서도 쉽게 피로해진다.

운동 부족은 폐 기능을 저하해 공기를 충분히 흡입할 수 없게 하며 흡입한 공기 중에서 산소를 분리해 혈액 속의 적혈구에 전달하는 역할이 저하될 뿐만 아니라 근육의 수축력을 저하해 큰 저항에 견딜 수 있는 능력이 감소하여 작업능률이 저하되고 자세가 나빠져 질병을 유발한다.

장기간 침상생활은 심장 기능의 저하, 미주신경의 혈관 반사작용 감퇴, 서 있는 자세에서 인내력 감소 및 뼈와 근육의 약화현상이 나타난다. 침대에 장기간 누워 있으면 근육 위축이 일어나며 근력이 떨어지고, 뼈에서 칼슘과 인이 상실되어 잘 부러진다고 알려져 있으며, 이것을 탈회현상이라고 한다. 이처럼 신체활동을 할 수 없다거나 몸에 점점 이상한 현상이 나타나면 건강의 유지능력이 떨어진다. 이와 같은 사실은 일상적인 신체활동이 우리에게 신체기능과 건강을 유지하는 데 중대한 공헌을 하고 있음을 의미한다. 운동 부족으로 나타나는 현상으로서 유발되는 질병은 다음과 같다.

| 표 3-1 | 운동 부족으로 나타나는 질병

원인	⇨	결과
심장기능 저하		심장병
혈관 탄력성 저하		고혈압
폐기능 저하		당뇨병
근기능 저하		요통
노화 촉진		비만증
저항력 감소		관절염
비만 조장		고지혈증

현대인들은 건강증진에 대한 정보를 대중매체로 많이 받아들이고 있으나 '가장 값싸며 효과적인 의약품'인 운동에 관한 관심은 부족한 편이다. 또한 운동의 가치와 효과를 잘 알면서도 실천하려는 노력이 부족하다. 어떤 사람들은 운동 부족으로 인해 손실된 신체적 기능을 의약품으로 대신하려고 생각하는 듯하다(김동희 외, 2003). 그러나 운동 부족으로 약화된 신체적 기능을 의약품으로 개선할 수 있다고 생각하는 건강 관련 전문가는 없다.

결국, 건강을 유지하고 증진하기 위해서는 끊임없는 자신의 실천적 활동과 그를 뒷받침하는 의지가 필요할 뿐이다. 그러므로 WHO가 정의한 건강과 여기에 지적, 정서적, 의지적 건강을 덧붙인 건강을 한꺼번에 얻을 수 있는 유일한 방법은 운동뿐이다. 더군다나 현대인의 사망 요인 가운데 가장 비중이 높은 심장병이 운동 부족에 의해 발생한다는 사실을 감안한다면 인체는 적당히 사용하면 그 기능을 유지하고 향상할 수는 있지만, 사용하지 않으면 퇴화하고 약해진다(김동희 외, 2003).

운동이 과연 건강을 향상시킬 것인가에 대한 근본적인 질문에 확실하게 답변할 수 있는 사람은 그렇게 많지 않다. 하지만, 많은 연구결과, 운동은 분명히 심장질환을 예방하고 체중을 조절하며 건강에 대한 자신감을 느끼게 한다는 결론에 도달하였다. 뿐만 아니라 운동은 당뇨병, 퇴행성관절염, 우울증, 불면증 등의 모든 성인병 치료에 많은 도움을 주거나 결정적인 치유에 기여하고 있다. 그러므로 규칙적인 운동은 생명을 연장할 수 있다. 외국의 자료에 의하면 유산소 운동을 많이 한 사람이 운동하지 않은 사람에 비해 6년은 더 살았다고 하였다. 따라서 건강하고 오래 살기 위해서는 운동을 생활화하는 것이 무엇보다 중요하다.

일상생활 속에서 적당한 운동으로 운동 부족을 해소하여 건강을 유지, 증진하는 일은 매우 중요하다. 따라서 건강을 유지, 증진하기 위해서는 자기에게 맞는 운동을 골라서 매일 일정한 시간에 적당히 운동하여 건강을 유지해야 한다. 최근에 많은 연구와 실험 등을 통하여 활동적인 생활이 좋은 건강과 생활 만족에 매우 긍정적인 영향을 미친다고 밝히고 있다. 또한, 규칙적인 운동이 건강과 삶의 질을 향상시켜 사람들을 바람직한 삶의 형태로 변화시킨다고 보고하고 있다. 즉 건강한 삶의 형태와 이상적인 생활 만족을 성취하기 위해서는 규칙적인 운동을 일상적인 생활에 적용하는 것이 필수적이다.

2) 운동의 효과

보통사람들 수준의 운동에서도 많은 이득을 얻을 수 있다는 충분한 증거를 가지고 있다. 예를 들면, 일반인들의 연구에서 더욱 활동적인 사람들이 심장병의 발병률이 더 낮으며 그들의 운동이라는 것은 대개 정원을 가꾸고 계단을 오르내리며 활발하게 걷거나 게임이나 간단한 스포츠를 하는 것들이다. 건강은 높은 수준의 정신 및 신체적 체력의 결정체로 우리는 적절한 운동을 통하여 건강한 생활을 유지할 수 있다. 건강과 관련하여 운동이 주는 효과는 크게 생리적 측면, 심리적 측면, 사회적 측면으로 살펴볼 수 있다.

(1) 운동의 생리적 효과

근육은 사용하면 발달하지만 사용하지 않으면 잃게 된다. 상당한 근력을 갖고 있고 발달한 근육이 아니더라도 좋은 근육은 확실한 이점이 있다. 이러한 근육이 없더라도 일상적인 행동은 상당한 성과를 가져온다. 나이가 들어감에 따라 근육들은 퇴화하여 간다고 하지만 규칙적인 운동은 그러한 근육들을 유지해 준다. 규칙적인 운동을 통해 근력을 유지하면서 사람들은 나이가 들어서도 자신에게 의지하고 삶의 질을 유지한 채 70~80세까지 살기를 바란다.

또한 지난 몇 년 동안 폐경기 여성들에게 있어 골다공증의 위험에 대한 많은 인식이 있었으며, 운동은 골다공증은 예방하는 데 중요한 역할을 할 수 있다고 생각되고 있다(서영환, 2006). 뼈에 자극을 주는 운동은 골밀도를 유지하고 형성하는 데 도움을 준다. 그래서 소극적인 운동이라도 안 하는 것보다는 나으며, 체계적인 운동은 확실히 칼슘의 손실을 예방하는 데 효과가 있다.

운동이 심장에 미치는 효과는 필수 영양소를 각 조직으로 운반하고 불필요한 노폐물을 제거하는 혈액순환의 원동력으로 생명 유지에 가장 중요한 역할을 수행하는 기관이다. 규칙적인 운동은 심장 기능을 향상시켜 활기찬 생활을 영위할 수 있도록 도와준다. 심장의 기능을 향상하기 위해서는 강도 높은 운동을 단시간 동안 실시하는 것보다 낮은 강도의 운동을 오랜 시간 동안 지속하는 조깅이나 수영, 자전거 타기, 등산 등이 좋다. 이러한 운동을 무리하지 않은 강도로 30분~1시간 이상, 일주일에 3회 이상 지속하면 효과적이다.

혈액은 심장, 동맥, 정맥 및 모세혈관을 통하여 각 조직으로 순환하며 신체조직에 영양분을 공급하여 생명체의 내적 환경이 적절하게 유지되도록 하고 있다. 또한 호흡 기능을 도와 산소를 폐로부터 각 조직으로 운반하고 각 조직에서 나온 이산화탄소를 폐로 운반할 뿐 아니라 소화기관에서 흡수한 영양물질을 각 기관과 조직세포로 운반하고 세포의 대사로 인하여 생성된 노폐물을 신장, 폐, 피부, 장 등의 배설기관을 통해 배설시킨다(김동희 외, 2003). 장기간의 운동 효과는 혈관 내에 들어 있는 콜레스테롤의 양을 감소시키며, 혈관 내의 콜레스테롤이 쌓이는 현상을 방지하는 고밀도 지단백질의 농도를 증가시키는데, 이러한 콜레스테롤의 유익한 변화는 동맥경화와 고혈압을 예방하는 효과가 있다. 그리고, 연령 증가에 따라 감소하는 임파구 · 엔도르핀 · 대식세포 등의 증가가 오기 때문에 체내의 면역기능은 더욱 향상되며, 질병을 예방할 수 있는 효과를 가져온다.

호흡계는 폐를 중심으로 한 인두, 후두, 기관, 기관지 등으로 구성되어 있다. 호흡계는 공기 중의 산소를 흡입하여 신체조직에 보내고, 각 조직의 대사과정에서 생성된 이산화탄소를 신체 밖으로 배출하는 작용을 한다. 규칙적이고 지속적인 운동은 호흡에 참여하고 있는 근육인 횡격막과 늑간 근육을 발달시켜 환기 능력 및 산소섭취 능력을 향상시킨다. 즉, 호흡능력이 향상됨으로써 산소를 더 많이 섭취할 수 있게 되는 것이다.

내분비는 생산된 호르몬을 혈액 속으로 직접 분비하여 인체 내에서 화학적 신호로 작용한다. 운동을 규칙적으로 계속하면 동일한 운동 강도에서 스트레스 호르몬의 생성이 감소하는 효과를 보게 될 뿐만 아니라 성장 발육에 관여하는 호르몬의 분비를 촉진하고, 에너지를 효율적으로 사용하게 하는 효과가 있다.

연령이 증가함에 따라 기도저항이 증가하고, 폐포의 탄성이 감소하며, 폐활량을 포함한 모든 폐기능이 감소하고, 폐쇄성 및 제한성 폐질환이 서서히 진행하게 된다. 운동을 장기간 하게 되면, 강제폐활량의 증가가 오는데, 특히 강제호기량의 증가 현상은 아마도 기도 저항의 감소와 폐유속이 증가하기 때문일 것이다. 그리고 운동은 기도저항을 감소시킬 뿐만 아니라, 폐포의 탄력성에 증가를 가져오므로, 연령에 따른 폐질환의 예방 및 치료에 효과적이다.

| 표 3-2 | 신체적 건강측면에서의 효과

주된효과	수반되는 효과	
심폐기능의 증대	• 심근의 강화 • 심박수의 감소 • 혈압의 감소 • 수반되는 효과 • 혈중지질의 감소: LDL 포함 • 동맥경화증에 대한 저항성 증대	• 말초순환기능의 개선 • 관상순환기능의 증대 • 정서적 발작에 대한 저항력 증대 • 심장마비에 대한 위험성 감소 • 방위적인 HDL의 증가 • 혈액의 산소공급능력 증대
제지방 체중의 증대와 체지방량의 감소	• 작업능률의 증대 • 외모의 개선	• 질병에 대한 감수성의 감소 • 비만 관련 자아의식 문제 개선
근력 및 근지구력의 증대	• 작업능률의 증대 • 근육상해에 대한 위험의 감소 • 요통발생 위험의 감소	• 운동수행능력 증대 • 관절 상해발생 위험의 감소
유연성의 증대	• 작업능률의 증대 • 근육상해에 대한 위험의 감소 • 관절상해 발생 위험의 감소	• 요통발생 위험의 감소 • 운동수행능력 증대
기타 효과	• 산소섭취 효율의 증대 • 피로회복 속도의 증가	• 성인성 당뇨병의 발병률 감소

출처: 김영완. (2009). 써키트 웨이트트레이닝과 유산소운동이 여대생들의 건강 관련 체력 및 신체조성에 미치는 영향. 전남대학교 대학원 석사학위논문.

(2) 운동의 심리적 효과

규칙적인 운동은 불안감을 해소하게 해주고 정서적 건강을 유지하는 데 좋은 역할을 한다. 땀을 흘리고 나면 몸은 피곤할 수 있지만 마음은 오히려 상쾌하고 긴장감이 해소되는 경향으로 보아, 운동이 정신건강에 효과가 있음을 알 수 있다.

뿐만 아니라 뇌조직으로 가는 혈류량이 증가함으로써 뇌에 신선한 산소를 공급하고, 또 그 양도 증가시켜주기 때문에, 신체의 전반적인 안정상태 유지뿐만 아니라 정신적 · 정서적인 평안함을 느끼게 해 주며, 우울증과 관련이 깊은 체내 염분을 발산시키기 때문에 우울증이 감소한다는 연구결과도 있다(김용인, 2002). 이러한 운동의 심리적 효과는 운동을 통한 개인의 성장, 자아존중감, 그리고 신체활동을 통한 생활 태도의 변화와 관련이 있다.

정서적 불안은 개인의 정신건강과 일상생활에서의 적응, 그리고 행복 추구에 나쁜 영향을 끼치게 된다. 이러한 정서적 동요는 규칙적인 운동습관에 의해서 충분히 극복할 수 있다. 심리적 행복감이란 개인의 행복도나 생활의 만족도라고 설명할 수 있으며, 규칙적인 운동습관을 지닌 사람들이 긍정적인 사고와 삶의 자세를 가지고 있어 더 높은 심리적 행복감을 느끼고 있다고 한다(김동희 외, 2003). 불안이란 걱정과 신체적 각성을 높이는 주관적인 감정으로 정의되며 이는 특성불안과 상태불안 두 가지로 구분된다. 특성불안은 모든 주위환경을 위협적인 것으로 인지하려는 경향이고 상태불안은 걱정, 두려움 또는 긴장 등으로 조성되는 일시적이고 즉각적인 감정상태를 말한다. 특성불안과 상태불안의 개념적 차이는 1950년대에 밝혀졌지만 두 가지의 불안상태를 명확히 구분한 것은 1966년 슈필버그(Spielberger)에 의해서였다(김형수, 2009). 상태불안은 긴장과 우려에 의하여 발생하는 직접적인 정서상태를 말한다. 특성불안은 위협과 같은 어떠한 상황을 지각하거나 다양한 수준의 상태불안으로 어떠한 상황에 반응하는 경향이다(김미숙, 2006). 상태불안의 해소를 위해 지속해서 운동하게 되면 상태불안의 정도를 완화할 수 있으며 운동의 형태가 단기간이든 장기간이든 모두 상태불안 감소에 의미 있는 효과를 나타낸다. 특성불안의 감소를 위해 행하는 지속적이고 규칙적인 운동은 상태불안 감소보다 특성불안감소에 더 큰 효과가 있는 것으로 나타났으며, 유산소성 운동이 무산소성 운동보다 훨씬 큰 효과가 있다.

정신건강에서 가장 흔하게 나타나는 것이 우울증이다. 우울증은 뇌의 심부구조에서 발달하는 아민 대사물질의 결핍에서 비롯되며 운동은 이러한 대사물질의 상승을 초래하여 긍정적인 감정상태를 유도하게 된다. 운동의 기간을 4~6개월 이상

장기간으로 실시하는 것이 감소효과를 크게 가져다준다.

스트레스 해소를 위한 적당한 운동은 근육 긴장을 효과적으로 풀어주어 휴식을 증진하고 정신적 스트레스를 감소시키는 역할을 한다. 또 다른 효과로는 운동 시에는 자신의 움직임뿐만 아니라, 외부환경의 변화에 주의를 집중하게 되기 때문에 운동은 항상 머리에 남아 자신을 괴롭히는 문제에서 벗어나게 하는 좋은 계기를 제공한다.

인간의 정신건강에 매우 중요한 역할을 하는 자아개념은 자기 자신에 대한 조직화된 지각, 또는 객체로서의 자신에 대한 개인의 사고와 느낌의 총체성으로 정의된다(김동희 외, 2003). 자긍심은 자아개념의 평가 요인으로 간주하며, 개인이 자신에 대하여 긍정적으로 느끼는 정도로 정의된다. 자긍심은 어떠한 결핍이나 단점이 있더라도 자신의 가치에 대해 느끼는 자신감으로 설명될 수 있다. 운동은 자긍심 조절에 영향을 미치며, 개인의 정신적 건강을 증진하고 운동기능의 학습은 개인의 내면적 가치의 감정을 증진한다.

(3) 운동의 사회적 효과

과학기술과 의술, 생명공학의 발달로 인간의 평균수명이 연장됨으로써 노인층이 차지하는 인구비율이 매우 높아진 오늘날에 있어서 노인들의 운동 역할은 더욱 커졌다. 노년기에는 청년기나 장년기처럼 심한 활동이나 활발한 스포츠는 할 수 없으나 체력에 알맞은 운동을 선택하여 실시하여야 한다.

3) 노인의 건강관리 방법

(1) 적절한 운동과 건강습관

“만일 운동을 알약으로 만들어 낼 수 있다면 이것은 가장 많이 그리고 널리 처방되는 약이 될 것이다.” 이것은 어느 한 노인병 전문의가 한 말이다. 규칙적인 신체적 활동은 건강상태의 유지, 재활 및 증진에 놀랄 정도의 효과가 있는 것이다.

히포크라테스는 “신체의 모든 부위는 고유의 기능을 가지고 있는데, 적절하게 사용하고 움직인다면 건강해지고, 신체기능이 잘 발달하며, 천천히 늙어간다. 그러나 사용하지 않는다면 병에 걸리기 쉽고 발달하지 않으며 빨리 늙는다”라고 하였다. 이렇게 인간이 삶을 영위하는 동안에 행하는 여러 가지 활동의 정도에 따라 빨리 늙을 수도 있고 천천히 늙을 수도 있다. 즉, 노화는 모든 사람에게 오는 자연현상이므로 노화과정을 지연시키기 위한 방법을 알고 생활 속에서 실천하는 것이 중요하다.

운동은 우리의 심장과 폐를 튼튼하게 하고 혈압을 낮추며, 인슐린 비의존형 당뇨병으로부터 보호해주는 등의 효과가 있는 것으로 알려져 있다. 운동은 우리의 골격을 튼튼하게 해 줄 수 있으며, 노년기 여성에게서 흔히 볼 수 있는 골다공증의 진행을 더디게 하기도 한다. 운동은 또한 우리의 근육을 튼튼하게 하고 관절부위의 기능을 유연하게 함으로써 근골격계의 활동을 보다 더 원활하게 해 노화를 예방할 수 있는 것이다. 그러나 다년간 비활동 상태에 있었던 사람이 갑자기 너무 많은 양의 운동을 해서는 안 된다.

적당한 운동이 장수의 요인이 된다는 자료가 많으며, 실제로 건강하게 늙는 비결은 규칙적인 운동이다. 다른 연령층에 비해 노인들은 신체활동을 함으로써 얻는 이득이 더 많다. 규칙적인 운동은 체지방을 낮추고 체력을 향상하며, 활동능력 향상, 관절염이나 기타 활동을 제한하는 다른 조건 등을 개선하도록 하는 효과가 있다. 연구에 의하면 적당한 운동을 하는 사람은 일반 사람보다 6~7년 오래 산다고 하였다. 그것은 신체의 움직임에 의해 전신의 순환이 좋아지고 내장활동의 기능이 촉진되어 신체의 모든 기능이 활성화면서 노화를 방지하기 때문이다. 하지만 적절한 신체의 능력을 알고 알맞은 운동을 꾸준히 하여야 한다는 것을 명심하여야 할 것이다.

평균수명은 특정 시대의 사람들이 출생할 때부터 기대되는 평균적인 생명 연수로 정의되고, 최대 수명은 특정 종이 살 수 있는 최대 연수를 말하며, 여러 종간의 최대 수명은 매우 다양하다. 요즘에 와서는 사고사, 암, 자살과 타살, 심장병, 선천성 이상, 후천성 면역 결핍증에 의한 사망 등에 의해 실제 최대 연수를 채우지 못하고 있다. 사람들의 수명을 최대 수명으로 연장하기 위해서는 조기사망의 원인을 없애는 것이 중요한데, 생활습관이나 건강습관을 건전하게 유지하는 일이 가장 큰 부분을 차지하고 있다. 특히, 노년기에 들어 더 중요한 것은 삶의 질이나 평균수명에 영향을 미치는 건강습관이다.

건강습관의 예를 들어보면, 절대로 담배를 피우지 않으며 술은 적당하게, 아침은 매일 먹고 군것질하지 않으며, 7~8시간의 규칙적인 수면, 규칙적인 운동, 이상적인 체중 유지 등이 있다. 건강습관은 장수를 보장할 뿐만 아니라, 여생을 마음껏 즐길 수 있는 신체적 능력을 보유하는 것이다.

걷는 것만큼 좋은 운동은 없다. 걷기는 다리 운동이 주가 되는 것으로서 모든 인간활동의 기본적 전신운동이다. 걷기는 하반신에서 운동을 일으켜 신체의 중심부로 그 영향을 전달하게 함으로 심장에 가장 큰 효과를 주며, 혈액순환을 촉진하고 호흡기능을 개선함과 동시에 소화흡수도 촉진해 준다.

걷기는 특별한 장비나 경제적인 고려 없이도 행할 수 있는 가장 안전한 유산소 운동이다. 그래서 언제 어디서나 쉽게 행할 수 있는 가장 간편하고 쉽게 할 수 있는 운동이라는 장점 때문에 일반 성인들에게 권장할 수 있는 운동이다. 특히 부상의 위험이 적기 때문에 노인층이나 허약자 또는 오랫동안 활동하지 않았던 사람에게 매우 좋은 운동이다. 걷기는 달리기보다 운동강도는 약하지만 1시간 정도 빠르게 걸으면 평균 300kcal 정도의 에너지가 소비되기 때문에 생각보다는 운동강도가 높다고 하겠다.

걷기 운동의 특징은 손쉽게 할 수 있는 운동으로 특별한 기구나 기술이 필요 없으므로, 남녀노소 누구나 손쉽게 시작할 수 있는 운동이다. 또한 다른 어떤 운동보다 위험성이 거의 없다는 점에서 권장할 만하며 비용이 거의 들지 않는 경제적인 운동이다.

걷기 운동의 방법은 허리를 똑바로 세우고(상체를 똑바로 펴고) 배를 내밀지 않은 상태에서 몸에 힘을 빼고 머리를 든 채 반듯이 걷는 자세가 좋다. 시선은 정면을 보면서 팔에 무리한 힘을 가하지 않고 90° 정도 구부리며, 팔 동작과 다리 동작이 반대되는 바른 걸음을 걷도록 한다. 걷기에서 중요한 것은 발을 내딛는 요령인데,

발뒤꿈치가 먼저 땅에 닿고 그다음 발 앞꿈치 쪽으로 중심을 옮겨가는 방법이 이상적이다. 발바닥 전체로 내디뎠을 때는 쉽게 피로가 오고 발에 통증을 느끼기 쉽다. 걸을 때는 너무 보폭에 구애받지 말고 각자의 평상시 보폭으로 걷도록 한다.

걷기의 운동강도는 자신의 체력수준에 알맞도록 조절하는 것이 효과적이다. 효과적인 운동강도는 자신의 최고 심박수의 70~80% 정도가 좋다. 걷기 운동을 시작할 때 자신의 운동강도를 조절하기 위해 운동 중이나 그리고 운동이 끝난 직후 맥박수를 측정하는 것이 중요하다. 10분 정도 걷기를 하고 멈춘 후 바로 자신의 맥박수를 측정하여 자극을 줄 수 있도록 해야 운동효과를 얻을 수 있다.

운동시간은 자신의 목표심박수에 도달한 상태에서 30~60분 정도 실시하는 것이 좋다. 체력수준이 낮은 사람이나 초보자의 경우는 이 시간에 미치지 못하더라도 점점 시간을 늘리도록 노력해야 한다. 운동 빈도는 주당 4회 정도로 하는 것이 알맞다.

(2) 영양

노인은 그들이 먹는 식품의 질에 대한 특별한 배려가 필요하다. 대부분의 사람은 나이를 먹음에 따라 체중증가가 더 쉽게 일어난다. 체내에서의 변화와 육체적 활동의 감퇴 때문에 노인들은 대개 보다 적은 열량이 필요하다. 그러나 단백질, 탄수화물, 비타민 및 무기질과 같은 영양소의 요구량은 젊은 성인층의 그것과 별 차이가 없는 반면에, 특히 기름진 식품, 단 것, 짠 간식, 고열량의 음료, 그리고 술 등의 섭취는 제한해야 한다. 이들 식품은 많은 열량을 함유하면서도 영양소는 별로 없는 것이다.

균형 있는 영양섭취를 통하여 비타민, 무기질, 그리고, 단백질, 탄수화물 및 적당량의 지방에서 유래하는 열량을 공급받게 된다. 이와 같은 영양섭취는 주 식품군의 군에 속하는 식품들을 골고루 섭취해야 하는 것을 뜻한다. 즉 지방의 섭취를 제한하는 것은 체중의 증가를 방지하는 데에 도움이 될 수 있다.

체중과다는 노인들의 당뇨병, 심장병, 그리고 고혈압 등과 같은 질병 발생요인이 될 수 있다. 지방섭취의 제한은 또한 유방과 대장의 암 예방에도 도움이 될 수 있다. 지나친 소금 섭취를 하지 않는 것도 건강에 도움이 되는 요소이다. 노인들은 특히 그들이 먹는 음식의 내용과 양을 조절해야 하는 질병에 걸렸거나 약을 사용해야 하는 경우에는 음식섭취에 관해서 전문가의 지도를 받고 따라야 한다.

(3) 소금 섭취에 대한 고려

대부분의 식품에는 자연상태에서 소금성분이 들어 있다. 소금은 조리할 때도 사용한다. 이것은 음식의 맛을 좋게 한다. 그러나 그렇게 많은 양이 필요한 것은 아니다. 특히, 노인들은 지나치게 많은 양의 소금 섭취를 경계해야 한다. 그 이유는 고혈압의 원인이 될 수 있기 때문이며, 고혈압은 종국에는 심장병, 뇌졸중, 신장 기능부전 등과 같은 합병증을 야기시킬 수 있는 것이다. 혈압은 나이와 더불어 높아지고, 이상과 같은 합병증들도 노인들에게서 더 많이 발생하는 것이다. 하지만 사람들은 나이가 들어감에 따라 맛과 냄새에 대한 감수성이 떨어지는 것이 보통인데, 그 떨어진 음식 맛을 보충하기 위하여 더 많은 양의 소금을 가미할 수 있는 것이다. 그러므로 우선 나트륨(소금의 구성성분)의 함량이 적은 식품의 종류를 알아보도록 한다. 신선한 식품들은 대개 가공식품에 비하여 나트륨의 함량이 적다. 즉 신선한 육류, 야채, 그리고 양념을 첨가하지 않은 순수한 냉동야채에는 일반적으로 나트륨 함량이 적다. 또한 냉동시킨 과일과 과즙에는 나트륨의 함량이 적다. 따라서, 식료품을 사는 경우 상품의 설명서를 보고 저염이나 무염의 것을 선택하도록 하는 것이 좋다.

(4) 영양보충제

사람들은 의사의 처방 없이 질병이나 신체적 조건의 예방 또는 치료를 바라면서 여러 가지 종류의 비타민이나 무기질 등의 고단위 보충제들을 복용하고 있다. 종합 비타민이나 무기질 정제 속에는 영양권장량만큼의 양이 들어 있기도 하고, 어떤 것은 적게 들어 있기도 하다. 많은 사람은 이와 같은 정제를 매일 복용함으로써 필요한 영양소의 섭취가 보장되는 줄로 알고 있다. 매일 복용하는 종합 비타민이 어떤 사람들에게는 유익할 수 있으나 그 효율성은 식습관이나 전반적인 건강상태 등과 같은 요소에 따라 달라진다.

어떤 보충제의 과량 사용은 자연상태에서 우리 몸이 정상적으로 유지하고 있는 영양의 평형상태에 나쁜 영향을 미칠 수도 있는 것이다. 그 중의 어떤 성분들은 그 양이 너무 많으면 다른 성분들의 작용 양상에 영향을 미칠 수도 있다. 어떤 영양소들은 여분의 양이 흡수되지 않고 체외로 배출되기도 하지만, 어떤 종류들은 위험한 수준까지 체내에 축적될 수 있다. 따라서, 노인의 건강관리를 위해서는 약품보다는 식품에 의존하는 것이 또 다른 병을 유발하지 않는 것이라 여겨진다. 그러나 약품을 복용해야 할 경우에는 의사의 지시를 반드시 따라야 한다.

Chapter 04

노인 고독사 및 우울과 자살

1. 노인 고독사
2. 우울
3. 노인자살

1. 노인 고독사

1) 고독과 소외감

현대 과학 기술시대에서 노인들은 끊임없는 변화 속에서 많은 긴장감을 가지게 되며, 가정과 사회로부터 다가오는 변화로 인해서 불안감을 가지기도 하고 심지어 노인들은 고독과 소외를 경험하기도 한다. 노인들이 나이가 들어서 할 일이 없는 상황 속에서 오랫동안 살아가게 된다면, 즉 역할상실은 그들의 심리적인 상태에 지대한 영향을 끼치고 있음을 보여주고 있다.

노인들은 질병으로 인해 거동의 불편함과 경제적인 문제로 인해 빈곤, 퇴직으로 인해 사회적 역할을 상실하게 된다. 그로 인해서 가족과의 관계와 대인관계에 어려움을 겪으면서 상당한 심리적인 고통을 가지게 된다. 산업화·도시화 및 가족 유형의 변화로 인하여 가정에서 노인들의 역할이 점점 감소되고, 산업현장에서 물러나게 되면서부터 직업적 역할은 물론 생계유지자의 역할과 가계를 이끌어가는 가장의 역할까지도 상실하는 결과를 가져오게 되었다. 노인의 지위와 역할이 약화하거나 상실되는 주요 원인은 개인의 부 또는 경제적 힘의 약화일 것이다.

노년기를 맞이하면서 겪게 되는 고독과 소외감은 자신감을 상실하게 하고 심지어 심한 좌절감을 느끼게 하여 우울증과 자살까지 이르게 한다. 현대사회의 특징으로 고독과 소외의 문제는 많은 사람이 경험하지만, 많은 것을 상실한 노인들에게는 더욱 심각한 문제가 아닐 수 없다. 자녀와 동거하는 노인의 감소로 사회적으로 소외되고 고독하게 살아가는 노인이 점차 증가하고 있다. 특히 가족, 이웃, 친구, 직장동료 등과 거의 교류를 하지 않고 단절되어 살아가는 노인에게 고독과 소외는 더욱 심각한 문제이다.

2) 고독사의 이해

생전 사회적 고립이 장기화되어 사망까지 이어질 경우, 누구의 지원도 없이 사망 후 발견되는 고독사로 직결되는 사회문제가 발생하고 있다. 고독사란 「고독사 예방 및 관리에 관한 법률」 제2조 정의에 의하면, 가족, 친척 등 주변 사람들과 단절된 채 사회적 고립상태로 생활하던 사람이 자살 · 병사 등으로 임종을 맞고, 시신이 일정한 시간이 흐른 뒤에 발견되는 죽음을 말한다(고독사 예방 및 관리에 관한 법률, 2024). 즉 고독사는 연령 기준 없이 가족 · 친척, 직장 · 종교 · 이웃 등 각종 사회적 교류가 단절된 채, 홀로 사는 사람 중 사망 시 혼자 임종을 맞고 의료기관 등이 아닌 주거지 내에서, 자살 · 병사 · 사고사 등(범죄행위 제외)으로 보살핌 없는 상태로 홀로 사망한 자 그리고 사망 후, 일정한 시간이 흐른 뒤에 발견되어 시신이 부패될 정도로 상당 기간[1] 방치된 후 발견되는 죽음을 고독사로 한다.

고독사와 유사한 무연고 사망자가 있다. 「장사 등에 관한 법률」에 연고자가 없는 사망, 연고자를 알 수 없는 사망, 연고자가 있으나 시신 인수를 거부 · 기피하는 사망을 의미한다(장사 등에 관한 법률, 2023). 고독사와의 차이는 무연고 사망은 시신을 인수할 연고자 존재 여부가 핵심으로, 가령 요양병원 치료 · 보호 중 사망 시 사회적 고립이 아니므로 고독사에는 해당하지 않으나, 시신 인수할 연고자가 없으면 무연고 사망에는 해당한다. 여기서 연고자란 배우자, 직계존비속 등을 말한다. 최근 3년 무연고 사망자 현황은 2019년 2,656명, 2020년, 3,136명, 2021년 3,603명으로 증가하고 있다.

2021년 우리나라 고독사 발생은 총 3,378건으로 최근 5년간 증가 추세(증가율 연평균 8.8%)로서, 사회적인 경각심이 요구된다. 또한 고독사는 인간의 존엄이 훼손되는 사망 형태로서, 존엄한 죽음을 보장하기 위한 사회시스템 구축이 필요하다. 이는 헌법 제10조에 따라 모든 국민의 존엄과 가치는 출생부터 사망에 이르기까지 보장되어야 하며, 국가는 이를 위한 제도적 기반 마련이 필요하다. 고독사는 남아 있는 유가족에게도 사회적 문제가 되고 있다. 시신 방치 · 발견 · 수습 과정에서

---

1) 법률상 기준은 없으나, 일부 지역(서울 · 부산)은 자체 기준(3일)을 적용하여 판단한다.

유가족·주변인들의 정신적 외상 역시 정책개입이 필요한 영역이다. 유가족들은 고인을 외롭게 방치했다는 죄책감과 장기간 시신 방치로 인한 부패·훼손 및 시취 발생 등 현장 목격에 따른 정신적 충격에 대한 체계적 심리지원을 통해 일상으로의 복귀 지원 필요한 상황이다.

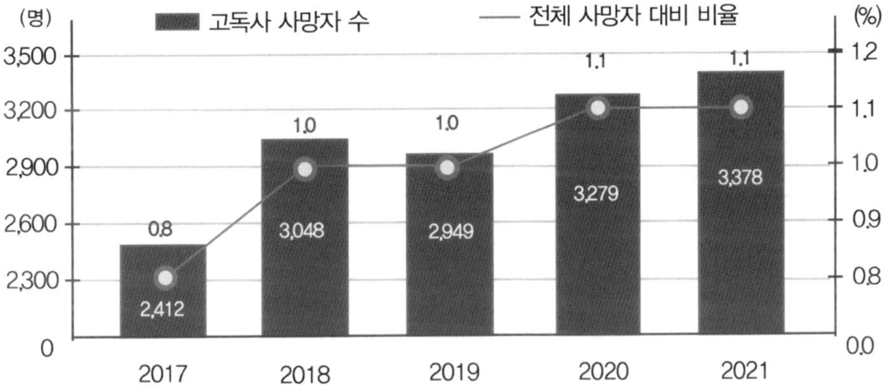

| 그림 4-1 | **최근 5년간 고독사 추이**

출처: 보건복지부. (2023b). 제1차 고독사 예방 기본계획(2023~2027). 세종: 보건복지부.

한편, 이러한 고독사 예방·관리 체계는 아직 미흡한 수준이다. 고독사 예방·관리를 위한 거버넌스로서 중앙부처-지자체-유관기관 간 업무 네트워크가 미약하다. 위험군 발굴, 상담·조사, 서비스 연계·지원, 모니터링 등 고독사 예방·관리의 전 단계를 포괄하는 체계적 협업 시스템 미구축이 요구되며, 고독사 통계 분석, 정보시스템 운영, 정책 지원 등을 통해 중앙부처·지자체를 각각 지원할 수 있는 전문기관도 없는 상황이다. 지자체 내 고독사 업무 담당부서 또한 불명확하고 인력 부족으로 고독사 예방·관리 업무수행을 위한 전문성 및 협업 미흡한 점이 있다. 229개 시군구 고독사 전담인력은 총인원에 50%도 안 되며, 그나마 나머지는 타 업무 겸임이다. 이뿐만 아니라 고독사 예방에 필요한 다양한 분야별(건강관리·돌봄 등) 서비스가 이미 여러 사업을 통해 시행 중이나, 대상자 중심의 서비스 연계·조정이 미흡 부문도 있다.

3) 고독사 현황

2021년 고독사 상세 현황을 보면, 경기(713명), 서울(619명) 등에서 많이 발생하였으며, 대전(1.6%), 인천(1.5%) 등은 지역 내 전체 사망자 대비 많은 수준이다.

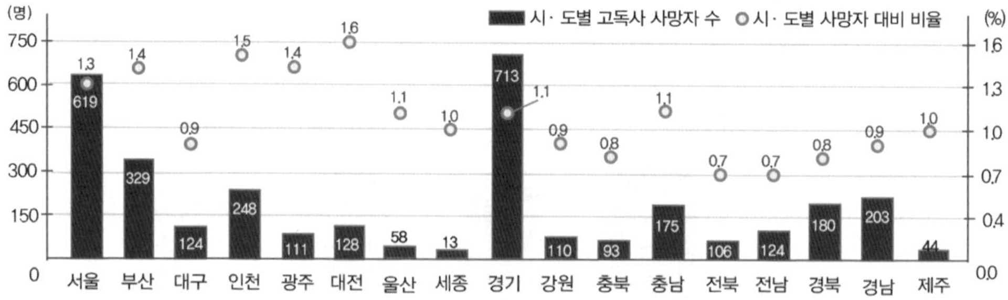

| 그림 4-2 | 시·도별 고독사 현황

출처: 보건복지부. (2023b). 제1차 고독사 예방 기본계획(2023~2027). 세종: 보건복지부.

성별·연령별 비교시 남성(84.2%)이 여성에 비해 5.3배 이상 많고, 50~60대(58.6%)가 절반 이상 차지한다. 성·연령 동시 감안 시 50대 남성(27.0%) 및 60대 남성(25.8%)이 가장 큰 위기로, 50~60대 남성에 대한 고독사 예방이 중요하다. 서울대행복연구센터와 KB금융경영연구소 등 분석에 따르면, 건강관리 및 가사노동에 익숙지 못하며, 실직·이혼·사별 등으로 삶의 만족도가 급격히 감소하는 대상이다.

발생 장소는 주택(50.3%), 아파트(22.3%) 등에서 많이 발생하며, 형제·자매(22.4%), 임대인(21.9%) 등의 신고로 발견되기도 한다.

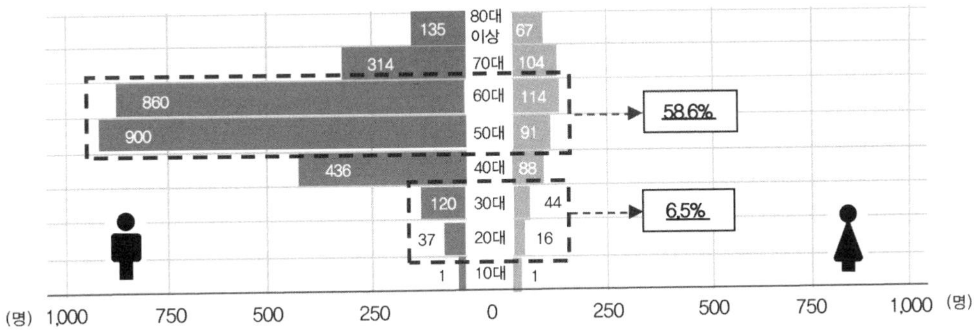

| 그림 4-3 | 2021년 성별·연령별 고독사 현황

출처: 보건복지부. (2023b). 제1차 고독사 예방 기본계획(2023~2027). 세종: 보건복지부.

4) 외국의 동향

영국은 2018년 별도조직 설치 없이 외로움(고독) 담당 부처(Ministry for Loneliness)를 지정하고 문화·미디어·체육 담당 부처의 장을 외로움 장관으로 임명하여 외로움 대비 범정부 전략(loneliness strategy)을 발표하였다. 전략명은 「연결된 사회(A connected society: A strategy for tackling loneliness)」로서 외로움 실태 파악, 공동체 공간 조성, 공동체 강화를 위한 예술·문화·체육 활동 지원, 민·관 거버넌스 구축 등을 목적으로 하고 있다.

| 표 4-1 | 영국 범정부 전략 주요과제

분야	추진과제	주요내용
실태파악	외로움 실태 파악	각 지역 단위별 외로움 수준 측정·발표
대국민 지원	공동체 공간 조성	공동체 공간 구축 펀드(Space to Connect Fund) 운영
	사회적 관계 교육	초·중학생 대상 사회적 관계 교육 과정 의무화
	스포츠 활동 지원	중·고령자 대상 스포츠활동 지원
	예술·문화 활동 지원	예술 분야 파트너십 통해 커뮤니티 활동 지원
거버넌스	지역사회 지원단 구성	민간 지원단 통한 사회관계망 형성 지원
	관계부처 협력	외로움에 대한 주기적 정책토론(장관급) 개최
	지자체 모범사례 공유	지역 주도 서비스 모범사례 발굴·공유

분야	추진과제	주요내용
디지털 활용	사회적 지원 DB 구축	영국 전역의 사회적 지원 전달체계 DB 구축
	e-러닝 프로그램	유명 인플루언서가 주최하는 외로움 주제 캠페인
문화조성	#Let's talk Loneliness 캠페인	유명 인플루언서가 주최하는 외로움 주제 캠페인
	#i will캠페인	청소년 사회활동에 대한 인식 개선

출처: 보건복지부. (2023b). 제1차 고독사 예방 기본계획(2023~2027). 세종: 보건복지부.

일본은 2021년 내각관방(국무조정실 해당)에 고독 · 고립 대책 담당 부서를 설치 「고독 · 고립 대책의 중점계획」 발표하였다. 고독 · 고립 실태 파악, 공동체 공간 조성, 비영리단체 지원, 복지 · 의료 · 고용 등 분야별 대책과 연계한 지역 안전망 구축 등을 실현하고 있다.

| 표 4-2 | 일본 고독·고립 대책의 중점계획

분야	추진과제	주요내용
지원 요구를 높이기 쉬운 사회	고독·고립 실태 파악	고독·고립 수준 전국조사, 각 부처별 관련 통계조사 개편
	정보 포털사이트 구축	고독·고립 대책 및 각종 서비스 정보가 망라된 포털사이트 구축
끊김없는 상담 지원	상담·지원체계 정비	전화·SNS 24시간 상담, 인권 상담, 학생 정신건강 상담, 구직자 취업지원 등
	상담 인재 육성	사회복지사 및 정신보건복지사 양성, 히키코모리 지원센터 직원 연수 등
연결을 실감할 수 있는 지역 조성	공동체 공간 조성	고령자 공동체 공간 지원, 치매카페 보급, 평생 활약 거리 구축 등
	포괄적 지원체계 구축	히키코모리 지원, 비행소년 지원, 출소자 지원, 스토커 피해자 지원, 지역포괄지원센터 운영 등
비영리단체 지원	고독·고립 활동 비영리 단체 지원	히키코모리 지원단체 지원, 지역 여성 지원단체 지원, 노동자협동조합 설립 지원 등

출처: 보건복지부. (2023b). 제1차 고독사 예방 기본계획(2023~2027). 세종: 보건복지부.

미국은 비영리 식사 배달 봉사 네트워크(Meals on Wheels), 은퇴한 노인 공동체(NORC) 등을 통해 사회적 고립을 방지하기 위해 추진 중이고, 프랑스는 세대 간(고령자-청년) 동거 프로젝트(Cohabitation), 민간단체(MONALISA)를 통한 독거노인 사회관계 증진 프로그램을 운영 중이다.

| 표 4-3 | 한국·일본·영국 비교

<table>
<tr><th colspan="2">구분</th><th>한국</th><th colspan="2">일본</th><th>영국</th></tr>
<tr><td colspan="2">통계 출처</td><td>통계청</td><td colspan="2">내각관방 고독·고립 담당실</td><td>문화·미디어·체육 담당 부처</td></tr>
<tr><td colspan="2">조사 기간</td><td>2021.9~2021.10</td><td colspan="2">2022.12~2023.1</td><td>2021.10~2022.9</td></tr>
<tr><td colspan="2">조사 대상</td><td>19세 이상</td><td colspan="2">16세 이상</td><td>16세 이상</td></tr>
<tr><td colspan="2">표본 규모
(응답자 기준)</td><td>8,077명</td><td colspan="2">11,218명</td><td>10,126명</td></tr>
<tr><td colspan="2">조사 질문</td><td>나는 외롭다</td><td colspan="3">얼마나 자주 외로움을 느끼나?
(How often do you feel lonely?)</td></tr>
<tr><td rowspan="5">응답</td><td>전혀 그렇지 않다</td><td>34.3%</td><td>전혀 없다</td><td>23.7%</td><td>21%</td></tr>
<tr><td>별로 그렇지 않다</td><td>43.5%</td><td>거의 없다</td><td>38.9%</td><td>32%</td></tr>
<tr><td rowspan="2">약간 그렇다</td><td rowspan="2">20.8%</td><td>가끔 있다</td><td>17.4%</td><td>22%</td></tr>
<tr><td>때때로 있다</td><td>14.5%</td><td>19%</td></tr>
<tr><td>매우 그렇다</td><td>1.4%</td><td>자주 있다</td><td>4.5%</td><td>6%</td></tr>
</table>

출처: 보건복지부. (2023b). 제1차 고독사 예방 기본계획(2023~2027). 세종: 보건복지부.

5) 고독사 예방 기본계획

(1) 추진배경

최근 우리나라는 1인 가구 중심의 가족구조 변화, 개인주의 문화 확산, 감염병 재난 장기화 등에 따라 사회적 고립·단절이 심화되는 추세이다. 이에 따라 사회적 고립·단절 상태에서 누구의 도움도 없이 사망하고, 일정 시간이 흐른 뒤에 발견되는 고독사 문제도 지속 증가하고 있다. 2022년에 실시한 정부 최초 고독사 실태조사 결과, 2021년 우리나라의 고독사 수는 총 3,378건으로 최근 5년간 증가 추세(연평균 증가율 8.8%)로서 사회적인 경각심 제고가 필요한 상황이다. 또한, 1인 가구 표본조사 결과, 우리나라의 고독사 위험군 수는 약 152.5만 명으로 추정되며, 생애주기별 위기 요인이 상이한 상황이다. 사회적 고립·단절 문제에 대해 우리나라보다 앞서 정부 대책을 추진 중인 영국과 일본에서는 고립·단절을 개인의 문제가 아닌 사회구조적 문제로 규정하고, 범정부 계획 수립을 통해 사회적 연결·지원을 강화하고 있다. 특히, 영국과 일본의 범정부 계획은 고독·고립에 대한 정확한 실태 파악을 바탕으로 지역 내 공동체 공간 조성 및 민·관 협력을 통한 사회관계망 형성 등을 추진한다는 공통점이 있다. 보건복지부는 우리나라 실정에 맞는 대책 수립을 위해 학계, 관계부처, 지자체, 민간단체 등과 논의하여 다양한 과제를 발굴·검토하였고, 현장의 의견을 폭넓게 수렴 후 기본계획을 수립하였다.

(2) 고독사 예방 추진계획

고독사 예방 기본계획은 고독사예방법 제6조에 따라 고독사 예방정책의 체계적인 추진을 위하여 관계부처가 협의해 수립하고 시행하는 법정계획이다. 기본계획은 '사회적 고립 걱정 없는 촘촘한 연결 사회'를 비전으로 2027년까지 전체 사망자 100명당 고독사 수 20% 감소를 위한 4대 추진전략, 13대 핵심과제로 수립되었다. 4대 추진전략별 주요과제는 아래와 같다.

첫째, 고독사 위험군 발굴 및 위험 정도 판단이다. 일상생활 속 고독사 위험군 발굴을 위해 지역주민 및 지역밀착형 상점을 고독사 예방 게이트키퍼로 양성하고, 고독사 취약 지역·대상 발굴 조사를 강화한다. 복지 사각지대 발굴시스템과 연계를 통해 고독사 위험군을 발굴할 수 있도록 관련 위기정보와 생애주기별·지역특성별 차별화된 고독사 위험군 발굴 모형을 개발한다. 고독사 위험군의 위험 정도 및 필요서비스 판단을 위한 점검표와 생애주기별 1인 가구 등이 스스로 적용해 볼 수 있는 '사회적 고립 및 고독사 위기' 자가진단 체크리스트를 개발한다.

둘째, 사회적 고립 해소를 위한 연결 강화이다. 고독사 취약 지역을 중심으로 공동체 공간 조성을 통해 다양한 교류 프로그램을 운영하고, 도서관·생활문화센터 등 문화기반시설을 활용해 인문상담 및 예술·체육활동 프로그램을 지원한다. 지역별 가족센터를 활용해 1인 가구의 생애주기별 다양한 소통·교류·자조모임 등을 지원하고, 사회복지관의 역할 강화를 통해 사회적으로 고립된 지역주민 간 관계망 형성을 지원한다. 민간의 대화형 인공지능 기술을 활용하여 고독사 위험군에게 주기적으로 안부 전화함으로써 심리적 안정을 지원하고, 인공지능이 고독사 위험군의 전력·통신·수도 등 평소 사용패턴을 학습 후 사용량 급변 등 응급상황 감지 시 안부 확인을 추진한다.

셋째, 생애주기별 서비스 연계와 지원한다. 고립·은둔청년에 대한 실태조사를 통해 맞춤형 서비스 지원방안을 마련하고, 청년 위험군이 필요로 하는 정서·취업 지원을 강화한다. 건강관리·안전, 가사, 재취업, 사회관계 등 중·장년의 각종 일상생활 문제 관리를 위한 서비스 제공을 강화한다. 지역 내 다양한 의료·건강관리·돌봄 서비스 등 연계를 통해 지역사회 중심의 통합지원을 강화한다. 사망시 시신 인수자가 없는 고독사 사망자에 대한 공영장례를 확대하고, 고독사 시신 발견·수습 과정에서 유가족·주변인들이 겪는 정신적 외상에 대한 심리안정화 프로그램을 개발한다.

넷째, 고독사 예방·관리 정책 기반 구축한다. 고독사 예방·관리 업무 수행을 위한 중앙·지역별 전문기관 지정, 인력 확충, 정보시스템 구축, 실태파악 강화를 추진한다. 지역 주도형 서비스 지원하고 '고독사 예방·관리 시범사업'을 확대하여 지역별 실정에 적합한 다양한 서비스를 제공한다. 법·제도 개선 및 인식 강화를 위해 기본계획 시행에 필요한 법·제도 개선과 정책소통을 통한 국민 인식 강화를 추진한다.

2. 우울

1) 우울의 정의

노화가 진행된다고 해서 노년기에 우울함이 반드시 나타나는 것은 아니다. 그러나 노년기에 겪는 정신건강 문제 중에서 가장 자주 나타나는 문제는 우울인 것으로 알려져 있다. 우리나라 노인 5명 중 1명은 우울증을 겪고 있다고 보고를 통해서도 알고 있듯이(이해영, 2023), 노년기에 보편적으로 경험할 수 있는 정신건강 문제이다(Zastrow et al., 2004). 노년기는 신체적·정신적 기능이 저하되고, 배우자 상실이나 은퇴 등을 경험하기 때문에 우울을 경험하기 쉬우며, 이를 극복하는 것도 어려운 일이다(김동배 외, 2005). 또한, 노인 우울은 사회경제적·의학적으로도 중요한 문제이기 때문에 환자에게 고통뿐만 아니라 삶의 질에도 영향을 미치며(안지숙, 2018), 적절한 치료를 받지 못할 경우 신체 질환의 발생을 증가시켜 사망률을 높이고 자살 위험성도 높이는 것으로 알려져 있다(박은지, 2018).

우울에 대해 정의한 것을 몇 가지 제시하면 다음과 같다. 우리나라의 사회복지협의회에서 발간한 사전에 따르면, 우울은 의기 상실한 기분으로 정신운동 저하, 불면증, 체중 감소를 수반한 정신적 증후군을 말한다(한국사회복지협의회, 1994). 미국의 전국사회복지사협회에서 발간한 사전에 따르면, 우울은 슬픈 것, 절망에 빠져 자신을 포기하는 것, 미래에 대해 비관적인 것, 활동과 생산성이 줄어드는 것, 자는 데 어려움을 겪는 것, 심하게 피곤한 것, 자신을 미워하는 것의 특징을 지니는 감정적인 반응을 말한다(Barker, 2003). 코에닉과 블레이저(Koenig & Blazer)에 따르면, 노인과 관련해 우울은 식욕을 잃는 것, 잠자는 데 어려움을 겪는 것, 생활하는 힘이 없어지는 것, 슬픈 것, 마음이 크게 상한 것, 기운이 없는 것의 증상을 포함하는 기분 상태를 말한다(Koenig et al., 1996).

우울은 단기적 슬픔 또는 우울감과 같은 심리적 상태에서 강한 무력감과 상실감이 지속되는 정신질환의 상태까지를 포함한다. 우울은 슬픈 감정이 매우 심하고 일상생활에 대한 흥미와 관심이 없으며, 활동 수준이 떨어지고, 비관적이고, 자기 비판적인 사고가 팽배하여 자신이 처한 현재와 미래의 상황을 어둡게 보고 사소한 일에도 의사결정을 잘못하여 고립된 생활을 하는 것을 말한다. DSM-IV(Diagnostic and Statistical Manual of Mental Disorders 4th Edition, 정신장애의 진단 및 통계편람)에 따르면, 우울은 우울한 정서 상태뿐 아니라 복합적인 정신적·신체적 증상들인 의욕상실, 주의집중력 감퇴, 식욕의 변화, 체중의 변화, 불면증, 자살 충동 및 자살시도를 수반하며, 이들 증상 중 5가지 이상이 2주 동안 나타나는 것으로 정의된다(전명숙, 2023).

우울에 대한 정의를 간단하게 정리하자면, 우울은 생활에 대해 비관적이고 부정적으로 인식하는 특징을 지니는 마음 상태라고 볼 수 있다(노병일 외, 2007). 그리고 노인의 우울은 노인이 자신의 삶에 대해 비관적이고 부정적으로 인식하는 마음 상태라고 볼 수 있다(노병일, 2022b).

2) 노인우울의 증상

노인 우울은 다른 연령대와는 다른 특징을 보이는데, 에너지 감소, 수면장애, 식욕 및 체중감소와 신체적 증상의 호소, 인지기능 감퇴 및 불안, 초조가 특징이다(오병훈, 2006). 또 무기력감과 절망감도 있다. 무기력은 개인들이 중요한 생활 사건들을 통제할 수 없다는 느낌으로 노인들은 다른 연령층보다 무기력을 받기 쉽다고 하였다(김형수, 2000). 그리고 절망감을 미래에 대한 부정적인 생각으로 노인은 자신이나 어느 누구도 불행이나 고통을 변화시키기 위하여 아무것도 하지 못할 것이라고 믿는다는 것이 노인 우울이라 하였다(김형수, 2000).

노인들은 노화에 따라 신체적 기능이 약화되고, 사회경제적 활동에서의 은퇴 등과 맞물려 사회적 관계는 더욱 좁아지며, 가까운 사람들의 죽음을 겪는 등 상실을 지속적으로 경험하며(김동배 외, 2005), 경제적 압박, 신체적 능력의 쇠퇴, 질병 이환율의 증가 등으로 인해 흔히 우울을 경험하게 된다(서홍란 외, 2013). 또한, 배우자와의 사별을 경험하고, 자녀들과의 관계가 멀어지는 시기이며, 소외감, 고독감, 자아존중감 저하 등 각종 신체적·심리적·사회적 상실 등을 경험하며, 이로 인해 심리적 위축을 초래하고 생활만족도가 저하되어 우울을 경험할 가능성이 높다(Baltes et al., 1999).

| 표 4-4 | 노인 우울증과 일반 우울증의 비교

노인 우울증	일반 우울증
• 슬픔의 표현이 적다 • 신체적 증상으로 표현되는 경향 • 신체질환에 대한 호소 • 최근에 발생된 지나친 호소 • 자해적 행동 • 가성치매 • 치매에 동반된 우울증 • 행동장애 • 비정상적 성격성향의 강화 • 뒤늦게 발생한 알코올 의존	• 계속되는 우울, 공허감, 불안감 • 절망적 느낌, 염세적 사고 • 죄책감, 무가치 혹은 무력감 • 의욕 및 흥미 상실 • 불면 혹은 과다한 수면 • 식욕감소, 체중감소, 과식이나 체중증가 • 힘이 없고 피로하며 몸이 처지는 기분장애, 만성통증 등 • 죽음이나 자살에 대한 생각, 자살기도 • 집중력 및 기억력 저하 • 두통, 소화기능 문제 등 계속되는 신체증상

출처: 이해영. (2023). 노인복지론. 서울: 창지사.

노인이 우울한 경우에 여러 가지 증상이 나타날 수 있다. 그리고 우울한 상태에 놓이면, 우울 증상이 2주가 넘게 지속되는 경우가 많다. 우울을 보여주는 증상을 구체적으로 제시하면 다음과 같다(Geriatric Mental Health Foundation, 2020).

첫째, 잠을 너무 많이 자거나, 너무 적게 자는 데 어려움을 겪고 있다.

둘째, 식욕이 변하여 체중이 줄고 있거나 늘고 있다.

셋째, 신체적으로 고통을 느끼고 있다.

넷째, 어떤 것을 적극적으로 하려 하지 않고 있다.

다섯째, 민감한 상태에 있고, 견디지 못하고 있다.

여섯째, 흥미를 잃고 있거나, 즐거움을 잃고 있다.

일곱째, 가치가 없다고 느끼고 있거나, 죄의식을 느끼고 있다.

여덟째, 집중하는 데 어려움을 겪고 있거나, 결정을 내리는 데 어려움을 겪고 있다.

아홉째, 크게 들떠 있거나, 느리게 움직이고 있다.

열째, 죽음이나 자살에 대해서 계속해서 생각하고 있다.

열한째, 성적 욕구가 변하고 있다.

그러나 어떤 두 노인도 우울을 똑같은 방식으로 경험하지 않고 있다. 이런 탓에, 우울 증상을 겪는 정도와 우울이 지속되는 기간은 노인 각각에 따라 차이가 나고 있다(National Mental Health Association, 2004).

| 표 4-5 | 주요 우울증상

증상	내용
수면	불면증, 과다수면
흥미	활동이나 일, 취미활동, 사회생활에 대한 흥미상실
죄책감	죄책감, 자기비난
활력	활력저하, 피로감
집중력	집중력 감퇴, 복잡한 사고, 느린 사고
식욕	식욕감퇴, 체중감소 혹은 체중증가
정신운동	정신운동 저하, 초조성 우울
자살	반복적 자살, 죽음에 대한 생각

출처: 이해영. (2023). 노인복지론. 서울: 창지사.

노인 우울은 일상생활과 삶의 질에 부정적인 영향을 미치며, 조기에 우울증을 발견하지 못하거나, 적절한 치료를 받지 않을 경우에 질병의 악화가 나타나며, 더 나아가 자살의 증가로 이어지기도 하므로 매우 심각한 사회문제라고 할 수 있다

(강현욱, 박경민, 2012).

노인 우울장애의 치료방법으로는 약물치료나 전기충격요법의 생물학적 치료와 심리적 치료, 가족치료 등이 있다. 항우울제인 삼환제, 모노아민 산화효소 억제제, 세로토닌 증진제 등을 처방하는데, 임상연구 결과를 보면, 효과와 함께 인지장애와 같은 부작용이 나타나는 경우가 있다고 보도되고 있다. 심리치료는 인지행동적 치료, 대인관계 치료, 정신역동적 치료, 회고적 심리치료 등이 활용하고 있다(Hersen et al., 2013). 가족치료는 노인 한 사람만을 대상으로 하기보다는 가족과 함께 협력하여 우울증에 개입하는 방식이다(Blazer, 2007).

3) 우울증의 원인

(1) 생물학적 이론

생물학적 이론에서는 우울증의 원인을 뇌세포들을 연결하는 화학성분인 신경전달물질(neurotransmitters)의 불균형이나 불충분한 공급에 따라 설명된다. 신경전달물질 수준은 연령 증가에 따라 감소하기 때문에, 노인의 우울증이 생화학적인 문제일 가능성이 있다고 가정되기도 하지만(Gerner et al., 1984), 그 관련성은 아직 명확하게 밝혀지지 않았다.

우울증은 특히 노인에게 있어 신체적 질병과 관련한다. 잘츠만 등(Salzman & Shader)은 노인들의 건강쇠약은 종종 우울증의 증상을 더욱 악화시킨다고 주장한다(Salzman et al., 1979).

즉, 건강이 쇠약해지면 죄의식, 울음, 신경질, 불안, 그리고 의존적 표현을 더욱 하게 된다. 치매, 뇌종양, 뇌졸중, 갑상선기능 부전증 그리고 심장혈관질환과 같은 신체질병은 종종 우울증상을 포함하고 있다.

(2) 심리사회적 이론

우울증 원인에 대해 지금까지 널리 인정되고 있는 학설은 어떤 심리적 충격적인 사건에 기인한다는 것으로 가장 일반적 주제는 상실(loss)이다. 사별은 상실의 가장 대표적 유형이지만 개인적으로 중요한 어떤 것의 상실 역시 상실감을 유발할 수 있다.

게일로드와 정(Gaylord & Zung, 1987)은 불행감이나 우울증을 유발하는 8가지 유형으로 ① 사랑하는 사람의 상실, ② 건강이나 신체적 매력의 상실, ③ 직업이나 보호자로서의 역할 상실, ④ 개인 소유물의 상실, ⑤ 생활방식의 상실, ⑥ 계획이나 사업의 실패, ⑦ 집단 내에서의 회원의 상실이나 위상상실, ⑧ 애완동물의 상실을 설명하고 있다.

정신분석이론에서 프로이트(Freud)는 우울증을 매우 깊고 고통스러운 절망 상태, 외부 세계에 대한 관심의 단절, 사랑할 능력의 상실, 그리고 심각한 자기비하로 이어지는 자아존중감 저하의 상태로 보았다. 따라서 정신분석적 관점에서 우울증은 내부로 향한 '자아존중감의 상실'로 이해되며, 이는 정신분석 이론에서 우울증을 설명하는 데 있어 핵심적인 요소로 간주된다.

또 다른 접근법인 행동주의와 인지주의 이론에서는 내적 신념체계를 강조하는데, 이는 사람들이 통제할 수 없는 사건들을 어떻게 해석하는지에 초점을 둔다. 이 이론은 예상치 못한 통제할 수 없는 사건들의 경험이 무력감을 심어주는데, 이것이 곧 우울증을 야기시킨다는 것이다. 이 접근법에 의하면, 우울한 사람들은 그들의 곤경에 대해 그들 자신에게 책임이 있으며, 상황들이 더 좋아질 것 같지 않으며 그들의 전체 삶이 수라장이라고 믿는다.

| 표 4-6 | **노인우울척도**

다음을 읽고 자신에게 적합하다고 느끼는 것을 표시하시오(각 1점으로 5점이 넘으면 우울증 의심).

당신은 평소 자신의 생활에 만족하십니까?	예/아니오
당신은 활동과 흥미가 많이 저하되었습니까?	예/아니오
당신은 앞날에 대해 희망적입니까?	예/아니오
당신은 대부분의 시간을 맑은 정신으로 지냅니까?	예/아니오
당신은 대부분의 시간을 행복하다고 느낍니까?	예/아니오
당신은 지금 살아 있다는 것을 아름답다고 생각하십니까?	예/아니오
당신은 가끔 낙담하고 우울하다고 느낍니까?	예/아니오
당신은 지금 자신의 인생이 매우 가치 없다고 느낍니까?	예/아니오
당신은 인생이 매우 흥미롭다고 느낍니까?	예/아니오
당신은 활력이 충만하다고 느낍니까?	예/아니오
당신은 자주 사소한 일에 마음의 동요를 느낍니까?	예/아니오
당신은 자주 울고 싶다고 느낍니까?	예/아니오
당신은 아침에 일어나는 것이 즐겁습니까?	예/아니오
당신은 결정을 내리는 것이 수월합니까?	예/아니오
당신의 마음은 이전처럼 편안합니까?	예/아니오

출처: 이해영. (2023). 노인복지론. 서울: 창지사.

3. 노인자살

1) 노인자살의 개념

일반적으로 자살은 자발적으로 그리고 의도적으로 자신의 생명을 끊는 행위라는 의미에서 자발성과 의도성을 내포한 자기 파괴적인 행위라고 볼 수 있다(박희숙 외, 2016). 자살이라는 용어는 라틴어가 어원으로, 영어로 자기를 의미하는 'su'와 죽인다의 개념인 'caedo(kill)'의 합성어로 'suicide'이다. 뒤르켐(Durkheim, 1951)은 자살을 희생자 자신이 일어나게 될 결과를 알고 행하는 적극적 혹은 소극적 행위에서 비롯되는 직접적 혹은 간접적 결과로 발생하는 모든 죽음으로 스스로의 혐오감으로부터 도피하기 위한 동기로 규정하였다(황보종우, 2019). 이러한 자살에 대한 다양한 개념에 대한 정의에 공통점이 존재한다. 즉, 자살은 스스로 자신에게 초래한 행위라는 것이며, 죽으려는 의도가 있고, 행동의 결과 죽음을 유발했다는 것이다(유영직, 2014). 이러한 자살의 개념을 통해 노인 자살은 65세 이상의 노인이 자의로 자신의 목숨을 끊는 행위로 정의된다.

자살행위(suicidal behavior)에는 자살생각(suicidal ideation), 자살시도(suicidal attempt), 그리고 자살실행(completed suicide)에 이르는 포괄적이고 영속적인 개념으로 정의되는데(허평화, 2011), 이러한 자살행위에 대한 표집에는 한계가 있으므로 대부분의 연구는 자살 사고에 중심을 두고 이루어진다(박봉길 외, 2014).

자살생각은 자살하기 위한 상상 또는 계획으로 실제 자살시도에 앞서는 과정이므로 자살시도의 중요한 예측지표로 볼 수 있으며(Kumar et al., 1995), 논리적으로나 경험적으로 자살시도나 자살행위에 앞서므로 자살생각의 결정요인을 이해한다는 것은 자살행위의 위험을 이해하거나 예방하는 중요한 선행 작업으로 볼 수 있다(양옥경 외, 2011). 자살생각 경험은 자살 위험군의 대표적인 특징이며 실제로 자살의 위기 및 자살률과도 높은 상관관계를 가진다. 자살생각은 살아가면서 어느 순간 자살에 대해 심각하게 고려해 본 것을 의미하며, 자살계획은 실제 자살시도에 앞서는 과정이라 할 수 있다(오인근, 2008). 자살생각은 자살시도의 중요한 예언지표로, 자살시도는 자신을 파괴하고자 하는 의도를 갖고 고의로 자신에게 상처를 입히는 행동이며 실제로 죽음이 발생하지 않은 경우를 의미한다(오인근, 2008). 아울러 자살행동은 자살을 실제 행동으로 옮겨 스스로 만든 죽음을 의미한다.

자살생각은 생각만으로 그치는 것이 아니라 실제 자살시도나 자살행위로 이어진다고 주장되고 있다(Ashmore, 2006). 자살생각이 반드시 자살시도로 이어지고, 또 자살로 귀결되는 것은 아니지만 그 가능성은 높은 편이라고 할 수 있다는 것이다

(Kumar et al., 1995). 따라서 자살에 대한 관심은 자살 이전단계인 자살시도나 자살생각에 중점을 두고 다양한 연구들이 진행되고 있다(Dai et al., 2011).

2) 노인자살의 특성

노인은 자살률이 높은 위험집단이다. 우리나라 노인자살률이 가장 높지만, 자살이나 자살예방에 관한 연구 및 개입에서 어려움이 있다(Pearson et al., 2000). 노인 자살은 청소년이나 일반 성인의 다른 연령대에서 자살과 차이를 보이는 몇 가지 특징이 있다.

첫째, 노인에 대한 연령차별주의에 근거한 노화에 대한 부정적 사회 태도로 인해, 사람들은 청소년자살을 노인자살보다 더 큰 비극으로 인식한다. 또한 많은 정신건강 전문가와 노인들 그리고 노인의 가족들은 우울증과 자살 생각이 자연스러운 노화 과정의 일부라고 보고한다. 이 밖에도 노년기에 겪게 되는 건강악화, 만성질환, 신체적·정신적 장애, 상실과 소외, 사회관계 축소, 경제적 어려움 등은 모두 높은 자살 관련 요인으로 이런 위협적인 요인들은 우울과 절망감 등 심리사회적 갈등을 일으켜 자살사고로 확산된다. 젊은 층의 자살이 단일한 원인으로 인해 발생한다면, 노인자살은 사회적·환경적·심리적 원인이 함께 복합적으로 작용한다. 노년층의 자살은 젊은 성인에 비해 자살 실행률이 3~5배 정도 높다. 청소년의 경우 자살생각을 한 적 있는 경우가 12.1%, 자살을 시도까지 한 경우가 2.6%인 데 비해 노인은 6.1%가 자살을 생각한 적 있고 실제로 13.2%가 자살을 시도했다(정경희 외, 2017).

둘째, 노인의 경우 급성적 자살보다 유사 자살을 선택하는 경향이 많다(임병우 외, 2023). 급성적 자살이란 목매달기, 약물 과다복용, 고의적인 교통사고, 일산화탄소로 인한 질식, 추락으로 인한 사망과 같이 급작스럽게 죽음이 야기되는 경우가 대부분이다. 이와 반대로 죽을 의도를 가지고 스스로 한 행동에 의해 서서히 죽음에 이르게 되는 것을 유사자살이라고 한다. 노인자살의 경우에는 급성적 자살뿐만 아니라 유사 자살에 대해서도 주의를 기울여야 한다. 가장 보편적인 유형은 아사

지경에 이를 때까지 먹지 않는 것이며, 생명을 지속시키는 약물 투여를 거부하거나 자기 방임 등이 있다(육성필 외, 2011).

셋째, 노인의 자살은 청소년과 성인 자살에 비해 자살 성공률이 높다(박희숙 외, 2016). 젊은이들의 자살은 종종 충동적이고 자신을 표현하기 위한 행동(cry for help)인 경우가 많지만, 노인들은 대부분 정말로 죽을 의도를 가지고 있다. 실제로 노인들은 치명적이고 확고하게 실행하기 때문에 젊은이들보다 자살시도 대 자살로 인한 죽음의 비율이 높다. 다른 연령층보다 치명적인 자해방법과 자살행위를 시도하며, 아울러 자살 생각과 계획을 다른 사람에게 알리지 않고 치밀하게 계획하는 경향이 있기 때문으로 추정하고 있다(황정우 외, 2017). 노인자살은 신체적 특성상 노령으로 인해 자살계획을 행동으로 옮길 시 회복할 능력이 떨어지고, 죽고자 하는 강한 욕구로 행해지므로 자살생각과 계획을 타인에게 쉽게 알리지 않고 치밀하게 계획하는 경향이 있어 높은 자살 성공률을 지닌다. 더구나 독거노인의 경우는 자살행위 후 조기발견이 어려워 자살 성공률이 한층 더 높다(서인균 외, 2016).

넷째, 노인의 자살은 주변에 도움을 요청하거나 알리는 경우가 드물기 때문에 예측하기 어렵다(배진희 외, 2009). 노인들은 자살이라는 것 자체에 대해서 혹은 유용한 지원책들에 대한 정보가 빈약해서 핫라인이나 심리학적 서비스 등을 사용하지 않는 경향이 있다. 따라서 상담심리학자나 다른 정신건강 전문가들이 자살 생각을 지닌 노인들과 접촉할 기회가 적다. 노인은 자살 예방과 관련된 정보가 부족하여 각종 정신건강 서비스를 받으러 가지 않기도 하고, 자살 의도와 관련하여 다른 사람들과 이야기하는 것을 꺼리기 때문에 그들에게 도움을 줄 수 있는 개입을 진행하기 어렵다(임병우 외, 2023).

다섯째, 성별의 비교에 있어서 전체적으로 남성의 자살률이 여성의 자살률보다 높게 나타나는 것이 일반적이지만, 특히 노인의 경우 그 차이가 더욱 크게 나타난다. 후기 노인으로 고령화될수록 자살률이 높아지는 것을 알 수 있었고, 특히 후기 남성 노인의 자살이 매우 심각한 수준으로 나타났다. 남성 노인들은 젊은 남성에 비해 자살 시도력이 더 많지 않았다. 그럼에도 남성 노인자살률이 높다는 것은 남성 노인은 한두 번의 시도로 성공할 확률이 높다는 것이다.

3) 노인자살의 현황과 원인

OECD 회원국 노인 자살률 평균은 16.3명이다. 한국은 41.7명('20년)으로 1위이며, OECD 평균보다 2.6배 높다. 뒤이어 슬로베니아가 39.3명('20년)으로 2위, 리투아니아가 31.4명('21년)으로 3위다. 헝가리는 28.8명('19년)으로 4위다. 이밖에 오스트리아는 27.4명('21년)으로 5위, 스위스는 21.9명('19년)으로 6위, 벨기에는 21.8명('18년)으로 7위, 일본은 17.8명('20년)으로 14위, 핀란드는 12.3명('20년)으로 22위이다. 노인 자살률이 가장 낮은 국가는 터키로 5.2명('19년)이다(한국생명존중희망재단, 2023).

| 표 4-7 | OECD 회원국 노인(65세 이상) 자살률 추이

(단위: 인구 10만 명당 명)

국가	2014	2015	2016	2017	2018	2019	2020	2021	순위
대한민국	55.5	58.6	53.3	47.7	48.6	46.6	41.7	-	1
슬로베니아	34.6	38.7	31.6	37.7	33.6	36.9	39.3	-	2
리투아니아	39.5	37.8	34.6	33.8	37.0	34.3	33.2	31.4	3

출처: 한국생명존중희망재단. (2023). 2023 자살예방백서. 세종: 보건복지부. 재구성.

노인자살의 원인으로는 개인적·사회적·환경적 영향의 복합효과 결과로 이해해야 한다. 1990년 이후 급증하고 있는 우리나라 자살의 원인으로 전통적 가치관의 변화와 혼돈, 과중한 스트레스, 정서적 지지망의 약화(핵가족화와 이혼의 증가), 생명경시 풍조, 노인인구 급증에 대한 개인적 또는 사회적 대응 부족, 장기적인 경제불황, 정보매체의 발달, 정신질환의 증가 등을 설명하고 있다(임병우 외, 2023). 뿐만 아니라 신체적 질병, 경제적 어려움, 외로움과 고독, 가정불화, 우울증, 직업역할의 상실, 신체적·정신적 장애, 사회관계 범위의 축소, 건강약화, 배우자의 상실 등 전반적인 노인 문제가 원인으로 지목되고 있다(전명숙, 2023). 한편 배우자가 없거나 노인이 단독으로 혼자 생활하는 독거일 때 교육수준과 소득수준이 낮을수록 자살 생각이 높게 나타났다.

4) 자살이론

자살 행동의 복잡성 때문에 다양한 사회학적, 심리학적, 그리고 생물학적 이론들이 생겼으며, 각각의 이론들을 다음과 같다(Granello, 2007).

(1) 사회학적 이론

자살의 사회학적 이론은 사회통합, 규제, 경제적 지위, 그리고 적절한 건강관리의 접근성과 같은 사회적 요인이 자살을 결정하는 중요한 요소로 강조한다. 뒤르켐(Durkheim, 1951)이 제안한 사회학적 이론이 아직까지 가장 영향력 있는 사회학적 이론으로 남아 있다. 뒤르켐은 자살이 개인과 그들이 사는 사회 사이의 조화가 부족한 것이 원인이라고 주장했다. 그는 자살의 사회적 원칙으로 두 가지, 사회통합 원칙과 사회적 규제 원칙변수를 제안했는데, 두 가지 원칙과의 관계를 기초로 하여 이기주의적 자살, 이타적 자살, 사회 무질서적 자살, 숙명적 자살, 네 가지 유형으로 자살을 주장했다.

첫째, 이기주의적 자살은 개인이 사회와 연결 부족의 결과 개인은 소외되고 자기중심적으로 된다(사회통합의 결핍).

둘째, 이타적 자살은 개인이 규칙과 사회적 관습에 지나치게 동화된 결과 개인이 사회의 기대에 부응하거나 충족시키려는 노력으로 자살을 시행한다(과도한 사회통합).

셋째, 사회 무질서적 자살은 개인이 자신의 행동이 반드시 사회적 규칙에 부합되어야 한다고 느끼지 않을 때의 결과로, 개인은 사회적 규범에서 벗어난 행동을 해봄으로써 자유를 느낀다(너무 적은 규제).

넷째, 숙명적 자살은 개인이 그가 사는 사회에서 압박감을 느낄 때 자살한다. 예를 들면, 노예제도, 가난, 감옥 또는 정치범 수용소 등과 같은 괴롭고 힘든 환경으로 인해 자살한다(너무 심한 규제).

개인이 특히 종교 등과 같은 정치·사회적 체계에서 사회와 통합된 수준이 높을수록 개인은 자살로 향할 가능성이 적다.

(2) 심리학적 이론

자살의 심리학적 이론은 개인의 성격 특징, 인식 과정, 그리고 발달적 경험을 자살 행동을 야기하는 중요한 요소로 강조한다. 심리학적 이론(정신역동, 인지, 행동 등)의 대다수 학파는 모두 자살이 인간의 표준 행동에서 벗어난 것이며, 심리적 기능장애를 나타내는 것이라고 확신하며, 각각 학파의 인간행동 설명을 위한 접근법에서 유래한 자살에 대한 독특한 설명을 제시하였다.

프로이트의 유명한 죽음본능은 많은 사람이 자신을 파괴하는 죽음을 향한 추동을 가지고 있는데 이것이 자살로 드러난다고 가정하였다. 메닝거(Menninger, 1938)는 자살을 자기 살인과 죽음 소원으로 구분하였는데, 자기살인은 타인에 대한 분노나 공격에 대한 반응이 자신에게 향하여 자살하는 것이고, 죽음 소원은 죽임당하고 싶은 소원, 자살에 굴복하는 수동적인 자살을 말한다. 또한 그는 자살의 충동을 고통으로부터의 탈출 시도로 묘사했다. 벡과 동료들(Beck, Steer, Kovacs, & Garrison, 1985)은 무망감(절망감) 척도가 90% 수준으로, 엄청난 자살예측 능력을 갖추고 있음을 보여주었고, 인간에게서 희망의 부재가 개인의 삶의 의지 면에서 강력하고 혼란스러운 결과임을 명확히 만드는 것으로 보았다. 바우마이스터(Baumeister, 1990) 연구팀은 자살이 절망보다 정서적 불안정성이나 충동성과 관계있다고 설명했다.

인지적 접근에서는 삶의 이유 척도(Reasons For Living Inventory)와 변증법적 치료(DBT: Dialectical Behavioral Therapy)를 개발한 마샤 리네한(Marsha Linehan)은 자살과 자기파괴 행동에 낮은 스트레스 역치와 부적응적 대처능력을 적응적으로 훈련시켜 행동적으로 소거할 수 있다고 설명하며, DBT에서 '수용'과 '변화'를 중심으로 극단적으로 경직된 사고를 변화시키려 노력했다(Linehan, 1993).

(3) 생물학적 이론

자살에 대한 생물학적 이론들은 유전, 성별 그리고 신경전달물질의 기능장애를 자살 행동의 원인을 정의하는 데 중요하다. 자살에 대한 가족의 패턴을 기록하고 유전적 특징과 연관된 동일성을 찾는다.

첫째, 자살의 생물학적 근거를 지지하는 유전적 연관성이다. 블루멘탈과 쿠퍼(Blumenthal & Kupfer, 1990)의 연구에서 이란성 쌍둥이보다 일란성 쌍둥이의 자살률이 높고, 자살한 사람이 많은 가족에 입양된 아이의 자살률도 높다고 보여준다. 그들은 친척 중 자살한 사람이 있는 정신과 입원환자들의 50%가 자살을 시도했다고 언급했다. 당연히 마음의 이상증상에는 유전적 연관성이 있다. 이 연구들이 자살 그 자체의 유전적 연관성이 아니라 우울증, 자살에 대한 취약성을 증가시키는 요소의 유전적 연관성을 찾는 것을 가능하게 하였다.

둘째, 유전적 연관성이 아니라 우울증과 자살의 연관성을 찾는다. 신경전달물질 세로토닌은 우울증과 가장 밀접한 관계가 있는 신경전달물질로 보인다. 세로토닌의 격감은 자살한 사람의 뇌세포와 자살 시도자들의 뇌척수액에서 발견된다. 세로토닌의 부족이 우울증, 감정의 규제, 공격성 그리고 충동과 연관 있기 때문에 그것이 충동적인 자살과도 관련 있다고 생각한다.

셋째, 자살의 생물학적 근거를 지지하는 세 번째 분야는 성별이다. 선진국의 자살 기록에서 여자보다 남자의 자살률이 더 높다. Y염색체를 물려받은 남성은 일반적으로 여성보다 높은 확률로 공격성을 가진다. 자살이 자신을 향한 공격이라는 개념으로 본다면, 남성은 여성보다 공격적이므로 여성보다 높은 자살률을 가진다고 볼 수 있다. 그러나 여성들의 자살 시도율은 남성보다 높은데, 이것은 이 생물학적 이론과 맞지 않는다(Capuzzi, 2004).

(4) 자살학 이론

자살학 분야에 대한 이론은 리나스(Leenaars) 이론과 조이너(Joiner) 이론을 살펴보고자 한다.

첫째, 자살학자 리나스(Anton Leenaars) 이론은 다차원 문제에서 출발점을 이용했다. 리나스는 다차원적 문제를 "생물학적, 심리학적, 정신 내적, 논리적, 의식적, 무의식적, 대인관계적, 사회적, 문화적 그리고 철학적 실존주의적 요소"로 설명했다. 리나스는 치명성(사람이 자신을 죽일 수 있는 가능성)과 불안의 원인(개인의 주관적인 고민)

을 자살행동을 이해하는 데 필수적인 개념이라고 말했다. 리나스는 누군가는 매우 불안하지만 자살하지 않을 수 있다는 것을 지적하고, 자살에 가장 중요한 요소로 치명성을 강조했다(Leenaars, 2004).

둘째, 조이너(Joiner)는 자살에 성공한 집단과 자살시도 집단을 분석한 결과, 자살에 성공한 집단은 자살시도 집단에 비해 더 높은 지각된 부담감을 보였으나, 절망, 일반화된 정서적 고통에서는 차이를 보이지 않았다고 하였다. 자살성공 집단을 대상으로 한 유사한 연구에서도 지각된 부담감만이 자살방법의 치명성을 예언하는 변인으로 드러났다. 브라운(Brown, 2002)은 가족에게 부담이 된다는 생각을 자살 관련 증상의 예언변인으로 강조했다. 순수한 자살시도는 다른 사람을 이롭게 하려는 소망에 의한 것이지만 자살을 의도하지 않은 자해의 특징은 종종 분노의 표현이나 자신을 처벌하려는 의도로 설명한다. 또한 조이너는 반복된 고통 내성을 통해 획득된 '자살능력 치명성'을 나타내는 중요한 요인으로 보고 '지각된 부담감'과 '좌절된 소속감', 세 가지 요인의 통합이 자살시도를 설명한다고 밝혔다(Joiner, 2002).

5) 노인자살의 예방

노인의 자살은 앞에서 살펴봤듯이, 다양한 요인이 복합적으로 작용하여 일어난다. 따라서 노인자살을 예방하기 위한 사회적 대책은 노인의 자살을 가져오는 다양한 요인에 대한 종합적인 대책이 필요하다. 즉, 경제적 어려움에 대한 소득보장 지원, 노인취업알선, 건강유지와 질병치료 등에 대한 의료보장제도, 계속적인 가정보호가 가능한 지역중심의 재가노인사업의 확충, 고독함, 소외감, 상실감을 극복할 수 있는 다양한 여가프로그램 확충, 노인복지회관 등의 노인종합복지센터의 설립 등이 필요하며, 앞으로 노인층이 급격히 증가할 것을 예상한다면, 노인자살을 적극적으로 예방할 수 있는 노인전용의 전화상담서비스나 자살예방센터 등의 프로그램 도입도 필요하다(이해영, 2023).

Chapter

05

노인과 성

1. 성의 개념과 노인의 성
2. 성 관련 이론
3. 노인의 성생활 실태와 개입

1. 성의 개념과 노인의 성

1) 성의 개념

성(性)은 우리 사회에서 주요한 이야깃거리이며 인간의 흥미와 관심사가 되었다. 성(性)의 의미는 心(마음)과 生(몸)이 결합한 글자로 사람의 전인격(全人格) 또는 나면서부터 지니고 있는 본성을 의미한다(노길희 외, 2023). 성(性)은 양면성을 지니고 있다. 인간에게 중요한 욕구이면서 본능인 동시에 심리적 갈등과 불안의 원인으로 작용하기도 한다. 성은 인간의 근본적인 생활의 존재 방식이자 본능으로 종족 보존을 위한 생식의 욕구와 함께 사랑의 표현, 긴장해소, 감정적 이완, 만족감 및 소속감에 대한 요소가 함축되어 있다(권명숙, 2002). 따라서 단순한 신체적·생리적 쾌락의 영역이 아닌 감정, 태도, 가치관 등 심리적, 문화적 측면을 포함한다(윤우상, 2018; 노길희, 2007; 김계숙, 1999). 성은 신체에 대한 자기표출이자 사람 간의 교류 혹은 관계행위의 의미가 포함되며, 의사소통이 개입되는 사회적 과정으로써 사회공동체의 원동력 등의 의미를 담고 있다(손창형, 2006).

인간의 성은 일상생활 속에서 생물학적 의미의 섹스(sex), 사회적 의미의 젠더(gender), 정서적 의미의 관계(relationship) 등이 통합된 섹슈얼리티(sexuality)라는 세 가지 개념으로 혼재되어 사용하고 있다.

먼저, 라틴어의 섹서스(sexus)가 어원인 섹스(sex)는 보통 생물학적인 면에서 남녀를 구분하는 경우에 사용하는데, 섹스는 인간이 해부학적으로 남성(male)인지 여성(female)인지를 구분해 주는 용어이다. 정자 및 난자 세포의 생성에서부터 성적흥분, 성교, 임신 등의 생물학적 기제 등을 의미한다. 따라서 섹스는 생식과 관련된 모든 육체적 상태와 개체의 유전적 전달을 포함하는 의미가 있다. 그러나 성이란 전체적인 인간 그 자체를 뜻하는 것이지 단순히 행동이나 성적인 쾌락만을 의미하지는 않는다(나임순, 2005).

젠더(gender)는 생물학적 차원의 섹스와는 달리 인간이 출생한 이후에 사회적·

문화적·심리적인 환경에 의해 학습된 후천적으로 주어진 남녀의 특성을 의미한다. 신체적이고 행동적인 기준에 따라 인간의 남성적 또는 여성적 특성을 의미하는 방향으로 구분되어 사용된다(임장남, 2008). 한 개인이 소속된 사회문화권에서 통용되는 남성다움(masculinity, 남성성)이나 여성다움(femininity, 여성성)을 의미한다. 즉, 환경, 특히 남녀의 행동에 대한 사회적 기대의 가치관으로부터 정신 성적인 정체성(gender identity)이 형성되며, 성 결정에 있어서 가장 중요한 요소이다.

섹슈얼리티(sexuality)는 한마디로 정의하기 어렵지만, 성과 관련된 모든 육체적·사회·심리적 행동이나 상태를 통칭하는 것이라 할 수 있다. 즉, 성행동은 물론이고 개인이 가진 성에 대한 문화, 관습, 제도 등의 모든 것을 의미하는 표현이다. 신체적 차이, 성욕, 욕구, 환상, 출산 능력, 성별 정체성과 수많은 신체적·심리적 가능성이 한데 묶여 고안된 역사적 구성물을 뜻한다(서동진 외, 1999; Weeks, 1986). 오늘날 섹슈얼리티는 좁은 의미의 육체 중심 성 개념을 벗어나 감정·의지·행위 양식이 모두 포함된 심리·사회·문화적 요소들이 포괄되는 의미로 사용되고 있다(정은희, 1993). 과거 우리 사회에서도 종족 보존의 수단으로써 생식적 기능이 주된 기능으로 작용하였으나, 오늘날에는 상대와의 친밀감이나 자기 정체성을 확인하는 등 쾌락 또는 오락적 기능의 수단으로 변화하고 있으며 집단보다는 개인 중심의 생활 가치가 우선되고 성 인식과 성행위가 중요한 의미로 가지게 되었다(노길희 외, 2023).

2) 노인의 성

(1) 노년기의 성

인간은 태어날 때부터 숨을 거둘 때까지 성에 관한 관심이 지속된다. 성은 사람이 살아 있음을 드러내는 표식이자 기본적인 자기표현의 방법이다. 또한 인간의 다양한 교류와 교감이라는 의미를 지닌다. 물론 노화현상의 하나로 질과 양적인 면에서 정력이 감퇴하는 것은 사실이지만 그렇다고 어느 시기가 되면 정력이 고갈되는 그런 유한적인 것은 아니며 연령과 관계없이 죽을 때까지 지속되는 기본적 권리이자 인간의 근본적인 생활의 존재 방식이라고 할 수 있다(임춘식, 2009). 성은 한 개인의 삶에 필수 요소이자 기본적 권리이며 남성과 여성의 삶의 질에 중요한 역할을 한다(박광성 외, 2019). 특히 노년기의 성 만족은 위로와 위안이라는 정서적·정신적 의미가 중요하다.

성욕은 기본적인 욕구로서 다른 사람의 기본 욕구들과 아주 긴밀한 일대일 상호작용을 한다. 이러한 노인의 성을 주제로 논의한다는 것은 어색하게 느껴지기도 한다. 그것을 표현하고 탐색하는 것은 가장 어려운 일이다. 사회적 규범, 난처함, 두려움 등이 우리가 성적인 욕구를 표현하는 것을 방해한다. 하지만 노인에게 성이란 단순히 육체적인 성관계를 의미하는 것은 아니며 노년기에 상실되었던 직업 활동 중심의 사회적 관계를 대신하여 자존감을 유지하며 소외감과 고독감을 해결하고 삶의 만족도를 향상하는 생활의 중요한 역할이 있다(신진영, 2014; 박태룡, 2006). 오히려 노년기 특유의 성생활이 시작된다고 표현하는 것이 바람직하다.

노년기의 성행동이 성교(sexual intercourse)로만 집중되는 생각에서 벗어나 손잡기, 쓰다듬기, 포옹, 키스 등 다양한 신체적 접촉을 포함한 인간관계 속에 이루어짐을 고려해야 한다. 노년기 부부의 사랑은 오랫동안 평생을 걸쳐 함께 해 온 배우자에게 따뜻함을 느끼고, 연결된 느낌이 드는 친밀감으로 설명하고 있다(강진경 외, 2001). 노인 대부분은 성교를 유일한 성적 유희로 여기지 않으며 오히려 상대방과 애무하고 온정을 나누면서 서로의 생활에 대한 자신감과 연대감, 자기유용감을 얻는 등 정신적 만족감을 얻고 있음이 밝혀지고 있다. 그러므로 노년기의 긍정적인 성생활은 고독감 해소와 생활에 대한 보람을 높여주는 중요한 심리적 요소가 된다(윤가현, 2012). 이에 노년기의 성생활은 육체적 성관계의 의미를 넘어 그 자체가 정서적인 안정과 애착심, 존경심, 의사소통 등의 의미를 내포한다(이왕식, 2009).

현대사회에서는 노인들의 성에 대해 쾌락으로서의 성, 라이프스타일로서의 성이 부각되고 있다. 이러한 성에 대한 일련의 인식변화는 노인들의 생활에 있어 성적 생활이 갖는 중요성을 상기시키는 한편 실제 노인들의 생활에 대한 가치, 자기

존재감, 생활에 대한 만족감과 결부된 형태로 성을 바라보게 한다. 이러한 변화에도 불구하고 여전히 사회적 시선은 노인들을 성적 존재로서 인정하기보다는 탈(脫) 성적인 존재로서 성적인 욕구를 바람직하지 않은 것으로 인식하도록 하고 있다(서정애, 2010). 생리적 기능의 저하와 관계없이 인간의 가장 근본적인 성적 욕망은 여전히 존재한다. 근대사회에서는 생명력이 넘치고 늙지 않는 노인상을 이상으로 여기면서도 생명력의 원천인 성 활동에서만은 고갈된 노인으로 여기는 모순적인 태도를 보여 노인의 성을 터부시하는 경향이 있다(김진아, 2012). 노인의 성적 기능, 성행동은 일반적으로 나이가 들면 신체적인 기능 저하로 성행위의 빈도와 강도는 감소하지만, 인간은 성에 대한 기본적 욕구를 가진 존재로, 노인이 되어도 성에 대한 욕구나 성활동이 완전히 사라지지 않는다. 건강하고 즐거운 노년을 보내기 위해 필요한 것 중의 하나는 노인의 성에 대한 올바른 인식이며, 이를 위해서는 무엇보다도 노인의 성에 대한 긍정적 사고를 갖고 그들을 이해할 수 있는 사회적 분위기를 조성하는 것이다(김용숙, 2010). 따라서 성은 단순한 생식행위를 넘어서 사람에게 사람다움을 드러나게 하는 중요한 특징 중의 한 요소이다. 노년기의 성은 신체적 영역에 국한된 것이 아니라 사회문화적 맥락과 개인의 발달 주기적 특성을 고려한 포괄적인 관점이 중요하다. 노인의 성적 욕구 해결을 위한 시급한 과제는 편견에서 벗어나 인간이 누려야 하는 권리로서 성의 문제를 인식하여야 한다는 것이다. 즉, 노인도 자신의 의사에 의해 성생활을 계속하거나 이성교제 및 노혼을 할 신체적 기능과 권리가 있으며, 그 권리는 단순히 '노령'이라고 하는 생애 주기적 조건에 의해 제약당하거나 차별받아서는 안 되며, 사회는 그와 같은 노인의 성적 욕구의 실현을 적극적으로 지원해야 할 책임이 있음을 노인 스스로 알아야 할 것이다.

(2) 노인의 성 인식

성 인식이란 개인이 갖는 성적인 느낌, 욕구, 태도 그리고 중요도 등에 대한 인식을 말하는 것으로 성은 인생 전반에 걸쳐 꾸준히 발달하여 충동과 본능에 의한 동물적 행위가 아닌 이성과 감정, 정신의 종합적 작용의 총체이며, 통제 및 조절이 가능하고 타인과 인격적으로 만날 수 있도록 건전하게 길들어져야 한다. 또한, 결혼생활에서의 성은 부부로서 애정과 사랑을 나누는 중요한 신체 언어적 의사소통과 즐거움을 추구하는 순간이며 성 그 자체가 신체의 자기 표출이다(전명숙, 2023).

정신분석학의 창시자 지그문트 프로이트(Sigmund Freud)는 인간은 성적인 존재이며 삶의 본능은 바로 성생활에서 시작되고, 이 본능이 삶의 에너지로 전환된다고 하였다. 그러나 노인의 사랑과 성은 문화적 부정주의(negativism), 노인 차별주의(ageism)적 관점에서 의도적 혹은 무의식 주의로 도외시되어 왔다. 노인의 성을 주책 등 대체로 부정적이거나 희화적인 모습으로 드러내놓고 논의하는 것은 수치스러워하는 한국 문화에서 기인한다. 성이 인간의 생애주기 동안 매주 중요한 영역임에도 불구하고 한국 사회는 여전히 보수적이고 부정적 시각으로 은폐하고 왜곡되며, 노인 스스로 관심 욕구를 표명하는 것조차 꺼리는 현실이다(이미란 외, 2016). 전통적인 유교 사상 속에서 성은 종족 보존을 위한 수단적 도구이며, 신체적 만족감이나 감정적 유대를 목적으로 한 성적 행위는 부도덕한 것이며 죄악으로 취급되어 왔다(권정희, 2004). 특히 노인의 성적 욕망은 조소와 비난의 대상이 되어 왔다. 또한 과거에 노화나 여성들의 폐경은 생물학적 사건에 의해 종료되는 자연스러운 현상으로 당연히 노인들에게는 성적 욕구나 성적 활동이 거의 없다고 생각하고 무성적(無性的)이며 무능력한 사람으로 낙인을 찍는 계기가 되었다(장선철 외, 2018). 이러한 고정관념이 아직도 상당 부분 해결되지 못한 채 남아 있다.

쿤(Kuhn, 1976)은 사회에 만연된 노화와 성에 대한 다섯 가지를 구명(究明)하였다. 첫째, 노인에게 성은 중요하지 않다. 둘째, 노인의 성생활은 비정상적이다. 셋째, 노인에게 재혼을 권장하면 안 된다. 넷째, 남성만 젊은 여성을 선호한다. 다섯째, 장기요양시설에서의 노인들은 성별로 분리되어야 한다(윤우상, 2018; 노길희, 2007). 이와 같은 편견은 노인의 성에 대한 상투적이며 부정적인 사회적 태도를 가지게 되었으며, 이러한 분위기 속에서 노인들은 그들의 욕구를 자연스럽게 표현할 수 없었고 일부 노인은 성범죄에 연루되거나 매춘을 통하여 그들의 요구를 채우려 함에 따라 심각한 사회문제로 대두되었다(윤우상, 2018).

노인의 성에 대한 이런 고정관념은 편견을 만든다. 하지만 노년기의 성욕은 보편적이고 나이와 관계없으며, 다만 노화로 성기능이 점진적으로 감퇴할 뿐이다. 이런 고정관념이 편견에 불과하다는 것이다(Kessel, 2001). 하지만 노인이 성욕과 성적 관심이 있더라도, 현실적인 제약 때문에 욕구충족이 쉽지 않다는 것이 문제이다. 성은 프라이버시이기 때문에 민감한 주제이다.

(3) 노년기 성 태도

성과 관련된 신념과 가치의 표현 형태가 성 태도의 개념이며, 개인이 갖는 일관성 있는 사고, 감정 및 행동 양식이라 볼 수 있다. 성 태도(sexual attitudes)는 사회화의 결과이며, 개인이 속한 문화권 내에서 형성되고 개인이 살아가는 사회 제도적 환경에 영향을 받으면서 발달단계에 따라 성장한다(나임순, 2005). 그리고 생물학적 발달과 함께 성 정체감을 형성하여 성 태도에 영향을 미친다(강지현 외, 2003). 인간행동은 사회문화적 영향을 받아 형성된다는 측면에서, 성 태도는 사회화의 결과이며 개인이 속한 문화권 내에서 형성된다(나임순, 2005). 노인의 성 태도는 노인의 성생활 유형을 반영하므로 노인의 성 태도 및 성생활의 유형을 파악할 수 있을 뿐 아니라 사회의 성에 대한 인식과 성문화도 어느 정도 파악할 수 있다(이창은 외, 2000).

한편 노인의 성적 욕구는 몇 가지 유형이 있다(임춘식 외, 2008; 오진주, 1998). 성에 관해 아무 생각이 없고 아무런 느낌도 없는 '욕구완전소실형', 외부 자극이 있을 때만 반응을 보이거나 가끔 욕구를 느끼지만 그렇게 강하지 않은 '욕구감소형', 젊을 때와 비교해 변함없이 성적 욕구를 가지고 있는 '욕구지속형', 사회적 통념을 받아들여 성적 욕구는 있어도 억제하는 것이 바람직하다고 생각하는 '욕구억제형'으로 구분된다. 또한 노인의 성적 욕구는 남성노인의 성생활 유형을 통해서도 파악할 수 있는데, 현재의 성생활을 나름대로 충족시키고 있는 '충족형', 어떻게 해서라도 성적 욕구를 해소하고 즐겨야 한다는 '집착형', 간혹 시도를 해보면서 젊은 이들을 부러워하고 나도 저렇게 해보고 싶다고 생각하는 '갈망형', 자연스럽게 받아들이면서 이제는 어쩔 수 없다고 순응하는 '체념형'으로 파악된다(이현심 외, 2009).

노인의 성에 대해 개방적인 사회적 분위기 조성은 수용적이고 긍정적 태도를 보이는 것과 관련 있으며 삶의 만족도를 높일 수 있는 것으로 나타났다(나동석 외, 2011). 성 태도에 대한 신념과 가치관이 긍정적이고 올바르게 정립되어 표현되는 것은 성 만족도나 성 활동성, 그리고 성 기능에 주요한 요소이다(최진일 외, 2013). 노인의 성에 관한 기존 연구들은 노인들의 성행동 적극성과 삶의 만족도에 영향을 준다고 하였다(DeLamater et al., 2005). 노인들이 배우자에 대한 낭만적 열정, 즉 애정과 친밀감을 강하게 가지고 있을수록 노인의 성에 대해 긍정적인 태도를 가지며 책임감이나 삶의 만족도가 높다(이혜자 외, 2004).

성 태도에 관한 연구에서 개인의 연령, 성별, 교육수준, 소득 등의 인구 사회적 특성에 따라 성 태도의 차이가 나타난다고 하였는데, 성 태도에 개방적인 태도를 보인 집단은 교육수준이 높을수록, 연령이 낮을수록, 대도시에 살수록, 경제 수준이 높은 경우였으며, 배우자의 건강상태, 부부관계의 친밀도, 성 욕구, 성 지식 등에 의해 성 태도에 영향을 받는다고 한다(안옥희 외, 1993). 배우자가 건강할수록, 부부생활을 유지하는 노인 집단일수록, 성 관련 지식이 많을수록 허용적인 태도를 취하는 것으로 나타났다.

이처럼 노인 삶의 질 향상과 성공적 노화는 긍정적인 성 태도와 관련이 있다. 따라서 노인의 긍정적 인식 향상을 위한 성교육 프로그램 보급·확대와 함께 사회적 차원에서 다양한 연령층의 사회적 관심이 필요하며 이는 노인 삶의 질 향상과 성공적 노화에 밀접하다. 노인 관련 종사자와 일반인들 모두가 노인의 성생활과 성 태도를 성적인 건강을 도모하기 위해 노인성에 대한 개방적이고 수용적인 태도를 취하는 것이 중요하다(최진일 외, 2013). 이에 긍정적인 성 태도를 형성하기 위해 성에 대한 지식교육이 병행되어야 할 것이다. 이러한 점에서 올바른 성교육을 통해 건전하고 긍정적인 성 태도를 변화시켜야 한다는 점을 시사하고 있다(김혜원, 2003).

3) 노인의 성 건강

세계보건기구(World Health Organization, WHO)에서는 성 건강의 개념을 신체적 성 건강과 안전한 성생활, 인권의 영역까지 포함한 것으로 보았다(WHO, 2010). 성 건강은 개인과 부부, 가족의 신체적 건강과 정서적 건강 및 웰빙의 상태로 지역사회와 국가의 사회경제적 발전의 기본으로 보고 있다(WHO, 2010). 즉, 신체적 의미를 넘어서는 인간의 삶 전체를 포함하는 포괄적 의미가 있다(김연순, 2005).

활발한 성생활은 몇 살까지 가능할까? 마스터스와 존슨(Masters & Johnson)은 그의 저서 「인간의 성반응(Human sexual response)」에서 80세가 넘어도 성생활이 가능하다고 하였다(진봉천, 1966; Masters, et al., 1966). 성에 관한 고전서인 킨제이 보고서(1948)에서는 60세 이상의 노인의 95%, 70세 이상 노인의 70%가 성적 활동능력이 있음을 주장하고 있다(전명숙, 2023). 이것은 노화가 노인의 성을 표현하는 방식에 있어 변화와 적응을 요구할지 모르지만, 나이가 든다고 성적인 존재가 중단되는 것은 아니다. 노인들도 성을 생활의 중요한 부분으로 여기고 있으며, 왕성한 성생활을 유지하는 노인이 많다. 노인들이 성생활을 하면 신경, 뇌 등 육체 전반에 자극이 가해지면서 교감신경이 활성화돼 활력을 찾게 된다.

2002년 세계 32개국 40~80세 성인 남녀를 대상으로 한 성 기능 관련 조사보고서인 '화이자 글로버 보고서'에 따르면, '인생에서 성생활이 얼마나 중요한가'라는 질문에 우리나라 조사대상(남녀 각각 6백 명)의 87%(남성: 96%, 여성: 82%)가 '중요하다'라고 답변하여 세계에서 가장 성생활을 중요시하는 국민으로 조사되었다. 2위인 이탈리아와 스웨덴이 각각 82%, 프랑스 81%, 스페인, 독일, 브라질이 각각 80%, 미국 79%, 영국 70%, 대만 58%, 일본과 중국은 각각 53%로 나타났다. 건강하게 오래 살려면 가능한 한 늙어서까지 성생활을 계속해야 한다는 것이다(전명숙, 2023).

남성의 성호르몬인 테스토스테론의 분비는 성행동에 대한 효과뿐 아니라 근육, 뼈, 음식섭취, 성장호르몬을 촉진하는 역할을 한다. 또한 뇌를 자극해 노화와 치매, 건망증 진행 등을 억제하고 혈액순환에 좋을 뿐 아니라 전립선을 보호하는 데도 도움을 준다. 이밖에 성적흥분이나 쾌감은 세균이나 암세포에 저항하는 T-림

프구를 증가시키고, 엔도르핀은 강력한 천연 진통제를 분비시켜 일정 기간 통증을 완화해 주는 효과도 있다고 한다(임장남, 2008). 규칙적인 성생활을 함으로써 고환 음경의 위축과 퇴화를 막고 뇌 전두엽을 자극해 뇌의 소화, 치매, 건망증 등의 진행을 억제하며, 세포의 산소 이용률을 높여 심호흡의 효과를 얻을 수 있고, 뇌에서는 엔도르핀이 분비되어 행복감을 주고 몸에 이로운 여러 가지 물질을 증가시키는 효과가 있다고 하였다(이경희, 2006).

미국 예일대학교 연구팀의 조사에 따르면, 매주 성관계를 갖는 여성은 그렇지 않은 여성보다 월경 주기가 더 일정하며, 여성 호르몬인 에스트로겐 분비도 증가하는 경향을 보였다. 이러한 호르몬 증가는 골다공증과 골절 예방에 긍정적인 영향을 미치며, 실제로 평균보다 7~8년 젊어 보이는 여성들을 대상으로 한 조사에서는, 이들이 일반 여성보다 약 두 배 정도 더 자주 성관계를 하는 것으로 나타났다(임춘식, 2008).

성생활은 여성의 건강에 특히 유익한데, 정기적인 성생활은 질의 윤활작용과 에스트로겐 생성을 자극한다. 이는 여성 호르몬 농도를 높여 심장병을 예방하고, 질 조직을 부드럽게 유지하는 데 도움을 준다. 또한 지속적인 성생활은 생식기 기능의 유지를 도와, 질 건조증을 완화하고, 성관계나 오르가슴 시의 근육 수축, 그리고 질의 형태와 크기 유지에도 긍정적인 영향을 미친다(이경희, 2006).

노년기에 성생활의 중요성은 많이 소요되는 의료비용의 예산을 절약하는 하나의 방법과 관련지어 설명하기도 한다. 성생활을 계속하는 노인은 그렇지 않은 노인과 비교하여 노인성 질환의 유병률이 낮아 궁극적으로 노인에게 소요되는 의료비용을 절약할 수 있고, 노후의 생활만족도를 증가시킬 수 있어 노년기 성생활이 중요하다고 하였다(Brown, 1989).

WHO는 2002년 제네바에서 열린 기술자문회의에서 '성적 건강의 정의(Defining Sexual Health)'라는 제목의 보고서를 냈다. 거기서 성(sex), 성욕(sexuality), 성적 건강(sexual health), 성적 권리(sexual rights)에 관해 다음과 같이 정의했다(WHO, 2002a).

첫째, '성'은 인간을 여성 또는 남성으로 구분하는 생물학적 특성이다. 생물학적 특성이 양쪽 특성을 가진 사람도 있다는 점에서 상호 배타적인 것은 아니지만, 남성과 여성을 구분한다.

둘째, '성욕'은 인간의 중심적 측면으로 성, 젠더, 성적 취향, 에로티시즘, 쾌락, 친교, 재생산 등을 포괄한다. 인간은 생각, 환상, 열망, 신념, 태도, 가치, 행위, 실천, 역할, 관계를 통해 성욕을 경험하고 표현한다. 성욕은 생물학적 · 심리적 · 사회적 · 경제적 · 정치적 · 문화적 · 윤리적 · 법적 · 역사적 · 종교적 · 영적 요인의 영향을 받는다.

셋째, '성적 건강'은 성욕과 관련된 신체적 · 정서적 · 정신적 · 사회적 안녕 상태이다. 질병, 역기능, 쇠약의 부재만 의미하는 것이 아니다. 성적 건강은 쾌락적이고 안전한 성, 강제 · 차별 폭력으로부터 자유로운 성뿐만 아니라 성욕과 성관계에 대한 긍정적이고 정중한 접근이 필요하다. 성적 건강을 위해서는 성적 권리가 보장되어야 한다.

넷째, '성적 권리'는 인권의 하나로서 국내법과 국제 인권 문건과 선언 등에 이미 인정되어 있다. 성적 권리는 강제 · 차별 · 폭력 없이 성욕에 관한 정보를 찾고 주고받을 수 있는 권리, 파트너를 선택할 수 있는 권리, 성행위 여부를 결정할 수 있는 권리, 합의에 의한 성관계와 합의에 의한 결혼의 권리, 만족스럽고 안전하며 즐거운 성생활을 추구하는 권리를 포함한다.

이상과 같은 WHO의 성 관련 용어의 정의는 노인의 성에 관한 우리의 관심과 대응에 많은 시사를 주고 있다. 이러한 정의들은 노인의 성욕, 노인의 성적 건강, 노인의 성적 권리에 관해 우리가 알아야 할 기본적인 사항뿐만 아니라 노인의 성적 건강과 성적 권리 보장의 중요성에 대해서도 말하고 있다(원석조, 2023).

4) 노인의 사랑과 친밀감

깊은 사랑과 친밀감을 표현하는 하나의 방법으로 성적 행동이 있지만 성적행동 그 자체가 반드시 사랑이나 친밀감의 표현은 아니다. 성적 욕구는 '관계의 지속'에 영향을 준다. 사랑하는 관계는 몇 년간 지속될 수 있다. 시간이 갈수록 관계와 사랑은 자라고 변한다. 오랜 시간 동안 사랑하면서 변화와 성장을 가능하게 하는 동시에 안정과 지속성을 유지한다는 것은 아마 가장 큰 하나의 도전일 것이다(Carroll, 2019).

사랑을 오래도록 지속시키는 능력은 성숙함의 지표이다. 많은 사람이 감기에 걸리는 것처럼 사랑도 어느 순간 일어난다고 여긴다. 이런 태도는 사랑에 관한 중요한 특성을 무시하는 것이다. 사랑을 유지하기 위해서는 노력이 필요하고 개입해야 한다. 그 사람에게 개입감을 느끼는 것뿐 아니라 그 관계의 질을 계속해서 개선해 나가기 위해 꾸준히 노력하는 것이 필요하다. 모든 오래된 관계가 쉽게 끝나게 되는 이유는 단순히 사랑이 빠져나갔기 때문이 아니라 언젠가부터 그들이 함께 노력하는 것을 멈췄기 때문일 것이다. 사랑의 반대는 미움이 아니라 무관심이라는 명언은 사실인 것 같다. 누군가에게 애착이 생기기 시작하면 우리는 친밀하게 행동하기 시작한다. 서로를 오래 바라보고 있기도 하고 서로에게 기대고 더 자주 서로를 만지게 된다(Hatfield, 1988). 사랑하고 돌보고 친밀한 관계를 형성하는 능력은 우리의 정서적 건강과 육체적 건강 모두에 중요하다. 사랑과 친밀감은 잘 살 수 있는 두 가지 가장 강력한 요소들이다. 사랑은 이해할 수 없는 부분이 많지만, 우리 삶의 강력한 동기이며 친밀감은 우리 문화에선 성숙한 사랑의 중요한 구성요소이다.

친밀감을 얻는 것은 사랑하는 것과는 다르다. 우리는 멀리 떨어진 사랑을 할 수도 있고 모르는 누군가를 사랑할 수도 있다. 하지만 친밀감은 교감할 수 있어야 한다. 친밀감을 얻기 위해서는 두 사람이 필요하다. 너무도 많은 사람이 그들과 같은 민족, 인종 그리고 종교를 가진 사람과 섹스하고 사랑을 한다(Michale et al., 1994). 이는 부분적으로는 우리가 대부분의 사람을 일상적인 생활 속에서 만나기 때문일 것이다. 우리는 친구들의 파티에서, 종교 모임에서, 우리와 비슷한 배경을 가진 손님들이 드나드는 친구의 집에서 누군가를 만나게 되기 쉽다. 사람들은 자신들과 비슷한 방식으로 생각하는 사람들에게 끌린다(Byrne & Murmen, 1988). 많은 사람이 그들과 교육수준, 사회적 신분, 종교, 신앙심의 정도, 원하는 자녀 수, 성역할, 육체적 매력 정도, 가족사 그리고 정치적 견해가 비슷한 사람을 사랑한다(Rubin, 1973).

친밀감이란 말은 '내적인' 혹은 '가장 깊은 부분'이란 의미의 라틴어 'intimus'에서 파생되었다(Hatfield, 1988). 친밀한 파트너들은 그들의 믿음과 생각을 서로에게 내보이고 사적인 것들을 개방하고 생각을 공유하며 그들의 두려움과 희망을 인정한다. 사실 자기개방이 그 자체로 친밀감에 있어 매우 중요하다(Clark & Reis, 1988). 그러나 진정한 자기개방은 단순히 의견을 나누는 것이 아니라 감정과 공포 그리고 꿈을 나누는 것을 포함한다. 자기개방은 자존감이 높고 관계에 자신이 있으며 관계에 만족하는 사람일수록 높게 나타난다(Sprecher & Hendrick, 2004). 친밀감은 서로를 가깝다고 느끼는 정도, 유대감 그리고 연결감을 포함한다(Popovic, 2005; Stemberg, 1987). 자주 미소 짓거나 웃고 눈을 맞추며 물질적 즐거움을 더 누리는 것으로 보고된다(Clark & Reis, 1988). 그러므로 위험을 감수하는 것과 신뢰는 친밀감의 발전에 결정적 요소이다.

결혼생활에 있어 친밀함과 좋아하는 마음, 의사소통이 적을 때 남자들이 더 많이 외로워하고, 결혼생활에서 좋아하는 마음이 적고 부부애가 만족스럽지 않고 자기개방이 적고 사랑이 적으면 여자들이 외로움을 느낀다고 한다(Sadava & Matejcic, 1987). 비록 열정적 사랑이 시간이 지나면 사라진다 해도 사랑 그 자체가 사라질 필요는 없다. 열정의 감소는 사랑의 다른 요소들을 관계 속에 끌어들인다.

5) 친밀감을 높이는 기술

친밀감과 관계 형성 능력을 향상할 수 있는 기술로는 일단 자신을 이해하는 자기애에서부터 시작한다. 그리고 수용, 듣기, 애정, 신뢰, 존경 등이 있다(Carroll, 2019).

(1) 자기애

자기애는 자만과 자아도취와는 다른 것으로 자기 발전을 위해 노력하는 과정이 아니다. 자신의 긍정적인 면들을 보고 편안함을 느끼며 자신의 잘못은 용서해 주는 것이다. 먼저 자기 친숙성이 있어야 자신이 좋아하는 사람에게 다가갈 수 있다.

(2) 수용

수용성은 미소 짓기, 눈 마주치기 그리고 따뜻하고 이완된 몸짓을 통하여 전달될 수 있다. 이것은 배우자가 편안한 느낌을 들게 한다. 하루에 5분만 시간을 내서 배우자와 함께 앉아 접촉한다면 당신의 관계가 개선되고 친밀감과 열정이 유지될 수 있을 것이다.

(3) 듣기

진정한 의사소통의 시작은 듣기이다. 자신이 조용히 집중해서 들어주는 것처럼 배우자에 대해서 당신이 얼마나 관심이 있는지 잘 보여줄 수 있는 것은 없다. 진심으로 듣는 법을 배우면 친밀성이 향상된다.

(4) 애정

부모들은 자녀들에게 관심을 쏟고 미소 지으며 애정 어린 방식으로 그들을 쓰다듬고 그들의 눈을 들여다보며 안아 주고 뽀뽀해 준다. 대부분의 사람은 친한 친구와 연인들에게 그렇게 한다. 애정은 우리가 배우자의 온정과 안전을 챙기고 있다는 것을 보여 준다.

(5) 신뢰

다른 사람을 믿는다는 것은 그들에게 당신을 상처 주고 실망하게 할 수 있기 때문에 용기 있는 행위이다. 그러나 친밀감은 신뢰가 필요하며 신뢰는 천천히 자란다. 믿을 만한 행동들은 관계 속에서 더 큰 신뢰를 야기하고 그 관계가 지속되리라는 것을 보다 확신하게 만든다. 부부가 서로를 신뢰할 때 그들은 서로가 지금뿐 아니라 미래에도 자신들을 돌봐주고 자신들의 욕구에 반응해 줄 것이라고 기대하는 것이다(Zak et al., 1998).

(6) 존경

어떤 바람과 욕구를 가지고 관계를 시작하지만, 때때로 상대방은 우리와 다르고 자신만의 특별한 욕구를 가지고 있다는 사실 때문에 우울해진다. 존경은 심지어 당신이 그것을 같이 나누지는 않을지라도 그 사람의 욕구를 알고 이해하는 과정이다.

2. 성 관련 이론

1) 성욕에 대한 이론

(1) 매슬로우의 욕구이론

매슬로우는 인간의 욕구를 체계적으로 정립하였는데, 크게 기본욕구와 메타욕구(meta need)로 나누어 동기화 이론을 제시하였다. 이는 인간의 욕구가 다섯 단계로 구성되어 있으며, 이는 일종의 순서가 있어 더욱 낮은 단계의 욕구가 충족되어야만 그다음의 높은 단계 욕구에 대해 동기부여가 된다는 개념이다(김향선, 2018). 기본욕구는 결핍 욕구라고도 하는데, 음식과 물, 온도, 사랑과 애정, 안전, 자아존중 등에 대한 욕구들이다. 인간의 성에 대한 욕구는 매슬로우 욕구 가운데 가장 하위의 기본욕구인 생리적 욕구에 포함된다. 매슬로우는 성 욕구를 의식주와 함께 가장 기본적인 욕구 중 하나라고 믿어왔으며, 인간이 성욕구를 충족시키기 위해 노력하는 것은 당연한 결과이다. 사람들은 기본적 욕구가 만족하지 않으면 더 높은 단계의 욕구를 충족하기 힘들다(김향선, 2018). 매슬로우의 욕구이론은 인간행동을 이해하는 데 있어 인본주의적 원리를 기반에 두고 있으며, 인간의 생리적 욕구를 위한 행동을 설명해 주고 있다.

(2) 프로이트의 정신분석이론

인간의 성에 관한 관심을 설명하는 대표적인 이론은 정신분석이론이다. 지그문트 프로이트(Sigmund Freud)는 인간이 성적인 존재이며, 성 본능이 곧 삶의 에너지로 환원된다고 보았다(김향선, 2018; 윤우상, 2018). 프로이트는 인간의 성적 충동은 태어날 때부터 존재하며, 성장하는 과정에서도 늘 무의식에 존재하는 것으로 여겼다. 실제 성에 대한 인간의 호기심이 노년기에도 계속되고 노인들은 자신들의 성적 욕구와 사회에서 일반인들이 인식하는 노인상 사이에서 갈등을 겪기도 한다(이영실, 2011). 또한 프로이트는 개인의 신체뿐 아니라 정신상태도 우연히 일어나는 일은 없으며, 과거의 일이 그 이후의 일을 결정한다고 주장한다. 이것이 바로 그가 강조하는 정신결정론(psychic determinism)이다. 따라서 인간은 태어나는 순간부터 이미 성적인 특성을 지닌 존재(최옥채 외, 2011)로서 성장하여 노년기에 이르기까지 그 영향이 미친다고 할 수 있다.

이처럼 노년기의 성은 인간의 전 생애 동안 이루어지는 가장 원초적 무의식 영역이며, 인간이 성숙해 가는 과정 안에서 끊임없이 변화하는 과정이다. 노년기를 성숙과 발달의 측면에서 본다면, 노년기에도 충분히 성욕구와 성기능을 유지하며 성생활을 즐기는 것은 자연스러운 일이라고 할 수 있을 것이다(이영실, 2011).

(3) 페미니즘 이론

페미니즘 이론은 주로 남성으로부터의 여성의 성적 억압과 방종에 대해 논하는 근대 사상이다. 주로 자유와 권리의 회복을 통한 여성의 해방을 의미하며, 남성들에 대한 여성의 성적 억압을 근본적으로 타파하는 데 있다. 페미니즘 이론은 육체를 둘러싼 담론을 사적인 영역에서 공적인 것으로 확장하였다. 프로이트의 공로로 성 담론이 공론화된 이후 여성문제를 본격적으로 다루는 페미니즘 이론은 여성의 억압받던 노동력과 성이 자유를 추구할 수 있도록 사회적 기회를 확대했다. 이러한 여성의 사회참여는 성에 대한 새로운 인식을 가져오게 되었다.

2) 성 역할 이론

성 역할 이론가들은 각기 다른 입장을 취하고 있다. 사회적 학습이론가들은 우리가 환경으로부터 거의 전적으로 성역할을 학습한다고 믿는다. 반면 인지적 발달 이론가들은 성에 대한 특정한 믿음과 태도에 상응하는 일련의 단계를 겪는다고 믿는다. 여기에서는 진화이론, 사회학습이론, 인지발달이론, 성도식이론, 성 위계 이론에 대해 살펴보고자 한다.

(1) 진화이론: 세상에 적응하기

진화이론은 진화와 우리의 신체적 속성을 고려한다. 즉, 성 차이를 세상에 적응하기 위해 발달시킨 방법으로 본다. 진화 이론가는 남성과 여성의 생물학적 차이와 관련해서 이러한 성 차이를 설명한다. 남성은 어느 때라도 여러 명의 여성을 임신시킬 수 있지만, 여성은 일단 임신하게 되면 출산할 때까지 임신할 수 없다. 이러한 활동들에 투자하는 시간은 매우 다르다. 진화적 성공이 얼마나 많은 후손을 가지느냐에 따라 결정된다.

(2) 사회학습이론: 환경으로부터 배우기

사회학습이론은 우리가 다른 사회적 역할을 학습하듯이, 주위 환경을 통해서 또한 상벌의 시스템을 통해서 성 역할을 배운다고 주장한다. 예를 들어, 남자아이에게 엄격하게 여자애처럼 울지 말라고 말하는 것, 여자아이에게 화장품 사용을 허용하는 것, 남자아이에게 바비 인형을 빼앗고 자동차 장난감을 건네는 것, 여자아이에게 요리와 청소를 도우라고 하는 것, 남자아이에게 쓰레기를 내다 버리라고 시키는 것들은 성에 대해 강력한 메시지를 전달하는 일상의 행동들이다. 아이들은 부모의 인정을 받기 위해 같은 성의 부모를 모델로 행동을 배운다. 스스로 행동들을 수행하기에는 너무 이를 때에도, 아이들은 부모로부터 성에 적합한 행동들에 대해 배울지도 모른다. 아이들은 엄마가 바느질하는 반면에 아빠는 차를 고치는 것을 본다. 아이들은 또한 책에서, 텔레비전에서, 다른 사람들과 상호작용하면서 그들의 성을 가진 사람들의 적절한 행동들을 본다.

(3) 인지발달이론: 연령별 단계 학습

인지발달이론은 모든 아동이 보편적인 발달 패턴을 겪고 부모가 바꿀 수 있는 부분이 많지 않다고 가정한다. 아이의 뇌가 성숙해지고 성장하면서, 아이는 새로운 능력들과 관심거리를 발전시켜 나간다. 그리고 각각의 단계에서 아이의 성에 대한 이해 능력이 예측할 수 있는 방식으로 변한다. 아이의 사회적 태도는 인지적 발달의 과정에 걸쳐 조정된다고 주장한 아동발달 이론가인 피아제(Piaget, 1951)의 이론을 따르고 있다. 즉, 아이들은 각각의 발달단계에서 특정한 종류와 적당량의 정보만을 처리할 수 있다는 것이다.

아이가 여자아이들과 남자아이들 간의 신체적 차이에 대해 인식하고, 자신들을 다른 아이들과 구분시키기 시작하면서, 그들은 자신의 성에 대한 정보를 찾으려고 한다. 2살~5살 정도가 되면, 아이들은 자신이 관찰한 차이에 근거해서 성에 대한 엄격한 고정관념을 형성한다. 이러한 물리주의적 생각 패턴들은 아이들에게 보편적이며 성에 대한 생각들 주위로 구조화된다. 아이들이 성숙하면서, 그들은 성 역할이 어느 정도는 사회적이고 임의적이라는 것을 점점 더 알게 된다. 그래서 인지적 발달 이론가들은 엄격한 성 역할 행동이 7살~8살이 지나면 감소하는 것으로 예측한다. 인지적 발달이론은 어떤 성 태도들의 묶음이 각기 다른 나이에 발현된다는 것을 예견한다. 하지만 그 연구들이 여전히 그 예측들이 맞는지에 대한 논란을 일으키고 있다(Albert et al., 1988).

(4) 성 도식 이론: 문화적 지표

산드라벰(Bem, 1974, 1977, 1981)의 이론은 도식(schema)에 따라 생각한다. 이것은 세상을 구조화하는 인지적 메커니즘이다. 이 도식들은 인지발달이론의 단계들처럼 오랜 기간 발달하고 보편적이다. 도식은 우리의 사고 처리에 방향을 제시하는 머릿속 지도와 같다. 우리가 모두 가지고 있는 하나의 도식이 성에 대한 우리의 생각을 구조화하는 성도식(gender schema)이라고 주장한다. 우리가 태어나는 순간부터, 성에 대한 정보는 부모, 친척, 선생님, 또래, 텔레비전, 영화, 광고와 같은 것들에 의해 끊임없이 제시된다. 성 도식은 우리의 문화에서 매우 강력한 것이다.

(5) 성 위계 이론: 권력과 종속

남자들은 우리가 성 위계(gender hierarchy)라고 부르는 것에서, 사회적으로 권력과 권위의 공식적 위치에 더 빈번히 임명되는 경향이 있다. 여자들도 문화 간에 걸쳐 권력의 공식적 위치를 차지해 왔고 남자보다는 더 미묘한 방식으로 권력을 휘두르는 경향이 있으나, 전반으로 볼 때, 여자들이 대부분 사회에서 공식적인 권력을 가진 역할을 하는 데 있어 제약을 받아왔다는 것은 사실이다. 하지만 사회가 그들이 여성적인 것으로 여기는 특성들에 비해 남성적인 것으로 간주하는 특성들을 더 가치 있게 여기는 기본적 이유를 찾기 위해 노력하는 이론 중 몇 개를 간략히 살펴보고자 한다.

① 초도로우의 발달이론

성 위계의 심리학적 이론의 한 예는 낸시 초도로우(Chodorow, 1978)의 작업에서 찾을 수 있다. 초도로우는 정신분석 이론의 아이디어를 끌어내어 소녀와 소년들이 근본적으로 다른 심리적 발달과정들을 겪는다고 주장한다. 소년과 소녀는 다른 방식으로 개인 식별의 과정을 겪는다. 소년들은 엄마로부터 자신들을 분리하는 것을 배우고, 남자로서 자신들을 재증명해야만 한다. 그렇게 하면서 그들은 여성의 역할을 평가절하하는 것을 배운다.

② 오트너의 문화/자연이론

초도로우가 개인들의 경험에서 끌어낸다면, 오트너(Ortner, 1974)의 이론은 사회를 전체로, 생물들은 남성과 여성으로 이등분으로 본다. 부족들과 어울리고 전쟁을 일으키는 남자들은 '문화'와 관련된 것으로 간주하고, 아이를 낳거나 젖을 먹이는 생물은 여성이며 '자연'과 더 관련 있는 것으로 여겨진다.

③ 맥킨넌의 지배이론

페미니스트 학자인 캐서린 맥킨넌(MacKinnon, 1987)의 지배이론은 사회적 삶을 지배하려는 남성들 시도의 결과라고 본다. 성 차이는 생물학적이거나 사회적인 차이가 아니라, 지배의 이러한 시스템이 성 차이들을 유발한다.

3. 노인의 성생활 실태와 개입

1) 노인의 성생활 실태

보건복지부(2011)에서 '노인의 성생활 실태조사'에 따르면, 성생활을 한다는 응답자 수는 전체 500명 가운데 331명(66.2%)이었으며, 성생활을 안 한다는 응답자 수는 169명(33.8%)으로 2/3 이상의 노인들이 성생활을 영위하고 있다고 보고하였다.

강욱(2014)의 연구결과에 따르면, 성별 성생활 실태에서 성생활 중요성에 대해 전체 노인 중 351명(51.1%)이 중요하다고 생각하였으며, 그중 남자 노인(65.6%)이 여자 노인(34.2%)보다 성생활이 중요하다고 생각하는 것으로 나타났다. 또한 현재 성생활을 하는 대상자들의 성생활 빈도는 월 2~3회 이상(26.8%)으로 비교적 높게 나타났으며, 여자 노인(15.4%)보다 남자 노인(36.5%)이 빈도가 높은 것으로 나타났다.

이혜린(2007)의 포항시 노인의 성생활 실태에 관한 연구에 따르면, 현재 성생활을 하는 노인은 전체 응답자의 27.34%인 35명으로 나왔고 성생활을 하고 있지 않은 노인의 경우는 전체의 72.66%인 93명으로 나왔다. 노인의 연령별로 보면, 60대 노인의 경우 성생활을 하는 경우가 전체의 54.76%로 70대 이상의 노인보다 훨씬 높은 비중을 보였고 70대 이상으로 접어들면 10%대로 급격히 떨어지는 현상을 발견할 수 있었다.

김지현(2006)은 현재 성생활을 하고 있다가 41.9%, 노인의 56%가 현재 월 2~3

회 성생활을 유지한다고 나타났으며, 김기영(2005)은 전체 노인의 59%가 성생활을 유지하고 있으며, 남성 노인의 64%, 여성 노인의 50.8%에서 성적활동을 지속하는 것으로 나타났다.

오현조(2004)는 남자 43.4%, 여자 17.9%가 성생활이 중요하다고 응답하였으며, 남자 39.4%, 여자 9.5%가 월 1회 이상의 성생활을 한다고 응답하였고, 김승국(2003)은 현재 성생활을 하고 있다고 답한 사람이 47%, 횟수는 한 달에 1회가 51.9%, 한 달에 1회 미만 44.4%로 나타났다. 또한 성생활의 방해요인으로는 52.5%가 이성과 만날 기회 부족으로 답했다. 박형규(2001)의 연구에서는 노인 응답자 18%가 이성 친구와 성관계를 하고 있다고 하였다.

위의 연구결과에 따르면, 많은 노인이 성생활을 하고 있음을 알 수 있다. 또한 노년기 성생활 실태에 관한 최근 국내외의 연구결과에 따르면, 실제로 노인들은 노년기에도 지속해서 성생활을 유지하고 있고, 긍정적인 태도를 갖고 있는 것으로 나타났다(Byer & Shainberg, 1993).

2) 노인의 성문제 개입

노인의 성은 삶 구성의 중요한 요소임은 분명하다. 그러나 노인의 성과 사랑에 대해서는 노인들 개인도, 사회도 그렇게 너그럽지 않다. 더구나 노인의 재혼 여부는 가족의 눈치로 쉽지 않고 자녀들의 이해와 동반되는 경제적 능력 보유 여부로 사랑도 마음대로 할 수 없는 현실을 본다. 노인의 성에 대한 대책의 중심에는 노인들 자신이 있어야 한다. 무엇보다 노인들 스스로 성문제와 관련한 인식과 자세를 긍정적으로 취해야 한다.

(1) 성교육

노인의 성문제 개입방안으로 실제적인 성교육이 중요하다. 노인들뿐만 아니라 자녀들도 노인의 성문제에 관심을 가질 수 있도록 돕는 실제적인 교육이 필요하다. 성교육은 다음과 같은 의미가 있다(안태윤 외, 2011; Brown, 1989).

첫째, 노인을 대상으로 한 성교육 프로그램 개발로 올바른 성 지식과 정보제공이 필요하며 성교육 내용과 방법에 대한 전반적인 검토를 통한 질적 정비가 요구된다. 노년기의 성생활에 대해 무관심했던 이제까지의 사회적 인식을 개선하고 고령 인구의 증가와 더불어 노인의 성을 인간으로서 당연히 누려야 할 권리로 규명한다는 데에 그 의의를 인정할 수 있다. 인간의 존엄성과 기본적인 욕구를 충족하며 건강한 사회구성원으로 적응하고 주체적이고 독립적인 개인으로 살아갈 수 있도록 기본적인 정보제공이 필요하다. 노화로 인한 기능적 변화를 이해해야 자신이 겪는 변화에 따른 대응이 가능하고 이를 토대로 상호 간에 배려와 원만한 성생활로 이어질 수 있다. 그러나 건전한 성생활은 성에 대한 평등한 인식과 규범이 밑받침될 때만 비로소 가능하다. 성평등한 성관계는 남녀 상호 간의 관계 여부에 대한 의사 존중, 성관계 방식에 대한 상호 간의 의견 교환, 상호 평등한 관계에서의 정서적 교감에 기반한다. 따라서 남성과 여성이 함께 만족할 수 있는 성관계가 되어야 한다. 노년기 성생활은 남성과 여성의 신체변화와 성기능감퇴에 맞추어 여러 가지 다양한 방식의 성생활이 추구될 수 있도록 고무하는 방향으로 개선되어야 할 것이다.

둘째, 노인 스스로가 '성'에 대한 체념에서 벗어나 능동적인 자세로 일관해야 한다. 왜냐하면 성교육은 건강과 직결되기 때문이다. 성 관련 지식은 신체적 건강 유지와 의료적 내용을 다루어야 하며 건강 수명의 연장을 위해서도 관심을 가져야 할 주제이다. 성생활은 노인성 질환의 유병률을 낮게 하고 긍정적 성향을 보이는 등 다수의 장점이 있다. 의료적 관점에서 노인의 성교육은 의료비용 절감과 건강성의 확보라는 측면에서 중요하게 다루어져야 한다.

셋째, 성교육 시행 대상자 확대 및 찾아가는 서비스가 필요하다. 현재 노인 성교육은 노인복지관 등에서 비정기적으로 실시되고 있을 뿐, 사회 교육적 차원에서 지속해서 이루어지고 있는 곳은 한 곳도 없다. 그 주된 원인은 예산 부족과 성교육의 필요성에 대한 시설 담당자의 인식 부족, 노인층의 관심 부족과 소극적 참여, 그리고 홍보 부족이다. 특히 노인시설 종사자들에게는 노인의 성에 대한 이해와 지식이 필요하므로 성교육을 의무적으로 혹은 무료로 제공하는 방안을 생각해 볼 필요가 있다. 다른 한편으로는 성교육에 대한 현재와 같은 노인층의 소극적인 참여도를 늘리기 위한 방법적 모색도 필요하다. 노인세대들은 성에 대해서 공개적으로 거론한 경험이 없고 보수적인 태도를 갖고 있으며, 교육 자체에 대한 거부감도 있기 때문에 건강상담이나 그 외 다소 흥겨운 이벤트나 선물을 곁들임으로써 노인들의 관심을 끄는 전략적 기획도 필요하다. 또한 노인복지관뿐 아니라 경로당과 노인대학 등을 통해서 교육에 대한 적극적인 홍보를 전개하고 지역별로 노인시설로 직접 찾아가는 성교육이 필요하다.

넷째, 노인의 성교육은 사회에 대한 편견과 몰이해로 인해 야기되는 문제에 대한 인식전환 교육이 필요하다. 노인의 성교육은 당사자만의 교육이 아니라 가족과 인척, 이웃, 사회 구성원 등 주변 사람들에게 이해가 요구된다. 다양한 구성원들의 노인 성교육은 인식개선에 좋은 영향력을 갖게 된다. 노인 자신들의 사랑을 위해 접근할 때 주변의 시선과 편견까지 극복해야 하는 어려움을 개인적·사회적 배려를 제공하는 단서가 될 수 있다. 따라서 노인의 성교육은 당사자만의 교육이 아니라 간접적 지원자들을 위해서도 중요하다.

다섯째, 노인 성교육을 위한 전문적인 지식을 갖추고 노인층에 적절한 교수방법을 통한 노인 성교육 전문가가 필요하다. 노인을 대상으로 한 성교육에는 노화와 질병 등 노년기의 신체 변화와 부부관계의 변화 등 여러 가지 노년기에 특수한 문제들에 대하여 노인 당사자들이 어떠한 방식으로 적절히 대응하고 적응할 것인가에 대한 내용이 포함되어야 한다.

여섯째, 국가적 차원에서 국민 인식개선을 위한 홍보 및 교육 활동이 필요하다. 노인의 문제는 우리 모두의 공통으로 가지는 문제이며 사회적 관심과 개입이 필요한 사회문제로 인식되어야 한다. 노인 성교육을 위한 다양한 콘텐츠 개발과 보급이 활성화되어야 할 것이다. 또한 노인의 성 실태조사를 통해 정기적으로 조사하여 지속적이고 체계적인 연구와 복지정책이 제시되어야 할 것이다.

(2) 노인 성교육 전문기관 및 인력 확충

노인 대상 성교육 전문기관의 운영이 필요하다. 제도적 차원의 정책과 운영, 노인 성교육전문가 양성 및 배치 운영은 거의 전무한 상황이다. 국가와 지방자치단체에서 설립하고 운영하는 방안을 적극 검토해야 하고 담당 기관 간의 협조와 조정하는 역할을 담당해야 한다. 노인의 성교육전문가 역할은 성과 관련한 욕구와 애로를 위한 해소뿐만 아니라 재혼과 이성교제 등 다양한 문제를 쉽게 해결할 수 있도록 도와주어야 한다(진영훈, 2008).

(3) 노인 전문 성상담사 양성

아직 우리 사회에서 노인의 성문제를 꺼내기조차 쉽지 않다. 성에 관한 문제를 타인에게 털어놓고 상담을 받는 것은 아직 보편화되어 있지 않은 우리 문화에서 쉬운 일은 아니다. 더욱이 노인층은 상담에 응하는 것에 거부감을 갖기 쉽고 상담의 필요성에 대해서도 잘 느끼지 못할 것이다(안태윤 외, 2011). 성문제로 고민하고 힘들어하는 노인들이 언제 어디서든 부담 없이 성에 대한 문제를 꺼내 놓고 적절한 서비스를 제공받아야 한다. 상담 자원봉사활동을 하는 노인 중에는 상담 중 성과 관련된 고민이 드러나기도 하지만, 성에 대해서는 교육을 받은 바가 없어 이에 대한 접근의 어려움을 토로하기도 한다. 이러한 노인의 성문제 특징에 착안하여 노노(老老) 성 전문상담사를 통해 노인 성교육과 병행한 상담을 시도하는 것이 바람직하다. 노인들끼리 공감대를 형성하면서 자신들이 겪는 성 갈등, 황혼재혼, 이성교제, 성 관련 정보제공과 권리 옹호 등의 임무가 요구된다(장선철 외, 2018). 상담은 성에 대한 문제해결과정을 통해 외적인 문제해결의 접근성을 높이고 내적으로는 새로운 인식의 지평을 넓히는 측면에서 노년기에도 멈추지 않는 성장을 가능케 하는 주요한 매개체가 된다. 또한 노인복지시설의 상담사나 평생교육사, 사회복지사, 노인을 접하는 시설의 종사자들에게 노인의 성에 관한 교육을 제공하여 상담 중 대두하는 성에 관한 고민이나 문제에 대해서도 적절한 상담을 제공할 수 있도록 할 필요가 있다. 이는 성에 대해서 드러내놓고 이야기하기를 꺼리는 노인층의 성향을 고려하면 실제로 도움을 줄 방법이 될 것이다(안태윤 외, 2011).

(4) 만남의 장

독신노인의 경우 젊은 세대와 가치관 차이, 신체적 활동의 부자유 등으로 많은 고독을 느끼고 소외감을 가지게 되며, 가정 내에서의 이러한 현실은 노인들이 고독감, 소외감, 분노 등을 느끼게 한다. 또 누군가는 같이 대화를 나누고, 자기에게 관심을 두고 자기의 의견을 존중해 주는 욕구를 충족시켜 줄 대상을 절실히 필요하게 되는데 이 경우 대상은 동성보다는 이성의 경우를 더욱 요구하고 있다(홍영희, 2002). 따라서 노인재혼을 위한 노인혼성 모임의 다양한 프로그램 개발이 절실히 필요하다. 종교단체, 노인종합복지관, 노인학교, 노인정, 양로원 등에서는 도시와 농어촌 지역 간에 노인모임의 자매결연과 사교촉진의 기회를 마련해 줌으로써 혼성 노인 간에 신뢰성을 발견하는 계기가 되어 노인재혼 동기의 촉진제가 될 수 있다. 노인들끼리 모여 대화를 나누고 인간 누구나가 추구하는 믿음을 바탕으로 마음에 맞는 사람을 만나 외로움을 달래고 더 나아가서 재혼을 가능케 하는 홀로 된 노인들에게 필요한 장소로 변화시켜야 한다(진영훈, 2008).

재혼을 원치 않는 독신노인에게는 지역사회 차원에서 동류의 사교모임 장려, 모임 관련 프로그램을 개발하는 것이 바람직하다. 그리고 굳이 결혼이 아니더라도 노인동거에 대한 인정과 편견을 갖지 않는 것 역시 중요하다.

Chapter

06

노인교육

1. 노인교육
2. 노인교육방법
3. 노인교육의 과제

1. 노인교육

1) 노인교육의 개요

현대사회는 의학의 발달과 생활 수준의 향상으로 평균 기대수명이 길어지고 있다. 또한 21세기는 흔히 지식창조사회 또는 지식기반사회라고 한다. 특히 평생학습 관점에서 봤을 때 과거에는 개인이 주어진 역할에만 충실하면 되었던 것에 비해 오늘날은 자신의 역할을 창조해 가는 학습사회로 변화하였다. 지식기반사회에서 노인들은 자신을 개발하고 학습하지 않으면 사회로부터 소외되기 쉬운 계층이 되었다(이효원, 2017). 젊었을 때 사회활동으로 가족을 부양하고 사회에 주도적인 역할을 했으나, 나이를 먹고 신체적 기능이 쇠퇴하여 젊은 층에 비해 사회활동을 하기에는 역부족이 되었다. 급변하는 사회 분위기 속에서 노인들의 여가문제, 경제문제, 사회 구성원으로서 기대되는 역할문제 등 자신의 만족스러운 삶을 위해서는 새로운 지식, 기술, 방법 등에 관한 끊임없는 탐구와 교육이 필요하다.

우리 사회의 노인은 이미 늙어 버린 존재로 보고 사회적으로 보호해야 할 대상이라는 시각에서 보고 있다. 그러나 노인은 스스로 활동할 수 있는 잠재력을 여전히 가지고 있으며 청장년층과 구별되는 독특한 능력을 갖춘 존재다. 노인교육은 평생교육 일부로서 성인교육 가운데 노인을 대상으로 하는 교육을 의미하며 구체적으로는 노인이 느끼고 있는 다양한 학습욕구를 충족시키기 위한 공적 또는 사적 지원체계 전체를 의미한다(이혜원, 2000). 과거 노인을 위한 교육은 단순히 노인의 여가를 충당해 주는 수단으로 생각하는 경향이 있었다. 그러나 인간이면 누구나 평생에 걸쳐 배우고 익혀야 하는 평생학습사회(lifelong learning society)의 도래와 노인의 경제적, 교육적 수준의 향상에 힘입어 앞으로 노인을 위한 교육은 더욱 적극적이고 다양한 모습으로 바뀌고 있다. 궁극적으로 노인을 위한 교육은 노인 스스로가 자신들의 삶과 사회에 대하여 힘을 갖도록(empowerment) 돕는 것이어야 한다.

노인교육은 그들이 이미 습득한 기술을 유지하고 새로운 기술변화에 적응하는 수단일 뿐만 아니라 삶에 있어서 자기만족이나 목적의식, 자아정체성을 강화하는 것이어야 하며, 개인이나 집단이 자신의 삶과 지역 및 전체 사회 속에서 힘을 갖도록 도와주는 것이어야 한다(최복현, 2013). 따라서 노인교육은 끊임없는 자기탐구, 자기계발, 자기실현을 하기 위한 공식적, 비공식적 학습의 유형 및 활동이다(김태준 외, 2007). 구체적으로 노인교육은 공식적·비공식적 방법으로 노인의 지적 감퇴를 방지하고 기존 지식의 양 및 새로운 지식의 양을 늘리기 위해 구성된 실천 가능한 교육적 중재 전략이나 활동이다(김은명, 2007).

노년기는 여전히 발달과정이 진행된다는 것은 노인에 대한 적절한 교육적 지원이 의미 있음을 암시한다. 노인교육은 노인의 발달을 효과적으로 촉진할 수 있는 교육기회에 관해 관심을 갖는다. 노인 자신과 사회구성원 모두가 노인이 사회적 약자라는 고정된 인식에서 벗어날 것을 주문하며 노인 스스로 건강하고 생산적인 삶을 지속할 수 있도록 돕기 위한 것에 초점을 맞추고 있다.

노인교육은 노년기의 자아실현을 통한 내외적 상황 변화에 대한 적응능력을 발전시키기 위한 교육활동이며, 이는 인생주기를 바탕으로 한 평생교육의 입장에서 다른 연령층의 교육활동과 동등한 비중으로 기회가 제공되어야 한다. 노인교육은 노인에게 자기 확신과 자율성을 상승시켜 주는 역할을 하며 심리적인 문제와 현재 겪고 있는 실제적인 문제를 잘 극복하도록 돕는 교육이 필요하다. 또한 새로운 일을 할 수 있도록 연결해 주며 자기경험을 도와 일상생활에서 시간을 유용하게 쓰도록 해 주고 사회적인 상호작용을 통하여 사회의 변화에 적응하도록 지원하는 것이 필요하다. 노인교육은 소비가 아니라 투자라는 인식이 필요하다. 교육은 개인이 즐기는 휴가로서 의미가 있는 것이 아니라 구체적으로 심리적, 사회적, 경제적인 효과로 나타난다.

2) 노인교육의 중요성

1950년대부터 노화에 관한 연구가 활발히 진행되고 노년학이 발전함으로써 노년학의 하위 분야로 노인교육학 혹은 노년교육학(educational gerontology)이라는 새로운 분야가 탄생하였다(장미라, 2018). 노인교육은 진단 위주의 노년사회학이나 노인심리학 혹은 치유 위주의 노인복지와는 달리 진단을 기초로 치유와 동시에 예방을 추구하는 분야이다. 노인교육은 노인문제를 더욱 근본적으로 해결하고 노인의 삶의 질을 향상하며 고령화 사회의 진전에 적극적으로 대응할 힘을 제공해 줄 수 있다. 노인교육은 오랜 기간 동안 독립된 학문 분야로서 크게 주목받지 못하다가 최근 들어 고령화라고 하는 전 세계적인 환경변화에 힘입어 다양한 프로그램 실천과 학문적 연구 가치를 새롭게 평가받게 되었다. 이러한 형식적-비형식적, 이론적-실천적 교육과 교육학으로서의 노인교육이 강조되는 이유는 다음과 같은 변화에서 찾아볼 수 있다.

(1) 평생학습사회 출현

가장 중요한 변화는 평생학습사회(lifelong learning society)의 등장이다. 물질적 풍요와 여가의 증대는 모든 연령층이 다양한 교육 장면에 참여할 수 있는 평생학습사회로의 변화를 가져왔다(허지혜, 2010). 평생학습사회란 연령층을 불문하고 그들이 계속해서 생존하고 발전해 나가기 위해서는 기존에 지니고 있던 지식과 기술을 확장해 나가는 것은 물론 새로운 지식과 기술을 배우고 발전시켜 나가야 하는 사회를 의미한다. 기술의 발달, 그리고 사회제도의 변화 등이 극심한 현대사회에서는 노인들이 청년 시절에 습득한 지식이나 기술은 이미 그 효용가치가 상실되었고, 따라서 노인들은 계속해서 새로운 지식과 기술을 배우지 않으면 변화하는 사회 속에서 노후생활의 적응이 어렵게 되었다. 우리는 이미 이러한 평생학습사회 속에서 살고 있고, 누구나 쉽게 자신이 원하는 시기에 원하는 학습에 접근할 수 있게 되었다(허지혜, 2010). 평생학습사회에서는 노인도 교육의 주체로서 다양한 교육에 지속적으로 더 많이 참여할 것으로 기대되고 따라서 노년 교육의 영역 또한 더욱 확대되고 있다.

1973년 유네스코 한국 교육위원회에서 개최한 '평생교육의 발전세미나'에서는 평생교육의 필요성을 다음과 같이 설명하고 있다(이해영, 2023).

첫째, 급격한 사회변동에 효과적으로 대처할 수 있고 사회발전을 촉진할 수 있는 한 사회의 교육역량을 증대시키기 위해서이다.

둘째, 개인이 날로 팽창하는 지식을 시시각각으로 습득하고 새로이 출현하는 사회 가치를 창조적, 비판적으로 수용하기 위해서이다.

셋째, 점점 전문화되고 특수화되며 조직화 되어가는 현대사회체계에서 개인이 기능적으로 적응하기 위해서이다.

넷째, 개인이 그 잠재적 개발 가능성을 평생 끊임없이 최대한으로 개발시키기 위해서이다.

다섯째, 개인이 발달단계에서 수행하여야 할 새로운 역할을 습득하고 새롭게 일어나는 개인적 욕구를 만족시키기 위해서이다.

여섯째, 개인이 받은 학교교육의 형식을 보충, 보강하거나 정기교육의 기회를 놓친 사람에게는 자기발전을 위한 기초교육의 기회를 제공하기 위해서이다.

(2) 사회변화의 가속화

사회변화의 가속화로 그 주기가 평균수명을 능가하게 되면서 한 사람이 일생을 사는 동안에도 여러 차례 사회변화를 경험하게 되었다. 정보통신 기술을 선두로 끊임없이 새로운 기술이 개발되고, 문화예술 방면에서도 매일매일 새로운 조류와 코드가 유행하고 있다. 이렇듯 빠르게 변화하는 사회 속에서 효율적으로 적응하고 당당한 사회구성원으로서 기대되는 역할을 수행하기 위해서는 사회에서 요구하는 새로운 지식이나 기술에 대한 끊임없는 재교육이 필요하다. 따라서 노인 역시 새로운 사회변화와 지식의 발전에 적응하기 위해 끊임없는 학습이 요구된다.

(3) 핵가족화와 세대 간 갈등 증가

노인인구의 빠른 증가와 수명 연장으로 조부모 역할 시기는 길어졌지만, 전통적 가족제도 붕괴와 개인주의 확산으로 세대 간 접촉 기회는 오히려 줄어들고 있다. 한 시대 속에 여러 세대가 공존하고 오랜 기간을 함께 살아가야 하지만, 각 세대는 가정에서는 물론 사회에서도 서로 완전히 분리된 채 각자의 삶을 살아가고 있다(허지혜, 2010). 따라서 늘어난 노년층과 다른 세대들이 어떻게 서로 교류하고 화합하며, 사회적으로 노인을 어떻게 수용해 나갈 것인가가 중요한 과제로 남아 있다(조성희, 2008). 이에 세대 간 서로에 대한 정보를 교환함으로써 다른 세대에 대한 이해를 확대하고 그를 통하여 세대 간에 서로 화합해 나가기 위해서는 노년교육, 특히 노인에 관한 교육과 세대 간 이해를 위한 교육이 필요하다(한정란, 2015).

(4) 가치관의 변화

산업화 및 현대화 과정에서 전통적인 경로사상이 무너지고 개인주의와 합리주의가 확산함에 따라, 젊은 세대 사이에 노부모 부양의식이 점차 희박해지고 있다. 그 결과, 지금의 노인은 물론 앞으로도 과거와 같은 자녀의 부양은 기대하기 어려운 형편이다. 자녀의 부양을 기대할 수 없다는 사실은 곧 노인이 경제적, 사회적, 심리적으로 자립해야 함을 의미한다. 물론 경제적 자립은 연금제도 정착과 철저한 노후경제 준비 등을 통하여 확립해야 할 부분이지만, 그에 못지않게 중요한 것이 사회적 · 심리적 자립이다(조성희, 2008). 경제적으로는 자립하여 노인 부부끼리 살아가지만, 심리적으로는 독립하지 못하고 여전히 자녀에게 의지하고 있다면, 결코 독립된 삶이라 할 수도, 행복한 노년이라고 할 수도 없을 것이다. 따라서 노년의 경제적 자립을 위한 준비와 마찬가지로 사회적 · 심리적 자립을 위한 준비도 중요하며, 이는 노년기 역할 재정립과 다양한 사회적 활동 참여를 통하여 성취될 수 있다(양형윤, 2010). 이러한 모든 것을 가능케 하는 학습 노력이 노인교육의 몫이라 할 수 있다.

(5) 노인에 대한 시각 변화

과거에는 노년기를 더 이상 발달을 기대할 수 없는 쇠퇴와 조락의 시기로, 노인을 회복 불가능한 장애를 지닌 사람들로 규정해 왔다(조성희, 2008). 그러나 인간이 평생에 걸쳐 발달한다고 하는 전생애 발달(life-span development) 관점의 등장은 노인을 무한한 잠재력과 능력을 지닌 존재이자 여전히 발달과정 중에 있는 대상으로 보는 시각의 전환을 가능케 하였다(김형수, 2006). 전생애 발달관점은 노인을 노화에 따른 신체적·사회적 장애를 극복하고 생존해야 하는 존재로 보기보다는, 사회를 위해 공헌하고 봉사할 수 있는 잠재력을 지닌 귀중한 자원으로 보게 만들었으며, 노인이 지닌 장애보다는 그들이 계발해야 할 능력에 초점을 맞추게 하였다(Sherron et al., 1990). 즉, 노년을 제2, 제3의 인생을 살기 위한 학습과 노력의 시기로 만드는 것이다. 이러한 노년기 잠재력 발달 가능성은 노인교육을 가능케 하는 가장 기본적인 전제이기도 하다.

(6) 노인의 욕구 변화

생활수준 및 교육수준 향상으로 노인 자신들의 욕구 또한 변화하고 있다. 경제적으로 궁핍했던 시대의 노인들은 기본적인 의식주와 관련된 생존의 욕구가 가장 컸지만, 경제적으로 안정되고 교육 및 사회적 지위도 높아진 지금의 노인들은 그 이상의 욕구를 지니고 있다(조성희, 2008). 특히 베이비붐 세대의 노화로 인하여 경제력을 갖추고 신체적으로도 건강하며 높은 학력과 사회적 적응능력을 지닌 이들이 빠르게 노년층으로 편입되고 있다. 이들 새로운 노년층은 건강이나 안전, 안락한 삶 등과 같은 기본적인 욕구에서 한 걸음 더 나아가 자기를 계발하고 자아를 실현하려는 더 고차원적이고도 다양한 욕구를 가지게 될 것으로 예측된다(김형수, 2006). 앞으로 노년층의 사회·경제적 수준이 향상될수록 노인교육에 대한 욕구는 더욱 커질 것이며, 노년층의 새로운 욕구에 대응하기 위해서는 노인교육이 더욱 중요해질 수밖에 없을 것이다.

(7) 평균수명의 연장

의료 및 보건기술 발달과 영양 및 위생상태 개선으로 평균수명이 연장되고 있다. 평균수명 연장은 한 개인이 일생에서 노인으로 살아야 하는 기간, 다시 말해, 노년기가 연장됨을 의미한다. 따라서 이 시기 동안 무엇을 하며 어떻게 보낼 것인가는 노년기 삶의 질을 결정하는 중요한 문제다. 매일 여가뿐인 삶은 지루하고 무의미할 수밖에 없으며, 따라서 늘어난 노년기를 더욱 의미 있고 창조적으로 보낼 수 있도록 돕는 교육적 개입의 필요성이 강력히 제기된다. 노인교육은 노화에 적절한 대응과 준비 및 세대 간의 이해 증진을 통하여 노인을 비롯한 모든 연령의 개인들이 자기 발달단계에서 최대한 잠재력을 발휘하고 자신의 발달과정에 더욱 효율적으로 적응해 나아가는 데 있다(허지혜, 2010).

3) 노인교육의 개념

(1) 제라고지의 의미

노인교육은 1940년대에 노년기의 노화와 노인의 삶 전반에 관한 연구를 위한 노년학(Gerontology)의 관심으로 시작되었다. 노인들과 관련된 학문 분야들이 노인의 신체적, 심리적, 정신적, 사회적인 부분들뿐 아니라 노인들의 복지와 교육에 관심이 확장되어 노년기의 삶을 연구하는 학문적 접근이 더 다양화되었다. 노년기의 삶을 살아가기 위한 교육학적 접근은 특별히 성인교육으로서의 평생교육학적 접근을 통해 노인들의 삶의 질을 높이고 활기차고 성공적인 노년기를 보낼 수 있도록 돕는 것을 목적으로 한다.

노인들은 젊은 시절을 겪어 봤지만, 젊은이들은 노년기를 겪어 보지 않았기 때문에 노인들이 더 젊은이들을 이해할 수 있어야 한다고 이야기한다. 다른 말로 하면 인간은 누구도 노년기를 미리 경험하거나 노인이 되어본 사람은 없다는 것이다. 한 번도 경험하지 않은 노인의 삶, 노년기를 어떻게 보낼 것인지 개인적으로 또 사회적으로 준비하기 위한 교육이 노인교육이다.

노인교육은 신체적 변화와 심리사회적 변화에 따른 불편함을 받아들이고 신체적 노화를 늦출 수 있는 정보와 교육을 받으며 은퇴와 퇴직으로 인해 단절된 사회활동을 어떻게 지속하면서 사회적 관계망을 이어갈 수 있는지에 대한 교육과 노인의 정서적, 심리적 상태에 대한 이해를 포함하여야 한다. 노인들 역시 변화하는 사회 속에서 살아갈 수 있는 역량을 유지하도록 도우며 그 속에는 경제적 측면에서 노인들의 소득을 이어갈 수 있는 다양한 정책적 지원에 대한 정보와 방법들이 포함되어 노년기의 삶도 충분히 행복할 수 있도록 돕는 역할을 해야 한다.

1950년대에 노화 분야의 대표적인 학자 라벨(Label)은 교육학을 페다고지, 안드라고지, 제라고지 등 세 가지 교육학의 통합이라고 설명하였다. 인생의 각 시기에는 시기별 고유의 특성이 있으므로 교육은 이를 효과적으로 반영하여 진행되어야 하며, 특히 교육학은 이들 시기별 교육을 나누어 분리한 채 추진하여서는 안 되며 평생에 걸친 통합적 교육과정으로 교육을 추진할 수 있도록 지속적으로 연구를 진행하여야 한다는 것이다.

최근에는 이러한 3세대의 교육을 결합하거나 혹은 제3의 교육학으로서 세대 초월적 교육의 의미를 갖는 트라이고지(trigogy)라는 새로운 용어도 생겨났다. 노인교육은 단순히 아동, 성인, 노인이라는 연령에 따라 대상을 구분하여 그중 노인을 대상으로 하는 교육학을 의미하는 것이 아니라 연령이나 성별, 지위 등에 관계없이 각자의 관심과 이해에 따라 여러 세대가 한데 모이고 상호작용함으로써 그 속에서 서로 간에 정보를 교환하고 새로운 지식을 만들어 내는 적극적인 과정으로서, 제3의 교육학 또는 초세대적인 교육의 의미를 갖는 '트라이고지(trigogy)'로 포괄적인 교육학으로까지 그 의미를 확장하고 있다(한정란, 2015). 이들 각각의 특성을 **표 6-1**과 같이 비교하여 설명하였다.

| 표 6-1 | 페다고지, 안드라고지, 제라고지 비교

개념	페다고지 (pedagogy)	안드라고지 (andragogy)	제라고지 (gerogogy)
자기개념	• 타인에 대한 의존성(교사 중심)	• 자기주도성 증가(학습자 중심)	• 자기주도성 아직 남음 • 노화에 따라 타인 의존성 증가
경험의 역할	• 학습자원으로 활용 미흡	• 학습자원으로 활용 • 직업과 생활에서 활용	• 전문적 경험의 축적 • 교육적·문화적 계승 • 노환(치매 등)으로 인한 경험의 퇴화
학습내용	• 발달단계와 과학적 연구에 기초한 학습내용(교과 중심)	• 직업과 생활에서 요구되는 내용(경험중심, 문제 중심)	• 생활, 삶의 보람, 여가활용 등 노후생활을 대비하는 내용(교양 중심)
교육과정	• 공교육 교육과정에 준한 내용(공급자 중심)	• 대상별 삶의 과제 중심(수요자 중심)	• 노년기 삶의 과제에 기초(수요자 중심)
학습결과	• 학위 취득, 직업을 통한 사회화 준비	• 실생활 활용, 개인개발, 경력개발	• 웰에이징, 심리적 안정
학습조직과 방법	• 공적 교육기관 단위제 학년제의 누적방식	• 평생교육기관 재교육 방법	• 지역 노인교육기관의 평생교육방법
학습동기	• 학력, 취업 등 외재적 동기	• 개인 능력 향상, 삶의 문제 해결 등 내재적 동기	• 인생 여정의 전반적 통합

출처: 松井政明, 山野井敦德, 山本都久. (1997). 高齡者教育論. 東京: 東信堂.

(2) 노인교육의 정의

노인교육은 'educational gerontology'라는 용어로, 교육학적으로는 노령 또는 노인을 의미하는 'gero'와 교육학을 의미하는 'gogy'의 합성어인 'geragogy'가 보편적으로 노인교육을 의미하는 용어이다.

노인교육에 대한 정의는 노인을 위한 교육과 노화에 대해 가르치는 교육(Peterson, 1990)과 노년기를 앞둔 중장년층 대상의 노화를 이해할 수 있도록 돕는 교육(Kade, 2001)으로 주로 이해되었다. 이후 노인들의 주체성과 노년기 삶의 질에 초점을 맞추고 이들을 노인교육의 중심내용으로 해야 한다는 연구들이 나오면서 노인들이 주체적 힘을 가지고 자신들이 당면한 문제를 스스로 해결하며, 노인들의 삶의 질을 높일 수 있도록 돕는 교육으로 정의되기도 한다(김원경 외, 2011).

피터슨(Peterson)이나 자비스(Jarvis)는 교육노년학을 '노인들을 위한 교육', '노인과 노화에 관한 교육', '노인과 관련된 직업을 가진 이들을 위한 교육' 등 세 분야를 포함하는 것으로 정의해 왔다. 즉, 교육노년학은 노인을 위한 교육(education for older adults), 노인에 관한 일반적인 이해와 준비, 전문적 교육까지를 포함하는 노인에 관한 교육(education about older adults), 노인에 의한 교육(education by older adults)까지를 포함하는 노인과 노화 전반에 관한 교육적 연구와 실천이다. 최근에는 앞서 정의되었던 노인교육의 내용을 포함하면서 사회의 변화와 노인에 대한 인식의 변화를 반영한 노인을 위한 교육, 노인에 의한 교육, 노인에 관한 교육이 노인교육으로 그 범주를 확장하여 정의되고 있다(한정란, 2015).

| 표 6-2 | 노인교육의 정의와 범위

<table>
<tr><th>구분</th><th colspan="2">노인을 위한</th><th colspan="2">노인에 관한</th><th>노인에 의한</th></tr>
<tr><td>범위</td><td colspan="2">여가를 위한 교육 및 자신의 삶에 힘을 얻는 교육</td><td colspan="2">노인준비교육, 퇴직준비 교육, 노인 관련 종사자 교육</td><td>노인의 지혜와 경험을 활용한 교육</td></tr>
<tr><td>Peterson (Shrron & Lumsden) (1990)</td><td colspan="2">노인을 위한 교육적 노력의 실천적 연구</td><td colspan="2">노인과 노화에 관한 교육적 노력의 실천적 연구</td><td></td></tr>
<tr><td>Jarvis (1990)</td><td colspan="2">노인을 위한 교육</td><td>노인과 노화에 관한 교육</td><td>노인과 관련된 직업인들을 위한 교육</td><td></td></tr>
<tr><td>김종서 (1984)</td><td>노인을 위한 노인이 아닌 사람이 무엇을 알 것인가에 관한 교육</td><td>노인 자신을 위한 교육</td><td colspan="2">노인 이전의 사람들에게 실시하는 노년기에 대비하는 준비교육</td><td></td></tr>
<tr><td>한정란 (2015)</td><td colspan="2">노인을 위한 교육</td><td colspan="2">노인에 관한 교육</td><td>노인에 의한 교육</td></tr>
</table>

출처: 이윤조 외. (2016). 경기도 노인평생학습 활성화 방안 연구. 수원: 경기도평생교육진흥원.

4) 노인교육 목표와 목적

(1) 노인교육의 목표

노인을 위한 교육은 노인 복지적 차원에서 여가와 관련하여 접근해 왔다. 노인교육은 퇴직하여 소일거리를 만들기 위해 단순히 남는 시간을 보내는 차원에서 접근해서는 안 되며, 또한 단순히 지식을 획득하기 위한 방편이 아니라 계속적이고 다양한 경험을 통해 자아실현을 이루어가는 과정이 되어야 한다. 단순한 복지적 차원을 넘어 인간의 전 생애에 걸친 평생교육의 일환으로 노인을 위한 교육이어야 한다. 이러한 학습활동은 궁극적으로 노후의 삶의 질을 향상하는 중요한 역할을 한다고 할 수 있다. 노인교육은 이론보다는 실제에 초점을 두고 노인은 물론이고 노인들과 함께 살아가는 사회 구성원 모두를 위한 교육내용이 되는 것을 목표로 하며 구체적인 교육의 도달점을 제시할 수 있어야 한다.

노인교육의 목적에 도달하기 위해 노인교육을 위한 다양한 주제들이 살펴보면, 노년기 생활의 불안 해소와 안정된 노후를 위한 준비, 자기계발과 자아실현을 위한 교육, 사회화와 사회적응을 위한 교육, 세대 간 이해와 화합을 이끌어낼 수 있는 교육, 노인 인력의 효율적 활용을 통한 인적자원화 지원 교육, 노인 관련 산업 종사자들의 노인에 대한 올바른 이해와 실버산업의 경쟁력 강화를 통한 경제적 가치를 이끌어내는 교육으로 자리매김하여야 할 것이다(김미자 외, 2023).

이처럼 노인교육은 단순히 지식과 정보의 폭을 넓히고자 하는 목적을 넘어 노년기 삶의 질을 향상시키고 길어진 노년기의 하루하루를 행복하게 보낼 수 있도록 하는 일상학습으로서 그 목적이 포괄적으로 정의될 필요가 있다. 더구나 평생학습사회로 자리매김한 오늘날 우리 사회의 노인교육은 국민 누구나 소외 없이 건강하고 밝은 삶을 살아갈 수 있도록 하는 매우 중요한 기제임에 틀림없다(최운실 외, 2021).

(2) 노인교육의 목적

한준상(1999)은 노인을 위한 교육은 노인들로 하여금 보다 창조적인 노년기를 영위할 수 있도록 돕는 데 그 목적이 있으며, 노인을 위한 교육의 구체적 목적을 다음과 같이 제시하였다(한현지 외, 2022).

첫째, 노인들로 하여금 자신들의 위치를 확인하고 노인 및 노화의 특성을 정확히 이해하여 노화에 대해 보다 효율적으로 적응하고 노년기에 요구되는 발달과업들을 성취할 뿐만 아니라 자신의 문제를 스스로 해결해 나갈 수 있도록 도와주는 데 목적이 있다.

둘째, 노인으로 하여금 사회변화를 이해하고 그에 적응할 수 있도록 도우며, 노인들도 변화하는 사회의 한 일원으로서 능동적으로 참여할 수 있도록 도와주는 데 목적이 있다.

셋째, 노인들의 학습과 자기계발에 대한 욕구를 충족시킬 수 있도록 계속적인 자기계발과 학습 기회를 제공하는 데 목적이 있다.

넷째, 교육의 장을 통해 보다 다양한 인간관계를 구축하고 조력과 정보교환을 위한 대인관계망을 확대할 수 있도록 도와주는 데 목적이 있다.

다섯째, 교육에의 참여를 통해 보다 적극적이고 능동적인 삶의 태도를 고취할 수 있도록 돕는다.

여섯째, 노인들의 사회참여와 취업에 필요한 지식과 기술을 제공함으로써 노인들이 경제적으로 자립하고 사회에 능동적으로 참여할 수 있도록 도와주는 데 목적이 있다.

한편, 노인교육의 중요성과 관련하여 김종서(1984)는 다음과 같이 개인생활의 목표 측면, 인간관계의 목표 측면, 경제생활의 목표 측면, 국가생활의 목표 측면 등 4가지 측면의 교육 목적을 정의하여 제시한 바 있다(최운실 외, 2021).

첫째, 개인생활의 목표 측면에서, 생에 대한 적극성을 가지고 자주적으로 계획을 세워 생활하려는 태도를 갖게 하며, 평생교육의 이념 아래 계속적으로 새로운 지식을 흡수하고 교양을 쌓게 한다. 또한 취미활동에 참가하여 여가를 즐겁게 보내기 위한 기능을 습득시키고 건강과 질병에 대한 기본적인 지식을 갖게 하여 건강을 유지하기 위해 건강습관을 지니게 한다. 그뿐만 아니라 안전에 관한 기본적 지식과 태도를 함양하고 종교에 대한 신앙심을 깊게 하여 편안한 마음으로 여생을 보내려는 태도를 갖게 한다.

둘째, 인간관계의 목표 측면에서, 젊은 사람들과의 세대 차를 이해하고 동년배 집단과 밀접한 심리적 유대를 가지면서 어울리려는 태도를 갖게 한다. 이웃 간에 선배 시민으로서 존경받을 수 있는 태도를 지니며, 가정의 가풍을 이어가며 발전시키려는 태도를 갖게 한다.

셋째, 경제생활의 목표 측면에서, 노인에게 알맞은 경제활동의 종류에 관한 정보를 얻고 이에 필요한 지식과 기술을 익히게 하고 경제적 지출을 감당할 수 있는 경비를 스스로 마련하도록 하는 태도를 길러 주며, 근로의 가치가 신성하다는 것을 젊은 세대에게 보여 주는 태도를 갖게 한다.

넷째, 국가생활의 목표 측면에서, 국내외 정치, 경제, 사회의 변화 추세를 이해하고 노인복지에 대한 국가·사회적 관심을 불러일으키기 위해 노인이 노인복지의 개념과 국제적 동향을 알게 한다. 또한 사회봉사활동의 필요성, 환경보호의 필요성 그리고 청소년 선도의 필요성을 인식하고 이에 적극적으로 참여하려는 태도를 갖게 한다. 그뿐만 아니라 다음세대에게 전통적인 미풍양식을 가르치려는 태도와 방법을 익히게 한다.

노인교육의 목표를 설정할 때, 김종서(1982)는 교육학에서의 교육목표 설정의 기초 자원에 근거하여 철학적 타당성, 사회문화적 타당성, 학습자적 타당성을 기본적으로 고려하여야 한다고 하였다. 교육목표의 분류체계는 인지적 영역, 정의적 영역, 운동기능적 영역의 세 가지로 구별하고 있다(김윤재 외, 2017).

첫째, 인지적 영역의 교육목표는 지식과 이해력, 적용력, 분석력, 종합력, 평가력 등과 같은 지적능력과 기능에 대한 것으로 새로운 지식을 받아들이고 통합하는 능력은 노인에게도 대단히 중요하고 유용한 것이다. 노인의 지적능력도 충분히 개발할 수 있는 잠재력이 있으며, 연령증가에 따라 반드시 지능이 하락하는 것은 아니다. 또한 학습능력에 있어서 연령의 요인이 어느 정도 영향을 미치는지도 불분명하다. 노인에게 충분한 시간이 주어질수록, 학습과제의 의미가 분명할수록, 교육내용이 잘 조직되어 있을수록, 노인의 학습능력은 충분히 향상될 수 있다.

둘째, 정의적 영역의 교육목표는 인간의 흥미·태도·가치관, 신념체계에 관련되는 것으로 노인 평생교육에도 대단히 중요한 영역이다. 노인의 학습동기를 유발하고 적극적인 삶의 태도를 지향하고, 긍정적인 사고로 전환하여 윤택한 노년기를 누리기 위해서는 이 영역의 교육목표는 치밀하게 설정되어야 하며, 교육내용도 그에 따라 풍부해져야 한다.

셋째, 운동기능적 영역의 교육목표는 근육이나 운동기능을 강조하는 것으로 노인의 활동력을 촉진하고 건강한 삶을 유지하는 데 필요한 것이다.

(3) 노인교육의 욕구

노인의 욕구란 노인이 생존과 복지 및 자아실현을 위해 필요로 하는 신체적, 경제적, 사회적, 심리적 및 문화적 조건이라 말하며 이런 욕구는 대개 신체적 복지(건강, 영양, 일상적 활동), 심리적 복지(주관적 행복감, 소속감, 사기), 사회적 복지(사회적 원조, 경제적 안녕, 주거환경)의 세 가지 차원으로 구성되어 있다고 말한다(김익균 외, 2008). 한국노인문제연구소는 현재 노인들의 교육욕구 충족을 위한 교육과제를 다음과 같이 제시하고 있다. 첫째, 생활고에 대처하는 교육, 둘째, 노인이 걸리기 쉬운 병에 대한 지식을 갖추고 이를 예방, 치료하는 것, 대기오염, 교통사고 등에 대처하는 교육, 셋째, 노인들이 고독에서 벗어나기 위해 노인 스스로가 가족, 이웃, 그리고 지역사회에 직접 참여하여 호흡을 같이할 수 있도록 하는 교육, 넷째, 노년기를 상실의 시기가 아닌 창조의 빛나는 시기로 이끌어 나갈 수 있는 지혜를 습득할 수 있도록 하는 교육이 필요하다고 하였다(송진영 외, 2023).

토슨과 와스켈(Thorson & Waskel)은 노인의 학습 욕구에 대해 다음 일곱 가지를 제시하였다(최운실 외, 2021).

첫째, 변화에 적응하고자 하는 욕구이다. 노인은 신체적, 심리적, 사회적 노화에 효율적으로 적응함으로써 노년기를 편안하고 만족스럽게 보내고자 하는 욕구가 있다.

둘째, 성장하고자 하는 욕구이다. 노인은 자신이 이제 더 이상 갈 곳이 없는 막다른 골목에 있는 것이 아니라 계속해서 성장·발전할 수 있는 존재라는 사실을 확인하고 싶어 한다.

셋째, 다음 세대에게 문화를 전수하고자 하는 욕구이다. 노인은 자신의 세대에서 이룩한 성취들을 다음 세대에게 전달함으로써 자신에게 주어진 사명을 다하고자 하는 욕구가 있다.

넷째, 자신의 삶을 조망하고자 하는 욕구이다. 노인은 그동안 살아온 인생의 의미를 새롭게 조망해 봄으로써 자신의 삶에 대한 성취와 자긍심을 얻고자 하는 욕구가 있다.

다섯째, 사회에 통합되고자 하는 욕구이다. 노인은 자신이 사회의 주변인이 아니라 여전히 하나의 구성원이라는 사실을 확인받고 싶어 한다.

여섯째, 독립성을 유지하고자 하는 욕구이다. 노인은 여전히 사회적, 경제적, 신체적, 심리적으로 독립성을 유지하고 싶어 한다.

일곱째, 타인에게 수용되고 있음을 확인하고자 하는 욕구이다. 노인은 아직도 자신이 다른 사람에게 인정받고 받아들여지고 있다는 사실을 확인하고 싶어 한다.

노인교육 욕구에 관한 대표적인 학자는 맥클러스키(McClusky)로서 1971년 백악관 보고서에 다음의 다섯 가지 노인교육 욕구를 제시하였다(이해영, 2023; McClusky, 1971, 1974).

첫째, 대처능력욕구(coping needs)이다. 학습을 통해 변화하는 환경에 적응하기 위한 욕구라고 해서 환경 적응 욕구라고도 한다. 생활의 여러 가지 요구를 충족하기 위한 신체적, 경제적, 경제적, 복리적 교육의 욕구를 말한다. 노화로 인한 생활 적응의 어려움을 극복하고 새롭게 다가오는 변화에 대하여 대처하는 학습을 통해 행복하게 보내고자 하는 욕구를 가지고 있다. 이 욕구는 자신의 노화에 따라 능력과 지식이 감퇴하여 일상생활에 곤란을 느끼기 때문에 이를 만회하고 사회에서 정상적인 기능을 유지하기 위한 교육을 받으려는 것이다. 수입유지, 건강관리, 가족적응, 여가선용, 주택선택, 법률적 조언 등이 해당된다.

둘째, 공헌적 욕구(contributive needs)이다. 교육을 통해 타인이나 지역사회에 기여하고자 하는 욕구로 자원봉사 등의 활동이 노인에게 주는 자아 개념의 충족이나 만족감을 가져다주는 것이다. 남을 위해 헌신하고 봉사를 통해 자아개념을 충족시키고 스스로 만족을 구할 수 있다. 지역사회활동이나 자원봉사활동에 참여하여 자존심을 유지하고 개인적 지위를 향상시킨다. 교육을 통해 새로운 정보를 얻고 사회봉사활동에 필요한 기능훈련을 받음으로써 자신의 삶을 보람으로 다른 사람을 돕고자 하는 봉사활동을 말한다.

셋째, 표현적 욕구(expressive needs)이다. 노인들이 교육을 통해서 하는 활동 자체가 즐겁고 재미있어서 교육을 원하는 것이다. 새로운 것을 배움으로 느끼는 지적 수준의 유지와 동료 노인학습자들과의 교제를 통한 심리적 안정에 대한 욕구이다. 어떤 목적을 띤 수단이 아니라 활동 자체에 참여하는 것을 목적으로 예술분야 등에 관여하는 것이 바람직하다. 학습을 통해 사회에 참여하고 표현하고자 하는 욕구로서 자발적인 신체운동, 사회적 활동, 새로운 경험, 그 자체로부터 만족을 얻게 된다. 서예, 미술, 공예 등 그 자체의 흥미에 빠져 이를 통해 동료들과의 친교관계를 형성하고 유지한다.

넷째, 영향력 욕구(influence needs)이다. 노인이 되어 사회활동이나 경제활동이 축소되거나 중단되지만, 여전히 사회에 소속되어 영향을 주고자 하는 욕구로 지역사회의 노인단체나 관심 분야의 사회단체, 종교단체, 봉사단체 등을 통해 나타난다. 사회적 역할과 지위가 소멸하는 시기에 노인도 사회의 일원으로서 사회에 영향을 미치고 노인 자신의 생활 방향을 세워 나가는 데 필요한 활동을 집단으로 조직하여 권익을 창출하고자 한다.

다섯째, 초월적 욕구(transcendence needs)이다. 또는 초연의 욕구라고도 한다. 체력의 쇠퇴와 기대수명 감소에 대한 불안을 넘어 인간의 생존에 대하여 더 높은 의미를 터득하고 정신 수준을 올림으로써 세상의 욕망에서 초연해지려는 것이다. 신체적으로는 쇠퇴하지만 인생의 본질적 의미를 찾거나 자기 자신을 초월한 정신세계를 추구하려는 욕구로 종교에 심취하려는 모습 등을 통해 나타난다. 노년기에 다가오는 죽음을 느끼면서 인생의 의미를 더욱 깊게 깨닫고 파악하려는 욕구로 자아실현 욕구를 충족시키고자 한다.

| 표 6-3 | 매슬로우와 맥클러스키의 욕구 비교

매슬로우(Maslow)의 욕구위계	맥클러스키(McClusky)의 노인욕구
자아실현의 욕구 심미적 욕구 인지적 욕구	초월적 욕구(transcendence needs) 표현적 욕구(expressive needs)
존경의 욕구 소속감과 사랑의 욕구	공헌적 욕구(contributive needs) 영향력 욕구(influence needs)
안전의 욕구 생리적 욕구	대처능력욕구(coping needs)

출처: 한정란. (2015). 노인교육론: 노인을 위한, 노인에 관한, 노인에 의한 교육. 서울: 학지사.

이러한 관점에서 볼 때, 노인들이 지닌 문제점들을 해결하고 그들이 지니고 있는 교육적 욕구를 충족시키며 성공적인 노후생활을 보내기 위해 중심적 역할을 할 수 있는 노인교육의 필요성이 더욱 부각되고 있다.

2. 노인교육방법

1) 노인교육의 영역

노인교육은 노인들에게 현대사회에 적응할 수 있는 능력을 키우기 위한 지식을 습득하게 하고, 고독감, 소외감 등을 없애주고 보람 있는 노후 생활을 하도록 하는 방향의 교육지원이 필요하다. 노인을 위한 교육의 영역을 요약하면 다음과 같다.

첫째, 노년기 교육이라 할 수 있는, 즉 노인 학습자들을 대상으로 하는 교육적 실천과 연구를 포함하는 '노인을 위한 교육(education for older adults)'이다. 지금까지 노인을 위한 교육은 좁은 의미의 노년교육과 동일시되어 왔으며, 새로운 지식이나 변화를 다루기보다는 무료한 시간을 달래기 위한 여가교육 위주로 진행되어 왔다. 그러나 교육은 그들이 이미 습득한 기술을 유지하고 새로운 기술변화에 적응하는 수단일 뿐 아니라 삶에 있어서 자기만족이나 목적의식, 자아정체성을 강화하는 것이어야 하며, 개인이나 집단이 자신의 삶과 지역 및 전체 사회 속에서 힘을 갖도록 도와주는 것이어야 한다. 따라서 노인을 위한 교육은 지금까지의 사회적 편견처럼 불필요한 장식품이나 사치품 정도에 그치는 것이 아니라, 진정한 의미의 자기성장을 위한 공급원이자 노인이 가진 중요한 욕구를 충족시켜 줄 수 있는 원천이다. 노인을 위한 교육은 단순히 여가를 충당하는 수단에 그치지 않고, 노인이 자신의 삶에 대한 힘을 얻는 것(empowerment)과 관련되어야 한다.

둘째, '노화와 노인에 관한 교육(education about older adults and aging)'을 통해 급속한 사회변동에 성공적으로 적응할 수 있는 교육이다. 노인에 관한 교육에서 학습자는 어린이에서 노인에 이르기까지 어느 연령집단이든지 언젠가는 노인이 될 사람들, 노인과 관련된 직업에 종사하기를 원하거나 현재 종사하고 있는 사람들, 그리고 퇴직을 준비하는 이들을 모두 포함하는 '잠재적 노인'이다. 노인에 관한 교육에서는 노화 과정의 특성과 노년기 과업 등 노화와 노인에 관한 지식과 그에 적응하거나 그들과 상호작용하는 데 필요한 지식과 기술을 다룬다. 또 노인에 관한 교육은 초·중·고 및 대학 그리고 사회 교육기관에서 이루어지는 노인에 관한 교육뿐 아니라 노인과 관련된 직업에 종사하거나 그런 직업을 원하는 이들에 대한 전문적인 노년학 교육 그리고 퇴직을 앞둔 이들을 위한 퇴직준비 교육까지를 포함한다.

셋째, 노인의 지혜와 경험을 활용하는 '노인에 의한 교육(education by older adults)'이다. 노인이 되기까지의 시간은 무의미하게 버려진 시간이 아니다. 그 긴 시간 동안 노인은 많은 경험을 하였고 그 속에서 귀중한 의미와 지식과 기술을 쌓아왔다. 노인이 지닌 인생의 지혜와 경험이라고 하는 가치 있는 자원을 활용하는 것이 바로 노인에 의한 교육이다. 여기에서 교육이라고 하는 개념은 훨씬 광범위하다. 형식적이고 비형식적이고 무형식적인 교육 모두를 포함하는, 즉 좁은 의미의 교육 장면뿐 아니라 봉사를 통한 교육적 의미 전달까지도 범위에 해당한다. 역사나 전통 그리고 전문영역과 관련된 다양한 교육, 전통예절이나 기술 전수, 다양한 장면에서 노인의 자원봉사와 사회참여도 모두 여기에 포함된다.

넷째, '세대공동체 교육(community of generations education; intergenerational education)'이다. 여러 세대 혹은 여러 연령집단이 어떤 교육적인 목적을 위하여 공동체 안에서 함께 활동해 나가는 것으로, 각 세대는 공동체 속에서 자신들이 미처 경험하지 못했던 시간과 공간을 경험할 수 있을 뿐 아니라 서로를 통하여 더욱 많은 것을 배우고 얻을 수 있다. 세대공동체 교육은 세대 간의 서로에 대한 오해와 편견을 줄일 수 있으며, 각 연령집단이 갖는 차이점보다는 세대 공통의 가치나 관점에 대한 이해를 더욱 부각하고 확대해 줄 수 있다. 또 다양한 배경과 연령 그리고 경험을 가진 사람 간의 상호작용 기회를 제공하며, 서로 다른 연령집단이 갖는 각자의 이점과 능력을 통하여 서로에게 도움을 줄 수 있고, 더 나아가 한국 사회에 만연된 연령에 따른 분리와 차별을 불식시킬 수 있다(한정란, 2015).

노인 평생교육은 노인의 능력수준과 흥미 또는 필요에 맞추고 노인들의 현재 생활과 직결된 내용을 반영하여 적절한 반복교육을 통해 긍정적인 효과를 나타내도록 점진적으로 깊이와 넓이를 더해 가도록 조직한다. 또한 노인의 경험 속에 통합될 수 있도록 하나의 교육이 동시에 여러 교육과 연계되도록 해야 하며 학습자 계층을 세분하여 각 계층의 특성별로 원활하게 교육에 참여할 수 있도록 지원해 주는 노력이 필요하다.

2) 노인교육의 원리

한정란(2015)이 제시한 노년교육학의 모형은 노년교육을 노인을 위한 교육, 노인에 관한 교육, 노인에 의한 교육으로 보고 이것들을 모두 아우르는 세대공동체교육이 필요함을 보여준다. 또한 노인교육의 기본은 노인의 일반적인 특성을 고려함과 동시에 노인의 개별적인 상황을 고려한 교육내용과 방법이 선택되어야 한다. 결국 성인학습자로서의 노인 자신뿐 아니라 관련된 전 세대를 대상으로 다음의 원리로 진행되어야 한다.

(1) 통합과 개별의 원리

노인들은 가족이나 사회로부터 격리되거나 소외감을 느끼기 쉽다. 그러므로 노인에 대한 이해와 사회 속의 세대공동체를 아우르는 통합적인 관점에서 교육내용이 구성되어야 한다. 따라서 노인학교 프로그램 등을 통해 지역사회의 활동에 참여하고 지역사회의 일원으로서 활기찬 노후생활이 될 수 있도록 고려한다. 이와 함께 같은 연령대의 노인들도 신체적, 심리적, 경제적 상황과 욕구가 다르다는 것을 전제로 교육방법과 교육프로그램의 구성이 이루어져야 한다.

(2) 자발성과 참여성의 원리

노인교육은 노인이 스스로 하려는 자발성에 근거해야 하며 강제적이어서는 안 된다. 따라서 노인학교의 운영에서도 노인의 참여와 자율성을 살리고 지원하도록 하여야 하며, 자발적인 참여가 이루어질 때 노인교육의 효과도 높아진다. 성인학습자로서 노인의 자기주도성을 인정하고 자발적인 학습이 이루어질 수 있도록 노인들의 흥미와 동기를 유발할 수 있는 학습이 되도록 하되 노년기 삶을 위해 꼭 알아야 할 정보나 사회 환경의 변화에 적응을 돕는 교육이 노인들에게 소외되지 않고 전달될 수 있도록 해야 한다.

(3) 사회화와 다양성의 원리

노인들 역시 빠르게 변화하는 사회를 살아가야 한다. 사회 구성원으로서 주체적인 삶을 살아갈 수 있도록 돕는 교육이 되어야 하며 자신의 연륜과 경험을 활용한 교육의 주체가 될 수 있도록 교육내용이 구성되며 노인학습자의 학습효과를 높일 수 있는 다양한 교육방법을 활용해야 한다. 교육방법에 있어 이론적 강의보다는 다양한 시청각 매체를 이용하도록 하고 실습이나 구체적 자료를 이용한 경험적 강의가 효과적이다.

(4) 생활화와 경험성의 원리

노인교육의 목적은 보다 나은 노후생활을 보내기 위한 것으로 교육내용은 생활과 밀접한 것이 좋다. 급격한 사회변화에 적절하게 대응하기 위해 사회화에 필요한 내용과 일상생활에서 가져올 수 있는 문제를 설정하고 노인들이 살아가면서 필요한 주제와 노년기 삶의 문제를 해결할 수 있는 내용을 중심으로 교육내용이 구성되어야 한다. 노인학습자의 경험을 활용하고 학습방법 자체도 경험학습 방법으로 구성되는 것이 효과적이다.

(5) 경로와 사제동행의 원리

노인교육은 교사와 학생 간의 기본적인 관계가 상호 동등한 입장에서 서로 협력적인 관계를 바탕으로 하여야 한다. 특히, 노인학교 강사는 교사와 학생 간의 관계보다 인생의 동료자로서 상호 존중하는 태도가 필요하다. 현장에서 학습자와 교수자는 서로 존중하며 특히 나이가 어린 교수자는 노인학습자에 대한 경로사상을 갖고 교육을 진행하여야 한다. 학습이 이루어지는 과정에 있어서 노인학습자가 자기 주도적 학습이 일어날 수 있도록 학습자의 참여를 독려하여 함께 교육의 장을 만들어가야 한다. 비록 젊은이보다 교육수준이 낮고 학습능력이 떨어진다 해도 풍부한 경험과 인생을 살아온 노인들에 대한 경로의 자세가 필요하다.

3) 노인지도방법의 원리

노인지도방법은 학습대상자에 대한 올바른 이해가 선행되어야 한다. 김혜경은 크로넷(Kroejnett)의 성인학습지도에 적용할 수 있는 아홉 가지의 지도원리를 포함한 열두 개의 노인학습 지도원리를 제시하였다(김혜경, 2005).

(1) 근접성의 원리(Law of frequency)

선행하는 학습과 후행하는 학습이 시간적, 공간적, 표상적으로 근접 또는 유사성을 띠게 될 때 더욱 쉽게 학습한다는 것을 의미한다. 이 원칙은 학습의 수업 종료 부분과 학습자들의 기억에 가장 참신하다고 생각되는 내용에 적용된다. 이를 위해서 교수자는 자주 요점을 정리해 주고 중요한 내용은 수업 종료 시점에 다시 한번 더 정리하고 강조해 주어야 한다.

(2) 적합성의 원리(Law of appropriateness)

학습자들은 교수자들이 자신들의 요구에 부합되지 않는 자료를 사용하는 것을 알면 쉽게 의욕을 상실해 버리는 경우가 많다. 학습상황에서 교수자는 학습자들이 이미 알고 있는 지식과 새로운 것이 어떻게 연계되어 있는지 계속 자각하게 함으로써, 그들로부터 모르는 것에 대한 두려움을 제거할 수 있어야 한다. 노인학습자들은 학습과제가 자신들에게 의미 있고 친숙한 것일 때 더 잘 학습하는 경향이 있다. 따라서 학습자들의 흥미와 발달단계, 직업, 관심사, 학습동기에 비추어 관련성을 갖는 유의미한 학습과제를 제시하고 거부감 없이 쉽게 접근할 수 있도록 친숙하고 현실적이고 구체적인 과제나 자료를 제시하는 것이 요구된다. 이를 위해 우선 교수자는 학습에 참여하는 학습자들의 요구를 분명히 파악하고 있어야 하며, 학습자들이 익숙하게 느끼는 사례를 적절하게 활용할 수 있어야 한다.

(3) 동기부여의 원리(Law of motivation)

학습자들이 배우기를 원하고 배울 준비가 됐으며 배울 이유가 분명하도록 이끌어야 한다는 것을 의미한다. 노인교육에서는 그 어느 교육의 영역에서보다도 학습자의 역할이 더 크게 강조된다. 일단 동기부여가 되면, 목적의식이 강하게 되고 학습효과가 높아지며 학습 분위기가 자연스럽게 조성된다. 노인교육은 형식적인 학교교육과는 달리 교수자에 의해 필요한 지식이 학습자에게 전달되기보다는 학습자들이 관심 두고 있는 내용에 따라 학습의 내용이 구성된다. 이를 위해서는 무엇보다도 학습상황에서 학습자들이 잘 아는 내용으로부터 시작해서 모르는 부분으로 수업을 전개해 나가는 것이 좋다.

(4) 우선성의 원리(Law of primacy)

우선성의 원리는 일반적으로 처음에 배운 내용이 가장 잘 학습된다는 원리로 특히 집중력이 떨어지는 노인들의 학습에서는 수업 도입부에 중요한 사항을 포함하는 것이 좋은 시도라고 할 수 있다. 수업 도입부는 학습자들이 귀를 기울이고 있는 매우 중요한 부분이므로 도입부를 흥미롭게 구성하고, 중요한 내용을 초반에 많이 배치하는 것이 중요하다.

(5) 쌍방향 커뮤니케이션의 원리(Law of 2-way communication)

쌍방향 커뮤니케이션의 원리는 교수-학습과정이 학습자들과 함께 의사소통하면서 진행된다는 것을 의미한다. 학습에 있어 학습자들 간 혹은 학습자와 교수자 간의 상호 관계는 매우 중요하다. 그러므로 학습이 이루어지는 내내 학습자 간, 혹은 학습자와 교수자 간 쌍방향의 의사소통 과정에 대한 주의가 요구된다. 교사 중심적인 설명 위주의 강의보다는 토의식 교수나 문제해결 중심의 과제 수행, 실험과 실습, 견학, 회상 등의 학습자 중심의 학습활동이 더욱 많이 요구된다.

(6) 피드백의 원리(Law of feedback)

피드백의 원리는 교수-학습상황에서 교수자나 학습자 모두 서로에 대한 정보가 필요하다는 것을 의미한다. 교수자는 학습자들이 의도하는 방향으로 학습이 잘 진행되고 있는지, 진행 속도는 적절한지를 파악하고 있어야 하며, 학습자들은 자신의 학습활동이 기준에 비추어 어떤지 알고 싶어한다. 학습자들이 학습활동의 결과로 보상(긍정적 강화)을 받게 되면, 바람직한 결과를 가져올 수 있는 행동을 하도록 그들을 변화시킬 수 있는 기회를 얻게 되며 이러한 피드백의 원리는 학습자들의 학습활동을 촉진하기 위한 적절한 강화역할을 할 수 있다.

(7) 참여학습의 원리(Law of active learning)

참여학습의 원리는 학습자들이 학습에 능동적으로 참여할 때 더 많은 것을 학습하게 된다는 원리이다. 노인학습자들은 학습에 대한 능동적 참여가 학습 의욕과 관심에 비례하여 증가하지는 않는다. 이는 컴퓨터와 같이 낯선 학습환경에서는 더욱 두드러지게 나타난다. 학습자들은 적극적인 참여학습을 통하여 동기유발을 강화할 수 있으며 더욱더 높은 학습능률을 높일 수 있다.

(8) 다중감각을 활용한 학습원리(Law of multiple-sense learning)

다중감각을 활용한 학습원리는 학습자들이 자신의 오감 중 1개 이상을 학습에 사용하게 되면, 더 효율적인 학습이 이루어진다는 것을 의미한다. 학습자들에게 어떤 것을 설명할 때 말로만 하지 말고 그것을 보여 주고자 노력하는 것이 필요하며 실제로 학습자 자신이 직접 경험해 볼 수 있게 하는 것이 요구된다.

(9) 반복학습의 원리(Law of exercise)

반복학습의 원리는 반복하여 학습한 내용이 가장 잘 기억된다는 것을 의미한다. 학습자들이 새로운 지식을 연습하고 반복하면, 나중에 그것을 활용할 수 있는 가능성이 증가하게 된다. 교수자는 학습상황에서 연습을 조장하거나 다양한 방식으로 지식을 반복 습득하게 함으로써 충분한 학습을 유도하는 것이 좋다.

(10) 조직화의 원리(Law of organization)

노인들의 학습능력은 정보처리 수준과 과정의 약화와 관련이 있다. 그러므로 노인들에게 학습효과를 극대화하기 위해서는 정보를 조직적으로 제시하는 것이 좋다.

(11) 개별화의 원리(Law of individualization)

노인들은 인생에 있어서 다양한 경험수준과 유형을 갖고 있다. 이에 따라 학습 준비도에 많은 차이가 있는 다양한 집단이다. 그러므로 노인들에게는 집단적 접근보다는 개인의 경험, 연령, 교육 등을 고려한 개별적인 접근을 한다. 성인학습에서는 학습자의 역할이 일반적인 학교교육에 비하여 훨씬 더 중요하다. 즉, 노인교육에 있어 교수자와 노인학습자는 학습자의 요구와 필요를 진단하는 데 상당한 시간을 투자해야 한다. 노인들은 자신의 요구와 필요에 맞지 않을 때 언제든지 다른 활동으로 옮겨 갈 수 있다. 따라서 학습자에게 목표 설정에서부터 충분한 참여를 제공해야 하며 노인교육의 내용과 형식 그리고 그것의 제공은 학습자들의 요구와 필요에 근거를 두고 이루어져야 한다.

(12) 경로사상에 기초한 원리(Law of respect for the elderly)

노인은 지금까지 다양한 삶의 경험이 있으며 대부분이 교수자보다 연령이 많기 때문에 교수자는 경로사상에 기초하여 노인에게 예의 바르고 친절해야 하며 존중해 주어야 한다. 또한 노인교육의 공간은 따뜻하고 부드러우며 온정적이어야 하며, 교수자와 학습자 간에 그리고 학습자들 상호 간에 존중하고 존경하는 분위기가 조성되어야 한다. 따라서 가능한 한 모든 교실 분위기나 환경, 과제의 준비에 있어 노인학습자에게 최대한 배려가 이루어지도록 해야 할 것이다.

4) 노인교육의 교육내용

노인교육을 위한 교육내용에서 무엇을 가르칠 것에 관하여 학자들의 의견은 다음과 같다.

(1) 펠드먼과 스위니의 노인교육 내용

펠드먼 등(Feldman & Sweeney)은 노인을 위한 교육을 다음과 같이 세 영역으로 제시하였다(Feldman et al., 1989).

첫째, 생존을 위한 교육이다. 퇴직 예정 노인들이 퇴직을 준비할 수 있도록 재정적 계획과 관리를 포함한다.

둘째, 적응을 위한 교육이다. 건강과 독립적인 삶을 위한 교육으로 건강증진과 질병예방, 상담, 보호자 선택에 관한 정보, 소비자 교육, 정치적 의사결정 등에 관한 교육을 포함한다.

셋째, 봉사와 성장을 위한 교육이다. 많은 노인이 살아오면서 축적된 경험이나 지식, 지혜를 가지고 있다. 봉사를 통하여 이러한 노인들의 자원을 사회로 흘려보낼 수 있다.

(2) 피터슨의 노인교육 내용

피터슨(Peterson, 1983)은 노인교육의 과제 일곱 가지를 제시하였는데, 노인에 대한 고정관념의 문제, 노인교육 재정 충당방법의 문제, 노인교육학의 책무성 문제, 다양한 매체의 활용, 직업교육에 대한 관심, 대상의 다양화 문제, 우선순위의 문제 등을 제시하면서 다음의 다섯 가지로 노인교육 내용을 제안하였다(김종남, 2008).

첫째, 환경적응의 요구에 관련된 교육이다. 노화로 인한 쇠퇴를 극복하기 위해서는 노년기의 신체적 변화와 적응에 필요한 전략을 규명하는 것과 관련된 교육, 배우자의 죽음이나 질병, 직업의 상실과 축소, 이사로 인한 새로운 교제 등 사회적 변화에 관한 교육, 은퇴로 인한 경제적 변화에의 적응을 위한 교육, 노화나 노인에 대한 사회의 편견, 자신의 노화에 대한 인정 등 노화로 인한 정서적 변화에 적응하기 위한 교육, 기억이나 지능의 변화에 대한 적응, 감각의 정확성 쇠퇴에의 적응, 성격적 변화 등 심리적 변화에 관련된 교육 등이 포함된다.

둘째, 표현적 요구에 관련된 교육이다. 표현적 요구를 위한 교육에는 예술이나 문화, 여가활동에 관한 교육, 대화기법이나 갈등 관리 등 사회관계에 속한 교육이다.

셋째, 공헌의 요구에 관련된 교육이다. 타인과 사회에 봉사하고 공헌하고자 하는 공헌의 요구를 위한 내용으로 노인들이 지닌 잠재적인 공헌능력에 관한 교육,

그들이 가진 자원을 동원하는 방법 등에 관한 교육, 그들의 시간과 노력을 가장 의미 있게 사용하는 방법에 관한 교육, 사회에 공헌할 수 있는 구체적인 기술을 개발하기 위한 교육 등이 있다.

넷째, 영향력의 요구에 관련된 교육이다. 타인과 사회에 대한 영향력의 욕구를 충족시키기 위한 교육내용으로 노인 자신에게 가장 적절한 역할을 규명하고 개인과 집단이 적절한 기술을 개발하고 사회적 자원을 제공하며 그 활동의 결과를 평가하는 데 도움을 주는 교육이다.

다섯째, 초월적 요구에 관련된 교육이다. 인생의 의미에 대한 더욱 깊은 이해를 얻고자 하는 초월적 요구를 위한 교육에는 위인들이 인생에 대하여 어떤 의미를 부여했는지에 대한 이해를 제공하는 교육, 회상을 통하여 자신의 인생 의미를 재조명하도록 돕는 교육 등이 이에 포함된다.

3. 노인교육의 과제

평생교육 정책 안에서 노년층 학습자들을 위하여 별도로 지원되거나 관리되는 사업은 거의 전무한 상태라 할 수 있다(손의성 외, 2018). 향후 인구 고령화의 급속한 진행과 베이비부머의 노화로 인한 노년층의 교육 및 사회참여 욕구 수준은 꾸준히 증가할 것이며, 따라서 건강과 여가 위주의 노인복지뿐 아니라 노인 평생교육의 활성화는 매우 중요하고도 시급한 과제라 하겠다. 향후 노인 평생교육 활성화를 위하여 필요한 과제들을 살펴보면 다음과 같다.

첫째, 노인 평생교육 업무 주무 부처 지정 및 부처 간 협력이 강화되어야 한다. 현재 교육부와 보건복지부로 흩어져 있는 노인평생교육의 관리·감독 부처를 명시하고, 부처 간의 역할분담을 명확히 하여야 한다.

둘째, 노인 평생교육 실태 파악이다. 효과적인 정책 수립과 제도 마련을 위해서는 현황 및 실태 파악이 우선되어야 하지만 아직 노인 평생교육 실태조사가 제대로 이루어지지 못하고 있다. 교육개발원에서 매년 실시하는 '평생학습 개인실태조사'에서도 최근 들어 만 65세 이상 노년층을 조사대상에 추가하였지만 79세까지 제한적으로 포함된 상태이다. 보건복지부에서는 등록된 노인 여가복지시설에 대해서만 관리할 뿐 시설에 대한 전수조사나 학습자 대상 조사를 실시하지 못하고 있다. 따라서 '평생학습 개인 실태조사'에 실질적인 노인 평생교육의 대상인 65세 이상 전 연령층을 대상으로 하여 학습자 개인뿐 아니라 기관 미시설, 프로그램에 대한 실태조사가 함께 이루어져야 할 것이다. 나아가 노인 평생교육시설 및 프로그램, 노인여가복지시설에 대한 전수조사를 바탕으로 정책을 수립하고 체계적인 관리, 감독 및 지원이 이뤄질 수 있도록 해야 할 것이다.

셋째, 노인 평생교육 지원을 위한 법적 정비가 필요하다. 현재 노인 평생교육은 그 중요성에도 불구하고 「노인복지법」이나 「평생교육법」 등 법 조항 어디에도 "노인 평생교육"을 구체적으로 명시하고 있지 않다. 노인 평생교육을 담당하는 시설에 대한 시설기준 및 인력배치 기준을 강화하고 지원을 확대하기 위하여 관련 법률의 제정·개정과 더불어 관련 제도 마련이 시급하다.

넷째, 노인 평생교육의 전문성 강화이다. 노인 평생교육기관에서 근무하는 평생교육사는 자격양성과정에서 노인교육론을 필수로 이수하거나 임용 후 보수교육을 통하여 노인교육론을 이수하도록 함으로써 노인 평생교육의 전문성을 강화해야 할 것이다. 또한 현실적으로 평생교육사를 고용하기 어려운 경로당과 같은 소규모 노인 평생교육기관에 대해서는 프로그램 지원이나 관리에 대한 전문적인 자문이나 협조할 수 있게 할 필요가 있다.

Chapter 07

외국의 노인교육

1. 미국
2. 영국
3. 프랑스
4. 독일
5. 일본
6. 캐나다
7. 스웨덴

1. 미국

1) 노인교육 정책

미국의 노인을 위한 노인교육 프로그램은 1874년 뉴욕 근교의 샤토쿠아 운동에서 비롯되었다. 프란시스 타운젠트(Francis E. Townsend)의 사회보장은 1935년 노인연금을 보완한 사회보장법의 계기가 되었다. 1950년 노인문제를 연구하는 국립노화회의(NCA: National Conference on Aging)가 출범되었고, 1951년 노인들의 사회보장과 건강을 다루는 연방 프로그램이 생겨났다. 1961년 노인대책백악관회의에서 노인들의 퇴직수입을 높여 주거를 개선시켰다.

미국은 1925년 교육부에 성인교육과(Adult Education Section)를 신설하였으나, 노년교육에 대하여 학문적 관심이 집중된 것은 1950년대 중반부터라고 할 수 있다(한정란, 2015). 1965년 노인정책의 가장 핵심적인 근거가 된 노인법(OAA: Older Americans Act)이 통과되면서 노인교육의 본격적인 시대를 맞이하였다(김미자 외, 2023).

미국의 「노인법」에서 교육과 관련한 조항은 2000년 개정된 법률, 제3조(훈련, 연구, 임의 프로젝트와 프로그램)와 제9조(노인의 지역공공사업 분야의 고용프로그램 지원)에서 찾아볼 수 있다. 노인교육에 영향을 미친 또 다른 중요한 정책은 학비면제정책이다. 제3조에서는 노인을 위한 교육 '노년기 교육'과 노인에 관한 교육 '노인이해교육'을 지원하고 있다. 노인의 교육에 관한 조항으로서는 노인과 관련한 분야로 취업을 준비하는 학생들에게 학습과 훈련을 제공하는 고등교육기관에 자금을 지원하는 제도를 마련했다. 또한 노인을 위한 교육은 능력개발과 삶의 질 교육 두 가지를 지원하고 있다. 노인들에게 컴퓨터교육을 실시하거나 인터넷 보급을 확대하려는 기관을 지원하고 있으며 노인들에게 적합한 전문능력 훈련을 포함한 각종 세대통합 프로그램을 시행하는 기관을 지원하는 제도를 마련하였다(김윤재 외, 2017).

1964년 켄터키대학에서 최초로 실시된 이후 1970년대 중반까지 지속적으로 학비가 면제된 노인교육 프로그램이 대학에서 활성화되었다. 주정부는 대학이나 사설기관 정규과정의 진행에 방해가 되지 않는 시간과 공간을 찾아 노인들에게 무상으로 교육을 실시할 것을 명령하거나 권장하였다(김미자 외, 2023). 미국 사회에서의 노인의 수적 증가는 각 기관의 다양한 프로그램 개발을 초래하였다. 이 정책은 공적으로 재정지원을 받고 있는 고등교육 기관이 일반 학생등록이 끝난 후 빈 자리가 있을 경우, 노인들이 무상 혹은 낮은 가격으로 등록을 하도록 하고 있다. 주정부가 이 정책을 통한 노인들의 교육기회 확대를 더욱 원한다면, 주정부는 재정지원 등의 특혜를 대학 당국에 지원해야 한다고 주장했다(김윤재 외, 2017).

1966년에 「성인교육법」(Adult Education Act)이 제정되었다. 이 법은 주정부가 국가와 개인의 삶의 발전을 저해하는 성인들의 교육 부족을 극복하기 위한 교육기회와 지원자금을 확대하는 것을 골자로 기초교육을 받지 못한 노인들이 이 법에 의해 혜택을 받을 수 있게 되었다(김윤재 외, 2017).

미국의 노년교육은 소외계층을 위한 사회적 관심에서 시작하여 점차 전반적인 노후의 은퇴적응을 위한 문제와 역할 변화의 창출에 중심을 두는 교육으로 전환, 발전되었다(한정란, 2015). 주로 서비스 프로그램을 통하여 노인의 욕구충족과 사회기관의 책임성을 강조하는 사회교육의 과제로 정착되었는데, 이러한 경향에 획기적인 개혁을 가져온 것이 1975년 처음 시작된 엘더호스텔(Elderhostel) 프로그램의 급격한 성장이었다(Peterson, 1983).

2) 노인교육 프로그램

세계에서 가장 규모가 큰 비영리 노인교육기관으로 '엘더호스텔(elder hostel)'이 있다. '평생교육을 통한 모험(Adventures in Lifelong Learning)'이란 슬로건을 내걸고 1975년 창립되어 55세 이상 노인을 대상으로 다양한 교육 프로그램과 여행을 함께 진행하고 있다. 노인이 지역을 이동하면서 다양한 학습기회를 갖도록 하는 단순한 여행의 개념을 넘어선 사회교육 프로그램으로, 노인은 엘더호스텔의 전국적인 조직망을 통하여 지역을 이동해 가거나 원하는 지역의 교육프로그램에 참여할 수 있다. 엘더호스텔은 노인에게 질 높고 경제적으로 지불 가능한 교육프로그램을 제공하는 비영리조직으로 여행과 교육이 결합된 세계 최대의 프로그램이다(한정란, 2015).

뉴햄프셔대학교에서 220여 명의 노인을 대상으로 1~3주 프로그램을 실시한 것을 계기로 발전하였다. 엘더호스텔은 지불 가능한 노년교육 프로그램을 기치로, 학습은 마음을 열어 주고 삶을 풍부하게 해 주는 평생의 활동이라는 가정에서 출발하였다. 프로그램은 주로 교양과목과 문화제공 그리고 건강 프로그램으로 구성되어 있으며, 저렴한 비용으로 야외활동, 탐험, 개인적 취미활동, 세대 간 취미활동, 교양과목, 봉사학습, 해상모험 등 다양하게 운영하고 있다. 은퇴자들에게 흥미로운 주제를 제공하여 지적 호기심을 충족시키고 유스호스텔의 모험정신을 바탕으로 현장답사를 벌이며 다양한 사교 활동 프로그램을 제공한다(김미자 외, 2023).

또한 미국 보스턴대학교에서는 '상록 프로그램(Evergreen Program)'을 통해 지적 호기심을 가진 고령자라면 성별이나 학력에 관계없이 누구나 강좌당 약 15달러의 비용으로 청강할 수 있도록 하고 있다. 이 프로그램에서는 시청각 자료를 활용한 교육, 은퇴 이후의 삶을 준비하기 위한 교육, 노인문제를 다루는 교육, 그리고 노인을 돌보는 가족을 위한 교육 등 다양한 강좌가 제공된다(김미자 외, 2023).

1982년 세인트루이스의 메이 백화점과 OASIS(Older Adult Service and Information System)가 제휴하여 55세 이상의 성인에게 교육, 건강, 문화, 자원봉사 프로그램을 제공하는 합동 프로그램이다. 현재 미국 내에서 가장 큰 규모로 노인교육 프로그램을 운영하고 있으며 회원에게 적극적으로 지역사회 활동에 참여하도록 지원하고 있다(김미자 외, 2023).

그 외에도 1972년 엘버트 콜 목사가 미주리주 캔자스시티(Kansas City)에 여섯 명의 자원봉사자와 함께 시작한 '셰퍼드 센터(Shepherd's Center)'가 있다. 그리고 130여 개의 프로그램이 4학기제로 운영되고 전문성과 현장경험을 고루 갖춘 지역사회의 자원봉사자들이 강사로 담당하는 '노인활동 네트워크(SCAN)'가 운영되고 있다. 여기 회원은 50세 이상의 성인과 노인이며 수강료는 총 12달러이다.

가장 대표적인 재택 노인교육 프로그램으로 시니어넷(Senior Net)이 있다. 상대적으로 이동이 취약했던 노인들이 자신의 집에서 이용할 수 있는 프로그램들이 마련되고 있다. 시니어넷은 최근의 미국 노인교육의 동향을 반영하는 대표적인 학습 단체 중 하나이다. 노인의 직업교육과 관련한 정보화 교육에 초점을 맞추어 퇴직 전후 교육프로그램이 활발하게 운영되고 있으며 컴퓨터와 인터넷의 사용을 통해 노인에게 세대 간의 교류와 의사소통 기회를 제공하고 있다. 무엇보다 노인에게는 자신의 지식과 경험을 타인과 공유함으로써 풍요로운 노년기를 보낼 수 있는 계기가 되고 있다.

2. 영국

1) 노인교육 정책

영국의 노인교육 기본개념은 접근(assess), 평등(equality), 교육의 질(quality), 책무(accountability)이다. 노인교육을 위한 재정확보 문제에 있어서 해당 부처들 간의 연계와 긴밀한 협력체계는 유지되고 있으나 재정에 있어 '후원은 하되 간섭은 하지 않는다(support but control)'라는 원칙을 가지고 있다. 또한 대학개방프로그램을 통하여 노인의 건강위생, 취미오락, 교양교육, 전문직업 재교육 등의 교육활동을 통해 모든 노인에게 교육의 기회를 제공한다는 구호를 내세우며 실천하고 있다.

교육에 대한 노인의 권리의식이 발달하면서 1981년 노인의 교육권리에 관한 포럼(FREE: Forum for the Rights of Elderly People to Education)이 개최되었다. 그리고 1981년 영국 최초의 U3A(University of the Third Age)가 케임브리지에 설립되면서 U3A 설립운동과 영국, 북아일랜드, 스코틀랜드, 웨일스 등에서 자조교육운동(self-help education movement)이 전개되었다. 영국의 U3A는 프랑스와 달리 자율성 바탕을 두고 있다. 입학에 필요한 특별한 자격조건은 없으며 회원 스스로가 등록금을 책임진다. 또 U3A에서 제공하는 교육프로그램의 범위도 학문적 수업에만 치중하지 않고 여가활동이나 운동, 오락, 여행 등도 포함된다. 나아가 개인주택에 살고 있는 노인이나 시설에 거주하는 노인을 방문하여 찾아가는 서비스를 진행하기도 한다(한정란, 2015).

2) 노인교육 프로그램

영국의 노인교육은 기관, 단체 등 다양한 시설에서 운영되고 있다. 노인교육기관은 공공기관, NGO, 학교, 종교단체, 언론기관 등이 있으며, 공공기관에서는 중앙부처의 각 하부조직에서 노인교육을 실시하며 비정부기관의 노인교육은 민간단체에서 이루어지고 있다.

(1) 비정부기구(NGO)

비정부기구(NGO)에 속하는 대표적인 것으로 비숍 웨어마우스(Bishop Wearmouth) 교회의 선덜랜드(Sunderland) 퇴직센터가 있으며, 이곳에서는 퇴직 전 준비프로그램과 카운슬링뿐만 아니라 퇴직자의 자원봉사활동 또는 재취업 기회를 제공해 주기도 한다(최운실 외, 2021). 또 다른 기관으로는 정부나 국가단체의 재정지원 없이 독자적으로 운영되는 노인교육자원단체들이 있다. 이곳은 노인과 관련된 제 문제를 해결하고 노인들의 권익을 보장하기 위해서 로비활동과 지역 내 실질적 프로젝트 수행, 사회적 인식 제고 등을 위한 노력뿐만 아니라 필요한 교육프로그램을 제공하고 있다(김윤재 외, 2017). 대표적인 기관은 '헬프 더 에이지드(Help the Aged)', '에이지 컨선(Age concern)', '퇴직 전 연합회(Pre-retirement Association)' 등의 노인교육자원단체가 있다(김미자 외, 2023).

(2) 성인계속교육센터

노인들은 대부분 통신을 이용한 가정학습이나 인문 교양과목과 취미를 개발할 수 있는 프로그램을 다양하게 제공하면서 지역사회 내에서 가까운 거리에 위치한

'성인계속교육센터(Institute for Adult Continuing Education)'에서 학습을 선호한다(김미자 외, 2023). 성인교육센터를 선호하는 이유는 첫째, 교통문제나 장애, 시간 등으로 노인들은 장거리를 이용하여 교육프로그램에 참여하기보다는 지역사회 내에서 가까운 거리에 위치한 센터를 활용한다. 둘째, 대부분 성인교육센터의 프로그램은 낮시간에 진행되기 때문에 노인들에게 적합하다. 셋째, 최근 상당수의 평생교육 프로그램이 청소년 중심의 직업교육 프로그램과 관련이 있다면 성인교육센터는 인문교양 과목과 취미를 개발할 수 있는 프로그램을 다양하게 제공하고 있기 때문이다(김윤재 외, 2017).

(3) 학습 & 일센터

학습 & 일센터(Learning and Work Institute)는 예전 영국 전역에서 운영되고 있던 성인교육센터(NIACE: National Institute of Adult Continuing Education)의 후속 기관으로, 2016년 1월 1일부터 업무가 통합 및 이관되었다. 학습 & 일센터는 노인들에게 학습기회를 균등하게 배분하며, 삶의 질을 향상시키기 위하여 지역사회학습을 연계하고 진흥하는 협력적 정책을 수립·집행하고 있다(최운실 외, 2021).

(4) 계속교육대학 프로그램

「계속 및 고등교육법」에 따라 계속교육기관의 운영권이 지방정부로부터 독립된 후 기존의 지방정부에 할당하던 성인교육 재정을 직업교육과정 개설에 따라 재정을 분배하게 되었다. 따라서 지역 내에 위치한 계속교육대학(Future Education College)을 중심으로 한 교육프로그램 중에는 노인들이 선호하는 교양교육 프로그램이 부족하게 되고 경로우대 할인제도가 대폭적으로 축소되었으나 반대로 노인들의 직업능력개발을 위한 과정이 늘어났다. 노인들에게 정규교육 프로그램에 참여하도록 독려하고, 적절한 훈련을 통해서 고용가능성을 개발하였다. 또 연구자로서 그들의 역할, 세대공동체학습 프로그램, 스스로에게 필요한 특별활동을 조직할 수 있는 능력을 개발하도록 독려하였다(김윤재 외, 2017).

(5) 개방대학 프로그램

영국의 성인교육과 고등교육에 있어 개방대학(Open University)의 설립은 노인교육 발전의 획기적인 전환점이 되었다. 전통적인 대학의 체제는 선별성이 강하여 폐쇄적인 체제여서 사회변화에 적절히 대처하지 못할 뿐만 아니라 성인교육을 수용할 자세를 갖추지 못하였다(김윤재 외, 2017). 이러한 개방대학은 성인교육의 발달, 교육방송 체제의 성장, 평등주의를 지지하는 노동당의 정책들 교육 조류에 영향을 받았다(김미자 외, 2023).

(6) 노인자조학습 U3A(제3기 인생대학)

노인자조학습 U3A(University of third Age, 제3기 인생대학)은 인생기 후반 학습조직 운동으로서, '배우자, 웃자 그리고 인생을 즐기자(Learning, Laugh and Live)'라는 슬로건을 가지고 은퇴자들이 자립적으로 조직· 운영하는 기관이다. 1981년에 케임브리지를 중심으로 정부나 대학과는 상관없이 은퇴자들이 스스로 중심이 되어 가르치고 배우는 자조(self-help) 운동 방식으로 발전하였다(김미자 외, 2023). 런던에 U3A 중앙본부를 두고 있지만, 지역의 각 U3A는 노인들 스스로가 모든 운영 규칙 및 프로그램을 자율적으로 조직 운영하는 특징을 가진다(최운실 외, 2021). 전일제 노동에 참여하지 않는 사람은 누구나 회원이 될 수 있으며 소그룹으로 자신의 흥미를 갖는 수업을 1~2개 정도 참여하는 것이 일반적이지만 지역의 특성에 따라 다양하다. 가르치는 자와 배우는 자의 구분이 명확하지 않고 회원 누구나가 가르치거나 수업을 리드할 수 있어서 가진 것을 함께 공유하는 학습조직의 특성을 갖고 있으며 자유주의 인문교양 프로그램과 여가를 즐길 수 있는 프로그램이 주를 이루고 있다(김윤재 외, 2017). 비형식적 학습조직임에도 불구하고 실제 '대학'이라는 단어를 계속 사용하고 있다.

3. 프랑스

1) 노인교육 정책

프랑스는 세계에서 가장 먼저 고령화 사회에 진입하였다 그러나 17세기부터 확립된 평생교육의 이념과 사상을 기반으로 노령기의 삶을 국가의 중요한 사회활동 정책으로 선택하였다. 프랑스의 노인대학(UTA: University of the Third Age)은 "제3의 인생"의 중요성을 인식하여 대학을 중심으로 노인교육을 실시하는 것으로 전 세계로 파급되었다. 프랑스는 각 지역마다 노인클럽, 퇴직준비단체(Association for Active Retirement) 등 다양한 조직들이 있다. 이 단체들은 교육을 통하여 노년기에 대한 삶의 질 향상에 기여하고자 노인들에게 활동적인 취미생활을 제공한다(김미자 외, 2023).

프랑스의 노인교육은 건강하고 능력 있는 노인들을 위해서 직업교육을 중요시하고 시장주도형의 모델을 수용하여 국가의 개입을 최소화하고 있다. 또한 노인교육의 수요와 공급을 시장원리에 맡겨 교육, 복지, 노동의 연관성을 높이고 있다. 그리고 지방분권화에 의해 대학을 개방해서 지역노인교육을 활발하게 전개하고 있다(김오차, 2007). 이처럼 프랑스 교육 당국이 누구나, 언제, 어디서나 원하는 교육을 받을 수 있는 열린교육사회, 평생학습사회 실현을 통한 노인복지건설의 일환으로 대학산업체, 자원봉사 단체 등을 이용한 노인교육기회 확대를 위해 협력적인 노력을 하고 있다(황영희, 2011).

평생교육에 참여하는 사람들은 직장인과 실업인으로 구분되며 자격은 직업적인 경험이 있거나 일정한 나이를 법률로 규정하고 있다. 대학의 평생교육프로그램은 다양하게 운영되고 있으며, 학위과정과 직업훈련과정으로 구별된다. 특히 프랑스 대학은 국가에서 특정한 학위를 수여할 수 있는 프로그램을 인증받는다. 또한 전문직 경력을 인증하는 학위프로그램에 대한 인증제도는 성인들이 다시 대학교육시스템으로 순환할 수 있도록 전통적인 학위수여 기능을 개방하는 성과를 얻는다(한정란 외, 2006).

2) 노인교육 프로그램

(1) U3A/UTA

프랑스의 대표적인 노년교육기관은 U3A/UTA(University of the Third Age)이다. 프랑스 최초의 노인대학인 툴루즈(Toulouse) 대학의 U3A 프로그램은 평생교육 이념에 기초해서 세워졌다. 제3의 연령(third age)이란 인생을 아동기 및 사춘기, 직업을 가지고 돈을 버는 활동기, 일에서 은퇴하는 시기, 다른 사람에게 의존하여 살아가는 시기의 네 시기로 분류한 데서 유래한 것이다. 이 중 세 번째 시기는 그 이후 네 번째 시기의 위기를 최소화하도록 조정할 수 있다는 점에서 중요성이 강조되며, 일반적으로 프랑스에서는 '3rd Age'를 노년의 의미로 사용한다(한정란, 2015). U3A는 은퇴한 노인들을 대상으로 건강을 증진하고 육체적 · 정신적 활동을 장려하며, 지속적인 교육프로그램 제공으로 교육효과를 극대화하고, 나아가 자기계발의 기반을 마련해준다. 일정한 수준의 선수학습을 마친 프랑스어와 영어가 가능한 50세 이상의 성인 후기 학습자들을 대상으로 학점 중심의 대학교육을 제공하고 자격증을 취득하도록 편성되었다.

U3A는 세 시기에 걸쳐 발전해 왔다(Lemieux, 1995). 제1시기는 1960년대 본격적인 U3A 이전 시기로 이 시기에는 노인을 대학교육으로 끌어들이기 위하여 일종의 엘더호스텔(Elderhostel) 혹은 문화교육 프로그램의 형태를 띠었다. 또한 노인에게 적합한 교육프로그램과 활동을 개발하기 위하여 노화에 관한 기초연구에 많은 노력을 기울였다. 제2시기는 1970년대 본격적인 U3A 출현시기다. 이 시기에는 참여와 경험을 통하여 노후의 삶 속에서 노인이 직면할 수 있는 다양한 문제들을 해결하는 방법을 준비시키는 데 초점을 두었다. 특히 당시에는 노인의 사회참여와 권리 주장, 행동화를 강조하고 사회 변화에 지나치게 초점을 둠으로써 불필요한 권리 주장이나 갈등상황을 촉진시킨다는 비판과 더불어 널리 사회적 호응을

얻지는 못하였다. 제3시기는 1980년대 노년교육 프로그램이 학점 프로그램까지 확대되고 노년기 대학연맹(UFU3A)이 결성되는 시기다. 당시에는 주로 고학력 노인이나 조기은퇴를 맞은 노인을 대상으로 학점 중심의 노년교육 프로그램을 제공하는 데 초점을 두었다. 이러한 변화는 더 이상 노인도 비학점 중심의 잡다한 프로그램에만 만족하지 않는다는 주장과 함께 제기되었다. 또 노인의 개인적 삶과 사회적 삶 간의 조화를 추구하는 데 초점을 두었다(한정란, 2015).

(2) 3세대 노인클럽

1975년 지역사회의 노인 보호 원칙으로 개발되어 현재까지 프랑스 노인들의 생활에 중요한 영향을 미치고 있는 고령자 클럽이다. 전국 지방자치단체에서 1만여 개의 3세대 노인클럽(The Third age clubs)이 운영되고 있으며, 100만 명 이상이 참여하고 있다(최운실 외, 2021). 프랑스 노인교육에서 빼놓을 수 없는 중요한 제도로서 프랑스 노인들의 80%는 보통 한 가지 이상의 클럽활동에 참여하고 있다. 친교활동, 건강프로그램, 레크리에이션, 여행 등과 전문기술 습득 교육 등 다양한 노인교육을 실시하며, 정부는 노인들의 여가활동을 지원하기 위해 여행경비의 할인과 무료의 교통편의를 제공하고 있다. 문화시설 이용과 공연프로그램 관람에 있어서도 할인 및 무료 혜택을 보장한다(김미자 외, 2023).

(3) 은퇴자협회

프랑스의 도시마다 전문직 은퇴자들로 구성된 은퇴자협회(Office des Retraites)가 조직되어 퇴직 전 준비교육과 자원봉사활동 등 다양한 은퇴자 교육프로그램을 자율적으로 전개하고 있다(최운실 외, 2021). 프랑스 브르타뉴(Bretagne) 지역의 브레스트(Brest)시는 프랑스 내에서 가장 고령화 현상이 두각을 나타낸 도시로, 브레스트 은퇴자협회(ORB: Office des Retraites de Brest)는 인터넷 교육, 친교활동, 문화, 예술, 스포츠 등 다양하고 재미있는 프로그램을 스스로 개발·운영하고 있다(황영희, 2011).

(4) 대학과 평생교육원

프랑스는 대학이 노인교육프로그램을 주관하는 대표적인 기관으로 교육대상은 대부분 60세 이상의 노인층에 집중되어 있다. 특히 UBO(Université de Bretagne Occidentale)는 노년학 연구분야에서 전국 최우수대학으로 평가를 받았으며, 노인 관련 직종에 종사하는 많은 사람들은 선도적인 노인학을 배우기 위해 UBO의 평생교육원에 등록하고 있다. 최근에는 다양한 직종에 종사하고 있는 전문직들의 수강이 증가하는 추세이다. 이런 추세는 EU의 학생교류제도인 에라스무스(Erasmus) 시스템에 영향을 미쳐 비록 지역 대학인 UBO는 이 지역의 낮은 출생률에도 불구하고 매년 8백여 명의 유학생들을 불러들이고 있다(한정란 외, 2006).

4. 독일

1) 노인교육 정책

독일은 1950년대 말부터 성인교육의 틀 안에서 노인교육을 새로운 교육의 대상으로 하면서 학자들의 관심을 받아 발전 · 연구되기 시작하였다. 노인교육 목적은 사람들이 생애사에서 노년기를 새롭게 정의하고 노인의 삶의 질을 향상하기 위해 자신의 삶을 스스로 성찰하고 남은 삶을 긍정적이며 활기찬 인생의 주기로 바꾸는 것이다(김미자 외, 2023).

초기 노인교육에는 성인교육학적 지식을 많이 활용했지만, 최근에는 제라고긱(Geragogik), 즉 노인교육학으로 발달하였다. 이것은 노인들의 일상적인 문제를 해결하여 주는 실용교육에서 노년기의 문제해결력을 증진하고 잠재력을 개발하여 적극적인 학습의 주체가 되도록 지원하고 있다. 따라서 현대의 노인교육영역은 차세대에게 단순히 문화적인 지식을 전달해 주는 것만 아니라 노인도 사회참여자로서의 시민교육과 3세대 간 통합을 위한 세대교육으로 구성되고 있다(황영희, 2011).

1960년부터 1980년까지는 사회복지학, 노년학, 그리고 성인교육자들 중심으로 노인교육이 실시되었으나, 노인인구의 급속한 증가와 시대의 급격한 변화로 평생교육기관인 시민대학에서 노년을 위한 강의를 개설하도록 요구하게 되었다. 또한 노인 스스로가 교육에 참여하기 시작함으로써 자신들이 적극적인 교육의 주체로 만들어 갔다(황영희, 2009).

독일의 노인교육은 노인기 노인의 삶의 질 향상과 긍정적이고 활기찬 인생주기로 '새로운 노년'으로 재탄생의 의지에서 시작하였다. 또한 세대 간의 통합을 위한 교육으로 노인세대와 젊은 세대 사이의 갈등을 해소하기 위하여 원활한 의사소통이 이루어지도록 노력한다(황영희, 2011). 독일은 노인교육을 노년을 위한 준비교육, 노화교육, 시니어교육, 50세 이상을 위한 교육, 제3의 시기를 위한 교육 등 매우 다양하게 불리어왔다. 노인교육은 노인들의 다양한 교육적 욕구의 충족과 잠재력 개발까지 포함하는 매우 적극적인 개념이다(김미자 외, 2023).

2) 노인교육 프로그램

(1) 대학의 노인교육(Senioren-Universitat)

독일의 대학들은 세금으로 운영되어 학습자 또는 학생들이 부담하는 학비가 전혀 없다. 이러한 특성으로 독일에서 노년의 평생학습발전에는 큰 장점으로 작용한다.

(2) 시민대학의 노인교육

독일의 시민대학은 1970년 시민들을 대상으로 평생교육을 보장하기 위해 국가의 주도하에 설립되었다. 시민대학들이 제공하는 프로그램들은 독일 내에 거주하는 14세 이상이면 누구나 수강할 수 있고, 특히 학교에 다니지 않는 청소년이나 성인들이 중요한 교육의 대상이다.

(3) 시니어 아카데미의 노인교육

시니어 아카데미(Senior Akademie)의 노인교육은 제2의 직업을 구할 수 있도록 구체적인 직업기술교육이다. 조기 퇴직자들과 노인들을 위한 직업교육프로그램을 진행하며 노인교육 서비스도 제공한다.

(4) 노동조합의 노인교육

노동조합은 기업들이 노인들을 위한 근무조건을 잘 만들지 못하기 때문에 노인들이 조기퇴직하거나 장기실업자로 전락된다고 보았다. 노동조합이 노인 퇴직자를 위해 단기근무제의 확대 실시와 부족한 근로시간을 노인교육으로 대체하고 있다.

(5) 종교기관의 노인교육

종교기관은 공모를 통해 노인교육프로그램을 새롭게 기획하고 노인교육을 활성화할 수 있는 교육을 선정하여 재정적으로 지원하고 있다.

(6) 노인클럽의 노인교육

볼나우(Bollnow, 1962)는 노인의 능력을 예술적인 창조에서 찾고 있다. 창의적 학습은 1980년대 말이나 1990년대 초부터 예술가나 연극인들 사이에서 유행되어 자신들이 갖고 있는 능력을 유감없이 발휘하면서 예술부분을 중심으로 성인학습이 시작되었다. 독일의 예술교육은 자생적인 그룹 활동으로 시작되었고 세대 교환프로그램을 통해 이루어졌다. 1990년에는 노인들을 중심으로 전통문화클럽이 결성되었다. 노인교육을 통해 노인들이 의사소통할 기회가 마련되었다. 사회에서 노인들은 자신의 실존을 느끼는 체험이 가능해져 창의적인 예술 활동으로 치료적 작업의 효과도 함께 얻을 수 있어 노인들의 예술교육은 대단히 효과적으로 평가되었다.

5. 일본

1) 노인교육 정책

일본도 다른 선진국들과 마찬가지로 노인교육을 평생교육의 일환으로서 실시하고 있기 때문에, 일본의 평생교육정책을 통하여 노인교육정책의 기본방향을 파악할 수 있다. 일본의 평생교육지원정책은 '생애교육체계로의 이행'이라는 목표 하에 전적으로 국민의 평생학습 진흥에 중점을 두고 있다(김오차, 2007). 일본의 고령자 정책은 1963년의 노인복지법 이후 본격화되었다. 1965년 문부성이 전국 지방자치단체에 고령자학급 개설을 권유하고 그 비용의 일부를 보조하면서 노인교육은 활성화되기 시작하였다. 고령자학급 사업은 1970년까지 계속되었다. 1973년 문부성은 '고령자교실' 조성사업을 시작하면서 학습내용으로 사회변화를 이해하고, 다음 세대에 대한 지식 전수 및 교류, 건강을 유지·관리하고, 취미·교양과 함께 사회봉사활동 참여 독려 등 그 외 연령에 맞는 사회적 능력 향상을 목적으로 하고 있다. 문부성은 1981년 중앙교육심의회 '생애교육에 대해'에서 고령자와 고령자를 위한 학습에 대하여 수명연장과 자유시간 증대 그리고 다양한 생활과제 직면에 있어 개인의 경험과 능력을 정확히 평가, 고려하여 학습과 사회 참가를 지원해야 한다고 언급하며 고령화사회를 대비할 것을 강조하였다. 대개 일본의 노인교육은 문부성과 후생성 산하의 노인교육기관에서 실시되고 있으며, 생애학습체제정비와 사회활동 참가를 지향하는 정책이 시행되고 있다. 그러나 일본의 노인교육지원정책 가운데 가장 획기적인 전기가 된 것은 1990년대에 제정된 「평생학습진흥법」의 시행이라고 말할 수 있다. 일본의 노인교육은 이 법을 기본으로 하여 추진되고 있으며 그 내용을 살펴보면 도도부현에 있어서의 평생교육추진체계의 정비 촉진, 시정촌에 있어서의 교육·문화·스포츠 시설 등의 정비, 방송대학에 의한 학습기회의 확충, 민간교육사업과의 연대 및 사회교육법령의 정비, 사회교육지도자의 충실 등이다(김오차, 2007).

1997년 6월 26일 문부성이 발표한 '21세기를 전망하는 일본의 교육방법' 중에서 고령사회에 대응하는 교육방법으로 세 가지를 제시하고 있다.

첫째, 어린이들은 자신의 입장이나 가치관이 고령자를 비롯하여 다른 사람들과 더불어 살아간다는 생각을 확실하게 갖는 것이 중요하다. 남을 존중하고 생각하는 태도나 마음, 그리고 풍부한 인간성을 키우는 것이 중요함과 동시에 고령자를 위해 행동하는 의욕이나 실천적 태도를 키우는 것이 필요하다.

둘째, 장수사회에서는 평생에 걸쳐 배우는 태도, 일생동안 건강한 생활을 보내기 위한 기초적인 건강과 체력을 기르는 것이 요구된다.

셋째, 고령자가 어린이 교육에 적극 참여하고 어린이들이 산지식이나 삶의 방법을 배울 수 있도록 하는 것이 중요하다.

여기에 제시된 교육방법은 일본의 노인교육정책이 노인을 위한 교육, 노인에 관한 교육, 노인에 의한 교육이라는 노인교육의 개념에 접근하여 있음을 말해주는 것이다(김오차, 2007).

일본의 노인들이 이용할 수 있는 교육 사업을 총괄적으로 제시하면, 교육위원회 및 공민관의 고령자를 위한 강좌, 사회통신과 개방대학교육, 통신교육과 고령자의 삶 보람 추진 종합사업 등이 있다. 또한 문부성 평생학습국 사회교육과의 재정보조를 받아 1984년부터 실시되고 있는 교육사업은 고령자교육 촉진회의, 고령자교실, 고령자 인재활용사업(자원봉사자를 포함) 양성강좌, 세대 간 교류사업, 상담사업 등이 있으며, 노인들은 이를 이용하여 소양을 기르고 삶의 보람을 창조할 수 있다. 고령자 직업교육에 대한 일본 노동성의 문제의식은 노동력 인구의 고령화와 노후의 안정된 소득을 얻게 하기 위한 고용문제에 그 초점을 두고 있다(류종훈 외, 2006).

2) 노인교육 프로그램

(1) 이나미노가쿠엔 고령자대학

일본의 대표적인 노인교육기관 및 교육프로그램으로는 1969년 일본 최초의 고령자 교육기관으로 효고현에 설치된 '이나미노가쿠엔 고령자대학'이 있다. 현재 4년제의 고령자대학 강좌와 2년제의 지역활동 지도자 양성강좌, 특별강좌 등을 실시하고 있다.

(2) 세타가야구 노인대학

세타가야구 노인대학은 1997년 설립된 후생성 산하의 대표적인 지역자치제 노인교육기관이다. 이 대학은 자기계발을 통하여 또 다른 자신을 발견하고 새로운 인생을 창조하며 노인대학에서 배운 지식과 경험을 지역사회 내 활용하여 주체적으로 참가하는 것을 목적으로 설립되었다. 노인복지법의 적용을 받는 시설로써 노인대학 외에도 도서관, 교실, 휴게실, 회의실 등이 구비되어 있다. 본 과정 외에도 노인대학이나 고령자대학에서 2년 과정을 마친 희망자에 한해서 '자주연구회'라는 자생적 기관에서 교육과 활동이 이루어지고 있다.

6. 캐나다

1) 노인교육 정책

캐나다도 다른 선진국들과 마찬가지로 보건의료 기술의 발달로 평균수명이 연장돼 노인인구가 증가하고 있다. 캐나다 노인들은 지역사회를 위한 자원봉사활동에 매우 적극적이다. 65~74세 노인 중 15% 이상의 노인들이 지역사회에서 요구되는 각종 봉사활동에 참여하고 있는데 이는 지방자치단체로부터 봉사에 소요된 재정을 지원을 받고 있기 때문이다(김미자 외, 2023).

대부분의 대학에서는 65세 이상 노인들을 대상으로 역사, 음악, 미술, 관광, 컴퓨터 등의 강좌를 무료로 개설하고 있다. 이것은 모두 연방정부가 해당 대학에 지역 노인을 대상으로 하는 프로그램 개설에 소요되는 비용을 보조해 주고 있기 때문이다. 또한 캐나다 전체 노인의 4.5%가 각 대학에서 제공하는 학습프로그램에 참가하고 있는데 앞으로 이러한 프로그램은 더욱 활성화될 것이라고 한다(김미자 외, 2023).

캐나다 앨버타 주정부는 정년퇴직자를 "쓸모가 없어진 존재"가 아니라 사회에서 배출한 중요한 "사회적 자산"이라는 측면에서 노인들을 격려하고 있으며, 노인 인력을 활용하기 위한 연구와 종합적 대책 수립에 노력하고 있다. 또한 앨버타 주정부는 현직에 종사하고 있는 공무원 및 기업체 직원을 대상으로 "눈물 없는 정년퇴직"이라는 슬로건 아래 퇴직 전 정년준비교육 프로그램을 실시하고 있다(임은숙, 2000). 직업은 인생에 있어 최고의 가치가 부여되는 사회적 활동으로서 중요한 의미를 지닌다. 직업은 지위, 금전적 보상, 다른 사람들과의 교류를 통해 나름대로 자아실현을 이루어 가는 사회적 활동이다. 그러나 퇴직을 하게 되면 이러한 자아실현의 장은 사라지고 그에 따른 사회적 적응을 위한 활동을 찾게 된다. 그러나 이 새로운 사회적 적응과 실현은 쉽지가 않다. 이러한 의미에서 퇴직 전 교육프로그램은 퇴직 후에 야기될 개인적인 변화에 대해 관심을 가지고 준비하도록 다음과 같은 사항에 일차적인 목표를 둔다(임은숙, 2000).

첫째, 퇴직은 경제적 소득을 감소시키기 때문에 이에 대한 구체적인 대처방안을 세우는데 방향을 제시해준다.

둘째, 일상적 생활의 변화에 따른 새로운 형태의 삶의 장을 찾아보는 탐색적 활동을 제공해준다.

셋째, 사회적 인간관계의 변화에 따른 직장 동료 관계나 지역사회의 주민 및 가족, 친구와의 관계를 재확인해 주는 데 도움을 준다.

퇴직계획의 수립은 미래에 대한 변화를 예측하면서 퇴직 후의 경제적 안정과 삶의 질을 목표로 현재의 자기 자신과 생활양식을 평가하는 일로부터 시작된다. 이러한 평가작업을 통해 노후생애가 계획되며, 상황에 따라 변경도 되면서 하나의 계속적인 과정으로 발전되어 가는 것이다. 이를 위한 학습목표는 참석자로 하여금 올바른 노령화의 의미와 퇴직 후의 새로운 생애설계를 위한 준비의 필요성을 인식하도록 하는 것이며 이를 위해 퇴직 후의 노인생활을 주제로 하는 초청강연이나 영화관람을 실시한다(임은숙, 2000).

2) 고령자센터

고령자센터(Senior Center)는 지역사회 노인들이 취미, 오락과 스포츠, 교양강좌, 생활상담, 그리고 점심식사 서비스를 받으며 동료 노인들과 여가를 즐기도록 프로그램이 짜여 있는 시설로 우리나라 경로당의 기능과 그 성격이 비슷하다(김미자 외, 2023).

노인들은 낮에 혼자 자택에 머물기보다는 동료들과 어울리며 대화도 나누고 게임도 하기 위해서 이곳에 모여든다. 고령자센터는 지역 단위로 조직돼 있는 노인단체 회원들에 의해 자치적으로 운영되고는 있지만 소요비용의 대부분은 지방자치단체로부터의 보조금에 의해서 충당된다(김미자 외, 2023).

7. 스웨덴

1) 노인교육 정책

스웨덴은 인구가 작은 나라이지만 노인교육에 있어서는 다른 선진국에 비해 앞서가고 있다. 스웨덴은 오래전부터 교육에 큰 가치를 부여해 왔다. 특히 성인교육에도 많은 변화가 있었는데 최근에는 성인들을 위한 학습 기회를 확대하고 직업

훈련을 중요한 학습영역으로 정착시켰다.

1969년 교육부 장관 올로프 팔메(Sven Olof Joachim Palme)에 의해 주창된 리커렌트교육(Recurrent education)은 종래의 계속교육(Further Education)이나 영속교육(Continuing Education)의 개념과는 달리 노인평생교육의 새로운 학습형태이다. 리커렌트교육은 사회인이 학교로 되돌아가서 받는 교육이라는 의미로 과거와 같이 일정한 연령에 도달하면 정규교육이 끝나는 것과 달리, 현대사회에서 학습은 기초교육을 마친 다음에도 일생 동안 순환적인 방법으로 학습이 계속되어야 한다는 종합적인 계획이다.

리커렌트교육은 기존의 아동기, 교육기, 노동기, 은퇴기라는 비가역적인 과정과 다르게, 교육기-노동기-은퇴기를 유연하고 자유롭게 편성하는 생활주기로서의 전환이 가능한 교육구조이다(김미자 외, 2023).

2) 노인교육정책과 프로그램

(1) 노인교육정책

스웨덴 노인교육 정책은 순환(current) 교육의 체계화 등을 통해 전개되고 있다. 1977년 교육개혁을 통해 25세 이상 직장 경험 4년 이상인 자에게 대학의 입학정원 1/4의 범위에서 입학을 가능케 하는 소위 “25:4 계획”을 도입하고 있다. 중등교육을 마치지 않고 별도의 통로를 통해 고등교육에 접근할 기회도 보장된다. 성인교육 분야에서도 순환 교육을 정책원리로 도입해 기관에서 이수한 교육을 학교교육과 동등한 위치에 둠으로써 성인을 위한 학습 기회를 넓혀가고 있다. 또한 거점대학 중심으로 전국을 구획해 고등교육 구를 만들어 대학을 지역발전과 연계시켰다(김미자 외, 2023).

(2) 노인교육 프로그램

스웨덴의 노인교육은 개개인의 권리로 누구든 교육을 더 받기를 원하는 사람들에게 재교육의 기회를 주고 있으며 이를 위해 국가나 지역사회에서 다양한 형태로 노인교육을 실시하고 있다. 또 노동 인력의 확보나 고급화, 생산성 향상과 대중의 교양수준을 높이는 정치, 사회, 문화적인 차원에서 다양한 학습프로그램들을 편성해 운영한다. 특히 순환 교육의 효과를 증가하기 위해 아웃리치(Outreach) 프로그램과 교육 유급휴가제도 등을 실시하고 있다.

(3) 직업훈련 프로그램

스웨덴의 직업훈련 프로그램은 단기 프로그램과 장기 프로그램 그리고 기능 프로그램이 준비되어 있다. 그리고 50~60세에도 언제든 직업교육을 받을 수 있도록 하는 1~2년제 직업학교 제도(YH, Yrkesh gskolan)가 있다. 직업학교(Higher Vocational Education)는 고급 직업의 판매, 제조기술과 더불어 기업금융과 행정 분야 내에서 제공하며 전 국가적으로 수백 가지의 프로그램을 가지고 있다. 스웨덴의 대학들은 실용적인 교육내용이 직업과 연계되는 측면이 강해 산업계와 교육계의 긴밀한 연대가 이루어지고 있다. 그래서 성인들을 위한 제2의 교육기회들이 많다. 고령자들은 취업을 목적으로 교육을 받고 싶을 때는 누구나 원하는 시기에 자유롭게 받을 수 있다(김미자 외, 2023).

Chapter 08

은퇴와 노인의 경제

1. 은퇴
2. 은퇴준비교육
3. 은퇴상담의 실제

1. 은퇴

1) 은퇴의 의미

우리 인생을 크게 세 부분으로 본다면 '태어나서 배우는 시기', '가족과 사회를 위해 열심히 일하는 시기', '후배들을 도와주며 지혜를 나누어 주는 은퇴 이후 시기'로 나누어 볼 수 있는데, 은퇴 이후의 시기를 살펴보고자 한다.

은퇴를 앞둔 이들은 은퇴 준비를 어떻게 해야 하고, 앞으로 남은 삶을 어떻게 살아가야 하는지 잘 모른다. 은퇴 후의 삶이 행복하고 보람되게 살 수 있느냐는 지난날의 성과보다는 은퇴 이후 삶의 가치를 어디에 두느냐에 달려 있다고 본다. 이때 미리 준비한 사람과 준비하지 못한 사람의 차이는 클 것이며, 그런 점에서 은퇴 이후 삶에서 비전과 가치를 찾는 것이 무엇보다 중요하다.

은퇴는 고용상태의 어떤 직위에서 물러나 그 직위에 관련된 역할수행을 중단하게 되는 것을 의미한다. 공식적으로 직업을 가진 사람의 직업적 역할이 끝난 것으로 인정되는 절차로서 생활주기상 중년기에서 노년기로 진입하는 분기점이 되는 중요한 사건이다(임재홍, 2020). 노인의 경험이 사회적으로 의미 있고 존중되었던 사회에서는 신체적 노화에 따른 노동의 강도 차이는 있었어도 사회적 생산 활동이나 직업 활동에서 완전히 벗어나는 일은 매우 드문 일이었다(김주동, 2012). 그러나 현대 산업사회에 들어서면서부터 은퇴는 보편적으로 받아들여지고 있다.

은퇴라는 말의 사전적 의미는 '직임에서 물러나거나 사회활동에서 손을 떼고 한가히 지냄'으로 되어있다(국립국어원 표준국어대사전, 2024). 이와 유사한 용어로 퇴직은 '현재의 직임에서 물러나는 것'을 의미하므로 때에 따라서는 전직, 사직, 파면이나 해고, 일시 해고, 정년퇴직 등을 포함하는 개념이다. 퇴직이나 은퇴는 특정 사회에 규정한 정년 연령에 도달하여 직임에서 물러나는 것을 말한다. 은퇴제도는 산업사회 도래와 함께 보편화 되었는데, 이는 노동시장에서 인력을 조정하기 위한 인위적 조절장치가 필요한 데서부터 생겨났다.

노후는 곧 은퇴 이후라고 생각한다면, 노후는 몇 살부터 시작되는 것일까? 55세 정년제가 정착된 것은 1980년대라고 할 수 있다. 이 무렵만 해도 남성의 평균수명은 70세 정도였으므로 정년 후 10~15년 살 수 있는 노후자금을 준비해 놓으면 되었다. 퇴직금과 연금만으로도 노후생활비를 충분히 조달할 수 있었던 좋은 시절이었다. 그러나 현재와 같이 평균수명이 80세에 도달한 시대에는 연금이나 퇴직금만으로는 20년이 넘는 노후생활비를 충당할 수가 없다. 은퇴 후 아무 일도 하지 않고 지내다 보면 빈곤층으로 전락할 수도 있다. 따라서 70세 정도까지는 일해서 노후생활비를 마련할 필요가 있으며, 예상수명이 90세라면 70~75세까지는 일해야 한다는 것이다.

일반적으로 은퇴 후 노후생활에 대한 가장 우선되는 목표는 충분한 노후소득을 갖는 것이다. 그런 이유로 사람들은 저축한다. 우리나라 역시 급속한 경제성장과 산업화가 이루어지면서 정년제도가 정착되고 은퇴제도가 보편화되었다. 1997년 외환위기 이후로 세계화와 후기 산업사회의 도래로 말미암아 기업체에서 구조조정이 상시화되고, 평생직장의 개념이 사라지면서 은퇴제도에도 상당한 변화가 일어나기 시작하면서 정년에 대한 개념이 사라져 가고 있다.

직장이나 일을 통해서 사람들은 삶의 기반을 획득하는 동시에 자신의 존재를 실현하고 성장하고 발전하는 근거이며 신체적·정신적 건강을 유지하는 기능도 하며 의미 있는 경험을 제공하는 곳이기도 하다. 그러나 은퇴는 경제적 소득의 단절에서부터 사회적 역할상실과 소외, 정체성의 혼란을 경험하는 중대한 삶의 변화 사건이다. 은퇴 이후의 소득 단절에 대하여 초기 단계에 있는 우리나라에서 노후의 경제보장에 대한 준비는 물론, 이후에 맞이할 새로운 생활에 대해서 미리 계획하고 준비하는 과정이 요구되고 있다.

2) 은퇴준비

(1) 은퇴 후 문제

은퇴로 인해 발생할 수 있는 각종 노인문제를 예견하고 방지함으로써 노인복지

증진과 노후생활에 안정적 기반을 제공할 수 있는 근거가 된다. 따라서 은퇴로 인해 발생할 수 있는 문제를 살펴보고자 한다(한현지 외, 2022).

첫째, 퇴직으로 인한 변화 중 가장 두드러지게 나타나는 것은 수입 감소에 따른 경제적 문제이다. 특히 연금제도가 아직 정착되지 않았고, 노인의 재취업 기회마저 매우 제한적인 우리의 상황에서 그 문제의 심각성은 더욱 크다. 우리나라 기업의 일반적 퇴직연령인 55세를 기준으로 보면 대부분 자녀의 결혼 시기나 고등교육 기간 혹은 자녀의 독립 등 목돈이 있어야 하는 시기와 퇴직의 시기가 중복될 가능성이 매우 높아 경제적 고통이 가중될 수밖에 없고 노인이 재취업을 원하는 이유 중에서 경제적 문제가 가장 높게 나타난다.

둘째, 사람은 퇴직 후 건강이 급격히 악화할 것으로 생각하지만, 실제로는 퇴직 자체가 건강에 직접으로 영향을 미치기보다는, 오히려 건강상의 이유가 퇴직에 영향을 미치는 것으로 알려져 있다. 퇴직해서 건강이 악화되기보다는 건강이 나빠서 퇴직을 선택하는 경우가 대부분이라는 것이다. 특히 자발적 퇴직의 경우에는 건강상의 문제로 퇴직을 결정하게 되는 경우가 많으며, 반대로 대개의 강제적 퇴직의 경우에는 오히려 일반적으로 퇴직 후 건강이 더욱 호전되는 것으로 보고되고 있다.

셋째, 사회적 관계 축소 또는 소외로 인한 사회적 문제이다. 노동에서 탈퇴한다고 해서 친구나 이웃들과의 사회적 접촉이 자동적으로 감소되지는 않는 것으로 알려져 있다. 심슨 등에 따르면, 퇴직 후의 사회적 참여 정도는 퇴직 전의 사회적 참여 정도나 지위와 깊은 관련이 있다. 즉, 퇴직 이전에 사회적으로 활발하게 활동하여 대인관계가 두터웠던 사람일수록 퇴직 후에도 활발한 대인관계를 유지하는 경향이 높다는 것이다.

넷째, 가족관계와 부부관계의 변화이다. 퇴직은 퇴직 전에 비하여 외부인과의 상호작용을 감소시키는 반면, 오히려 부부 상호 간의 의존성은 증가시킨다. 이때 부부간의 관계는 더 긍정적으로 혹은 부정적으로 변화될 수 있다. 남편의 퇴직 후, 배우자에게 중요한 과제 중 하나는 그녀의 일상 속에 항상 남편이 집에 있다는 사실을 받아들여야 한다는 것이다. 연령이 증가할수록 남성은 더욱 배우자에게 의존적으로 되고 여성적이며 여성은 더 독립적이고 남성적인 경향이 있고 퇴직 후에 가사의 분담과 부부 간의 역할 조정이 새롭게 이루어질 필요가 있다.

다섯째, 퇴직에 따라 발생하는 역할 상실과 업무 상실로 인한 '무위고(無爲苦)'의 문제이다. 이는 단순한 경제적 보상의 문제와는 구별되는 심리·사회적 차원의 문제이다. 따라서 노인에게 할 일을 제공하는 것은 단지 생계유지를 위한 경제적 이유뿐만 아니라, 자아실현과 사회적 소속감 회복의 측면에서도 재취업을 원하는 중요한 이유가 된다.

여섯째, 기타 빈곤, 건강, 주거, 여가, 소외 등의 모든 문제가 퇴직의 시기적 특성과 맞물려 퇴직의 문제와 중복되어 나타나므로 무엇이 퇴직의 직접적 결과인가를 결정하는 것은 매우 어려운 일이다.

(2) 은퇴준비 내용

은퇴는 새로운 행복을 찾아 떠나는 출발점이 되어야 한다. 은퇴는 사회에서의 퇴출이 아니라 자신과 배우자를 위한 새로운 세계에 대한 도전이다. 해방의 자유로움을 만끽할 수 있는 새로운 삶을 시작하기 위해 지금까지 짊어지고 있던 무거운 짐을 벗는 행사가 바로 은퇴다. 은퇴 이후의 생활은 행복을 찾아 떠나는 여행이 되어야 하기 때문이다. 은퇴가 인생의 막장이고 사회생활의 끝이라고 생각해서는 안 된다. 은퇴한다고 해서 당장 무슨 큰일이 벌어지는 것은 아니다. 하지만 떠나기 전에 건강·가족·취미·친구를 챙기는 것이 죽는 날까지 큰 위안과 힘이 되어 줄 것이다. 적어도 실버세대에 살아가려면 미리 은퇴의 의미를 알고 준비하는 것이 지혜로운 것이다. 은퇴하기 전에 꼭 생각해야 할 여섯 가지 준비과정이 있다.

첫째, 은퇴 준비에 시간과 에너지를 투자한 만큼 은퇴 후 삶은 여유로워지기 때문에 일찍 준비하는 것이 좋다. 이때 은퇴 후 삶의 의미와 가치를 어디에 둘 것인지 생각하고 준비해야 한다. 따라서 일찍부터 평생 지속할 수 있는 일과 취미를 찾고 건강과 가족을 챙기는 것은 물론, 노후자금을 마련하는 것이 편안한 노후를 보낼 방법이다.

둘째, 은퇴는 자기 혼자만의 문제가 아니기 때문에 가족과 상의하는 것이 중요한 문제이다. 가장 먼저 결정해야 할 것은 어디서 누구와 무엇을 먹고 살 것인가를 결정해야 한다. 큰돈 들이지 않고 편안하게 살다가 생을 마칠 수 있는 곳을 정하는 것이다. 기존에 살던 곳에서 평생을 살 수 있다면 복 받은 것이다. 그리고 자녀들과 함께 살 것인지, 아니면 떨어져 살 것인지도 정해야 하며, 떨어져 살 경우, 얼마나 떨어져 살 것인지도 결정해야 한다.

셋째, 은퇴 후 필요한 자금을 어떻게 마련할 것인가도 계획해야 한다. 지출의 우선순위를 냉정하게 판단하는 것이 지혜이며, 미래를 위한 투자를 과감히 하는 것은 용기이다. 은퇴자금을 마련하기 위해 차분히 계획하는 것은 합리적이고 바람직하다.

넷째, 건강은 오래 사는 것만을 의미하지는 않는다. 육체적으로 질병이 없는 것은 물론 정서적으로도 안정되고 긍정적인 삶을 살아야 심신이 건강하다고 말할 수 있다. 아주 사소한 일에서도 행복을 느낄 줄 아는 여유를 갖는 것이다. 또한 은퇴 후에 어려움을 함께 나눌 수 있는 진실한 벗을 다방면에 걸쳐 사귀어 두는 것도 좋다.

다섯째, 긴 안목으로 장기 목표를 세우고 구간별 계획을 세워 퍼즐을 맞춰 나가듯 하나하나 실행해 나간다면 그렇게 어려운 일이 아니다. 자신에게 맞는 투자 방법을 선택해 안정된 노후생활자금을 마련한다. 저축·부동산·증권·펀드 어느 것이나 은퇴라는 장기적인 목표 아래 추진한다면 성공할 수 있는 일반적인 방법들이다. 은퇴자금은 중도에 해약이나 인출 할 수 없는 연금이나 보험상품으로 하는 것이 현명하다. 살다 보면 여러 가지 어려움을 당하게 되는데, 이때 해약의 유혹을 뿌리치기 힘들기 때문이다.

여섯째, 무엇이든 좋으니 다른 사람과 차별화되며 자신만이 할 수 있고 평생 할 수 있는 일을 찾는다. 굳이 은퇴 후가 아니더라도 자신이 온전히 몰입할 수 있는 일이면 좋다. 삼매경에 빠질 수 있고 보람을 느낄 수 있는 일은 삶의 질 또한 높여준다.

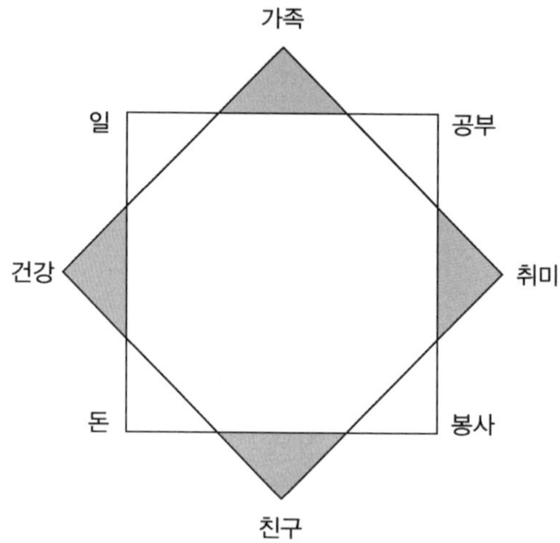

| 그림 8-1 | **은퇴 후 행복을 제공하는 요소**

출처: 유상오. (2011). 은퇴하면 뭐 먹고 살래. 서울: 나무와숲. 재구성.

은퇴준비는 언제부터 하느냐가 관건이다. 언제 은퇴하느냐에 따라 노후생활에 필요한 돈이 다르다. 물론 돈이 많다면 오랫동안 여유 있는 노후생활을 즐길 수 있다. 45초(40대 말~50대 초반)에는 인생의 3대 지출, 즉 교육자금·주택자금·노후자금을 마련하느라 힘이 벅차다. 하지만 50대에 가서야 노후자금을 마련하기 시작하는 것은 어찌 보면 늦은 감이 있다. 이에 비해 미국은 20대에 결혼과 출산, 30대에 주택구입, 40대에 교육자금, 50대에 노후자금 준비와 같이 시기별로 저축의 테마가 있어 그것을 하나씩 처리해 나가는 것으로 인생의 돈 문제를 비교적 용이하게 해결해 왔다. 하지만 우리나라는 결혼을 늦게 하는 만혼의 영향을 받아 30대에 결혼·출산·주택 구입이라는 중대사가 집중되었고, 50대에는 교육자금에 대한 부담으로 저축을 제대로 하지 못하고 있는 것이 현실이다. 퇴직금도 주택 융자금을 갚느라 노후자금으로 다 돌릴 수 없는 경우가 허다하다. 이처럼 퇴직 시기가 늦추어지지 않는 상황에서 아이들 교육시키고 주택 마련하고 노후자금까지 마련하려면 치밀한 노후 설계가 요구되며, 다른 생애계획과 함께 세워야 한다. 즉, 수입에서 노후자금을 공제하고, 그 나머지로 다른 은퇴 후 생애계획을 위한 저축이나 생활비를 조달해야 한다. 노후자금 준비는 '여유가 생기면 하는 것'이 아니고 '가계

자금을 재검토해 지금 당장 꼭 시행해야 하는 것'으로 순위와 위상을 바꿔야 한다.

서울대학교 최현자 교수는 "고령사회 진입과 고용불안으로 은퇴 이후 생활이 중요해지고 있지만 은퇴준비에 대한 인식은 크게 부족한 것으로 나타났다"고 말한다. 일본의 은퇴전문가인 노지리 사토스 소장은 "일본은 고령화사회에서 고령사회로 진행하는 데 20년 이상 걸렸지만, 한국은 그보다 짧을 것으로 예상되는 만큼 한국인들도 서둘러 은퇴준비를 해야 한다"고 지적한다. 은퇴 이후 많은 사람이 급격한 경제적 빈곤의 나락으로 떨어지고 있다. 보험연구원 변혜원 연구위원은 "주요 선진국 은퇴자들이 보통 은퇴 전과 다름없는 수준의 생활을 즐기는 반면, 한국 은퇴자들은 은퇴 후 저소득층으로 추락하는 것으로 나타났다"고 말한다. 은퇴를 계기로 심각한 경제적·사회적 충격을 겪지 않기 위해서는 은퇴 후 대비책을 서둘러 마련해야 한다. 경제적 부담이 적으면서 노후생활을 충실하게 할 방안을 세워야 한다. 생산적 노후복지 혹은 자립적 노후복지가 이뤄질 수 있도록 도와야 한다. 손 놓고 단순히 자발성에 의지할 일이 아니다. 국가도 이들의 노후 정착을 지원해 주는 시스템을 만들어야 한다. 시기를 놓치면 고스란히 국가의 몫으로 돌아올 것이다. 그러기 위해서는 은퇴자가 일할 수 있을 때까지는 일할 수 있도록 도와야 한다. 생산적 개념을 도입해 은퇴자가 일할 수 있는 여건을 만들고 나머지 부족한 부분은 국가나 지자체가 지원해 주는 것이 바람직하다.

은퇴소득 대체율이 선진국 대비 41% 정도밖에 안 되는 상황에서는 노인 빈곤 문제가 뜨거운 감자일 수밖에 없다. 우리나라는 세계에서 가장 빠르게 고령사회가 되어 가고 있다. 이로 인해 노인문제가 사회문제가 된 지 이미 오래되었으며, 부끄럽게도 스스로 목숨을 끊는 노인도 크게 늘어 세계 최고 수준이다. 우리나라 노인자살률은 OECD 회원국 가운데 가장 높은 것으로 나타나고 있으며, 2010년까지 노인자살률 1위를 놓쳐 본 적이 없다. 질병관리본부는 "평균수명은 점점 증가하고 있지만, 건강평균수명은 아직 OECD 평균에도 못 미친다"고 설명한다. 이처럼 건강하지 못한 노후생활이 길어지면서 자살까지 생각하는 노인들이 늘어나고 있는 것이 현실이다. 돈이 없어 치료비를 감당하지 못하자 자살을 택하는 불행한 현실이 벌어지고 있다.

이제 노인의 자살은 한 개인의 문제가 아니다. 국민의 생명을 보호해야 할 책임이 있는 국가가 나서야 한다. 더욱 근본적인 대책이 마련되길 기대하지만 그렇다고 모든 문제를 국가에 일임하고 있을 수만은 없다. 고령사회에 슬기롭게 대처하는 것은 시민 모두의 과제이다. 노후 대책은 빠르면 빠를수록 좋다. 무엇보다 각 개인이 최대한 자신의 노후 준비를 할 수 있도록 사회시스템을 만들어야 한다. 이를 위해서는 은퇴자에 대한 개념을 새로 정립하고 은퇴시기를 늦출 필요가 있다. 또한 연 5%가 넘는 독거노인 증가와 치매노인 증가(독거노인의 약 8%), 요양시설 부족과 개인 비용 부담 증가에 대비해 지속적인 투자와 지원이 이뤄져야 한다. 고령사회에 대비한 인프라를 사전에 구축한다는 자세로 필요한 법과 제도를 마련하는 것은 물론, 시설을 확충해야 한다.

노인 보호는 가족이나 국가 어느 한쪽의 책임이 아니라 사회 공동의 책임이다. 경제력 약화와 질병으로 인한 노인자살률이 OECD 국가 중 최고라는 부끄러운 현실을 직시하면 더 이상 문제해결을 미룰 수 없다. 은퇴자들이 존중받고 행복하게 생활할 수 있는 사회환경을 만들어야 한다. 은퇴자를 수혜 대상자로만 바라볼 것이 아니라 새로운 사회적 역할을 주는 것이 필요하다. 그들이 일하고 결과를 얻어 갈 수 있는 국가 시스템을 만들어야 한다는 것이다. 이를 위해서는 생산적 복지 혹은 자립적 복지개념을 적용한, 시대에 맞는 정책이 나와야 하며, 은퇴자들이 국가와 사회의 중요한 인적자원으로 자리매김해야 할 것이다.

그리고 은퇴자들도 자신의 이익만 앞세워 무리한 요구를 하거나 변화를 거부하는 과거지향적 자세는 버려야 한다. 그러한 자세는 노인 사회의 발전을 가로막고, 세대 간 불신을 가져올 수 있다. 또한 건전한 여가생활로 건강을 관리하는 것은 물론, 자립적이고 창의적인 사회참여로 행복한 노후를 만들고 힘찬 국가 건설에도 동참해야 한다.

무엇보다 자기가 좋아하고 잘하는 일을 하면서 스스로 일해서 보람을 찾는다는 것은 가치 있는 일이다. 그러므로 은퇴자금 관리는 돈 때문에 마지못해하는 일이 아니라 기쁜 마음으로 할 수 있는 일을 찾는 것이다. 일하는 것은 건강을 유지하는 데도 도움이 된다. 반면 강요된 은퇴는 사람들의 정신까지도 파괴할 수 있어 더 큰 문제다.

은퇴 사유를 보면, '여가시간을 갖기 위해', '은퇴해도 충분한 수입원 확보 가능' 등 자발적 은퇴는 12%에 그쳤지만, 건강상 이유(47%), 정년퇴직 및 다른 일자리를 구하기 힘들어서(41%) 등 비자발적 은퇴가 88%나 되었다. 급속한 고령화와 중고령 근로자들의 은퇴 증가는 국가의 성장잠재력을 크게 약화시킬 뿐만 아니라 재정수지를 악화시키고 경제 · 사회 전반에 상당한 부담을 준다. 그렇다면 이들의 노후는 누가 책임질 것인가. 과거와 같이 자녀에게 기대 살 수도 없다. 그렇다고 국가가 노후를 책임져 주는 것도 아니다. 은퇴자 스스로 자신의 노후를 대비하지 않는다면 이들의 앞날은 어두울 수밖에 없다.

고령자의 기준은 노인복지법, 국민연금법, 고령자고용촉진법 등 법과 부처에 따라 노인이나 은퇴자에 대한 규정이 다르다. 현재 정부는 노인복지법에 따라 65세 이상 고령자에 한해 일자리를 지원하고 있다. 그러나 이러한 일자리도 자립형 일자리보다는 단기적이고 사회참여 중심의 소극적인 일자리가 대부분이다. 단순근로 · 환경정비 · 거리청소 등 저소득층의 생활안정을 도와주는 것들로 개인의 능력과 소질을 발휘할 수 있는 일은 거의 없다. 한마디로 고령노동자들을 위해 정부가 줄 수 있는 혜택은 별로 없다는 것이다.

3) 은퇴자금

은퇴시기에 재무목표별로 얼마의 자금이 소요될지를 계산하는 것이 은퇴설계의 첫 단추라 할 수 있다. 일반적으로 이 시기에는 자녀교육과 결혼 문제가 남아 있는 경우가 대부분이다. 은퇴 직후, 아직 목돈을 필요로 하는 자녀의 대학등록금 혹은 결혼자금이 실행되지 않았다면 은퇴자들은 조급한 선택을 할 가능성이 커진다. 따라서 은퇴 시 발생할 수 있는 다양한 재무목표들을 계획하고, 각각의 재무목표에 소요되는 자금 및 할당할 수 있는 자금을 냉정하게 계산하는 작업이 필수적이다.

일본은 2055년에는 남녀 모두 평균수명이 더 늘어나 남성 83.67년, 여성 90.34

년이 될 전망이라고 한다. 평균수명이 자살·사고·암·심혈관계 질환 따위의 불치병으로 사망하는 사람들까지 포함한 수치인 것을 감안하면 실제로 많은 사람은 100세까지 살 수 있다. 하지만 오늘날을 살아가는 한국인에게 장수가 즐거운 일일 수만은 없다. 현재로서는 장수가 큰 부담이 될 수밖에 없다. 오래 살면 살수록 돈이 많이 들기 때문이다.

유명 보험사 혹은 은퇴 전문 금융사들의 주장을 통해 노후생활에 얼마나 돈이 필요한지 살펴보면, 평균수명이 100세라고 가정하고 금리와 인플레이션 변화가 없다는 전제 아래 보험사들은 앞으로 얼마나 많은 돈이 노후생활에 들어가는지를 아래와 같이 노후생활비를 추정할 수 있다.

물가상승률은 계산하지 않고 60세 은퇴를 전제로, 부부의 생활비를 한 달 200만 원, 남편의 사후 아내 생활비를 120만 원이라고 가정한다.

사례 1) 1950년대 출생 남녀

2030년대 한국인 남성 80세, 여성 85세까지 생존할 것으로 가정해서 계산

① 200만 원×12개월×20년=4억 8,000만 원

② 120만 원×12개월×5년=7,200만 원

①+②=5억 5,200만 원

사례 2) 1960년대 출생 남녀

2040년대 한국인 남성 85세, 여성 90세까지 생존할 것으로 가정해서 계산

① 200만 원×12개월×25년=6억 원

② 120만 원×12개월×5년=7,200만 원

①+②=6억 7,200만 원

사례 3) 1970년대 출생 남녀

2050년대 한국인 남성 90세, 여성 95세까지 생존할 것으로 가정해서 계산

① 200만 원×12개월×30년=7억 2,000만 원

② 120만 원×12개월×5년=7,200만 원

①+②=7억 9,200만 원

사례 4) 1980년대 출생 남녀

2060년대 한국인 남성 95세, 여성 100세까지 생존할 것으로 가정해서 계산

① 200만 원×12개월×35=8억 4,000만 원

② 120만 원×12개월×5년=7,200만 원

①+②=9억 1,200만 원

출처: 유상오. (2011). 은퇴하면 뭐 먹고 살래. 서울: 나무와숲. 재구성.

노후의 필요자금은 은퇴 후 생활수준, 거주지, 개별적인 외부활동 등에 따라 달라질 수 있다. 은퇴 후 재무목표들과 그에 따른 필요자금 목록을 작성했다면, 다음으로 각각의 자금에 대한 우선순위를 정해야 한다. 재무목표의 우선순위까지 정해지면 그에 적합한 자산관리 전략을 세워야 한다. 은퇴를 위한 재무는 공통으로 다음과 같은 것들이 적용될 수 있다(김종민 외, 2011).

첫째, 기본적인 생활비이다. 생활비에는 노부부의 생활비와 남편이 사망 후 부인의 생활비를 동시에 고려해야 한다. 각각의 경우에 맞게 은퇴 전 생활비에 비해 은퇴 후 생활비를 합리적으로 추정하는 것이 중요하다.

둘째, 의료비 및 긴급예비자금이다. 과거와 달리 최근에는 고령자들의 건강이 점점 좋아지고 있다. 하지만 의료기술이 발달한 만큼 건강을 유지하거나 질병을 예방하고 치료하기 위한 비용은 점점 늘어나고 있다. 특히 고령자들에게 의료비는 큰 부담이 될 수 있으며, 사전에 이러한 필요 자금을 인식하고, 더불어 가족 행사, 급작스러운 사고 등 비상시에 지출될 수 있는 긴급예비자금에 대한 준비도 포함되어야 한다.

셋째, 자녀교육과 결혼을 위한 자금이다. 통계청 자료에 따르면 60세 이상 노인 가구주 가계의 1/5 정도는 자녀의 학업이나 결혼을 끝내지 못하고 있는 것으로 나타난다. 이 경우에는 자녀의 학업과 결혼을 위한 비용을 은퇴 시 필요자금에 포함하는 것이 바람직하다.

넷째, 특별활동 및 여가를 위한 자금이다. 여유 있는 노년을 위해서는 교제와 취미활동(여행 등)을 위한 비용도 필요하다. 또한 친척과 이웃의 경조사에 참여할 기회가 많아지는 만큼 그에 대한 비용도 고려해야 한다.

여기서 잊지 말아야 할 것은 은퇴 시기부터 공적연금을 수령하는 시기까지의 공백 기간이 있다는 것이다. 은퇴자금을 계산할 때 흔히 하는 실수가 은퇴로부터 국민연금 수령기까지의 공백기를 고려하지 않는다는 것이며, 또한 노후자금을 모은다고 은퇴 계획을 다 세운 것도 아니다. 돈을 모아서 어디에 쓸 것인가를 생각해야 하며, 나아가 자신의 소질과 능력을 개발하여 노년을 행복하게 살 준비를 해야 한다. 수전노처럼 돈만 모아 놓는다고 해결되는 것이 아니다. 돈이란 삶의 윤활유 역할만 할 수 있다면 충분하다.

은퇴 후 노인들의 생활신조를 크게 세 가지로 정리하면 다음과 같다(유상오, 2011).

첫째, 혼자 힘으로 움직일 수 있는 건강(health)이다. 그러기 위해서는 무엇보다 잘 먹고 또 매일 조금씩 운동해야 한다. 밥상이 약상이 되도록 농약이나 식품첨가제, 외국산 유전자 변형식품으로 가득 찬 밥상을 거부하고 우리 전통의 바른 먹거리가 담김 소박한 밥상을 즐겨야 한다.

둘째, 세상을 느긋하게 미소 지으며 바라볼 수 있는 마음(mind)이다. 여유와 웃음이 없는 노년은 추할 수 있다. 젊은 애들도 아니고 각박하고 싸우는 듯한 분위기로는 노년이 즐겁지 않다. 스스로를 훈련해 다른 사람과 좋은 관계를 맺도록 한다.

셋째, 생활에 필요한 최소한의 돈이 있어야 한다. 영혼의 무게는 사랑으로 평가되지만, 현실의 무게는 돈으로 판단된다. 경제적으로 여유가 있어야 다른 사람들이 너그럽게 바라볼 수 있다. 꼭 돈을 많이 소유하라는 말이 아니라 돈이 다른 소중한 가치를 지킬 수 있도록 해줄 정도는 만들라는 의미이다.

더 중요한 것은 돈 중심의 사고에서 벗어나 취미 · 일 · 봉사 · 학습 등 다양한 삶의 가치를 소중히 여기고 이를 실현해 나가는 것이다.

4) 은퇴자금 관리

은퇴자금은 명확한 목표의식을 가지고 배분해야 한다. 현재의 자산 상태표를 만들고 필요한 자금을 필요한 시기에 쓸 수 있도록 자산을 배분하여 관리한다. 그리고 가능하면 자녀에게 물려주기보다 자신의 경제적 독립을 먼저 확보하도록 한다. 노년을 안락하고 여유 있고 즐겁게 지내려면 늙기 전에 미리 계획하고 관리해야 한다. 이제 자식들에게 기대 살던 시대는 끝났다. 스스로 독립적으로 살아야 하는 세상임을 깨달아야 한다.

은퇴 후 시골에서 노후를 보내는 것도 한 방법이다. 시골 생활을 하면 좋은 점

가운데 하나가 도시보다 생활비가 적게 든다는 것이다. 텃밭만 일궈도 어지간한 먹거리는 충당할 수 있기 때문이다. 또 도시에 있을 때 보다 아무래도 용돈 씀씀이나 소비 지출이 적을 수밖에 없다. 전원생활을 하는 도시 은퇴자 가운데 한 달 생활비가 도시에서 생활할 때의 반 밖에 들지 않는다고 말하는 사람이 적지 않다.

은퇴자금으로 상당한 액수를 적립하게 되면, 자녀교육비나 주택자금, 결혼 비용, 의료비 등 다른 용도로 써버리는 경우가 허다하다. 그러기 때문에 은퇴자금을 다음과 같이 관리해야 한다(유상오, 2011).

첫째, 노후자금은 별도 계좌로 관리한다. 노후자금은 별도의 계좌에 예치해 관리하는 것이 필요하다. 다른 주택자금이나 자녀교육도 중요하지만 절대 혼용해서는 안 된다. 반드시 교육자금이나 주택자금과 별도로 관리해야 한다. 매달 일정액을 적립하는 장기적금이나 연금저축 등에 가입하면 의지가 약한 사람이라도 장기간 적립할 수 있다.

둘째, 정액 혹은 변액 개인연금보험에 가입한다. 위험부담 없이 노후자금을 준비하고 싶은 사람은 정액 개인연금보험에 가입하면 좋다. 이것은 피보험자가 미리 정해 둔 나이(예: 60세, 65세 등)가 되었을 때부터 일정 기간(10년, 15년 등) 혹은 남은 생애 동안 매년 연금을 받는 보험이다. 연금보험에는 받을 수 있는 연금액이 미리 정해져 있는 정액형과 운용 성과로 연금액이 바뀌는 변액형이 있다.

셋째, 노후자금은 장기간에 걸쳐 준비하는 것이므로 투자 개념으로 운용하면 좋다. 매달 일정액 적립투자를 하는 것도 좋은 방법이다. 증권 계좌를 만들고 매달 일정 금액을 투자신탁 하는 것도 하나의 방법이다. 정기적금을 붓듯 매달 일정 금액이 통장에서 빠져나가게 한다. 매달 투자하는 것은 장기투자를 의미하며, 되도록 일찍 투자를 시작하는 것이 현명하다.

5) 은퇴준비 체크리스트

은퇴준비를 얼마나 준비되었는지 아래 질문에 관해서 확인해 보자. '그렇다'는 3점, '보통이다' 2점 '아니다'는 0점으로 계산한다.

| 표 8-1 | **은퇴준비 예상 질문지**

번호	질문	그렇다	보통이다	아니다
1	배우자나 자녀, 친구들과 정년에 대해 자유롭게 이야기한다.			
2	은퇴 시기에 대해 자주 생각한다.			
3	갑자기 직장을 그만둘 때 대비책이 있다.			
4	은퇴 후 나의 자산이 얼마일지 생각해 본 일이 있다.			
5	은퇴 후에 한 달 생활비가 어느 정도인가를 안다.			
6	은퇴 후 연금 등 생활비 충당을 위한 대비책을 갖고 있다.			
7	은퇴 후 직장 생활을 대체할 일을 생각하고 있다.			
8	은퇴 후 하루 일과를 어떻게 보낼지 생각하고 있다.			
9	현재 걷기나 등산 등 정기적으로 운동을 하고 있다.			
10	봉사활동이나 사회활동 모임에 가입해 있다.			
11	은퇴 후 여행을 함께 할 소모임이 있다.			
12	배우자와 함께하는 일이나 레저 활동이 있다.			
13	새로운 취미 활동을 배우고 있다.			
14	정기적 의료검진을 받고 의사의 지시를 따른다.			
15	가벼운 운동이라도 규칙적으로 하고 있다.			
16	은퇴 후 건강관리 방법을 준비하고 있다.			
17	자기만의 휴식 방법이 있다.			
18	자녀와 함께 살 것인지 아닌지 결정했다.			
19	운전이나 컴퓨터 등 새로운 기술을 배우고 있다.			
20	나만의 스트레스 해소법이 있다.			
21	육식보다 채식을 즐겨 한다.			
22	골다공증 예방을 위해 운동과 칼슘, 비타민 D를 섭취한다.			
23	주 1회 이상 혈압 체크를 한다.			
24	금연을 한다.			
25	당뇨병이 있다면 약물요법·식이요법·운동을 하여 혈당을 관리한다.			
26	친구 또는 가족과 매일 통화한다.			

번호	질문	그렇다	보통이다	아니다
27	자기 일이 있어 활동적이고 생산적인 생활을 한다.			
28	주 1회 봉사활동 등 가치 있는 일을 한다.			
29	열정과 흥미를 느끼고 하는 취미 활동이 있다.			
30	교육 기회를 살려 무언가 배운다.			
31	미래에 대한 계획을 세운다.			
32	거주 환경을 고쳐서 안전하게 생활한다.			
33	앞으로 어떻게 살지 계획을 세운다.			
34	소일거리로 용돈을 벌고 있다.			

출처: 유상오. (2011). 은퇴하면 뭐 먹고 살래. 서울: 나무와숲.

평가 방법

A+등급(100~91점): 비범할 정도로 완벽한 은퇴 준비를 하고 있다.
A등급(90~81점): 높은 수준의 복합적인 은퇴 준비를 하고 있다.
B등급(80~61점): 평균 이상의 은퇴 준비를 하고 있다.
C등급(60~41점): 보통 수준의 특징적이지 않은 은퇴 준비를 하고 있다.
D등급(40~21점): 어느 정도 준비는 인지하고 있지만 구체성이 결여되어 있다.
E등급(20~1점): 준비 미비와 결점으로 적극적인 은퇴 준비가 요구된다.

2. 은퇴준비교육

1) 은퇴준비교육의 의미

은퇴준비교육은 교육을 통하여 은퇴준비를 적절하게 할 수 있도록 하는 활동을 총칭한다. 노후생활을 이해하고, 노년기의 삶의 질을 향상하며 삶의 보람을 재발견하고 급속한 사회변동에 성공적으로 적응하도록 하며, 연령에 따른 생애 단계별 가치 및 은퇴 후의 생활에서 오는 문화적 갈등을 좁히는 데 도움을 준다. 또한, 은퇴준비교육을 통해 노년기의 삶에 대해 계획하고 준비할 수 있는 기회를 줌으로써 노년기의 삶을 여유롭고, 보람되게 보낼 수 있도록 도와주는 역할을 하기도 한다.

은퇴는 중요한 삶의 변화이기에 적절한 준비와 계획을 요구한다. 성공적 은퇴는 계획과 준비를 통하여 새로운 역할에 대한 기대가 제공되는 것이다. 은퇴준비는 은퇴생활의 성공적 적응을 위한 핵심요소로 연구를 통하여 밝혀졌다. 은퇴준비와 계획을 하는 은퇴자는 은퇴에 대하여 좀 더 호의적이고, 은퇴 이후의 삶에 대하여 자신감을 가지고 편안하게 수용하는 경향이 있다. 따라서 은퇴준비교육 프로그램은 다음과 같은 내용이 포함되어야 한다.

첫째, 프로그램의 내용이 전반적이다. 프로그램에는 은퇴자의 역할뿐만 아니라 재정적 · 심리적 · 사회적 적응이 중요한 내용으로 포함된다.

둘째, 프로그램의 내용이 상호작용적이어서 지적 이해뿐만 아니라, 은퇴자로서의 감정적 이해를 증가시키기 위해 강의를 최소화하고 토의를 극대화한다.

셋째, 프로그램의 내용이 발달적이다. 즉, 프로그램은 은퇴와 관련된 특별한 문제에 대해 당장의 해답을 주는 것이 아니고 현재 혹은 미래의 문제에 대처할 방법을 알려주는 것에 초점을 맞춘다.

또한 은퇴준비교육 목적은 다음과 같이 제시한다.

첫째, 노화와 퇴직으로 인해 정상적으로 일어나는 상황에 대한 이해를 증진시킴으로써 건강, 경제상황, 가족관계, 역할변화, 사회적 변화, 주택 등에 대한 정확한 인식을 도와야 한다.

둘째, 상황판단능력, 대안고려능력, 문제해결능력 등을 강화하여 미래 생활에 대한 관리능력을 향상시켜야 한다.

셋째, 수입, 건강, 주택, 여가활동, 사회적 관계 등 은퇴 후 생활 전반에 대한 계획을 수립하도록 한다.

넷째, 은퇴에 대한 성공적 적응으로 은퇴 후 사기, 생활만족도, 자아실현을 가능케 한다.

2) 은퇴준비교육의 모형

은퇴준비교육모형은 은퇴준비교육 프로그램을 개발하는 데 영향을 미친다. 은퇴준비교육의 초기 단계에는 새로운 변화에는 새로운 변화에 대한 적응교육이 중요하다. 이 단계를 지나면 앞으로 어떠한 생애경력개발을 통해 여생을 풍요롭게 할 것인지에 관한 과제가 있다. 이러한 교육모형은 지속적으로 퇴직자 자신이 생애 설계와 성취 지향적 삶을 유지하기 위한 생애경력개발과 관련된 교육의 필요성과 실천방안을 역설하고 있다.

퇴직시점을 기준으로 해서 퇴직 전후 교육으로 구분해 본다면 퇴직 전 교육은 퇴직을 앞둔 시점, 퇴직 이전에 이루어지는 교육이다. 퇴직을 앞둔 개인이 변화에 쉽게 적응하고 퇴직으로 인해 야기되는 문제를 최소화할 수 있도록 준비를 도와주는 교육이다.

퇴직 전 교육은 넓은 의미에서 퇴직 이전에 직장에서 실시하는 교육뿐만 아니라 한 개인이 입사하고 퇴직할 때까지의 경력개발을 위해 모든 교육이 포함될 수 있다. 퇴직 전 교육은 직업인이 자신의 생활설계를 잘하도록 도와주는 교육이며 여생을 준비할 수 있는 마음가짐을 갖도록 하는 교육이다(현외성, 2016).

한편, 은퇴준비교육과 관련된 연구들은 다음과 같다. 예비퇴직자를 위한 은퇴준비, 노후 필요자금 예측, 현재의 재무상태 분석, 재무관리의 실행계획 등의 콘텐츠, 고령사회를 대비한 예비퇴직자들의 생애 재설계 프로그램, 노후준비를 위한 어르신 인문학 아카데미 교육성과, 정서적, 경제적, 신체적 은퇴준비 프로그램을 개발하고 효과를 평가하였다.

3. 은퇴상담의 실제

1) 방향과 목표설정

은퇴상담을 할 때는 비전, 정체성, 가치, 재능 활용, 관계, 환경 측면에서 내담자의 욕구를 파악하고 구체적인 상담목표를 세우는 것이 좋다. 은퇴상담에서 주안점을 둬야 할 여섯 가지 사항은 다음과 같다(장선철 외, 2018).

첫째, 진정으로 원하는 것이 무엇인가?

둘째, 나는 누구이며 어떤 사람이 되고 싶은가?

셋째, 나에게 정말 중요한 것이 무엇인가?

넷째, 더 하고자 한 것과 덜 하고자 한 것은 무엇인가?

다섯째, 은퇴 이후 나에게 중요한 역할을 해줄 사람이 누구인가?

여섯째, 은퇴 이후 나에게 어떤 환경이 필요한가?

은퇴상담 단계는 크게 변화와 전환에 대한 인식 파악하기, 새로운 정체성 발굴하기, 은퇴 이후 인생 설계하기, 새로운 비전 실현하기 과정으로 이뤄진다(장선철 외, 2018).

(1) 변화와 전환에 대한 인식 파악하기

변화와 전환에 대한 인식 파악하기 단계에서는 은퇴로 인한 변화와 전환과 관련한 인식이 어떠한지를 평가한다. 변화를 기피하거나 변화를 선호하는 형태로 나타난다. 평가방법은 다음과 같은 질문을 통해 변화와 전환에 대한 인식을 파악할 수 있다.

첫째, 몇 년 동안 안정된 직장에 머물렀는가?

둘째, 당신은 인생의 큰 변화를 얼마나 긍정적으로 받아들이는가?

셋째, 당신의 미래는 얼마나 낙관적인가?

넷째, 과거 삶에서 변화를 어떻게 기억하는가?

다섯째, 인생에서 변화를 맞이할 때 선택권이 많은 편인가?

여섯째, 은퇴 이후 삶을 준비하기 위해 얼마나 많이 생각하고, 탐구하고, 계획하는가?

일곱째, 당신과 중요한 관계를 맺는 사람들은 은퇴와 전환을 얼마나 지지하는가?

(2) 새로운 정체성 발굴하기

은퇴는 단순히 경제적 수입이 줄어들거나 없어진 상황에 직면하고 적응해야 하는 변화만 가져오는 것이 아니다. 은퇴 이후 삶을 설계하기 위하여 새로운 정체성 확립을 요구한다. 따라서 은퇴 이후 새로운 정체성을 발굴하는 것이 매우 중요하다. 그러므로 상담자는 새로운 정체성 발굴하기 단계에서 내담자와 함께 노년기의 성장잠재력과 잃게 되는 것이 무엇인지를 구체적으로 파악하고 새로운 정체성을 확립할 수 있도록 도와야 한다.

| 표 8-2 | 노년기 성장과 상실

노년기 성장 잠재력	노년기에 잃게 되는 것
영성과 창의성	젊은 모습
자아실현	배우자와 친구의 죽음에 따른 상실감
초월적인 사랑과 자비	지구력
배움에 대한 열의	역할
지혜와 성실	일하면서 만난 사람들과의 관계
다음 세대를 위한 투자	미래에 대한 기대

노년기 성장 잠재력	노년기에 잃게 되는 것
감사하는 마음	젊은 날의 포부와 기대, 야망
유머	직업에 맞춰 만들어진 생활
용서	인생이 영원할 거라는 어렴풋한 생각

출처: 장선철 외. (2018). 노인상담. 서울: 동문사.

(3) 은퇴 이후 인생 설계하기

은퇴 이후 인생 설계하기 단계는 새로운 인생을 위한 핵심 주제를 발굴하는 과정이다. 바라는 미래 그려보기, 머릿속 그림을 글로 쓰기, 원하는 인생계획을 바탕으로 인생지도 만들기 작업을 통해 구체적으로 표현하도록 해야 한다.

| 표 8-3 | **은퇴 이후 나는…**

은퇴 준비	은퇴 이후 생활	가족 및 인간관계	내가 바라는 미래

출처: 장선철 외. (2018). 노인상담. 서울: 동문사.

(4) 비전 실현하기

비전 실현하기 단계는 은퇴 이후 새롭게 확립한 정체성과 구체적인 인생 설계를 실제로 실행하는 단계이다. 이 단계에서는 내담자와 상담자뿐만 아니라 내담자에게 중요한 사람들의 지지도 매우 중요한 역할을 한다. 상담자는 내담자가 새롭게 발굴한 인생을 포기하지 않고 끝까지 적극적으로 살아갈 수 있도록 다음과 같은 유의점을 안내해줘야 한다.

첫째, 소속감을 느낄 수 있는 곳을 찾아라

둘째, 생각과 감정을 가족과 공유하라

셋째, 감사하는 연습을 하라

넷째, 가족관계를 점검하라
다섯째, 공감하는 연습을 하라
여섯째, 각자의 공간을 제공하고 피드백을 받아라
일곱째, 새로운 습관을 만들고, 긍정적으로 생각하라

2) 노후준비 실천 전략

(1) 남에게 돈으로 인정받고 싶은 욕구를 버려라

삶을 살아가는 데 필요한 돈의 기준을 낮추고 더 많은 자유를 가져야 한다. 남에게 인정받고 싶은 욕구만 버려도 돈은 생각만큼 많이 필요하지 않다. 돈에 끌려다니며 살지 않아도 된다.

(2) 건강이 최우선이다

건강을 잃으면 아무것도 할 수 없다. 건강한 음식과 운동이 건강을 지키는 핵심 요소이다. 핵심은 실천이다.

(3) 인간관계의 균형이 중요하다

은퇴 이후에는 가족과 친구관계가 매우 중요하다. 모자라도 안 되고 지나쳐서도 안 된다. 고독을 즐길 줄도 알아야 한다.

(4) 죽는 순간까지 일하고 놀아라

일과 취미가 있어야 노후를 건강하게 보낼 수 있다. 일이 곧 취미고, 취미가 곧 일이 될 수도 있다.

(5) 매일 감사하라

행복이 삶의 전부라고 해도 과언이 아니다. 행복할 수 있는 단 하나의 방법이 있는데 그것은 감사하기다. 아주 작은 일에도 늘 감사하는 마음을 가지고 살아야 한다.

Chapter 09

노인과 문화예술

1. 문화예술교육의 이해
2. 노인 문화예술교육의 이해
3. 창의적 노화와 창조적 문화예술교육

1. 문화예술교육의 이해

1) 문화에 대한 보편적 이해

(1) 문화예술의 의미

인류는 오랜 세월 동안 더불어 살아가면서 필요한 공통된 생활방식과 행동 양식을 만들어 왔다. 인류학자들은 사람들의 생활방식의 제반 특징을 종합해서 일컫는 용어를 문화라고 한다. 모든 인간은 특별한 문화, 즉 사회적으로 규정된 상황에서 일어난다. 문화(culture)란 인간 사회에서 일어나는 다양한 정신 활동을 포괄하는 현상의 흐름이다. 이러한 문화의 현상 속에서 함께 존재하는 것이 예술(art)이다. 예술은 창조(創造, creation)라는 의미가 직접 적용되는 독자적 분야로, 인간의 창조적인 능력에 의해 수행되는 창의적인 상상력과 상징적인 표현을 동반하는 행위이다. 또한 예술은 인간의 심미적 활동이며, 보편적으로는 아름다움을 추구하기도 하면서 아름다움을 창조하기도 한다. 하지만 모든 예술작품이 아름다운 것은 아니며, 또한 아름답지 않아도 얼마든지 예술작품일 수가 있다. 그렇다면 과연 예술이란 무엇이라고 할 수 있을까? 이 질문은 고대부터 현대이론의 다양한 사상과 미학적 관점으로 바라볼 수 있다.

예술에 대한 정의는 크게 세 관점으로 나누어 볼 수 있는데, 첫째, 플라톤(Platon)이나 아리스토텔레스(Aristoteles)의 관점처럼 본질(idea)의 모방으로 보는 관점, 둘째, 생각과 감정을 적절한 매체를 통해 표현하는 것으로 보는 관점(Croce, 1978; Collingwood, 1938), 셋째, 형식에 초점을 맞추어 인간의 삶과 사회에 대해 감상하는 이들과 소통하는 형식으로 보는 관점이다(최승은, 2021). 또한 생각지도 못하고 알지도 못한 순간에 습득된 문화예술적 경험은 일상생활 속에서 비슷한 문제 상황을 만났을 때 탄력적으로 상황 대처능력으로서 절묘하게 활용될 수 있다. 인간이 문화예술적 환경에 노출되거나 실제 예술작품 활동의 경험을 하게 되는 것은 인간의 질적 사고의 증진에 도움이 되며, 나아가서는 창조적 에너지를 발현시키는 데 촉진적 역할을 한다. 그리고 문화예술은 공감과 창조적 행위의 기능으로 사람들을 결합하고, 감정이나 사상을 전달하는 도구적 목적으로서도 그 중요성이 더 부각되고 있다. 이렇듯 문화예술은 그러한 행위를 통해 인간과 인간들 사이의 관계와 만남에서 서로 교감하고 소통하면서 사회문화 전반에 드러나게 된다. 따라서 문화예술의 경험은 서로 접촉하여 사상이나 감정 따위를 함께 나누어 가지는 소통의 산물이라 정의할 수 있다(양원영, 2022).

(2) 문화예술교육의 의미

우리는 문화예술이 삶의 활력이며 인생을 살아가는 동안 어떠한 모습으로든 우리의 삶과 함께한다. 문화예술적 경험은 인간의 사고나 감정을 타인이 공감할 수 있는 방식을 동원해 의도적으로 표상되며, 이를 통해 소통해 본 적이 있는 심리적 · 물리적 활동의 총체이다. 여기에는 미술, 무용, 문학, 연극 · 영화, 사진, 디자인, 공예, 건축 활동 등이 있으며 전통적, 응용 및 종합 문화예술 분야에서 직접 주체로서 창작한 경험이나 타인의 창작물을 통해 소통하는 감상 경험으로 개념화된다(최승은, 2021).

문화예술 교육은 문화와 예술을 통해 어떻게 느끼고 무엇을 전달할 것인지 고민하며, 단순한 지식정보의 전달이 아니라 인간에게 내재한 심층적 욕망의 가치 실현이라 할 수 있다(이영란, 2017). 또한 문화예술교육은 지식을 습득하기 위한 교육이 아닌 개인의 정체성을 갖게 하는 것이며 타인과 자신이 하나가 될 수 있는 동질성을 느끼게 하는 것이다(진민지, 2011). 그리고 문화예술교육은 학습자의 정서적, 감성적 성숙의 과정이 있어야 진정한 의미를 가진다. 따라서 문화예술교육은 학습자의 삶과 연계되는 교육이어야 한다.

문화예술 과정은 교양교육의 중심적 역할을 한다. 교양교육은 교양(敎養, culture)이라는 개념과 교육(敎育)이라는 개념이 통합된 말로, 교양교육은 교양을 어떻게 이해하느냐에 따라 다양하게 해석될 수 있기에 먼저 우리에게는 '교양'에 대한 분명한 이해가 필요하다. 먼저 교양의 사전적 의미를 살펴보면, 교양을 뜻하는 영어

'culture'의 원뜻은 '경작(耕作)'이고, 독일어의 'bildung'으로 번역되는 'formatio animae'의 원래 의미는 수공업적인 작업에서의 재료의 가공, 즉 '형성(form, build)'이라는 뜻이므로, 교양이라는 단어에는 인간정신을 개발하여 풍부한 것으로 만들고 온전한 인격을 형성해 간다는 뜻이 포함되어 있다(양원영, 2022). 문화예술교육의 의미를 교양교육의 철학적 관점에서 살펴보면 지적 교육단계, 도덕 교육단계, 일반 교육단계로 접근할 수 있다(김길자, 2004).

먼저, 지적 교육은 세계에 관한 합리적 · 지적 이해이다. 이것은 정보를 수집하고 지식의 토대를 만들기 위해 그 정보를 통합하고, 지혜를 얻기 위해 지식을 응용하거나 고려하는 것이다.

둘째, 도덕 교육단계에서의 도덕교육은 사려, 절제, 인내, 정의, 신덕, 덕망, 애덕, 겸손이라는 가치관의 발달을 목표로 한다. 즉, 도덕교육은 인간의 이해를 넘어선 것의 탐구에 직접 관련된다.

마지막으로, 일반 교육단계는 직업 교육과 대비되지만, 직업을 위한 훈련이라기보다는 자신을 위한 도야를 중시한다. 일반 교양교육은 실천적이고 실용적이라기보다는 오히려 개념적이고 윤리적이며 직관이나 사색에 의한 것이다. 결국 진정한 교양교육은 전 생애에 걸쳐서만 달성될 수 있다.

2) 문화예술교육의 목적

문화예술교육이란 '문화와 예술에 대한 교육'과 '문화와 예술을 통한 교육'으로 구분할 수 있다. 문화예술교육은 문화와 예술에 대한 기능만을 가르치는 교육이 아니라 문화와 예술적 이해 및 향유를 통해 자신을 표현하고 사회를 이해하는 개인적, 사회적 맥락 속에서의 교육을 의미한다(변희정, 2013). 표현 기법과 기능훈련의 측면이 아닌, 문화예술을 통한 교육으로 문화적 감수성을 길러내는 것이 문화예술교육의 궁극적 목적이다.

2005년에 제정된 「문화예술교육지원법」에 따르면, "문화예술교육"은 「문화예술진흥법」 제2조 제1항 제1호의 규정에 따른 문화예술 및 「문화산업진흥 기본법」

제2조 제1호의 규정에 따른 문화산업, 「문화재보호법」 제2조 제1항의 규정에 따른 문화재 및 「자연유산의 보존 및 활용에 관한 법률」 제2조 제1호에 따른 자연유산을 교육내용으로 하거나 교육과정에 활용하는 교육을 말하며, 학교문화예술교육과 사회문화예술교육으로 세분한다. 학교문화예술교육은 어린이집, 유치원과 학교에서 교육과정의 하나로 행하여지는 문화예술교육을 일컫고, 사회문화예술교육은 문화예술교육시설 및 문화예술교육단체와 각종 시설 및 단체 등에서 행하는 학교문화예술교육 외의 모든 형태의 문화예술교육을 말한다(문화예술교육진흥법, 2024).

사회문화예술교육사업은 사회·문화적으로 소외된 아동, 청소년, 노인, 장애인, 취약계층에게 문화예술교육프로그램을 통해 문화 향유 및 지속적인 교육의 기회를 제공함으로 문화예술을 향유 할 기회를 확대하며, 자아존중감 향상 및 사회구성원 간의 이해를 통해 문화적 불평등을 해소하고 사회 공동체성을 강화하는 데 목적을 두고 있다.

사회문화예술교육이 지향하는 목적은 크게 사회통합기능과 문화복지증진으로 나눌 수 있다. 사회통합기능은 소외 계층 및 지역에 대한 문화예술체험의 기회를 확대하는 접근성 증진의 측면과 소외 계층 및 지역 사람들의 변화를 가져오는 자신감, 자존감 회복의 측면을 말한다. 문화복지증진은 교육 대상 집단의 문화예술 전문역량 강화나 창의성 향상, 사회성 향상, 예술을 통한 치유, 놀이체험 등을 말한다. 한국문화예술교육진흥원에서 시행하고 있는 사회문화예술교육은 문화예술을 통해 소외계층을 변화시키는 것을 궁극적인 교육 목적으로 제시한다(변희정, 2013). 특히 고령자 사회 속에서 노인문화예술교육은 노인들이 생산적인 삶의 질을 추구하기 위한 일상으로 자리 잡을 수 있도록 방향을 잡아야 한다. 노인들이 지속적인 문화예술 학습기회를 통한 개인의 내적 의미와 사회참여를 통한 건강하고 능동적인 사회구성원으로서 존재할 수 있도록 노인문화예술교육이 긍정적인 기여를 할 것이라는 전제를 바탕으로 한다. 따라서 노인의 특성과 위상, 학습 요구에 대한 이해가 필요할 것이다. 또한 노인문화예술교육 프로그램을 통해 사회문화예술교육이 지향하고자 하는 목적에 대한 공유는 교육자와 학습자 모두에게 요구되는 중요한 요소이다(이상민, 2009).

사회학자 맥클러스키(Mcclusky)은 교육에 참여하게 되는 노인이 다섯 가지 요구를 충족시키기 위해 교육에 참여하게 된다고 하였고, 맥클러스키가 언급한 노인의 다섯 가지 요구는 환경적응 요구, 공헌의 요구, 영향력 요구, 표현적 요구, 초월적 요구 등이 있고, 이러한 욕구의 구체적 내용은 아래와 같이 정리될 수 있다(기영화, 2007).

첫째, 환경적응 요구이다. 노인은 노화과정에서 일어나는 감퇴한 기능을 회복하고 사회에 적응하기 위해서 교육을 받으려고 한다. 건강을 돌보고, 사회적 상호작용을 자극하고, 소비자로서 자격, 일상생활을 영위할 수 있는 기능, 의식주를 통제할 수 있는 능력 등을 포함한다.

둘째, 사회에 공헌하고자 하는 요구이다. 노인들은 정년퇴임 이후 또는 홀로 외로이 생활하는 동안 의미 있는 삶을 살아가고자 한다. 이들은 교육을 통해서 새로운 기술을 연마하여 직업을 가지거나 사회에 공헌하고자 한다.

셋째, 영향력을 주려는 요구이다. 노인들은 주변 사람들의 삶에 영향을 주고자 한다. 손자들의 가치 형성에 영향을 줄 수 있는 새로운 방법들을 알아 가는 것 또는 지역사회에서 제공하는 노화와 관련된 프로그램에서 자원봉사 하는 것 등이 포함된다.

넷째, 표현적 요구이다. 사회적 활동이나 혹은 단체활동에 참여하여 만족과 기쁨을 얻고자 한다. 시나 예술적 표현, 사진 촬영, 바느질 또는 정원 가꾸기와 같은 창의적인 활동이 포함된다.

다섯째, 초월적 요구이다. 신체적인 노화현상을 겪으면서 노인들은 신체적인 젊음보다는 더 중요한 곳에서 삶의 의미를 찾고자 한다. 의미를 탐색하는 것은 때로 삶의 관조를 형성한다. 훌륭한 문학작품을 읽거나 영화를 감상하는 것, 종교생활을 하는 것, 그리고 죽음이나 이별로 인한 상실의 아픔을 경험하는 것 등이 여기에 해당된다.

이에 노인들의 경우 예비 예술인을 양성한다는 측면에서 사회문화예술교육을 접근할 것이 아니라, 노인들의 학습 요구 중 하나인 표현적 요구나 영향력 요구의 측면에서 접근할 필요가 있다. 즉 사회의 소외 계층인 노인들에게 문화예술체험의 기회를 제공해 주고 노인들의 자존감 회복을 돕는다는 점에 목적이 있다. 그리고 노인 문화예술교육을 기획하고자 할 때 고려해야 할 요인은 교육 목적, 교육 대상, 교육 방법의 측면에서 살펴봐야 한다.

3) 문화예술교육의 역할

사회적 문제로 나타나는 노인문제는 일상생활 속의 문화적 차원에서 노인을 주체적인 존재로 인식할 필요가 있다. 노인을 위한 문화예술교육은 여가 수준의 단계가 아니라 노인 자신의 삶에서 스스로 진정한 의미를 발견할 수 있어야 한다. 즉 즐거움과 실용성이 있어야 하며, 사회적 역할의 가치를 제고 차원에서 수행되어야 할 것이다(한수정, 2023).

한국문화정책개발원(1994)에 따르면 문화예술교육은 도시의 황량함에 대응하고, 상실된 의사소통 관계를 회복하여 상실된 감수성을 회복, 비판적인 판단과 기준 교육 및 매체활용 능력강화, 여가생활의 대응, 창의적이고 독립적인 능력개발, 삶의 내용에 대한 의미 부여를 할 수 있는 성찰적 능력의 확대 등을 담당할 수 있는 것으로 규정한다. 문화예술교육을 통해 노인은 자율적이고 주체적인 존재로서 자아를 실현함과 동시에 독립적인 생활에 적응해야 하며, 노인 개개인의 삶과 연결할 수 있고 지역사회의 특성을 반영한 활발한 문화예술교육에 대한 권리는 학습의 보편적인 권리로서 보장되고 신장하여야 한다(한수정, 2023). 따라서 문화예술교육의 역할을 살펴보면 다음과 같다(엄소라, 2021).

첫째, 문화예술교육은 발전적인 인간의 삶을 통해 그들의 시야를 넓혀주며 세련되고 교양 있는 태도와 문화적 능력을 증진할 기회를 제공한다.

둘째, 문화예술교육은 인간의 미적 감수성과 전인적 성장의 기초를 마련하며 치유와 치료를 위한 교육적 역할을 한다.

셋째, 문화예술교육은 사회구성원들의 사회성과 공동체로서의 정신을 함양하기 위해, 학생은 물론 성인들도 문화예술교육을 통해 소속감을 느끼며 서로 간의 공동체를 형성하여 사회통합이라는 순기능의 역할을 부여한다.

마지막으로 오늘날 글로벌 사회에서 더 강조되는 문화예술교육의 역할에는 타인을 이해하고 소통하기 위한 문화적 해독력(cultural literacy) 증진의 역할과 문화의 차이에서 오는 사상, 의식, 습관, 생활양식, 가치관 등의 문화적 다양성의 관점에서 바라볼 수 있는 사고·사유 능력 증진이다.

2. 노인 문화예술교육의 이해

1) 노인 문화예술교육의 대상과 내용

노인복지법에서 설정하는 노인은 65세 이상의 사람을 지칭한다. 노인이라 말하는 65세 이상의 연령에서도 연령별 일반적 특징이 다양하게 나타난다. 특히 우리나라 노인의 경우 급격한 산업화와 경제적 발달로 인해 노인기의 각 연령집단의 차이는 상당히 크다. 교육 수준을 살펴보더라도 75세 이상의 경우 무학의 비중이 컸지만, 65세 이상에서 차지하는 비중은 작게 나타났다. 이러한 차이는 소득, 신분 등의 사회계층과 지역에 따라서도 달리 나타나게 된다. 도시와 농촌 노인의 특성이 다르고, 농촌에서도 자라온 환경에 따라 노인의 특성이 다르기 때문에 이러한 대상의 특성과 차이에 대한 인식이 중요하게 고려되어야 한다.

나이가 들어감에 따라 개인별 차이가 현저해진다는 것은 노인들의 교육방법을 논하는 데 매우 중요하며, 개인적 경험으로부터 오는 학습자의 성향이나 선호도는 학습상황에서의 정보, 감정, 행동하는 방법의 특징인 학습 유형을 결정하게 된다는 것이다(이상민, 2009).

노인학자 마리안 펄뮤터(Perlmutter, 1983)는 노인에게 있어 시간의 경과는 각 세대마다 독특하게 경험된다고 보고, 이러한 시간의 경과는 개인의 인생 경험에 뚜렷한 조정자가 된다고 언급했다. 그의 견해는 학습결과에 대한 교육경험의 영향으로 설명될 수 있는데, 70세인 사람이 공식교육을 12년 동안 받았다 할지라도 그러한 경험들은 그 공식교육이 끝난 이후로 개인의 인생사와 맞물려 뒤섞이게 된다. 따라서 교육적 설계에서 필수적으로 고려되어야 하는 것은 교육량과 정규교육 이후 경과된 기간이라는 것이다(기영화, 2007). 이렇듯 노인이란 대상은 수십 년을 살아온 환경 속에서 가지고 있는 개인적 경험과 사회적 환경이 고려된 차별화된 프로그래밍이 필요한 것이다.

노인교육에서는 노인학습자들이 자기주도성, 경험, 문제해결력, 내적동기를 고려해야 한다. 모든 노인이 그러는 것은 아니지만, 노인학습자들은 아동들과 달리 자신들만의 학습목표를 세우고 싶어 하고 자신들에게 효과적인 방법으로 학습받기를 원한다. 또한 노인들은 다른 세대에 비해 풍부한 경험을 가지고 있다. 성인에게 있어 경험은 그 사람 자체이고, 그가 겪은 경험들을 바탕으로 그만의 정체성을 정립하게 된다. 그리고 노인들은 그들이 직면한 문제의 해결점을 찾기 위해서 학습에 참여하게 된다. 마지막으로 노인들은 가족의 발전이나 시민의식, 생산력에 직접적으로 영향을 주지 않기 때문에 사회에서의 역할이나 노인교육에 관한 관심이 적다. 그러므로 노인들이 교육에 참여하는 동기는 외적인 권고보다는 내적인 동기에 의해서 참석하는 경우가 많다는 것이다(이상민, 2009).

2) 노인 문화예술교육의 의미

노인대상 문화예술교육은 노인의 다양한 정서심리적 욕구를 충족시켜 주며, 신체적·정신적 건강을 유지하고 발전하게 해 준다. 과거 노년층은 삶의 질 향상보다는 경제적 도움과 노후 생활의 환경개선이 중요하였지만, 지금의 노년층은 고학력화의 영향으로 사회활동 참여 욕구, 문화예술 체험 욕구, 정신건강 증진 욕구, 다양한 사람들과의 교류 욕구 등이 높아지고 있다. 또한 노인은 문화예술 공연의 관람 및 체험을 통해 자기표현의 증진과 자기계발에 대한 성취감을 얻으며 사회적인 역할의 추구와 가족 및 친구들과의 화합에 있어서도 긍정적인 의미를 부여할 수 있다(한수정, 2023). 노인은 경제활동뿐만 아니라 적극적이고 지속적으로 다양한 문화적 사회활동에 참가함으로써 전 생애에 걸쳐 문화적 권리를 향유할 수 있어야 한다(기영화 외, 2010). 이러한 시대적 변화에 따른 노인의 욕구를 충족시키기 위해서는 사회적 관계망을 통한 소통과 사회적 참여에 영향을 줄 수 있는 문화예술 활동과 교육이 다차원적으로 구축되어야 한다. 이러한 것이 실현되기 위해서는 문화예술 복지에 대한 사회적 관심과 지원이 확대되어야 한다. 이것은 문화적 향유자로서 세대 간의 소통 부족과 한정된 노인 여가 문화생활, 그리고 노인 문화예술에 대한 낮은 참여도라는 문제점을 해결하기 위한 수단으로 문화예술 교육 시행의 중요성을 뜻한다(엄소라, 2021).

임영식 외(2013)의 노인 문화예술교육지원 사업을 바탕으로 이루어진 노인 문화예술교육 효과분석 연구에 따르면 참여자는 비참여자보다 즐거움과 도전정신이 높고 건강한 삶에 대한 긍정적 사고를 하며 스트레스가 적어지고 자존감이 높아졌다는 결과를 보고하였다(한국문화예술교육진흥원, 2017). 이렇듯 노인 문화예술교육은 노인들에게 적극적인 사회참여를 촉진하고 소속감을 주며 창의적인 활동을 통해 노년의 풍요로운 삶을 향유하게 한다.

노인의 창조적인 문화예술교육 활동은 잠재되어 있던 예술적 재능의 발현과 창의성 발휘를 도우며, 예술적인 소양과 기술의 함양은 궁극적으로 노인의 삶의 질을 향상하게 할 수 있을 것이다. 이 과정에서 길러지는 창의성(creativity)은 노인계층에게 다양한 사고와 지적 능력의 계발과 자기성찰에도 도움을 준다. 이에 고령사회에서 더 나은 노인의 삶과 성공적인 노화를 위해 노인의 욕구에 적절한 양질의 문화예술교육과 만족도를 향상할 수 있는 교육 프로그램의 시행은 절실하다고 본다(한수정, 2023). 따라서 노인 문화예술교육은 노년의 행복 추구와 복지향상에 도움을 줄 수 있는 필수적 교육과정임을 부인할 수 없다.

3) 노인 문화예술교육의 역할

미래의 노인 문화예술교육은 단순히 여가를 보내기 위한 교육에서 벗어나 노년기 삶의 의미를 재발견할 수 있는 학습의 과정이 되어야 한다. 이에 따른 노인 문화예술교육의 역할은 노인들의 사회참여 기회를 확대하는 데 효과적인 수단이 되며, 신체적·정신적 영역에 이르기까지 다방면으로 긍정적인 영향을 미친다. 노인 문화예술교육은 예술 활동을 통해 감정적 정화를 가능하게 함으로써 고통, 분노, 소외와 같은 부정적인 감정을 믿음, 존중, 책임감 등으로 전환함에 도움을 주고, 광범위한 노인들에게 문화 향유의 기회를 제공함으로써 문화적 양극화를 해소해 주며, 나아가 문화예술교육을 통한 공동체 의식 형성에 기여한다(기영화 외, 2010). 이러한 노인 문화예술교육의 역할은 다음과 같은 긍정적 영향을 받는다(박응희, 2016).

첫째, 문화예술교육을 통하여 새로운 정보와 지식에 대한 관심과 흥미를 유발할 수 있다.

둘째, 문화예술교육은 신체기능을 강화할 뿐만 아니라 정서적 안정을 도모할 수 있다.

셋째, 사회적 관계를 형성하는 데 도움을 주는 등 자신들만의 문화를 형성할 수 있는 계기를 제공한다.

넷째, 창작 능력과 상상력을 제공하여 삶의 원동력을 증진한다.

다섯째, 노인 문화예술교육은 문화 복지라는 개념을 넘어 '치유'의 개념으로 확대될 수 있다.

여섯째, 노인계층의 육체적 쇠퇴에 따른 인지능력에 도움을 주며 지속적인 지적발달과 감수성 자극을 통한 사회적 활동 연장에 많은 도움을 준다.

일곱째, 자율성, 창의성, 자아존중감 등 주변 환경에 대한 개방적인 사고능력에 도움을 주며, 자기 통제와 소외감 극복에도 영향을 준다.

여덟째, 급변하고 있는 사회 환경의 능동적인 판단을 할 뿐만 아니라 인지적 능력 향상에도 도움을 준다.

이에 따른 노인 문화예술교육의 지향성은 노인들의 생산적인 삶의 질을 추구하는 도구적인 수단이 아니라 노인들의 일상생활 속에서 생애사적 성찰과 사회적 지지 그리고 생산적인 활동을 촉진할 수 있는 변화의 장을 마련하는 것이다.

3. 창의적 노화와 창조적 문화예술교육

1) 창의적 노화의 이해

앞으로 다가올 노년 세대는 경제발전, 건강의 향상과 높은 교육 수준을 지닌 노인들이 유입되기 시작하면서 노인집단 성격은 다양화되고 있다. 또한 과거 수동적이고 의존적인 성향의 노인들과는 달리 현재 노인들은 부정적 정서 경험을 되도록 피하고 충분한 정적 자극을 받을 수 있는 사회적 상황을 선택함으로써 자신의 주관적 안녕감을 유지하려는 능동적이고 적극적인 노력을 기울인다(유경 외, 2005). 즉 과거 노인에 대한 인식은 노년기의 다양한 노화현상으로 새로운 가치를 창출할 수 없는 의존적인 성향이었다면 이제 노년기의 삶도 독립적이며 생산적인 가치를 누릴 수 있다(손희영, 2017)는 인식이 새롭게 대두되었다.

이와 같이 변화되어 가는 노년기의 사회적 변화를 이전의 노인 관련 사회문제 관점에 초점을 두는 것에서 벗어나서 인문학적 관점의 인간 존재(being)적 탐구의 측면에서 개인과 사회가 함께 나이 들어갈 방법을 고민하는 것이 동시대의 과제이다. 즉 21세기 노화와 관련한 담론은 '안티 에이징'(anti aging)이 아닌 '어떻게 나이 들 것인가?'로 시작하여 웰빙(well-being), 웰다잉(well-dying), 성공적 노화(successful-aging) 등의 이슈가 제기되었다. 이와 같은 현 상황에서 노인의 존재(being)와 진실(true)의 의미를 탐구하고 실현하는 일은 더욱 필요한 시대가 되었다.

또한 최근 노인연구에서는 노년의 잠재력에 관한 관심이 증가하면서 노인의 경험과 지혜의 사회적인 가치가 인정되고 있고(Irving et al., 2014), 창의적 노화 담론과 함께 노년의 창의성이 화두에 오르고 있다. 노인학의 주장에 따르면, 나이가 들면 기억력이 감퇴하지만 그렇다고 사유 능력까지 퇴보하는 것은 절대 아니며, 전체 맥락을 읽어내는 추상적 사유 능력과 개념적 사유 능력은 오히려 향상된다는 것이다(김정운, 2018). 이것이 미래의 노년기에서 중요하게 다루어져야 하는 존재적 관점이다.

2) 창의적 노화의 의미

지금까지 고령화사회 이후의 노인 개념의 전향을 살펴본바, 노인을 바라보는 시대적 요구에 부합할 수 있는 관점이 바로 창의적 노화이다. 창의적 노화(creative aging)는 노년의 다양한 창조적인 활동을 통해 현존하는 삶 속에서 자신의 존재감을 적극적으로 표현하면서 더욱 능동적인 삶을 살 수 있도록 촉진하는 개념이다. 창의적 노화는 노인층이 다양한 예술 활동을 단순히 향유하는 것에서 그치는 것이 아니라, 예술 창작 활동 참여를 통해 신체적, 정신적, 사회적 나아가 경제적 영역을 아우르는 통합적 관점에서 노인의 건강하고 의미 있는 삶을 만드는 것을 목적으로 한다.

창의적 노화 개념의 공식적 논의는 1961년 미국의 백악관 회의에서 시작되었다. 창의적 노화는 노인의 창의적 능력에 대한 믿음과 창의적인 노화 정책, 노인을 위한 창의적 서비스에 대한 대안적 개념을 아우르는 핵심어이다(양원영, 2022).

창의적 노화와 유사한 의미의 성공적 노화는 최적의 노화, 즉 생물학적·심리사회적 기능의 수준이 높고, 삶의 만족과 환경적응 수준이 높은 상태의 노화를 의미한다. 카렌(Karen, 2016)은 성공적 노화를 위해 창의적 예술이 필수조건임을 언급하면서, 노인은 창조적 예술 활동을 통해 노화 과정에서 올 수 있는 상실감, 우울과 같은 부정적 정서 상태를 극복하여 자기 만족적 삶을 이룰 수 있음을 주장하였고, 성공적 노화를 위한 창의성 증진의 중요한 핵심으로 예술의 힘을 강조하였다.

이것은 예술이 갖는 전 인류적인 공감과 소통을 가능하게 하는 예술의 강력한 원동력인 "표현함"에서 비롯된다. 그리고 문화예술 활동을 통한 창의성은 문제해결 기술, 동기 부여 및 인식의 개발을 장려하여 개인이 일상생활을 관리하는 방식에서 실용적인 창의성으로 변환되도록 장려함으로써 창의적 노화를 촉진한다.

3) 창조적 문화예술교육의 특성

(1) 창조적 문화예술의 의의

미국의 국립예술기금재단(2016) 보고서에 따르면, 세계보건기구에 의해 최초로 인증된 고령친화도시가 된 뉴욕에서는 문화예술이 노인들의 사회적 고립을 타파하고 세대 간 나이와 문화적 차이를 연결함으로써 공동체를 형성할 수 있는 가교적 역할을 하므로 건강한 노화를 위해 필수적인 것으로 언급하였다(탁지현, 2017).

고령사회에서 노인의 삶을 성공적으로 이끌어내는 데 창조적 예술(creative art)이 중요한 것은 예술과의 만남 과정에서 발현되는 창조성이 존재하고 있기 때문이다. 창조력은 인간이 끊임없이 변화하고 발전할 수 있도록 그 자체적 에너지를 품고 있는 힘이다.

코헨(Cohen, 2006)이 창조적 활동과 의미 있는 문화예술 작업은 주관적 웰빙과 노인의 신체적·심리적 건강 개선과 관련이 있다고 했듯이 특히 시각예술 활동은 정신적인 삶을 풍요롭게 하고 색과 질감의 관능적 즐거움을 촉진하고 새로운 도전을 제시한다. 따라서 노년기의 창조적 문화예술 활동은 노인의 삶에 축적된 경험과 지혜에 예술성과 공적인 의미를 부여해 주는 통로이며, 노년기의 잠재적 욕구를 충족시키고 창의성을 발현시키는 과정이며, 그들이 창의적으로 살아가게 하는 삶의 행위이다.

(2) 노년기 창조적 문화예술교육의 영향

노년기 예술 활동을 통한 창의적 경험에서는 노년의 예술 활동을 통하여 창의적인 상상과 몰입경험이 이루어지는 것으로 나타난다(Hanna, et al., 2011). 창의적 상상은 노년기의 축적된 생애 경험과 지혜를 토대로 이루어졌으며, 창의적인 예술 활동을 통하여 자기 치유, 즐거움, 타인과의 공감적 소통이라는 긍정적인 영향을 경험할 수 있다(김하나, 2020). 문화예술 활동에서 나타나는 자아 표현이나 자아 일치감의 상태가 창의성이 발현되는 내적 상태이며 이것은 곧 심리적·정서적인 면에 대한 치유적 기능으로 발현된다. 이러한 개인의 내면세계에서 일어나는 창의성의 발현은 예술치유의 과정에서도 중요한 관점이다.

문화예술 활동이나 교육적 경험의 지속성은 노년기의 삶에서 발현되는 창조적 힘으로 노년의 역할변화와 상실에서 비롯될 수 있는 심리·사회적인 혼란을 막아준다. 특히 노화로 인한 불편과 신체적 한계를 조절하며 자신의 노화 과정을 안정적으로 경험하게 된다. 그리고 죽음에 대한 초월적인 태도와 죽음에 집착하기보다는 남아 있는 삶을 미래지향적이고 도전적인 삶의 자세를 보인다.

4) 노인 문화예술교육 프로그램

(1) 미국

① 노인 문화예술 프로그램 현황

미국은 1960년대 뉴딜정책의 일환으로 예술가의 예술 활동 및 취업을 정부에서 지원하는 노동 정책적 측면에서 시작되었으며, 1965년 미국연방의회에서 문화예술 분야와 예술가에 대한 공공지원 및 문화예술교육 제공 목적으로 미국 연방예술기금(NEA: National Endowment for the Art)을 설립하였다. 미국 연방예술기금(NEA)은 미국의회에 의해 설립되어 독립적인 연방기관으로 미국인 모두가 공정하게 예술에 참여하고 상상력을 발휘하여 창의적 능력을 개발할 기회를 제공하여 지역사회의 창의적 역량 강화를 위해 지원한다.

1980년~1990년대에는 특정 문화예술에 대한 지원보다 장르 구분 없이 예술적 활동 참여를 높이기 위해 문화예술 인프라 구성, 교육훈련 개발 등 제반적인 환경조성에 열중하였으나 예산 삭감으로 인해 창작자와 공급자 중심에서 향유자와 수요자 중심으로 예술문화정책에 변화를 주었다. 이에 전미예술연합회(American Federation for the Art), 미국인을 위한 예술(American for the Art) 등은 협업체계를 구축하여, 예술가에게 개별적으로 보조금을 지원하는 방식에서 지역 공공예술단체를 통한 기금 재분배 및 문화예술 기관 및 단체에서 시행되는 프로젝트 지원 형식으로 운영하였다(문화체육관광부, 2019).

미국의 문화예술교육 프로그램의 경향은 크게 세 가지로 구분할 수 있다(박민석, 2021).

첫째, 국가정책에 따른 프로그램을 운영한다. 문화예술교육을 통한 지역사회의 예술교육은 확장과 사회적 합의를 위한 도구로써 기업의 사회적 공헌을 독려하는 프로그램 생산과 촉진의 기대효과를 창출하는 정책이다.

둘째, 지역민을 위한 문화예술교육 프로그램이 단발성을 가진 백화점식의 프로그램이 아닌 지역민들의 지속적인 참여를 이끌어낼 수 있는 프로그램 개발을 지원하고 있으며, 국민이 사회적 구성원으로 인식할 수 있도록 하는 기대효과를 가진다.

셋째, 지역 내 다양한 운영 주체들과의 협력을 가진 프로그램이다. 다양한 가치의 네트워크 중심으로 문화예술 기반의 확장을 기대할 수 있는 정책을 펼치고 있다.

② 노인 문화예술교육 프로그램

'창의적 노화 국립센터'(The National Center for Creative Aging: NCCA)는 2001년 고령화위원회(NCOA, National Council on Aging)와 연방예술연합기금(NEA, National Endowment for the Arts) 두 기관이 파트너십을 체결하고 교육자이자 행정가였던 수잔 펄스타인(Susan Perlstein)의 주도 아래 진행한, '예술을 공유하는 노년층(Elders Share the Arts·ESTA)' 프로그램을 설립 배경으로 두고 있다. 이후 2007년 독립적인 비영리단체로 워싱턴 DC에 설립된 NCCA는 조지워싱턴대학(George Washington University)과 협력해 '창의적 나이 듦'을 골자로 한 국가 서비스 기관으로 지정됐다.

현재 NCCA는 노인의 창의적인 표현능력을 증진하며, 노년층이 지역사회에서 소외되지 않고 다양한 사회적 역할을 수행할 수 있도록 지원하고 있다. 노년층이 창의적이고 주도적인 문화생활을 즐기는 주체로 거듭나게 하며, 사회구성원으로 중요한 부분을 차지하고 건강하고 의미 있는 삶의 길을 모색할 수 있도록 노력하고 있다. 창의적 노화와 관련된 예술 활동에 대한 정보구축과 공유를 위한 정보망을 구축하고 있으며, 노화 관련 예술 프로그램들을 평가하고 우수 프로그램을 선정하였다(김상진, 2022).

노인복지 증진의 필수 요건인 예술 프로그램을 지원하기 위해 정책 수립을 위한 이익단체의 역할을 하고 있으며, 노인의 삶에서 창의적인 표현이 가지는 역할을 증명하기 위한 기록과 연구에 대해 후원한다. 그리고 교육 프로그램을 제공하며 창의적인 노화와 관련된 자료를 조사하여 노인에게 예술 관련 프로그램을 제공하기 위해 전문가 양성과 관련된 단체의 정보를 수집하여 활동하고 있다. NCCA의 주요 프로그램은 노인 합창단 활동 프로그램, 알츠하이머 환자 대상 미술 프로그램, 시 낭독 및 창작 프로그램, 지역 도서관 노인 창의 활동 등이 있다. 더하여, 노인교육 아티스트를 위한 무료 온라인 코스를 운영하고 있는데, 이 코스의 특징은 노인에 대한 이슈, 철학, 주요 개념 등을 꾸준히 수집하면서, 탄탄한 운영 기반을 다지고 있다는 점이다. NCCA에서 운영하는 프로그램을 소개하면 다음과 같다.

| 표 9-1 | NCCA 노인 문화예술 프로그램

제목	프로그램 분야	도시	지역
아티스트 아웃 프로젝트 (Artist Out Project)	무용, 디자인, 민속/전통예술, 문학, 미디어아트, 박물관, 음악, 뮤지컬, 오페라극장, 시각예술	산후안 카피스트라노 (San Juan Capistrano)	캘리포니아
아트 에이징 (Arts the Aging) (AFTA) Joy in Generation	무용, 문학, 박물관, 음악, 뮤지컬, 시각예술	록빌 (Rockville)	메릴랜드
예술융합 (Arts Fusion)	무용, 문학, 박물관, 음악, 뮤지컬, 연극, 시각예술	샬러츠빌 (Charlottesville)	버지니아
예술 단계 ART SAGE FOR ARTS & AGING	예술 및 노화를 위한 커넥터, 컨버너 및 촉매	웨이자타 (Wayzata)	미네소타
크리에이티브 에이징 (Creative AgingCincinnati)	무용, 문학, 미디어아트, 박물관, 음악, 뮤지컬, 오페라, 시각예술	신시내티 (Cincinnati)	오하이오
창조적 노화 우리 지역사회 도서관 프로젝트 (Creative Aging Our Communities The Libraries Project)	무용, 디자인, 민속/전통예술, 문학, 미디어아트, 박물관, 음악, 뮤지컬, 오페라극장, 시각예술	뉴 로셀 (New Rochelle)	뉴욕
창의성 발휘 (Engage in Creativity)	무용, 민속· 전통 예술, 문학, 미디어예술, 뮤지컬연극, 시각예술	버뱅크 (Burbank)	캘리포니아
빌라 뮤지카의 크리에이티브 에이징 프로그램 (Villa Musica's Creative Aging Program)	댄스, 음악, 뮤지컬 극장, 공연장	산 디에고 (San Diego)	캘리포니아

또한 미국 뉴욕 시내 5개 지역(브롱크스, 브루클린, 맨해튼, 퀸스, 스태튼 아일랜드) 예술위원, 뉴욕시의회, 문화부(DCA), 노인청(DFTA)이 협업하여 운영하는 '수 카사(SU-CASA)' 프로그램이 있다. '수 카사'는 창의적 노화와 관련된 커뮤니티 아트 참여 프로그램으로서 지역 예술기관과 노인복지센터(senior center)가 협력하여 센터 내에

레지던시(residency)를 설치하거나 예술가를 파견함으로 노인들을 대상으로 글쓰기, 공예, 춤, 연극 등 다양한 예술교육을 진행하고 있다(한수정, 2023).

| 표 9-2 | 수 카사(SU-CASA) 실행 지역 및 주요 프로그램

실행 지역	주요 프로그램
브롱크스 (Bronx Council on tde Arts)	• 도시 기억·이야기를 담은 글쓰기 워크숍, 자신만의 편안한 담요 만들기 공예 워크숍, 노인의 경험 표현 무용 워크숍, 역사의 순간을 표현하는 댄스 워크숍 등
브루클린 (Brooklyn Arts Council)	• 문화교류를 주제로 한 뮤지컬, 드럼·리듬메이킹 등의 음악 워크숍, 자화상 그리기 미술 워크숍 등
맨해튼 (Lower Manhatten Cultural Council)	• 프린트메이킹 워크숍, 생태시각미술 워크숍, 노인의 미디어 경험 교육 및 전시, 음악 및 미술연계 워크숍, 마음을 프린트하기 시각프린팅 워크숍 등
퀸스 (Queens Council on tde Arts)	• '나의 기억' 주제로 시창작 및 낭독회, '나의 꽃은 다 어디로 갔지' 연극 퍼포먼스, 드로잉 및 천연염색 전시 워크숍 등

실행 지역	주요 프로그램
스태튼 아일랜드 (Staten Island Arts)	• 색에 대한 이론 등 교육세션, "우리의 기억 재연결"을 주제로 다층시각예술 작품 전시 • 창의적이고 재미를 느낄 수 있는 노인대상 주별 운동 프로그램. 스윙, 차차, 살사 등을 응용한 움직임 교육과 공연 발표

출처: 아르떼 365. (2018.02.05.). '다양성 · 전문성 · 지속성'을 향한 해외 노인 문화예술교육 프로그램.

(2) 일본

① 노인 문화예술 프로그램 현황

2021년 초고령사회로 들어선 일본은 수명연장에 따라 노인의 삶의 질과 행복을 사회적 차원의 문제로 인식하고 있다. 일본은 1994년부터는 '고령자 사회참여 촉진사업'을 통하여 교육을 넘어서 노인의 적극적인 사회참여에 초점을 맞추어 변화하였다. 일본의 문화예술정책은 2001년의 「문화예술진흥 기본법」 개정을 시작으로 문화예술 발전에 국가가 적극적으로 개입하고 있다. 최근의 문화예술정책 흐름은 시설의 건립과 같은 시민들의 문화권 접근을 위한 정책보다 오히려 문화예술 시설의 안정적인 운영에 초점을 맞춰 수입 증대 방안 모색 및 창조도시산업의 일환으로 예술부흥전략이 부각되고 있다. 또한 문화예술 프로그램으로는 전통문화, 예술, 그리고 참여 대상을 강조한 생활문화 프로그램과 지역의 특색이 드러나는 축제 중심의 지역문화진흥사업 등에 몰두하고 있다. 특히 2015년 4차 기본방침을 제정하여 2020년 도쿄올림픽을 중심으로 해서 문화예술 중장기 정책의 기본 틀을 마련하여, 국가 주도형 문화예술정책을 강화 및 시행되고 있다(문화체육관광부, 2019).

일본의 행정기관인 문부과학성은 교육을 담당하는 부서로서 고령자들에게 효율적이고 더 많은 학습의 기회를 제공할 수 있는 체제를 갖추고 있으며, 구체적으로 평생학습을 전담하여 추진할 수 있는 기반과 시설을 설치하고 정비하고 있다. 그 이외에도 학습을 시행하는 기반 시설과 학습 정보를 제공하고 구축하여 학교개방사업, 고등교육 기관의 정비, 평생 스포츠 추진 사업 등을 장려하고 있다. 문부성 관련 시책으로는 '평생학습 자원봉사활동 종합추진사업', '장수화 대책사업'

등의 고령자를 대상으로 학습과 사회참여 활동 두 가지를 촉진하는 사업들이 있다(한정란, 박성희, 2006). 일본은 노인을 위한 보건 · 복지정책과 함께 은퇴 후의 삶을 윤택하고, 건강하며, 활기차게 보낼 수 있는 선구적 모델을 추구한다.

② 노인 문화예술교육 프로그램

일본의 문화예술교육은 시민들이 문화의 중요성과 필요성을 제대로 이해한 후, 전통문화의 계승을 중요시하고 개인과 가정 그리고 지역, 국가가 연계하여 문화예술을 향유할 수 있도록 한다. 그리고 문화예술을 시행하는 예술가의 직접적인 지원과 지위 향상을 위한 노력을 게을리하지 않는 것이 일본 문화예술교육의 강점이다.

노인극단 사이타마현의 '골드 씨어터'는 초고령사회의 의미 있는 모델로 평가받고 있다. 그중 사이타마현의 연극 프로그램은 각종 위험에 노출되기 쉬운 노인의 삶을 돌보고, 사회적 네트워크 형성에 기여하며, 심리적 위로와 교육, 정보전달을 위한 수단이 되었다. 2006년 시니어극단을 창설하였고 고령자를 뜻하는 '실버'가 아닌 '골드'라는 단어를 넣어 '골드 씨어터'라는 이름의 시니어극단을 출범하였다. 55세 이상의 노인을 대상으로 국내외에서 단원들을 공개 모집하였으며, 1,011명이 오디션에 참가하였고 20명으로 규정했던 정원의 두 배 이상인 47명을 선발하였다.

또한, 후생성은 '고령자의 삶의 보람과 건강 만들기 추진 사업'이라는 이름으로 지역마다 특색 있는 사업으로 진행하고, 지역마다 노인을 위한 클럽을 개설하여 이를 지원해주는 '각종 노인 클럽육성사업' 등을 장려하고 있다(한정란, 박성희, 2006). 1953년 동경에서 실험적으로 시작된 노인클럽은 주로 레크리에이션 정도의 모임이었으며, 1963년 노인보건법의 제정으로 국고지원이 되면서 활발하게 활성화되었다. 일본의 노인복지센터 프로그램은 노인복지센터와 데이케어센터 그리고 작업소로 나뉘는데, 노인복지센터의 프로그램을 보면 다음과 같다.

| 표 9-3 | 일본 노인복지센터의 프로그램

구분	내용
기능회복 훈련	보행보조임대, 물리치료(치료체조, 운동치료), 작업치료(수예, 공작, 원예, 회화, 조각), 심리치료(대화요법), 그룹치료(뇌졸중 후유증, 교통사고 후유증), 목욕서비스
운동·스포츠지도	체력검사(노인체력검사, 건강검사), 스포츠(원반 던지기, 탁구, 배드민턴, 게이트볼)
교양강좌	바둑, 장기, 다도, 서예, 연극, 수묵화, 조각, 도예, 뜨개질, 인형, 컴퓨터, 요리, 민요, 포크댄스, 가라오케, 시무, 검무, 팬 연습, 대금 연주, 꽃꽂이, 원예, 농예
레크리에이션	바둑, 장기, 취미·스포츠 경연대회, 작품전시, 여행
노인클럽 활동	수예, 공작, 원예, 회화, 보건, 안전, 문예 등의 학습, 시사문제, 생활, 영양, 보건, 복지, 종교 등의 강의, 노인시설, 교육시설, 생산시설, 문화시설, 재활시설 등의 견학, 자원봉사 서비스
주요 행사	연예대회 바둑, 장기대회, 운동회, 민요발표회, 문화예술 작품전, 영화감상회, 사회견학, 카드놀이 대회, 음악제, 게이트볼 대회

(3) 국내 노인 문화예술교육 정책

우리나라의 문화예술교육 사업은 다양한 노인 문화예술교육 프로그램의 개발과 시행이 적극적으로 확대되지 못한 경향이 있으며, 노년층은 문화예술을 접하는데 여전히 거리감을 느끼고 있다. 또한 대부분의 노인평생학습 기관에서 제공되는 평생학습 프로그램은 제한적이며 여가활동의 개념으로서만 문화예술분야의 교육 프로그램을 제공하고 있다.

2000년대 초반까지만 해도 노인복지법에 따라 노인의 건강과 경제와 관련한 최소한의 복지 차원에서 노인 대상의 교육프로그램이 진행되었다면, 그나마 노인복지회관에서 실시하는 사회교육 프로그램 일환인 건강 체조, 노래교실, 사군자교실, 원예교실, 탁구 등 다소 제한된 영역에서 단순 강습형 프로그램이 노인 문화복지 프로그램을 담당하고 있었다.

2006년에 개설된 한국문화예술교육진흥원의 사회문화예술교육지원 사업이 시작되면서 본격적으로 노인에 대한 문화예술교육이 시작되었다. 지자체 기관에서는 2008년부터 서울문화재단이 '꿈꾸는 청춘 예술대학'을 시작하였으며, 2015년에는 문화관광부 인문정신문화과 소관으로 한국문화위원회의 '인생 나눔 교실' 사업이 있다(엄소라, 2021).

노인 문화예술교육의 활성화에 큰 힘을 실어준 문화예술교육 5개년 종합계획(2018~2022)의 3대 추진과제를 살펴보면, 하나는 지역의 기반 생태계를 구축이며, 두 번째는 수요자 중심을 다각화이며, 세 번째는 문화예술교육의 고도화이다(문화체육관광부, 2018).

문화예술교육 5개년 종합계획 당시 노인 문화예술 프로그램 세 가지를 소개하고자 한다.

첫째, 문화체육관광부와 한국문화원연합회의 어르신 문화프로그램 '문화로 청춘'이 있다. '문화로 청춘'은 적극적이고 주체적인 문화예술 활동 참여를 통해 활기찬 노년의 생활에 기여하고자 교육형, 동아리형, 혼합형으로 이루어진 노인교육 프로그램이다. 이 프로그램 안에는 문화예술 콘텐츠를 지원하는 어르신 문화활동 지원 사업, 사회문제 해결형, 세대 교류형, 지역 연계형으로 구분하여 참여를 도모하는 어르신 사회활동 지원 사업이다.

둘째, 한국문화예술교육진흥원의 농산어촌 이동형 문화예술교육지원 사업 '움직이는 예술정거장'의 경우에는 특화형 체험 버스, 트럭, 병원선을 이용해 문화예술의 접근성이 떨어지는 농산어촌 및 도서지역을 대상으로 직접 찾아가서 8개의 다채로운 프로그램을 150회가량 운영하며 문화 소외 지역민과 노인의 문화 향유에 대한 불평등 해소를 위해 노력하고 있다(문화체육관광부, 2019).

셋째, 보건복지부 산하 한국노인인력개발원에서는 활기차고 건강한 노후생활을 영위할 수 있도록 다양한 일자리 및 사회활동을 지원하는 노인 일자리 및 사회활동 지원 사업을 운영하고 있다. 지원 사업 중에서 문화예술 재능 나눔 활동을 통해 음악, 미술, 공연, 전시, 체험 등과 관계된 문화예술 활동을 지원하고 은퇴 후 생애 설계 프로그램을 통해 자원봉사와 재취업을 돕고 지역사회의 발전에 힘쓰고 있다(김소영, 2016).

생애주기별 맞춤형의 문화예술교육 확대가 문화예술교육 5개년 종합계획의 주요 과제로 선정되면서 한국문화예술교육진흥원은 유아, 아동·청소년, 청년·중년, 장년·노년 4단계로 전 연령층을 구분하여 세부 추진과제를 설정하였다(엄소라, 2021). 전 연령층의 추진과제로는 주체적·자발적 문화예술교육 활동 지원이며 주요 내용으로는 일반국민이 자발적으로 활동하는 예술 동아리의 교육프로그램 지원을 통해 시민예술가를 양성하는 것이다. 장년층의 추진과제는 고령사회에 대비하는 문화예술교육 지원으로 은퇴를 맞이하는 50~64세의 생애 전환기의 중장년층 대상 중심으로 문화예술교육을 지원하는 것이며, 노년층은 문화예술교육 지원의 다각화이다(아르떼, 2022).

5) 창의적 노화를 위한 창조적 문화예술교육

(1) 의의

창조적 삶의 방식을 택하는 사람들은 주어진 일만을 행하는 사람이 아니라 하고자 하는 일을 만들고 행하는 사람이다. 또한 자신의 삶에 답을 구하기보다 자신의 삶을 끊임없이 계획하고 스스로 세계에 질문을 던지는 사람이다. 코헨(Cohen, 2006)은 노년기에 창의성이 발휘되면 잠재력을 활용할 가능성이 있으며, 예술프로그램의 효율적 개발과 지속적인 교육으로 끌어낼 수 있다고 보았다(Hanna & Perlstein, 2008). 즉 노년층은 문화예술과 지역사회 활동에 높은 관심과 참여욕구를 가지고 있으며, 주체적으로 자신의 삶을 즐기며 살고자 한다는 것이다. 이에 창의적 노화를 위한 창의적 문화예술 활동의 의미는 다음과 같이 제시된다.

첫째, 창조적 예술경험을 통한 노인의 잠재력 발현과 자기실현적 삶의 실천이다. 인간의 잠재력 발현은 학습의 영역이며, 이러한 학습은 사회복지 차원으로만은 해결할 수 없는 자아실현의 문제로 귀결되기 때문에 학습의 본질적인 문제제기가 필요한 것이다. 노년의 자아실현은 온전한 성숙과 초월을 배제하고는 이루어질 수 없으며, 인격의 성숙은 나이가 든다고 얻을 수 있는 것이 아니라 지속적인 배움의 노력과 열정을 쏟아야만(이관춘, 2014) 이룰 수 있는 발달단계의 정점이기 때문이다.

둘째, 노인에게 문화예술 활동은 노인의 삶을 성숙에 이르게 하는 과정으로, 미래 사회의 노화에 대응하는 새로운 패러다임인 창의적 노화를 통한 노인의 신체적·정신적 건강의 증진은 물론 더 나아가 지역사회를 건강하게 만들고 고령사회를 지나 초고령사회를 대비한 노인 문제를 해결할 수 있는 하나의 대안으로 제시될 수 있다.

(2) 역할

문화예술 경험으로 예술작품 감상 및 미술 작업은 노인들이 시간적·경제적으로 긍정적 영향을 주며, 사회적 관계망을 형성하는 데 적극적 역할을 담당한다. 그리고 예술작품 감상과 미술 작업의 과정 자체가 노인들에게 치유적 경험을 제공한다. 이에 따른 예술작품 감상 및 미술 작업의 긍정적인 요인을 세 가지로 살펴볼 수 있다.

첫째, 예술작품 감상은 작가의 의도보다는 작품 속에 감상자의 내적 상황을 투사하면서 공감대가 형성되고 자기 위안의 경험을 하게 된다.

둘째, 미술 작업은 화지가 자신만의 세계가 되어 언어적으로 표현할 수 없는 내면의 세계를 그림이라는 언어를 통해 펼쳐지게 된다. 이러한 과정을 통해 표현력 증진은 물론 많은 사유적 과정과 정서적 활동이 필요하며, 노인들의 니즈(needs)를 통해 얻는 정서적 만족은 심리적 안녕감으로 이어진다(양원영, 2018).

셋째, 예술작품을 매개로 타인과의 상호 소통은 노인들에게 간접적이지만 안정적인 의사소통을 제공한다. 즉 안정적인 사회적 관계망을 형성할 수 있어 자연스럽게 보다 적극적인 사회활동에 참여할 수 있게 된다.

따라서 예술작품을 감상 및 미술 작업은 노인들이 카타르시스와 공감력 증진과 더불어 자기 성찰을 통한 자아통합의 심리치유적 효과를 나타낼 수 있게 된다. 결과적으로 창의적 노화를 위한 창조적 문화예술교육은 노년기의 지혜로운 삶의 안내자이자 촉진적 역할을 수행하며 현 시대적 흐름에 편승한 평생학습의 지평에서 창의적 노화의 발전에 기여할 것이다. 나아가서 창조적 문화예술은 노인의 온전한 자기 삶을 살아가기 위한 경험과 자기 이해를 노인학습자에게 제공하면서 그들의 성숙한 삶을 위한 실천 방향을 제시하여 평생학습 과정에서 중추적 역할을 할 것이다.

Chapter 10

노인의 정보화교육

1. 노인정보화교육의 이해
2. 노인정보화교육의 실태
3. 노인정보화교육의 과제 및 전망

1. 노인정보화교육의 이해

21세기는 4차 산업혁명을 주도한 정보기술이 발달하면서 일상생활 전반의 디지털화를 이끌고 있다. 특히 정보화 기술의 중요한 성과 중 하나인 스마트폰은 우리 생활에서 가장 중요한 도구가 되고 있으며 이러한 디지털정보 사회의 중요한 특징 중 하나는 지능정보화이다. 다양한 정보들이 디지털화되어 제공되고 있어 빅 데이터, 알고리즘 추천 등 디지털정보 기술이 뉴스 언론 분야에서도 점점 더 많이 활용되고 미디어도 점점 지능화되고 있다(이원태 외, 2017). 디지털기술이 일상생활에서 쉽고 다양하게 활용되어 삶에 긍정적인 영향을 미칠 것으로 예상된다(Hogeboom et al., 2010). 그러나 디지털기술에 익숙하지 않은 고령자들의 경우 취약계층으로서 낮은 디지털정보활용 능력을 갖추기 때문에 디지털기술로 생긴 편의를 제대로 누리지 못하며 이러한 디지털정보 기술활용 불평등 현상은 점점 사회적 문제가 된다(윤희정 외, 2020). 연령이 높은 세대일수록 정보 취약계층이 되어가고 있으며 이는 심각한 사회현상이다. 이러한 문제점으로 인하여 노인들은 심리적 위축으로 불안감 발생과 자존감이 상실될 수 있으며, 청·장년 등 여러 세대에 대한 사회통합의 부담감이 커질 수 있다(임종린, 2017). 이에 노인 세대와 청·장년 세대 등의 통합의 한 방법으로 노인에게 디지털 리터러시 역량 강화의 강조로 콘텐츠의 이해와 활용뿐만 아니라 기기 접근성, 소통과 참여, 정보공유 등을 요구하고 있다(오지안 외, 2018).

기존 연구에 따르면, 디지털정보 기술활용은 고령자의 심리적·감정적 지원 유지와 제공을 할 수 있으며 단체 활동 등 사회참여에 대해서도 긍정적인 영향을 미칠 수 있다. 디지털 소외는 노인의 디지털 기기의 이용을 저해하고 노년기 삶의 질, 경제활동 사회참여 등에 부정적 영향을 미친다(김학실 외, 2020).

인터넷 사용이 세대 간의 장벽을 감소시키고 의사소통의 범위를 넓히고, 효과적인 네트워크 형성을 제공할 수 있으며 고령자들의 배제 및 소외감을 효과적으로 감소시킬 수 있다(Hogeboom, et al., 2010; Sum et al., 2008). 따라서 지능정보화사회에서 디지털 기기 이용 능력과 디지털정보 활용 능력이 디지털 정보격차 해소 그리고 고령자의 디지털 소외감을 더는 데 큰 도움이 될 수 있다.

1) 노인 디지털 리터러시

'리터러시(literacy)'는 글을 읽고 쓰는 능력을 의미하며, 우리말로는 '문해(文解) 또는 문자 해득(文字解得)'이라는 용어로 주로 사용되었다. 리터러시의 핵심요소인 3R(읽기, 쓰기, 셈하기)은 기초적인 능력으로 문자언어를 기반으로 하는 커뮤니케이션 능력과 음성언어를 기반으로 한 커뮤니케이션 능력으로 크게 구분되어 있다. 유네스코는 '문해란 다양한 내용에 대한 글과 출판물을 사용하여 정의, 이해, 해석, 창작, 의사소통, 계산 등을 할 수 있는 능력'이라 정의하였다(UNESCO Education Sector, 2004).

과거에는 리터러시의 개념이 문자해독 능력만을 의미하고 정보격차 논의는 PC 보급과 이용에 초점을 두었다면, 사회가 빠르게 변화함에 따라서 리터러시의 개념도 변화되고 있다. 디지털 기술이 보급되고 확장되는 시대에서 사회는 새로운 방식의 리터러시 개념과 실행양식을 요구하고 있다(김종윤 외, 2017). 이것은 디지털 리터러시 역량 강화로 기기 접근성 더 나아가 소통과 참여, 콘텐츠의 이해와 활용, 정보공유 등이 한층 더 강조되어 중요한 초점으로 대두되고 있다(오지안 외, 2018). 더 나아가 디지털 리터러시(Digital Literacy)는 ICT(Information & Communication Technology) 매체가 등장하면서 정보해독 능력으로 그 의미를 확장하여 비판적 활용의 능력까지 요구하며 기술습득을 넘어 새로운 시대의 역량 강화를 요구하고 있다(이애화, 2015).

한국교육개발원(KEDI)이 2012년에 출간한 『21세기 핵심역량: 이 시대가 요구하는 핵심스킬』에서는 급변하는 정보화 사회의 필요한 지식, 태도, 역량을 제시하고 있다. 또한 디지털 리터러시 스킬 역량으로 '혁신 및 학습 스킬', '생활 및 직업 스킬'로 구분해 21세기에 갖추어야 할 기술(skills)'에 대해 제시하고 있다. 이러한 구분은 경험적 학습의 차원에서 디지털 생활과 공유와 다양한 상호작용이 사회문화 속에서의 기반이된 학습 역량을 바탕으로 한 디지털 리터러시 발전에 대한 것으로, 단순히 디지털 기기를 사용하는 것에서 디지털 리터러시 스킬의 역량을 요구하고 있다(Trilling et al., 2009).

최숙영(2018)은 디지털 역량의 개념을 "각 구성원이 일상적인 삶을 살아가는 데 디지털 사회에서 학습하며 혁신적이고 창의적으로 각 분야에서의 작업을 수행하기 위해 필요한 능력으로, 4차 산업혁명 시대의 디지털 역량은 문제해결을 위한 지식, 태도, 스킬 및 사고력 등을 포함하는 디지털 기술"이라고 하였다. 이러한 디지털 역량은 여러 가지의 다양한 기술과 역량으로 구성되며, 그 범위는 기술과 컴퓨팅, 정보과학, 리터러시, 미디어 및 커뮤니케이션 등으로 많은 분야에서 일하고 공부할 때 일상적으로 사용할 수 있는 능력, 그 기술을 비판적으로 평가할 수 있는 능력, 또한 디지털 문화에 참여하려는 태도 등이 핵심적인 역량으로 간주하고 있다(Ilomäki et al., 2011). 2010년대에 접어들면서 디지털 리터러시는 단순한 기능과 능력 관점이 태도의 관점을 포함하는 역량의 관점으로 발전하기 시작하였다(계보경, 2017).

노리스(Norris, 2001)는 정보격차를 사회적 · 경제적 격차가 심화하는 불평등 현상으로 설명하였다. 또한 정보통신기기에 접근할 수 있고, 기기를 이용할 수 있는 자와 그렇지 못한 자로 나누며 정보통신 기기 접근 여부로 정보격차 현상을 설명하였다. OECD(2011)는 정보격차에 대해 "개인, 가정, 기업, 지역 간의 수준의 차이가 여러 활동을 위한 인터넷 이용으로 정보통신기술에 대한 접근 기회로 나타난다"라고 하였다.

우리의 삶의 질을 높이는 데 필요한 정보를 선택하고 얻는 것은 매우 중요하지만 정보취약계층에게는 정보통신 기술의 발달로 정보 유통 속도가 빨라지고 정보 매체가 매우 다양해지는 것에 비례하여 정보를 받아들이고 이해하는 것이 더욱 어렵게 되고 있다(남희경, 2023). 정보격차의 중요한 점은 접근성 중심인 '얼마나 용이한 접근으로 PC를 필요할 때 사용할 수 있는가'에서 디지털 리터러시의 차이인 '어떻게 정보 활용을 하는가', '매체를 효과적으로 얼마나 다루는가'로 그 초점이 옮겨가고 있다고 하였다(김문조 외, 2002; Loges et al., 2001). 중요한 것은 노인복지와 사회복지 측면에서 노인의 디지털 리터러시를 높이는 것이 중요하다(Zheng et al., 2015). 또한 노인건강과 복지, 생존 능력을 내포하며 사회 불평등 구조를 공고히 하는 것은 노인의 디지털 정보격차를 줄이는 것이다(김경희 외, 2020; 김명용 외, 2016).

2) 정보화 사회의 의미

인간이 살아온 역사를 돌이켜보면 어떤 재질의 도구를 사용했느냐를 기준으로 석기시대, 청동기시대, 철기시대 등으로 구분하기도 하고, 혁명적으로 인간의 삶이 변화되는 모멘텀을 기준으로 1차 농업혁명, 2차 산업혁명, 3차 정보기술혁명으로 구분하여 설명하고 있다. 최근에는 곧 도래할 것으로 예견되는 AI를 중심으로 한 4차 산업혁명이라는 용어도 심심치 않게 등장하고 있다(김미자 외, 2023). 우리가 살아가는 사회는 정보가 중심이 되어, 가치를 창조하는 사회로서 정보 사회 또는 탈산업 사회라고 한다. 이러한 사회는 당연히 정보가 가장 중요한 자원이며 정보를 활용한 지식 산업이 주요한 산업으로서의 위치를 차지고 있다. 누가 더 많이 질 좋은 정보를 취득하느냐에 따라 국가나 사회가 성장하고 발전하는 데 큰 영향을 미친다고 해도 과언은 아니다. 4차 산업혁명의 중심 키워드인 AI도 정보기술의 발달을 전제로 하고 있다.

정보기술의 발달은 많은 측면에서 긍정적인 가치를 지니고 있고 한편으로는 부정적 측면도 있다(송선희 외, 2011; 임효석, 2010).

긍정적인 측면에서는 다양한 정보통신기술은 시간과 공간의 제약에서 벗어나 쌍방향의 커뮤니케이션을 확대하고, 육체적이고 힘든 일보다는 지식과 기술을 바탕으로 하는 사회발전의 기초를 제공한다. 즉, 컴퓨터와 통신기술을 이용한 정보의 수집, 가공처리, 전송, 분배와 이를 활용할 수 있는 뉴미디어와 홈뱅킹, 홈쇼핑, 재택근무 등으로 인해 생활의 편리함과 효율성이 동시에 가능하게 됨에 따라 개인의 가치와 행복이 향상되었고, 정보통신기반인 인터넷을 활용하여 가정에서 민원, 행정업무처리와 전자상거래를 통하여 수입을 창출할 수 있게 되었다(강혜영 외, 2007; 김영석, 1999). 또한 사회문화와 교육에서도 큰 변화를 불러왔으며 이와 더불어 컴퓨터와 네트워크에 의해 형성된 사이버공간에서 새로운 문화도 등장하였다. 이처럼 정보화는 여러 계층의 사람들에게 다양한 정보와 문화를 접할 수 있는 기회의 제공과 새롭고 다양한 인간관계 형성을 가능하게 하였다(한상완 외, 2005; Anderson, 1999).

한편, 부정적 측면에서는 정보화가 진전됨에 따라 정보취약계층이 직면하는 정보 불평등과 정보격차 문제가 대두된다. 노년기에는 사회적 역할상실, 소득감소, 소외와 고립의 문제가 발생하며 신체적 기능저하는 물론 정서적 적응의 어려움 및 일상생활 수행능력이 저하되는 상황에 부닥치게 된다. 대부분의 노인은 자신의 상황에 좌절하며 개선을 위한 노력에는 무관심한 채로 여생을 보낸다. 또한 노인에게 있어서 급변하는 정보통신기술의 발달은 또 다른 스트레스 요인으로 작용할 수 있으며, 더 나아가 사회적 적용 문제를 야기할 수 있다.

우리 생활의 중심에 자리매김한 컴퓨터는 사이버세상에서 많은 문제점과 사회적인 범죄 현상을 일으키는 매개로 작용하였다. 그 대표적인 현상은 정보격차로 인한 정보의 불평등 현상으로 인해 사회통합을 저해하는 결과를 가져왔으며 인터넷을 통한 특정인 또는 불특정인 다수에게 반복적으로 손해를 입히거나 정신적 고통을 가하는 인신 비방, 바이러스 유포, 지식재산권 침해, 자살 동조 및 음란물 등의 불건전 정보유출로 부정적인 영향이나 피해가 속출하고 있다. 이는 인터넷의 특성인 익명성과 정보접근 용이성을 악용하여 개인이나 사회 전반에 정신적·물질적 피해를 주고 있으며 제3의 불순세력 등에 의해 국가안보에도 위협적인 요소로 나타나고 있다(임효석, 2010). 따라서 정보화는 우리에게 많은 혜택과 이로움을 주는 반면 갖가지 위험과 부작용을 가져다줄 수 있는 도구이므로 정보화 윤리교육과 예방을 할 수 있는 장치가 필요하다.

결과적으로 노인정보화교육을 통해서 노인의 정보화가 원활하게 이루어진다면 노인들의 고독이나 심리적 불안 및 소외의 상황에 대처하는 효과적인 기제로 작용할 수 있다. 또한 노인의 사회적 고립감을 완화하고 자기효능감을 증진하여 노년기 삶의 질이 향상될 수 있다(최운실 외. 2021).

3) 노인정보화교육의 개념

정보화사회에서 노인에 대한 정보화교육은 노년층에게 정보화 교육을 제공함으로써 노인들이 겪는 사회부적응이나 최신 정보통신기술의 발달이 오히려 노인층이 겪게 되는 심리적, 지적, 기능적인 소외감에서 벗어날 수 있도록 하여 삶을 살아가는 데 있어 긍정적이고 할 수 있다는 자신감을 제공함으로 노인들의 삶의 질을 향상하는 데 큰 역할을 할 수 있다. 김진숙(2018)은 노인 정보화교육의 개념을 소외되고, 열악한 환경에 있는 노인들에게 평생학습과 같은 복지적 차원의 교육을 제공하며, 세대 간 정보의 격차를 해소하는 체계적이고 제도적으로 정부와 사회가 개입하고 있다고 보고 있으며, 최운실(2021)은 노인 정보화 교육의 개념을 노인복지의 증진을 위하여 노인계층을 대상으로 정보를 생산, 유통, 활용하여 이루어지는 정보화를 위한 노력 및 과정, 즉 '노인복지를 증진하기 위하여 노인계층을 대상으로 정보를 생산, 유통, 활용하여 노인의 제반 문제를 해결하고 이의 효율화를 도모하는 것'이라고 정의하고 있다(최운실 외, 2021; 김진숙 외, 2018).

노년층의 정보화 교육 수준은 컴퓨터에 관한 교육수준으로 기초적 수준이며, 컴퓨터 문맹 탈출을 위한 정도의 이해와 사용방법을 익히는 기초소양 교육을 뜻했으나, 최근에는 정보통신기기를 포함하는 도구를 활용하는 데 필요한 지식, 태도, 기술을 육성하는 교육을 포함한 포괄적인 개념으로 발전했다(송윤정, 2006). 노인 정보화교육은 삶의 질 향상에 기여하고 사회·경제적 부양효과를 유발할 뿐 아니라 노인의 정서적 안정과 자신감, 생활의 즐거움 등을 줄 수 있다. 또한 대인관계 및 건강에 긍정적 영향과 세대격차 및 갈등해소에도 크게 기여하여 일상생활에서 웹버족(webver)의 확산으로 기여하고 있다(서울경제, 2011). 웹버족은 인터넷을 뜻한 웹(web)과 노인을 의미하는 실버(silver)의 합성어이다.

학자들의 정의를 살펴볼 때 노인 정보화 교육이란 노인계층을 대상으로 정보화사회에 적응하고 소외되지 않도록 평생교육의 차원에서 사회의 관련 교육기관이 주체가 되어 노인의 정보화를 증진하기 위한 프로그램을 개발, 교육하는 일체의 교육과정이라고 정의할 수 있다.

4) 노인정보화교육의 필요성

노인의 정보화교육은 정보화 사회에서 쉽게 적응하지 못하고 부정적으로 인식될 가능성이 큰 노인에게는 필수 불가결의 학습이다. 정보화 사회에 있어서 노인들을 위한 독립적이고 생산적인 활동, 액티브한 삶을 영위하는 데 있어서 정보의 활용 능력이 갖는 중요성은 매우 크다. 특히, 노인의 은퇴 후 재취업 등을 통한 경제활동, 기부나 자기 삶의 의미를 확장하기 위한 자원봉사활동, 관계망 구축 등 사회구성원으로서의 사회참여 활동 등 다양한 활동분야에서 노인 정보화교육은 활동 범위를 확장하고 활동 수준을 높이는 데 큰 도움을 제공하는 교육이라고 할 수 있다. 평생교육으로서의 노인 정보화 교육을 통해 노인 스스로 자기 계발을 이루어나가야 하며, 노인학습자도 다양한 학습을 통한 지식을 요구하고 있는 것이 사실이다. 인공지능사회의 도래로 인한 사회변화의 가속화가 진행되면서 노인들은 사회에 적응하고 문제해결 능력을 대처하기 위한 노인 정보화 교육의 필요성은 더욱 증가할 것이다.

노인 정보화 교육이 갖는 의의는 노인들이 사회에서 요구하는 새로운 지식이나 기술을 익히고 젊은 세대와의 화합을 도모할 수 있는 장을 만들어 준다. 정보화교육을 통해 급변하는 사회에 효율적으로 적응해 나가는 사회 속의 당당한 구성원으로서 역할을 수행해 나갈 수 있다는 것이다(최운실 외, 2021). 지금과 같이 하루가 다르게 급속히 변화하고 새로운 기술, 시스템이 요구되는 사회에 효율적으로 적응해 나갈 수 있게 하며, 노인학습자의 정보화교육을 통해 노인이 갖고 있는 역량과 지식, 경험 등을 다시 사회로 환원할 수 있다는 점에서 노인 정보화 교육이 갖는 의의는 크다 할 것이다. 그뿐만 아니라 노인의 정보이용능력 함양을 통해 정보화의 급속한 진전에 따른 사회적 고립을 방지하고 세대 간 교류를 활성화하여 정보의 격차를 좁혀 간다는 데에서도 의의를 찾을 수 있다.

따라서 노인 정보화교육의 목적은 기존의 컴퓨터 및 인터넷 활용지식만이 아니라 향후 요청되는 스마트기기, 인공지능 관련 내용을 교육함으로써 세대 간의 정보격차를 해소하고 아웃사이더가 아닌 사회 주요 구성원으로서의 역할 및 성공적 노화와 사회적응을 꾀하는 것이다. 이와 같은 거시적인 목적에 따라서 다음과 같이 노인 정보화 교육의 세부목적을 정리하였다(김미자 외, 2023).

첫째, 노인 정보화교육은 노인학습자에게 사회적응에 필요한 정보지식과 기술을 제공한다.

둘째, 노인 정보화교육은 세대 간의 정보격차를 줄이고, 나아가 사회통합을 이루도록 한다.

셋째, 노인 정보화교육은 성공적인 노화를 가능하게 한다.

넷째, 노인 정보화교육은 액티브 시니어로서의 역할을 가능하게 한다.

다섯째, 노인 정보화교육은 다가오는 미래사회를 대비할 수 있게 한다.

5) 노인정보화교육의 유형

최흥식(2011)은 정보화교육이 가능한 노인교육 대상을 '교육 참여 의지'와 '학습 수용 능력'을 기준하여 네 가지 유형으로 구분하였다. 네 가지 유형은 의지와 능력이 전무한 노인, 의지는 없으나 능력은 있는 노인, 의지는 있으나 능력이 없는 노인, 의지와 능력을 모두 갖춘 노인이다. 노인 정보화 교육은 각 유형에 맞게 제공되어야 하며, 이에 대한 교육방안을 다음과 같이 제시하고 있다(김미자 외, 2023; 최운실 외, 2021).

첫째, 노인정보화교육에 무관심한 유형이다. 즉 의지와 능력이 전무한 노인이다. 이들은 교육 의지와 수용 능력이 전혀 없는 계층으로 사회적 관심과 함께 교육의 필요성을 인식하도록 하는 일이 급선무이다. 따라서 정보화교육 참여 동기유발을 위한 인식개선 활동이 우선적으로 필요하다. 그리고 교육의 필요성을 적극적으로 홍보하여 노인 스스로가 인식할 수 있도록 해야 한다. 구체적인 방법으로는 영상물, 홍보책자, 성공사례 발표 등 다양한 수단을 통해 정보생활의 필요성을 홍보하여 인지할 수 있도록 해야 한다. 또한, 다양한 참여기회를 제공하여 정보생활을 촉진하도록 해야 한다. 최첨단 IT기술 및 미래사회를 체험할 수 있는 전시관을 상설 운영하고, 노인 정보화 경진대회, 컴퓨터 백일장 등 정보화 확산을 위한 홍보사업을 지속적으로 실시해야 한다.

둘째, 노인정보화교육의 참여 의지는 없으나 학습 수용 능력이 있는 유형이다. 이들에게는 교육 참여 의지를 인지할 수 있도록 하는 일이 중요하다. 참여 의지의 인지는 동기 유발로부터 시작된다. 정보화교육의 필요성과 교육 후의 진전된 사례 등을 지속적으로 홍보하여 그들 스스로가 인지할 수 있도록 해야 할 것이다. 그리고 학습 수용 능력이 있는 만큼, 능력에 적합한 전용 교재와 보조강사를 활용하는 한편, 라이프 스타일과 욕구에 부응하는 다양한 교육과정을 개설하여 정보 활용을 유도해야 할 것이다.

셋째, 노인정보화교육의 참여 의지는 있으나 학습 수용 능력이 없는 유형이다. 이들은 교육 참여 의지가 있는 만큼, 교육의 장을 마련하는 일과 이들만의 커뮤니티 공간 조성이 중요하다. 구체적인 교육과 커뮤니티 공간은 시군구의 교육관이나 노인복지회관, 종교단체의 교육 공간, 대학 평생교육원 등을 활용할 수 있을 것이다. 또한, 학습 수용 능력이 없는 만큼 교육에 필요한 기본적 문해능력과 컴퓨터 및 인터넷 기초교육 등이 필요하다. 또한 의지를 더욱 북돋을 수 있도록 계층별 욕구에 부합하는 정보 활용모델을 제시하여 지속적인 정보생활을 독려하고, 일상생활에 정보기술을 활용하도록 유도해야 한다.

넷째, 교육 참여의지와 학습능력을 모두 갖춘 계층으로 정보화교육의 심화과정이 필요한 유형이다. 이들에게는 건전한 정보의 활용 및 활동 환경을 조성하고 정보화교육을 심화하여 적극적이고 건전한 사회참여 기회를 확대할 필요가 있다.

| 표 10-1 | 정보화교육을 위한 노인 유형과 방안

유형	내용	
의지와 능력이 전무한 노인	• 정보화 교육의 필요성 인지 • 교육 필요성 적극 홍보	• 교육 참여의 동기 유발 • 다양한 참여 기회 증진
의지는 없으나 능력은 있는 노인	• 교육 참여의 유익성 인지 • 교육 이후 진전된 사례 홍보 • 다양한 교육과정 개설	• 정보화 교육 참여 동기 유발 • 정보 활용의 실효성 인식

유형	내용
의지는 있으나 능력이 없는 노인	• 정보화 교육의 장을 마련 • 노인만의 커뮤니티 공간 조성 • 문해능력 향상 프로그램 제공 • 컴퓨터 및 인터넷 기초교육 실시 • 지속적인 정보생활화 독려·활용
의지와 능력을 모두 갖춘 노인	• 정보화 교육의 심화과정 제공 • 건전한 정보 활용 및 활동 환경 조성 • 사회참여 기회 확대 • 정보화 비인식 노인의 역할 모델 • 정보화 상담 및 교육 활동 전개

출처: 최홍식. (2011). 고령화 사회의 노인정보화 증진방안에 관한 연구. 사회과학논총, 27(1). 재구성.

2. 노인정보화교육의 실태

1) 노인 디지털정보화 종합 수준

매년 노인의 정보화 수준은 조금씩 완화하는 추세를 보이지만 정보화 역량과 활용 수준은 상대적으로 낮다. 디지털정보격차 실태보고서(2022)에 의하면, 디지털 접근 수준은 95.1%이고, 디지털 역량 수준은 54.5%, 활용 수준은 72.6%로 조사되었다(과학기술정보통신부, 한국지능정보사회진흥원, 2022). 여기서 생각해 봐야 할 문제는 스마트폰 및 디지털 환경 등의 빠른 보급으로 디지털 접근 수준은 확대되었지만, 정보 역량과 디지털 활용 수준은 상대적으로 낮다는 데 있다.

정보 취약계층 안에서도 디지털 환경에 더 취약한 환경에 처한 고령층의 현실은 고령화가 빠르게 진행되는 우리나라에서 정보격차 문제를 해소하여 정보화 사회라는 새로운 환경에 적응시키고자 하는 고령층 정보화 교육의 중요성은 점점 커지고 있다(김재각, 2017).

고령층의 성별·연령별 디지털정보화 수준은 종합, 접근, 역량, 활용 모두 여성보다 남성에서 높고, 저연령일수록 높게 나타났으며, 소득이 높을수록 디지털정보화 수준이 높은 것으로 확인되었다.

| 표 10-2 | 성·연령·월가구소득별 디지털정보화 수준

(단위: %)

구분		종합	접근	역량	활용
성별	남성	77.1	97.3	64.3	75.5
	여성	68.6	93.7	47.8	72.2
연령	50대	92.1	101.6	83.8	94.0
	60대	75.5	98.0	56.7	79.0
	70대 이상	55.6	88.0	34.6	53.5
월 가구 소득	100만 원 미만	41.9	84.2	18.6	34.5
	100~199만 원	55.6	91.5	31.2	54.5
	200~299만 원	71.1	93.5	51.7	75.1
	300~399만 원	75.0	95.7	57.4	78.4
	400만 원 이상	87.7	100.8	77.2	89.3
고령층 전체		69.9	95.1	54.5	72.6

출처: 과학기술정보통신부 외. (2022). 디지털정보격차 실태보고서. 대구: 한국지능정보사회진흥원.

2) 노인 디지털정보화 접근 수준

(1) 이용 가능한 PC 보유 여부

2022년 기준, 이용할 수 있는 데스크탑 컴퓨터나 노트북을 보유하고 있는 고령층 가구는 58.0%로 일반국민 보유율 72.4%보다 14.4%p 낮은 수준으로 2021년 고령층 PC 보유율 56.1% 대비하여 1.9% 상승하였다. 성별 및 연령별로 보유현황을 보면, 남성(62.8%)이 여성(53.9%)보다 높고, 50대 76.3%, 60대 63.7%, 70대 이상 38.6%로, 저연령일수록 높게 나타났다.

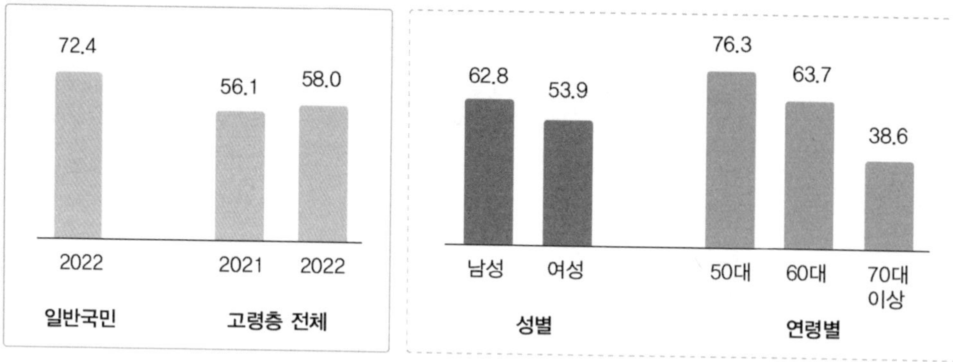

| 그림 10-1 | 이용 가능한 PC 보유 여부

(2) 모바일기기 보유율

2022년 기준, 고령층의 모바일 스마트기기(스마트폰/스마트패드/기타 주변기기 중 하나) 보유율은 84.2%로 일반국민 스마트폰 보유율 98.3%보다 14.1%로 낮다. 2021년 모바일 스마트기기 보유율 81.6% 대비 2.6%로 증가하였고 남성(87.7%)이 여성(81.2%)보다 높고, 50대와 60대는 90% 이상으로 높게 응답된 반면 70대 이상은 63.1%로 낮게 나타났다.

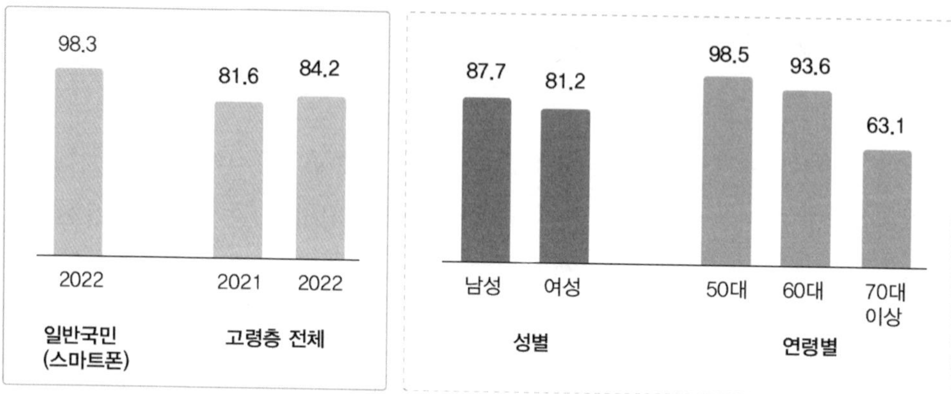

| 그림 10-2 | 모바일 스마트기기 보유율

(3) 가구 내 인터넷 이용 가능 여부

고령층 가구의 99.1%가 가구 내 컴퓨터나 노트북, 스마트폰, 스마트패드 등을 사용하여 인터넷 이용이 가능한 것으로 조사되었으며, 2021년 고령층 인터넷 이용 가능률 97.7% 대비 1.4%로 상승하였다. 성과 연령에 관계없이 거의 모든 계층의 가구에서 인터넷 이용이 가능한 것으로 나타나지만, 70대 이상은 97.6%로 상대적으로 낮았다.

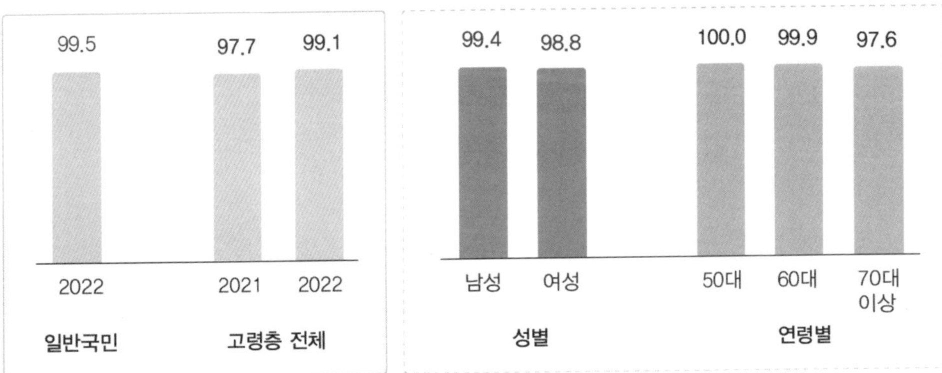

| 그림 10-3 | 가구 내 인터넷 이용 가능률

3) 노인 디지털정보화 역량 수준

(1) PC 이용 능력

컴퓨터를 이용하여 기본적인 활동들이 가능한지 여부를 조사하기 위해 다음 7개 항목을 조사하였다. ① 소프트웨어 설치 및 삭제, ② 인터넷 연결 및 사용, ③ 웹 브라우저 환경설정, ④ 다양한 외장기기 연결 및 이용, ⑤ 인터넷 통한 파일 전송, ⑥ 악성코드 검사 및 치료, ⑦ 문서 및 자료 작성 등 항목을 조사한 결과, 인터넷 통한 파일 전송 능력이 30.2%로 가장 높고, 악성코드 검사 및 치료 능력이 19.5%로 가장 낮았다.

(2) 모바일기기 이용 능력

모바일기기 이용 능력은 모바일기기를 이용하여 스스로 얼마나 할 수 있는지를 조사한 내용이다. ① 기본적인 환경설정, ② 무선 네트워크 설정, ③ 파일을 컴퓨터에 이동, ④ 다른 사람에게 파일 전송, ⑤ 필요한 앱 설치 및 이용, ⑥ 악성코드 검사 및 치료, ⑦ 문서 및 자료 작성 등으로 조사한 결과, 다른 사람에게 파일 전송 능력이 62.4%로 가장 높고, 다음은 기본적인 환경설정(61.1%), 무선 네트워크 설정(56.7%) 순으로 높게 나타났으며, 악성코드 검사 및 치료 능력이 27.5%로 가장 낮았다.

4) 노인 디지털정보화 활용 수준

(1) 인터넷 이용 여부

인터넷 이용자에 대한 정의를 최근 1개월 이내 인터넷 이용자로 규정하고 인터넷 이용 여부를 조사하였다. 고령층의 이용률은 83.7%로, 일반국민 인터넷 이용률인 93.0%보다 9.3% 낮은 수준이다.

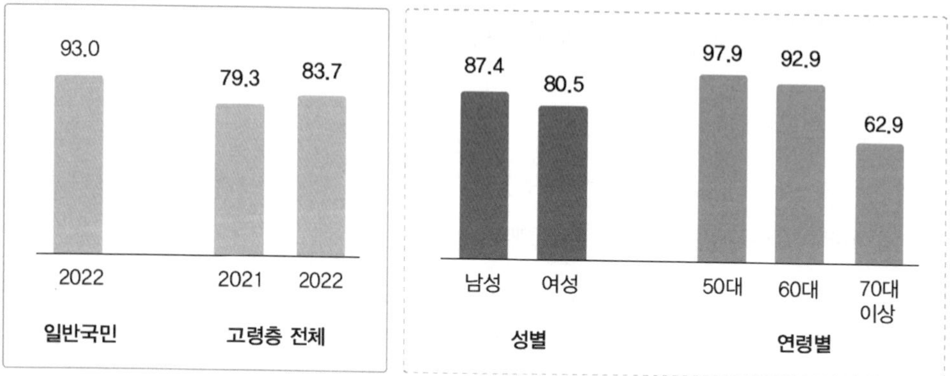

| 그림 10-4 | 인터넷 이용률

(2) 인터넷 이용 기기

고령층의 주요 인터넷 이용 기기는 스마트폰(83.6%)이었고, PC(22.3%), 스마트패드(4.0%)로 조사되었다.

(3) 검색 및 이메일, 콘텐츠 서비스 이용률

인터넷 이용자 기준, 고령층의 검색 및 이메일, 콘텐츠 서비스 이용률은 79.0%로 일반국민 91.4%보다 12.4%p 낮게 나타났다. 고령층의 검색 및 이메일, 콘텐츠 서비스 이용률은 정보 및 뉴스 검색(72.9%), 미디어콘텐츠(47.0%), 이메일(23.4%), 교육콘텐츠(16.7%) 순으로 나타났으며, '정보 및 뉴스 검색'은 남성, '미디어콘텐츠', '교육콘텐츠'는 여성이 높게 조사되었다.

| 표 10-3 | 성 · 연령 · 월가구소득별 검색 및 이메일, 콘텐츠 서비스 항목별 이용률

(단위: %)

구분		정보 및 뉴스 검색	이메일	미디어 콘텐츠	교육콘텐츠
성별	남성	75.0	23.8	45.5	14.0
	여성	70.9	23.0	48.3	19.2
연령	50대	78.3	31.3	54.3	20.1
	60대	77.1	17.7	45.0	10.9
	70대 이상	59.7	25.1	42.7	23.2
월 가구 소득	100만 원 미만	47.5	12.6	33.9	11.7
	100~199만 원	60.7	13.9	36.5	11.7
	200~299만 원	74.9	22.0	44.7	16.2
	300~399만 원	75.6	16.1	45.8	13.4
	400만 원 이상	78.0	32.2	54.0	20.7
전체		72.9	23.4	47.0	16.7

출처: 과학기술정보통신부 외. (2022). 디지털정보격차 실태보고서. 대구: 한국지능정보사회진흥원.

(4) 사회적 관계 서비스 이용률

사회적 관계 서비스 이용률은 SNS, 메신저, 개인 블로그, 커뮤니티, 클라우드 서비스 이용 여부에 대한 조사이다. 인터넷 이용자 기준으로 고령층의 '사회적 관계 서비스 이용률'은 83.0%로 일반국민 91.8%보다 8.8% 낮게 나타났다. 사회적 관계 서비스 이용률은 메신저(79.1%), SNS(28.3%), 개인 블로그(18.7%), 커뮤니티(18.1%), 클라우드 서비스(14.7%) 순으로 나타났다.

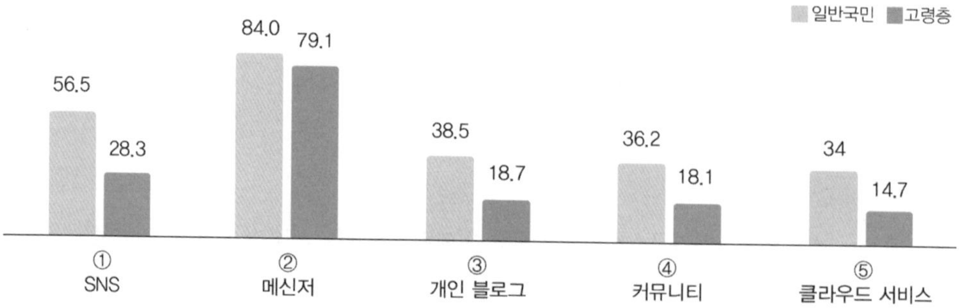

| 그림 10-5 | **사회적 관계 서비스 유형**

(5) 생활 서비스 이용률

생활 서비스 이용률은 교통정보 및 지도, 제품구매 및 예약/예매, 금융거래, 행정서비스, 생활복지 서비스 이용 여부로서 인터넷 이용자 기준, 고령층의 '생활 서비스 이용률'은 76.7%로 일반국민 89.3%보다 12.6% 낮다. 생활 서비스 이용률은 생활정보 서비스(70.7%), ③ 금융거래 서비스(49.2%), 전자상거래 서비스(42.1%), 공공 서비스(21.2%) 순으로 나타났다.

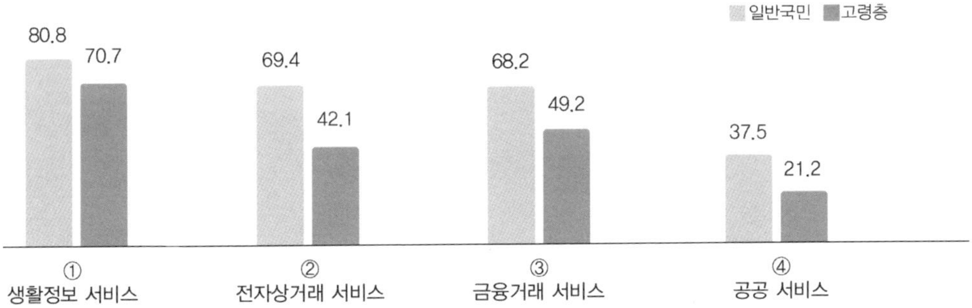

| 그림 10-6 | 생활 서비스 유형

(6) 정보생산 또는 공유 활동률

정보생산 또는 공유 활동률은 직접 만든 정보나 타인이 만든 정보를 온라인 공간에 게시하는 활동 여부를 측정하는 것이다. 인터넷 이용자 기준으로 고령층의 정보생산 또는 공유 활동률은 39.5%로 일반국민 59.2%보다 19.7% 낮다. 정보생산 또는 공유 유형별로는 내가 만든 정보 게시는 28.8%, 타인 콘텐츠 게시 및 링크 공유는 34.9%로 나타났다.

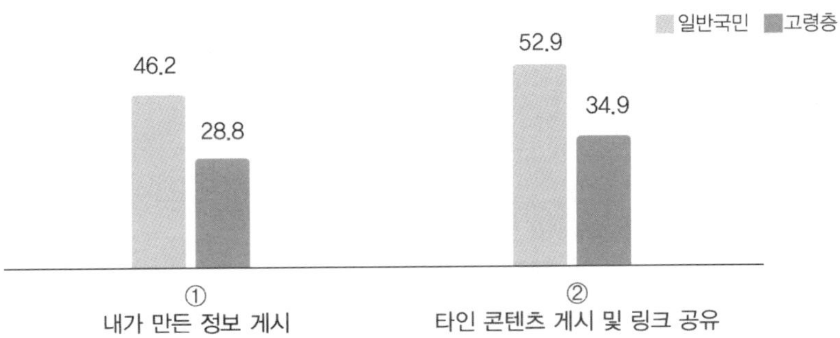

| 그림 10-7 | 정보생산 또는 공유 유형

(7) 온라인 네트워크 활동률

온라인 네트워크 활동률은 유무선 인터넷을 통한 인적관계 유지 및 확장 활동 여부 조사에서 인터넷 이용자 기준으로 고령층의 온라인 네트워크 활동률은 60.6%로 일반국민 72.4%보다 11.8% 낮다. 온라인 네트워크 활동률은 기존 인간관계 유지는 58.0%, 새로운 인간관계 형성은 35.1%로 나타났다.

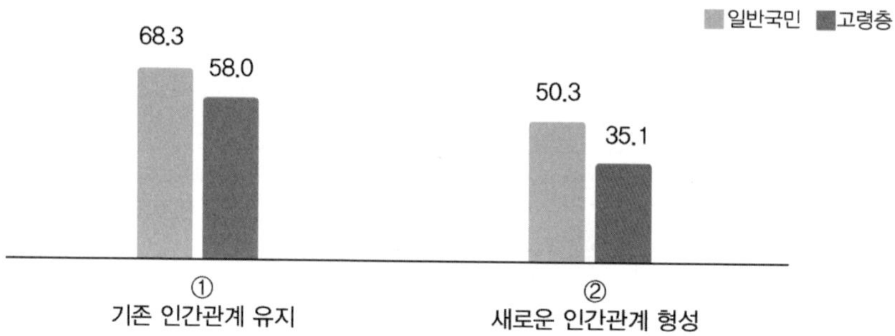

| 그림 10-8 | **온라인 네트워크 활동 유형**

(8) 온라인 사회참여 활동률

온라인 사회참여 활동률은 인터넷을 통한 표현적 사회참여(인터넷을 통한 사회적 관심사에 대해 의견을 표명하는 것) 및 행동적 사회참여(인터넷을 통한 기부 및 봉사활동, 정부/지자체/공공기관에 건의, 정책평가, 민원제기 활동을 하는 것) 활동 여부를 조사하였다. 사회적 관심사 의견 표명(23.3%), 온라인 투표, 여론조사, 서명 등(19.3%), 정부/지자체/공공기관에 정책 및 의견 제시(17.2%), 기부나 봉사활동(15.8%) 순으로 나타났다.

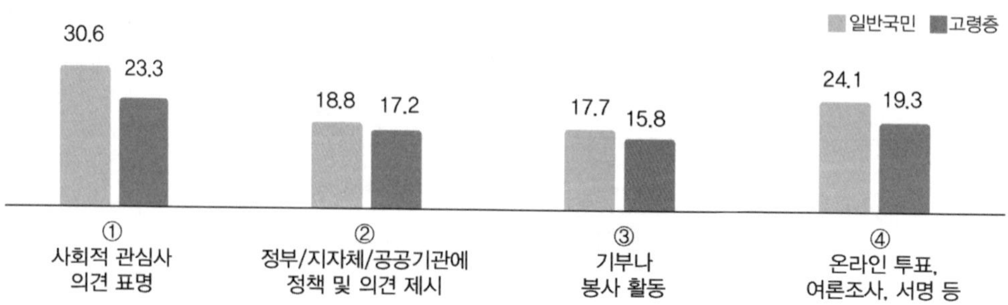

| 그림 10-9 | **온라인 사회참여 활동 유형**

(9) 온라인 경제 활동률

온라인 경제 활동률은 경제적 기회를 얻기 위해 인터넷 이용 여부를 조사한 항목이다. 소득 증대/유지에 도움 되는 정보습득, 재테크(29.2%), 비용절감에 도움 되는 활동(29.1%), 취업이나 이직에 도움 되는 활동(23.5%), 창업이나 사업 운영에 도움 되는 활동(21.1%) 순으로 나타났다.

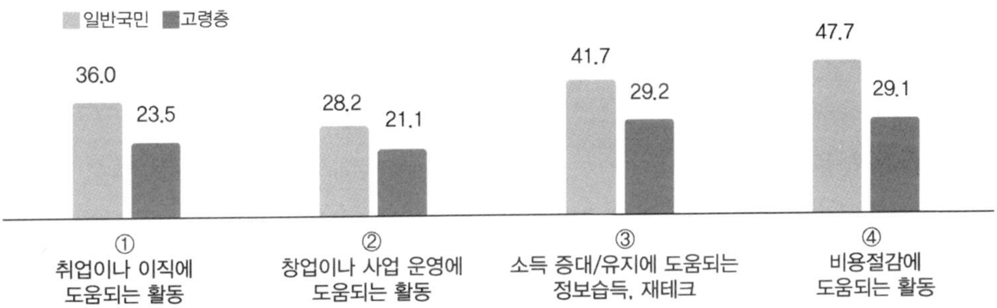

| 그림 10-10 | 온라인 경제활동 유형

5) 노인정보화교육 프로그램 유형

(1) 문해 능력 향상 프로그램

현대는 문자가 지배하는 영역이 매우 확대되고, 사회구조가 가정, 사회, 문화생활에서 광범위한 문자생활의 활용이 요구되고 있다. 특히 기존의 도서나 종이신문에서 벗어나 전자책, 포털사이트 뉴스, 정보검색 등을 위해서는 디지털 문해능력을 향상해야 한다. 따라서 노인들도 지식정보화에 적응해야 할 뿐만 아니라 정보를 마음껏 이용하고 즐기고 누릴 수 있는 능력을 학습해야 하고 이와 관련된 전문적이고 특성화된 교육을 받아서 폭넓은 정보 활용능력을 갖추어야 할 필요성이 높아지고 있다(최운실 외, 2021). 디지털 기기는 앞으로 더욱 발전하고 새로운 기기들이 출시될 것이 예측됨에 따라 노인을 대상으로 한 문해능력 향상 프로그램은 노인 정보화 교육에 있어 가장 기본이 되는 프로그램이라 할 수 있다. 하지만 노인 정보화에 앞서 노인의 문해 능력을 증진할 방안들이 정책적으로 추진되어야 하고 소통할 수 있는 커뮤니티가 형성되어 노인정보화에 도움이 되어야 한다.

(2) 인터넷 관련 프로그램

노인 정보화와 관련하여 컴퓨터 이용 및 활용능력은 매우 중요하다. 인터넷을 통해 의사소통이나 정보취득 등 한정된 욕구만을 채우는 시대에서 벗어나 점차 교육, 쇼핑, 오락, 취미, 교양, 네트워킹, 커뮤니티 형성 등 매우 다양한 욕구를 만족시키는 상황으로 변화되어 가고 있다. 또한 커뮤니티를 통해 소비자 정보와 접근방식을 습득할 수 있으며 채팅 룸이나 게시판을 통하여 공통된 관심사를 가진 새로운 사람을 만날 수 있다. 특히 상대적으로 고립되고 신체적으로 열악한 노인들은 컴퓨터 기술을 통해 외부세계와의 유대관계를 연결하고 강화하며 넓힐 수 있다(최운실 외, 2021). 이와 같은 인터넷과 관련한 다양한 프로그램을 접함으로써 당면한 문제를 해결하고 나아가 적극적으로 삶에 적용할 수 있는 역량을 제고하여 보다 윤택한 삶을 만들어갈 수 있다. 이를 위해서는 컴퓨터 활용 프로그램, 메신저 활용 프로그램, SNS 활용 프로그램 등 인터넷과 관련한 다양한 프로그램 개발 및 적용이 필요하다.

(3) 스마트폰 활용 프로그램

현대에서는 스마트폰 하나로 다양한 욕구를 만족시킬 수 있는 시대가 되었다. 전화나 문자를 통한 커뮤니케이션, 정보검색, 동영상 시청, 사진촬영, 음악 감상, 쇼핑, 홍보, 취미활동, 계산기, 알람, 은행업무, 커뮤니티 가입 및 활동 등 많은 문명의 이기로 자리매김하고 있다. 당연히 노인들에게 이를 활용할 수 있는 프로그램이 요구된다. 특히 70세 이상의 노인계층은 스마트폰 이용률이 현격히 줄어드는 것으로 나타남에 따라 이에 대한 교육이 필요하다.

| 표 10-4 | 스마트폰 활용 프로그램

차시	프로그램 주제	프로그램 내용
1	스마트폰과의 첫 만남	• 스마트폰 개요 • 폰 작동법 및 기본 환경설정(배경화면, Wifi 설정, 밝기 등) • 기본 애플리케이션 활용(전화 걸기, 받기, 문자 주고받기)
2	스마트폰 활용 기초 (인터넷 활용 등)	• 사진찍기 및 앨범 관리 • 인터넷 검색(구글)/음성 검색 • 다음(Daum) 지도, TV • 마켓 활용하기(날씨, Talking Tom)
3	스마트폰 활용하기 (취업 App, OA 활용)	• 취업 관련 App 소개 및 다운로드/실행 • OA 활용하기(Polaris Office 소개 및 작성) • 마켓 활용하기
4	스마트폰과 SNS 만남 (업무활용 등)	• SNS란? 이해와 흐름 알아보기 • Twitter 소개 및 가입하기/용어 및 트윗하기

출처: 최운실, 송성숙, 최라영, 김경은, 김정진, 이준석. (2021). 노인교육론. 파주: 양서원.

(4) 스마트기기 활용 프로그램

스마트기기에는 스마트폰 이외에도 노트북, 태블릿 PC, 키오스크, 빔프로젝터 등 다양하며 와이파이, 블루투스 등 이와 관련한 연결장치에 대한 이해도 요구된다. 점차 이들 스마트기기는 일상생활 속에서 크게 활용될 것이며 노인들도 이에 대한 기기 활용법과 관련한 교육프로그램은 필요불가결할 것이다(김미자 외, 2023).

(5) 인공지능 관련 프로그램

이지성(2019)의 저서 『에이트: 인공지능에게 대체되지 않는 나를 만드는 법』이라는 책에서 강조하는 것은 다가오는 4차 산업혁명 시대에 인공지능에게 지배당하는 것이 아니라 인공지능을 활용할 수 있는 능력을 키우는 것이다. 청·장년들뿐만 아니라 노인들도 이에 대해 적극적으로 대비해야 한다. 따라서 이와 관련한 프로그램 개발과 적용은 매우 중요한 과제가 될 것이다.

(6) 기타 프로그램

컴퓨터나 노트북을 구입하면 가장 먼저 확인할 수 있는 것이 윈도와 같은 OS 환경이다. 만일 이러한 OS가 존재하지 않는다면 스스로 설치하거나 전문기관에 의뢰해야 한다. 또한 한글과 같은 워드프로그램, 엑셀이나 PPT와 같은 통계나 문서작성, 포토샵과 같은 이미지나 동영상 편집, 다양한 앱 활용, 포털사이트 활용을 위해서는 이러한 프로그램을 다운받거나 하는 작업이 필요한데 이에 대한 교육프로그램이 요구된다. 또한 코로나19 상황이 지속됨에 따라 우리나라뿐만 아니라 전 세계적으로 대면교육에서 비대면 교육으로 대체되면서 이에 따른 다양한 교육방법과 원격교육을 위한 활용방법 등에 대해 교육할 필요가 생겼다. 줌(ZOOM), 구글미트(Google MEET), 스카이프(SKYPE), 웹엑스(Webex) 등을 활용한 비대면 교육이 등장하고, 심지어 이를 통해 소통하고 커뮤니티를 구성하기도 하였다. 따라서 노인 정보화 교육에도 이러한 비대면 소통도구를 활용하는 프로그램도 요구된다(김미자 외, 2023).

한편 노인 정보화교육은 컴퓨터에 대한 기본적인 이해와 컴퓨터 소양에 대한 학습에서 그 도구를 활용하는 데 필요한 지식이나 기술만을 익히는 것에 그쳐서는 안 된다. 그 이유는 인간에게 편리하게 만들어졌지만, 반면 올바른 태도나 인성을 갖추지 않는다면 오히려 인간에게 해를 줄 수 있다. 가령 익명을 통해 악성 댓글을 달거나 해킹, 바이러스 공격을 통한 피해가 대표적이라 할 것이다. 따라서 노인 정보화교육에는 이를 올바로 사용하고 남에게 피해를 주지 않는 윤리적 측면에서의 교육프로그램도 포함하여야 한다(김미자 외, 2023).

3. 노인정보화교육의 과제 및 전망

1) 교육운영기관 문제

노인정보화교육과 관련한 교육기관은 노인복지관 및 기타 노인 관련 시설에서 운영되고 있다. 하지만 이들 기관은 노인 정보화 교육만을 담당하는 것이 아니라 다양한 사업을 시행하고 있어서 특화되기 어려우며, 정보화 교육에 대한 인식이나 홍보부족, 기자재의 부족 등의 열악한 환경도 개선해야 할 과제이다. 교육부, 보건복지부 등 관련 정부의 협업과 연계를 통해 적극적인 지원과 프로그램 개발 및 운영을 위한 예산확보 등도 넘어야 할 과제라 할 것이다(김미자 외, 2023). 이에 최운실 등(2021)은 다음과 같이 운영기관의 문제를 지적하고 있다.

첫째, 노인정보화 정책의 중복적인 사업이 문제이다. 고령화에 관한 관심이 대두되면서 노인 대상으로 하는 많은 프로그램이 제공되고 있다. 그로 인해 성과 중심의 사업을 지향하여 중복된 사업들이 진행되고 있다.

둘째, 교육의 연계성과 체계성 증진을 위한 교육자원을 효과적으로 활용할 수 있는 지역사회 내 기관 간의 연계방안이 필요하다. 이는 국가차원의 지속적인 정책수립과 시행 등 적극적이고 꾸준한 노력이 요구된다.

셋째, 과부하된 교육현장 업무로 인한 비합리성과 정보화교육에 대한 관심및 홍보의 부족과 기자재를 갖추지 못한 열악한 환경 등의 문제이다. 정보화교육 강좌에 대한 수요는 늘고 있으나, 교육 공급이 원활하게 이루어지지 않고 있다. 이에 정보화 교육을 제공하는 평생교육기관을 확대하고 컴퓨터 수량 및 정보화교육 전문 강사를 늘려야 할 것이다.

2) 강사 문제

교육현장의 주체는 프로그램 운영자와 강사, 그리고 학습자가 주된 주체라 할 것이다. 노인복지 차원에서 노인학습자에 대한 교육지원은 매우 바람직하지만, 또 다른 주체인 강사에 대한 문제도 풀어야 할 과제라 할 것이다. 즉 강사의 처우, 인력 확충, 역량강화교육 지원 등을 통해 강사의 자질과 역량을 향상해야 할 것이다. 아무리 좋은 프로그램을 개발하였다 해도 훌륭한 강사를 선발하지 못하거나 자질이 뒷받침되지 못하면 노인 정보화 교육의 목적을 이룰 수 없다. 노인정보화 교육을 위한 강사 문제를 살펴보면 다음과 같다(최운실 외, 2021).

첫째, 강사의 자질 문제이다. 노인학습자들의 특성에 대한 이해가 부족하고, 전문 지식 부족으로 강사로서 자질 문제가 제기된다. 따라서 수준 높은 강사 확보가 시급하고, 강사 채용 시 자격과 자질을 검증할 필요가 있다. 강사의 열성과 관심이 높으면 교육의 질은 향상된다.

둘째, 강사들의 강의에 대한 열정과 관심이 부족한 점은 강사에 대한 대우가 미흡하고, 강사들의 역할이 과부하 된 상태이기 때문이라 할 수 있다. 강사에 대한 처우개선과 업무 부담을 경감시키기 위한 노력이 필요하다.

셋째, 강사들의 역량 강화 교육이 필요하다. 급변하는 정보에 관한 재교육 실시로 강사들의 질적인 향상을 제공해야 한다.

넷째, 강사 인력의 확충이 필요하다. 고령층의 정보화교육에 있어 보조교사의 도움이 절실히 필요하다. 실력 있는 강사를 확보하고, 보조교사로 하여금 강의를 보조하게 함으로써 노인정보화교육이 내실 있게 나가야 한다.

3) 프로그램 문제

노인정보화교육 프로그램이 중복되고 다양하지 못하며, 향후 필요할 것으로 예견되는 프로그램 개발과 적용에 있어 관심과 인식이 부족한 것이 사실이다. 이미 노인 정보화 교육의 필요성과 의의에 대한 인식에 공감대가 형성되고 있음은 노인정보화교육 프로그램 개발과 활용에 따른 정책과 지속적인 지원이 필요하다. 특히 우수한 정보화교육 전문가의 확보를 통해 적극적인 교육프로그램 개발과 역량강화를 통한 미래지향적인 프로그램의 활용은 우리나라 노인 정보화 교육을 한층 질적으로 높일 수 있는 계기가 될 것이다(김미자 외, 2023). 최운실 등(2021)은 프로그램 내용에 대한 문제점을 다음과 같이 제시하였다.

첫째, 교육내용의 높은 수준과 난이도, 많은 학습 분량, 빠른 학습 진도로 인해 노인학습자들의 경우 수업을 따라가지 못하는 경우가 많다. 동일한 강좌라도 강사에 따라 교육수준의 차이가 있을 수 있고, 교육이 어려워 중도에 포기하거나, 교육 이수 후에도 원하는 서비스 활용에 어려움이 있다. 교육내용은 노인들이 이해하기 쉽게 난이도를 조절하고, 학습 분량도 적정하게 조정되어야 한다.

둘째, 노인학습자들에게 유용한 내용이 포함되어야 한다. 양적인 정보화교육 수요만 늘릴 것이 아니라 정보 활용을 통해 고령층 삶의 질이 제고될 수 있도록 교육 프로그램을 개발하고 표준화하여야 한다.

셋째, 교육과정은 일상생활에 적용할 수 있는 학습 내용으로 이루어져야 한다. 이론에 치중하거나 학습자들의 진도를 고려하지 않는 교육은 노인학습자들에게 괴리감을 주고, 동기를 저하해 저조한 참여율과 중도 포기라는 부정적인 영향을 미치게 된다.

4) 노인학습자와 관련한 문제

초고령화사회 진입에 따른 노인인구의 증가와 젊은 세대의 출산 감소로 인해 젊은 세대의 부담은 커지고 있다. 이로 인해 점차 노인들에게 계속해서 사회구성원뿐만 아니라 오랜 경험을 통한 리더로서 역할을 요구할 수밖에 없는 시대적 상황이다. 따라서 노인들에게 다양한 정보화교육은 사회구성원으로 주체적인 삶을 영위하고 사회의 리더로서의 역할도 충분히 해낼 수 있게 될 것이다. 그러기 위해서는 노인학습자에게 적합한 교육프로그램의 개발과 노인특성을 고려한 교육이 시행되어야 한다. 노인의 신체적·인지적·사회적 특성에 맞게 정보화교육에 대한 인적·물적자원을 지원하고 노인복지관과 더불어 방문교육 등 다양한 형식의 교육방식과 시설환경의 지원이 필요하다. 이를 통해 노인학습자의 사회 재참여가 가능하게 하고 노인들의 경험과 지혜를 사회에 환원할 수 있도록 정보활용능력을 통한 봉사활동의 확대와 노인 일자리 등 기회가 확대될 수 있도록 해야 한다(김미자 외, 2023).

Chapter 11

노인학교 설립과 운영

1. 노인학교 설립
2. 노인학교 개설
3. 노인학교 운영 방안

1. 노인학교 설립

1) 노인학교의 개념

노인학교란 용어는 경로대학, 노인대학, 노인교실 등 여러 가지 명칭으로 사용되고 있다. 노인학교는 법적으로는 노인교육을 평생교육의 일환으로 사회교육에 포함되어 보호, 육성되어야 한다는 「평생교육법」과 복지 차원에서 노인여가시설로 분류하고 있는 「노인복지법」에 근거하고 있어 현재 우리나라의 노인학교는 여가활동과 교육의 두 가지 기능을 담당하고 있다. 그러나 현재 운영되고 있는 노인학교는 「노인복지법」상의 노인여가복지시설로 운영되고 있어 대부분 교육적 측면보다는 무료한 여가시간을 활용하는 역할이 더 큰 실정이다(국윤경, 2018).

위와 같은 노인학교의 두 가지 기능에 대해 사람마다 그 강조점을 달리하고 있다. 최성재 등(2010)은 노인학교를 노인정(경로당), 노인교실, 노인복지관 등과 함께 노인여가시설로 구분하는 한편, 노인교실을 제외한 노인교육전담 기관이나 대학교, 사회교육단체, 개인 등이 설립 운영하는 노인교육시설을 지칭한다고 말했다.

서병숙(1996)은 노인교육시설로 다루고 있으며, 임춘식(1997)은 노인정(경로당), 학교단위노인교실, 노인회관 등과 함께 노인여가시설의 유형으로 보면서 여기서 노인교육의 기능이 함께 발휘되어야 한다고 했다.

우리나라 실정으로 보아 노인학교를 운영하는 사람은 교육자 출신으로 정년퇴직한 사람이거나 현직 교육자, 사회사업을 목적으로 하는 공익단체, 노인 친목 단체, 사회봉사에 뜻이 있는 지역사회의 젊은이들로 크게 나눌 수 있다. 노인학교의 의의나 본질을 올바로 이해하지 못하고 있는 것이 특징이다. 그래서 어떤 노인학교에서는 교과목을 편성함에 있어서 노인을 이해하지 못하고 일반적 교육원리나 그 지침을 그대로 인용하는 경우가 있는데, 이것은 잘못된 판단이라고 할 수 있다. 어떤 노인학교에서는 교육프로그램을 어떻게 편성할 것인가에 대한 엄두가 나지 않기 때문에 학습시간의 대부분을 오락, 무용, 가요 또는 관광 등으로 채우기도 한다. 이러한 방법으로 노인학교를 운영한다고 하더라도 현대사회에서 노인 문제로 대두되고 있는 여가, 고독, 소외 등의 해소에 도움이 될 수는 있다. 그러나 기왕 경비를 들여 노인학교를 운영할 바에는 좀 더 이상적인 운영 형태로 개선해 나갈 필요가 있다고 본다.

노인학교의 학생들은 학식과 경력, 심신의 조건, 학습의 관심도 등에 있어서 천차만별의 개인차가 있기 때문이다. 그리고 이들은 머지않아 세상을 떠나게 되는 입장에 있으므로 깊은 지식을 주입하려는 계획은 실패로 돌아가게 될 것이다. 당장 그들의 주위에서 활용할 수 있는 지식을 습득시킴으로써 노인들이 그날그날 불편 없이 지내는 데 필요한 일반 상식을 배우도록 하는 것이 바람직할 것이다.

앞에서도 언급한 바와 같이 노인들은 여가시간을 어떻게 효율적으로 활용하느냐 하는 것이 문제이고, 그렇기 위해 보다 많은 동년배의 친구들을 사귀는 것이 좋다. 노인학교는 이러한 노인들의 욕구를 충족시키기 위해서도 가장 이상적인 장소라고 볼 수 있다. 그러므로 노인학교는 되도록 동 또는 면 단위로 하나 정도씩은 설립되는 것이 바람직하다. 지역사회의 노인들을 위해서 노인학교를 하나 설립했으면 하고 생각하는 분들은 많은데 그 설립절차를 몰라서 뜻을 이루지 못하는 분들도 적지 않은 것으로 보인다.

노인학교는 노인 스스로가 주도하고 젊은이들은 뒤에서 협조자의 위치에 머무르는 것이 더 바람직하다. 노인학교 설립 요령을 살펴보면 다음과 같다(허정무, 2011).

첫째, 그 지역에 기존 노인학교가 있는가의 여부를 먼저 알아본다. 되도록 새로 설립하려는 지역에 노인학교가 없는 것이 좋다. 만일 노인학교가 있으면 하나 더 설립해도 차질이 없는지를 분석해 보아야 한다.

둘째, 해당 지역에 주 1회 정도 무료로 사용할 수 있는 강당 또는 회관이 있는지를 조사하여 사용승인을 얻어 둔다. 100명 내외를 수용할 수 있는 학교 강당, 마을회관, 교회, 노인정 등이 있다.

셋째, 학교명칭 및 운영규정을 정하여 수업연한, 학생정원, 기타 세부사항을 수록한 유인물을 만들어 배포한다.

넷째, 될 수 있는 대로 지방 유지를 포함한 노인학교 운영위원회를 조직하여 학교 운영상의 중요사항을 이들과 협의하는 것이 바람직하다.

다섯째, 지역사회 행정기관장, 즉 면장, 동장, 이장 또는 통·반장에게 사업취지를 설명·이해시키고, 학교 운영상의 애로점에 대한 협조를 받아두는 것이 좋다.

여섯째, 학교 운영에 되는 경비는 운영위원회를 통해서 조달하든가, 그렇지 않으면 학생들로부터 회비를 징수하여 운영비에 충당할 수도 있다.

일곱째, 노인학교 운영비의 지출은 항상 공명정대해야 하며, 운영위원회를 통해서 재정이 조달되었을 경우는 연 2회 이상 운영위원회가 선출한 감사로부터 재정감사를 받아야 하고, 학생으로부터 운영비를 징수하였을 경우는 학생회에서 선출한 대표에게 재정감사를 받아야 한다. 학교 운영비 중 가장 많이 드는 것은 강사료이다.

여덟째, 소도시나 농촌보다는 대도시에서 더 많은 경비가 소요된다.

2) 노인학교의 필요성

노인학교는 노인의 삶을 향상하기 위한 평생교육으로, 노인복지시설에서 진행하는 교육프로그램과 평생교육법에서 정의하고 있는 노인을 위한 교육 등이 포함되어야 한다(한덕현, 2023). 고령화 사회에서 노인의 신체적, 정신적 건강뿐만 아니라 노인들의 사회적응과 인적자원 활용의 측면에서 노인교육의 중요성이 부각 되면서, 이에 관한 노인학교의 필요성이 절실하다.

노인학교의 필요성과 활성화 방안을 제시하면 다음과 같다.

첫째, 평균수명의 연장으로 고령자들이 사회의 변화에 적응하고 자아실현을 할 수 있는 성인교육이 요구된다(기영화, 2007). 적극적 노화를 위해 고령자 스스로 급변하는 사회에 대처할 수 있는 자기 주도적 학습 능력, 제2의 인생을 준비할 수 있는 교육, 고령자들의 경험과 지식을 활용할 수 있는 시스템 구축이 필요하다(강욱모, 2011).

둘째, 고령자가 여생을 보호받아야 한다는 인식에서 독립된 주체로서 자립 인식의 전환이 우선되어야 한다(김종길, 2006). 노인교육이 노인 스스로가 가능성을 발견하고 실행함으로써 긍정적인 자아 인식을 형성하고, 상실감으로 인한 여러 문제에 대처할 능력을 키워주는 역할을 강조하고 있다(유미선, 2024). 이러한 주장들은 양적 · 질적으로 우수한 교육의 기회가 제공될 때 노인 개개인의 삶의 가치가 향상된다고 주장한다. 다시 말해, 노인의 독립적인 자아실현이 사회적 변화에 적응할 수 있는 능력을 키우는 데 중요하기 때문에 노인학교의 중요성이 강조된다.

셋째, 노인 교육프로그램에 대한 전문성과 다양성 문제를 언급하며, 노인학교가 성인교육과는 다르게 노인을 위한 전문적인 배려와 노인의 눈높이를 맞춘 다양하고 깊이 있는 교육프로그램 개발의 필요성을 강조한다(송영미, 2016). 이를 위해 고령자의 활동적 노화를 촉진하고 삶의 만족도를 높이기 위해서는 고령자의 신체적 · 정신적 건강증진, 노동시장 참여 및 주거 보장을 위한 국가적 · 지역적 차원의 다양한 정책 및 실천이 추진되어야 한다(유재남, 2016).

넷째, 노인에 대한 능력을 재평가하여 활용하는 사회적 지원방법으로 노인학교의 필요성이 요구된다(정상양 외, 2012). 전문직 은퇴 노인들에게 평생교육이 노년의 자유와 즐거운 삶의 원동력이 되었으며, 지식과 경륜, 가치를 전수하는 역할을 향해 나아가는 삶으로 관점이 변화된 것으로 나타났다(송영웅, 2023). 이를 위해 은퇴 노인의 전문지식과 경험을 사회에 이바지할 기회를 마련하는 것이 필요하다. 그러므로 미래 사회가 요구하는 역량을 갖춘 인재를 양성하고 노동시장 또는 지역사회 활동에 노인들을 적극 참여시킴으로써 노인들의 삶의 질을 향상시키고 국가경쟁력을 강화할 수 있는 노인학교의 역할이 요구된다(오석창, 2021).

2. 노인학교 개설

1) 개설 절차

노인학습자들 가운데는 아직 사회의 제 일선에서 활약하고 있는 사람도 있으며 학식, 경력, 심신의 조건, 학습에 관한 관심 등에 있어서 개인차는 천차만별이다. 이러한 이유로 노인교육에 있어서 학습목표를 일반적으로 서술하는 것은 곤란하다(허정무, 2011).

노인교실을 개설하는 경우에는 일정한 절차가 있다. 여기에서는 공공기관에서 주관하는 노인교실 개설의 절차와 방법에 관해 제시하였다. 노인교실을 개설하기 위해서는 필요한 예산편성 작업의 일환으로 실시하고 있는 원안작성의 작업과 구체적인 개설 준비 작업이 필요하다. 공공기관의 예산은 원칙적으로 전년도 예산 중에서 원안이 작성되고 해당 위원회의 의결을 통과해서 성립한다. 때문에 전년도 중에 다음 해에 노인교실을 개설할지 여부와 그 이유 등을 검사하고 개설하게 된다면 누구를 대상으로 언제, 어디서, 어떤 학습내용을 채택하고 어떤 방법으로 몇 번(몇 시간) 학습하고 그것에 필요한 경비는 어느 정도인지를 밝히는 것이 필요하다(허정무, 2011).

이러한 계획은 노인교실이 실제로 개설된 시점보다도 반년 내지 일 년 전에 작성되는 것이다. 이 반년 내지 1년의 시간적인 격차는 노인교실을 운영해 가는 데 있어서 여러 가지 영향을 미치게 된다. 예를 들면, 개설된 노인교실의 학습방법을 강의중심으로 예측한 경우, 당연히 그 예산의 비목은 사례금(강사)이 중심이 되어 작성된다고 생각할 수 있다. 그러나 참가자를 모집하고 노인교실을 시작한 경우 참가자가 희망하고 있는 학습내용이 공예(도예)라고 한다면, 사례금은 부족하고 공금(수용비, 사용료, 대여료 등)이 부족해지고 중도에 어중간한 노인교실이 되어 버리는 것이나 다름없기 때문이다. 또 노인교실을 개설함으로써 예산을 편성하고 참가자를 모집하면 희망자가 예상외로 적고 개설할 수 없는 경우가 될 수도 있다. 계획

수립에 있어서는 수요조사, 원안작성, 예산편성, 행정사무의 절차를 참고할 필요가 있다(허정무, 2011).

(1) 수요조사

수요조사는 욕구조사와 요구조사로 구분할 수 있다. 욕구조사는 다시 구체적으로 여건조사 및 실태분석으로 구분되고, 요구조사는 여건분석으로 구분된다. 욕구조사란 노인들의 학습욕구를 파악하는 것이다. 욕구조사의 첫 번째는 노인들의 학습욕구를 직접 조사하는 것이다. 노인들이 배우고 싶어 하는 내용, 배우고 싶어 하는 이유, 학습한 경우의 방법, 시기, 장소에 대한 것 등을 조사한다. 조사방법으로는 일반적으로 설문조사가 실행되고 있지만 조사결과로 나온 반응과 노인들이 가지고 있는 속마음, 즉 본심 간에는 종종 차이가 있을 수 있다. 오랜 세월에 걸친 생활의 지혜로서 '본심을 드러내는 것은 좋지 않다'라는 노인 특유의 생각, 노인교실이라는 아직 체험하지 못한 곳에 대한 망설임, 그냥 받기만 해온 노인복지 서비스의 익숙함에서 오는 수동성, 글씨를 쓸 때의 귀찮음 등의 이유로 끈기 있는 면담이나 집단토론 또는 대표자에 의한 의견의 집약적인 청취 등의 방법으로 조사한다.

여건조사는 고령자를 둘러싼 지역환경, 고령자의 사회경험, 가족 상황 등에 대한 조사이고, 실태분석은 이미 활동하고 있는 노인클럽, 노인들이 많이 참가하고 있는 동호회나 각종 사업의 내용을 분석한 다음 선호하고 있는 내용이나 방법, 실패의 사례 등을 파악하는 것이다. 노인들의 학습욕구에 대한 조사는 단순히 질문에 대한 대답을 얻는 손쉬운 방법뿐만 아니라 기존의 자료 문헌의 분석이나 현재 제공되고 있는 사례 등을 종합하는 총체적인 분석에도 중점을 두어야 한다.

요구조사란 고령자의 학습활동의 내용이나 방법에 관해서 사회가 무엇을 기대하고 있는지를 아는 것이다. 요구조사는 사회가 노인들에 대해서 무엇을 바라고 그 학습내용에 무엇을 포함하기를 원하는가를 알아보기 위해서 행하는 것이다. 요구조사의 방법으로는 사회개발 방향의 분석, 정책 방향의 분석, 여론조사, 노인들의 실태조사, 이수한 사람들의 의견 청취, 문헌분석 등이 있으며, 그 구체적인 방법으로는 국가 수준 각종 자문기구의 간담회나 조사회 등의 보고서, 지방자치 단체 수준 각종 단체의 의견서 등을 활용하는 방법이 있다.

여건분석은 이미 실행되고 있는 각종 노인대책의 분석과 앞으로 나아갈 방향을 예측하는 것이다. 또한 고령화사회에 대한 평생교육사업의 분석, 새롭게 대책을 강구하는 경우에 있어서의 효과 예측이나 재원(財源)의 가능성에 대한 분석 등이 중시된다.

(2) 원안작성

원안은 담당자에 의해서 그 세부안을 만들 수 있다. 세부안은 먼저 행한 수요조사에 따라 각종 여건(타 부문의 노인대책, 평생교육 사업의 실태, 경비조달계획 등)을 고려하여 작성된다. 세부안에 담길 내용으로서는 노인교실의 명칭, 목적 또는 취지, 대상, 기간, 장소, 학습내용, 학습방법, 강사 또는 그 밖의 지도자, 사무국 또는 운영조직, 경비조달계획 등이 해당한다.

(3) 예산편성

작성된 원안은 예산편성 작업의 대상이 된다. 예산편성은 한정된 재원이라는 제약 속에서 정책이라는 구체적인 방향을 결정하는 것이다. 한정된 재원이라는 제약이 있는 이상, '교육은 무조건 좋은 일이고 잘될 것'이라고 하는 일방적인 태도로는 예산화가 어렵게 된다. 예산편성 담당자가 납득하는 '단순화된 명쾌한 이유'와 그것을 뒷받침할 수 있는 자료로 설득하고, 양자의 합의로 노인교실의 예산화를 창출해야만 한다. 여전히 예산의 심의에 있어서는 재원이 중시된다.

(4) 사무행정

예산이 의결되면서 노인교실 개설 준비를 위한 구체적인 행정사무에 착수할 수 있게 된다. 노인교실 개설을 위한 구체적인 행정사무는, 예산편성 때의 행정 기술적인 내용을 많은 노인들이 이해하고 친밀감을 가질 수 있도록 하는 학습프로그램을 구체화하는 것에서부터 시작한다. 명칭, 목적 혹은 취지, 대상, 기간, 장소, 강사 혹은 지도자, 경비조달 계획 등 구체적인 행정사무 계획을 세우는 경우에 유의할 점을 다음과 같이 제시한다(허정무, 2011).

첫째, 명칭은 노인학급, 노인교실, 노인대학 등 여러 가지가 있다. 대학이라고 하는 명칭은 고등교육법에 해당하는 것 이외의 것에 사용되는 것이 적당하지 않지만 노인교실의 규모 내용에 따라 단순히 애칭으로 머무를 뿐 사회적 질서에 혼란을 야기하지 않도록 사용하는 것이 바람직하다. 노인들은 노인이라는 호칭으로 불리는 것을 그다지 좋아하지 않기 때문에 노인교실 명칭을 정할 경우 이러한 사항도 충분히 고려해 둘 필요가 있다.

둘째, 노인교실의 목적을 정할 때는 해당 지역의 실태나 노인들이 바라는 것을 근거로 많은 사람에게 호소할 수 있는 구체적인 것으로 정할 필요가 있다. 즉, 노인들로 하여금 자신들의 일이라는 느낌이 들 수 있도록 해야 한다. 적어도 추상적·학술적·고압적·판에 박은 듯한 천편일률적인 것이 되어서는 안 될 것이다.

셋째, 대상의 규정은 학습내용과 연결되는 것이지만, 나이로는 대략 65세 이상으로 규정할 수 있을 것이다. 그러나 실제에 있어서 50대 후반부터 80대까지이고 집단학습에 익숙한 생활조건(건강, 직업 등)의 사람들이 지역 실정을 근거로 해서 참가하고 있다. 한 학급당 참가자의 인원에 대해서는 대략 50명으로 정하고, 학습현장에 있어서 적당한 인원의 집단편성으로 학습을 실시하여 학습효과를 높이려는 지혜를 짜낼 수 있을 것이 요구된다.

넷째, 노인교실의 개설장소는 모이기 쉬운 장소, 쾌적한 환경(온도, 채광, 통풍 등)이 고려되어야 한다. 젊은 세대와의 공통의 화제를 가지게 한다는 의미로 해석한다면 초·중·고등학교의 교실을 이용하는 것도 생각할 수 있을 것이다. 그러나 이러한 경우는 책상, 의자 등 교실환경이 아동이나 청소년들에게 적합하게 되어 있기 때문에 노인들이 장시간 앉아서 하는 학습은 어렵다는 것을 충분히 고려해야 한다.

다섯째, 노인교실의 강사나 지도자에 대해서는 참가자의 의견을 충분히 반영해서 결정해야 한다. 노인들은 오랜 인생경험을 가지고 있고, 어떤 노인들은 지식과 기술에 있어서 남다른 분들이 많다. 노인교실에서는 이러한 분들의 식견이나 지식, 기술을 충분히 활용할 수 있어야 한다. 예를 들면, 서예, 민요, 시조 등에 있어서는 참가자들 가운데 뛰어난 분들이 있을 것이다. 이러한 분들은 그와 같은 예술적 기능을 가지고 있기 때문에 강사의 역할도 충분히 다하겠지만, 노인 자신으로 하여금 자신감을 고취하고 더할 나위 없는 삶의 보람으로 안내해 주는 효과도 거둘 수 있다. 마찬가지로, 동년배 노인들이라고 하는 점에서 참가자들의 기분을 충분히 파악하고 지도하기 때문에 참가자들의 만족도를 제고시킬 수 있을 것으로 기대된다.

여섯째, 소요경비 산정은 노인교실 규모(참가자 수, 학습시간)와 교육방법(강의, 실습, 견학 등)에 따라서 결정된다. 특히 중요시되는 것은 교육방법이다. 학습효과를 높이기 위해서는 그 학습내용(주제)에 가장 가까운 교육방법을 채택하지 않으면 안 되기 때문에 운영계획에 있어서는 가장 효과적인 교육방법을 채택할 수 있도록 경비를 산정하는 것이 중요하다. 시청각적인 방법을 채택한다고 하면 당연히 교재와 재료비 및 기자재의 임대료가 예산에 편성되지 않으면 안 되고, 향토의 사적 순례를 프로그램 중에 포함하고 있다면 향토사(鄕土史)에 대해서 강의할 강사에 대한 사례금, 사적지를 견학하기 위한 차량 임대료, 해설용 팸플릿(교재) 인쇄 제본비를 예산에 편성해야 하기 때문이다.

2) 노인학교 법적 근거

▌노인복지법과 평생교육법

노인학교는 법적으로 노인교육의 일환으로 평생교육에 포함되어 보호·육성되어야 한다는 교육부 소관의 평생교육법과 노인복지 차원에서 노인여가복지 시설로 분류하고 있는 보건복지부의 노인복지법에 근거하고 있는 등 행정체계상으로 이원화되고 있는 실정이다(김영순, 2016).

우리나라 노인학교는 「노인복지법」 제4장 노인복지시설의 설치·운영의 제36

조 노인여가복지시설 규정에 근거하여 설치된 시설과 「평생교육법」 제2조 제1항의 평생교육이란 학교교육을 제외하고 국민의 평생교육을 위한 모든 형태의 조직적인 교육활동에 근거하여 설치된 평생교육시설을 포함하여 노인학교의 개념으로 보고 있다. 노인학교는 법적으로 노인교육을 평생교육의 일환으로 평생교육을 포함해야 한다는 평생교육법과 복지 차원에서 노인여가복지시설로 분류하고 있는 「노인복지법」에 근거하고 있기 때문에 현재 우리나라의 노인학교는 두 가지 기능을 담당하고 있다. 그러나 현재 운영되고 있는 노인학교는 노인복지법상의 노인여가복지시설로 설치되어 있어 대부분 교육적인 측면보다는 무료한 여가시간을 보내는 역할이 큰 실정이다(국윤경, 2018).

「평생교육법」 제2조 제1항에 의하면 평생교육이란 학교의 정규교육과정을 제외한 학력보완교육, 성인 문해교육, 직업능력 향상교육, 성인 진로개발역량 향상교육, 인문교양교육, 문화예술교육, 시민참여교육 등을 포함하는 모든 형태의 조직적인 교육활동을 말한다. 노인학교의 외적구분이 노인여가복지시설의 형태나 평생교육시설의 기능이 아니라 노인교육임을 알 수 있다. 노인학교라 함은 노인을 대상으로 평생교육이 행해지는 교육시설을 의미한다고 하겠다(국윤경, 2018).

| 표 11-1 | 노인복지법 및 시행규칙

관련법	내용
노인복지법	**제36조(노인여가복지시설)** ① 노인여가복지시설은 다음 각 호의 시설로 한다. 1. **노인복지관**: 노인의 교양·취미생활 및 사회참여활동 등에 대한 각종 정보와 서비스를 제공하고, 건강증진 및 질병예방과 소득보장·재가복지, 그밖에 노인의 복지증진에 필요한 서비스를 제공함을 목적으로 하는 시설 2. **경로당**: 지역노인들이 자율적으로 친목도모·취미활동·공동작업장 운영 및 각종 정보교환과 기타 여가활동을 할 수 있도록 하는 장소를 제공함을 목적으로 하는 시설 3. **노인교실**: 노인들에 대하여 사회활동 참여욕구를 충족시키기 위하여 건전한 취미생활·노인건강유지·소득보장 기타 일상생활과 관련한 학습프로그램을 제공함을 목적으로 하는 시설 ② 노인여가복지시설의 이용대상 및 이용절차 등에 관하여 필요한 사항은 보건복지부령으로 정한다.

관련법	내용
노인복지법 시행규칙	**제24조(노인여가복지시설의 이용대상자 및 이용절차)** ① 법 제36조의 규정에 의한 노인여가복지시설의 이용대상자는 다음 각호와 같다. 1. 노인복지관 및 노인교실: 60세 이상의 자 2. 경로당: 65세 이상의 자 ② 제1항 제1호의 규정에 불구하고 노인복지관 및 노인교실 이용대상자의 배우자는 60세 미만인 때에도 이용대상자와 함께 이용할 수 있다. ③ 노인여가복지시설의 이용은 시설별 운영규정이 정하는 바에 의한다. **제25조(노인여가복지시설의 설치신고 등)** ① 법 제37조 제2항에 따라 노인여가복지시설을 설치하려는 자는 별지 제19호서식의 노인여가복지시설 설치신고서(전자문서를 포함한다)에 다음 각 호의 서류(전자문서를 포함한다)를 첨부하여 특별자치시장·특별자치도지사·시장·군수·구청장에게 제출해야 한다. 1. 설치하려는 자가 법인인 경우에는 정관 1부 2. 위치도·평면도 및 설비구조내역서 각 1부(경로당 및 노인교실을 제외한다) 3. 이용료 기타 이용자의 비용부담 관계서류 1부(경로당을 제외한다) 4. 사업계획서 1부(경로당은 제외한다) 5. 시설을 설치할 토지 및 건물의 소유권을 증명할 수 있는 서류(경로당 및 노인교실의 경우에는 사용권을 증명할 수 있는 서류로 갈음할 수 있으며, 특별자치시장·특별자치도지사·시장·군수·구청장이 「전자정부법」 제36조 제1항에 따른 행정정보의 공동이용을 통하여 소유권 또는 사용권에 대한 정보를 확인할 수 있는 경우에는 그 확인으로 첨부서류를 갈음한다) 각 1부 ② 제1항에 따라 신고서를 제출받은 특별자치시장·특별자치도지사·시장·군수·구청장은 「전자정부법」 제36조 제1항에 따른 행정정보의 공동이용을 통하여 법인 등기사항증명서(법인인 경우만 해당한다)·건물등기부 등본·토지등기부 등본 및 전기안전점검확인서를 확인해야 한다. ③ 특별자치시장·특별자치도지사·시장·군수·구청장은 제1항에 따른 노인여가복지시설의 설치신고를 수리한 때에는 별지 제15호서식의 노인복지시설 설치신고확인증을 신고인에게 발급해야 한다.

3) 우리나라 노인학교 운영 현황

(1) 복지기관

보건복지부는 노인교육을 담당하는 기관을 노인복지시설 중 여가시설로 규정한다. 노인여가복지시설에는 노인복지법상 노인복지관, 경로당, 노인교실 등이 있다. 노인복지관이나 종합사회복지관에서는 노인을 대상으로 교양교육 프로그램, 건강증진프로그램, 취미여가 프로그램 및 사회참여활동 등에 대한 각종 정보와 서비스를 제공하고, 건강증진 및 질병예방과 소득보장, 재가복지, 그밖에 노인의 복지증진에 필요한 서비스를 제공하는 시설이다. 경로당은 현재 노인여가복지시설 중 가장 많으나 대부분의 경우 무료한 시간을 보내기 위한 공간으로만 활용되고 있으며, 지역 노인이 자율적으로 친목도모, 취미활동, 공동작업장 운영 및 각종 정보교환과 그 밖의 여가활동을 할 수 있도록 장소를 제공하는 시설이다. 특별한 프로그램이 없는 경로당도 많다. 노인교실은 60세 이상의 노인에 대하여 사회활동 참여욕구를 충족시키기 위해 건전한 취미생활, 노인건강유지, 소득보장, 기타 일상생활과 관련한 학습프로그램을 제공하는 교육기관으로 노인학교나 노인대학이란 명칭을 사용하고 있다. 교육프로그램이나 교재, 강사, 경비조달 등이 자체적으로 이루어지고 있으며, 교육내용은 교양강좌가 가장 많이 실시되고 있으며, 단순오락 여가지향의 성격이 강하다(국윤경, 2018).

(2) 대학 및 교육기관

대학 및 교육기관의 노인교육은 대학부설 독립기관, 평생교육원, 연구소, 학과 대학원, 기타 부설기관, 사이버 대학을 통해 실시되고 있으며, 이 가운데 일부 대학에서 노인교육 프로그램을 운영하고 있다. 운영형태는 지자체 등의 위탁운영으로 실시되는 대학, 자체지원의 무료강좌를 운영하는 곳, 자체수강료를 받아 운영하는 곳으로 다양하다(국윤경, 2018).

(3) 종교기관

기독교, 천주교, 불교 등 각 계의 종교단체들은 노인들을 위한 노인대학, 노인학교, 노인교실을 운영하고 있는 경우가 많으나 등록한 경우가 드물어서 실태를 파악하기가 매우 어렵다(김영순, 2016). 종교기관의 노인교육 프로그램은 그 구성이 각 종교기관에 의해 자유롭게 구성되기 때문에 매우 다양하며 크게 교양영역, 종교영역, 사회활동영역, 신체건강영역의 프로그램을 운영하고 있다. 대부분의 경우 고령층 노인을 대상으로 운영되고 있으며 교양, 여가, 오락과 관련된 프로그램이 다수이다(국윤경, 2018).

(4) 정부 및 공공기관

정부 및 공공기관의 노인교육은 노인인력개발원이나 국민연금관리공단 등이 제공하는 자체적인 노후설계 교육프로그램과 노인교육 지도자를 육성해서 일자리를 창출하거나 재취업을 돕는 프로그램, 공무원들의 퇴직준비 프로그램으로서의 노인교육 프로그램이 진행되고 있다. 정부 및 공공기관의 노인교육 가운데, 국민연금공단의 노후설계 서비스 프로그램은 급속하게 진행되는 고령화로 노후준비에 대한 국민적 관심과 불안이 증가함에 따라, 공적 서비스 차원에서 체계적이고 전문적인 노후설계지원이 필요하다는 인식하에 제공되었으며, 본 프로그램은 국민연금을 기반으로 노후생활 6대 영역인 재무, 건강, 일, 주거, 여가, 대인관계에 대한 종합적인 정보와 서비스를 부가적으로 제공하는 사업이다(국윤경, 2018).

(5) 민간단체 및 기업

민간단체 및 기업에서 추진하는 퇴직준비 프로그램, 금융권의 노인교육 프로그램, 그리고 최근 기업이나 개인에게 재취업, 창업, 은퇴 후 적응에 관한 상담 및 교육프로그램을 제공하는 전문 컨설팅업체 등이 있다(국윤경, 2018).

3. 노인학교 운영 방안

1) 노인학교의 주체

노인학교의 운영은 평생교육이나 노인복지 등과 관련된 분야의 전문가에 의해서 이루어지는 것이 좋다. 노인학교가 전문가에 의해서 운영되지 않는다면 효율적인 노인교육과 여가활동이 이루어질 수 없으며, 노인학교의 발전에 저해요소가 될 수 있다. 이러한 자격을 갖춘 노인학교 운영자라 하더라도, 정기적인 연수교육을 실시하여 운영자로서의 전문성과 역량을 지속적으로 유지할 수 있도록 해야 할 것이다(모선희, 1998). 또한 노인학교에는 전문 평생교육사나 사회복지사를 고용하여 운영을 지원하게 하고, 노인 상담 및 복지 프로그램을 병행할 수 있도록 하는 것이 바람직하다.

노인학교의 강의를 담당할 강사는 교수나 특정분야 전문가를 초빙하거나, 공무원이나 지역사회 유지를 초빙하거나, 운영자가 직접 강의를 하는 경우 등으로 나누어 볼 수 있다. 노인학교는 대개 재정적인 어려움으로 인하여 교수나 전문가를 초빙하여 강의를 듣는 경우가 적기 때문에 수준 높은 강의가 이루어지지 못하고 있으며, 강의 내용에 있어서 수강생들이 공감을 불러일으키지 못하는 경우가 많다. 그러나 노인학교의 운영에서 전문적 강사의 선정이 무엇보다도 중요하다(정상양 외, 2012).

한편 노인학교의 명칭도 그동안 경로대학, 노인대학, 노인교실 등으로 다양하게 불리고 있으나, 한 가지로 통일하여 사용하는 것이 바람직하다. 노인학교를 효율적으로 운영하기 위해서는 노인학교 간의 연합체를 구성하여 운영하는 것을 추천할 만하다. 노인학교의 연합체는 통일된 노인교육의 방향, 일관된 운영지침, 표준화되면서도 다양한 프로그램 등의 제시를 통하여 노인학교의 활성화에 기여할 수 있을 것으로 보인다(김진범, 2007).

2) 노인학교의 대상

노인학교의 대상은 특별히 지역사회 노인 중에서 교육욕구와 여가욕구가 절실하면서도 약간의 재정적인 부담 능력이 있는 거동이 비교적 자유로운 노인들이 우선 대상이 될 수 있을 것이다. 즉 노인학교의 프로그램에 참여하기 위해서는 회비, 교통비, 혹은 중식비 등 약간의 경비가 필요하며, 프로그램의 특성에 따라 활동능력이 있어야 하기 때문에 이러한 요건을 필요로 하고 있다. 그러나 지역사회 저소득층 노인들에게는 이러한 경비들조차도 재정적인 부담이 되어 노인학교의 프로그램에 참여할 수 없는 경우가 많다. 따라서 지역사회 저소득층 노인들이 노인학교를 이용할 수 있도록 그들에게 특별한 지원이 필요하다. 지역사회 노인들이 노인학교에 적극적으로 참여할 수 있도록 하기 위해서는 노인학교에 참여하는 노인들에게 교통편의(차량운행)와 무료급식을 제공하는 것이 바람직할 것이다. 노인의 거주지와 노인학교가 멀어서 대중교통을 이용하는 경우에는 적은 금액이지만 교통비가 필요하다. 그리고 노인학교의 프로그램에 따라서 대부분 오전 프로그램 진행 후에 점심을 먹고 오후 프로그램을 진행하기 때문에 점심 식사를 제공하지 않는 경우라면 또 중식비가 노인들에게 부담으로 돌아가게 된다. 즉, 일정한 수입이 없는 노인들에게는 이와 같은 교통비나 중식비가 상당한 부담이 될 수 있으므로 차량운행과 무료급식을 제공해야 한다. 또한 저소득층 노인들이 노인학교를 이용할 수 있도록 하기 위해서는 회비를 삭감해 주어야 할 것이다. 이와 더불어 지역사회 노인복지증진에 기여함은 물론 노인학교를 이용하는 노인들의 참여율을 높이기 위해서 무료진료, 무료이미용서비스, 물리치료 등 노인을 위한 다양한 서비스의 제공이 필요하다(김진범, 2007).

3) 노인학교의 내용

노인학교를 운영하는데 필요한 내용은 노인학교의 교육목표, 학생정원, 교육기간, 프로그램, 교육방법, 교육교재 등이 있다.

(1) 교육목표

노인학교는 노인의 교육욕구와 여가욕구를 충족시키고 노인문제를 해결하며, 노인의 건강증진과 생활만족에 기여할 수 있게 한다. 이러한 측면에서 노인학교의 교육목표는 ① 교양강좌와 취미활동을 통한 노후생활의 만족과 사회적 능력향상, ② 건강관리와 생활기술습득을 통한 심신의 건강유지와 자기관리능력의 향상, ③ 새로운 지식의 획득과 생활교육을 통한 사회적응능력의 향상, ④ 인간관계에 관한 지식과 기술의 습득을 통한 대인관계능력의 향상 등으로 설정할 수 있다(신섭중 외, 1996).

노인학교의 교육목표는 노인학교의 설립취지 및 운영방침과도 밀접한 관련성을 맺고 있다. 만일 교육목표를 설정하지 않고 노인학교를 운영한다면 단순히 지역사회 노인들이 노인학교를 여가를 선용하는 곳으로만 인식할 수 있을 것이다. 그러므로 노인학교는 확실한 교육목표를 설정하고 목표달성에 부합하도록 세부적인 사항들을 세우고 운영해야 할 것이다.

(2) 학생 정원

노인학교의 학급당 학생 정원은 프로그램의 유형에 따라 상당히 다양할 수 있다. 교양강좌의 경우에는 많은 학생이 동시에 수강할 수 있으므로 학생 정원이 다소 많아도 큰 문제가 없지만, 어학교육이나 취미활동의 경우에는 학생 정원이 적을수록 더욱 효과적인 교육이 될 수 있기 때문에 많은 학생들을 동시에 수강시킬 수가 없게 된다. 그러므로 학생 정원은 프로그램에 따라 개별적으로 규정해야 할 것이다. 혹은 정원이 넘칠 정도로 특정 반에 인원이 몰릴 경우는 교수와 스텝이 보충된다는 전제하에 분반하는 것도 좋은 문제해결 방안이 될 것이다. 학급당 학생 정원에 관하여 전문가들을 대상으로 조사한 결과에 따르면, 50명 정도가 가장 적절한 것으로 나타나고 있다(박태룡, 2008). 그러나 이것은 통계적인 수치를 기준으로 한 것이라고 볼 수 있으며, 각 반의 특성에 맡는 정원을 정하는 것이 바람직할 것이다. 또한 이러한 학생 정원은 프로그램이 진행되는 강의실의 여건과 지원되는 교육기자재와도 밀접한 영향을 가지기 때문에 이들을 고려하여 가장 적절한 수준을 정해야 할 것이다.

(3) 교육기간

학습 1회당 기간, 횟수, 계절 간의 배분 및 총시간은 지역 실정이나 참가자의 실태, 또는 학습내용에 의해서 결정되는 것이다. 노인학교의 교육 기간은 대개 6개월과 1년을 단위로 실시하는 경우가 많으며, 주당 수업 횟수는 1~3회를 실시하는 경우가 많고, 수업시간은 2~4시간 정도인 것으로 나타나고 있다(모선희, 1998). 이러한 노인학교의 교육기간은 주당 수업 횟수 및 수업시간과 밀접한 관련성이 있긴 하지만, 보통 1년 단위로 실시하는 것이 바람직할 것이다.

주당 수업 횟수와 수업시간과 같은 교육기간이 중요한 이유가 있다. 수업시간과 같은 경우에는 노인학교 수강생들의 신체적 정신적 능력과 밀접한 관계가 있기 때문이다. 이것은 교육효과에도 밀접한 관계가 있기 때문에 각 수업시간은 프로그램의 특성에 따라 융통성 있게 정하는 것이 좋다.

(4) 학습내용

노인학교의 학습내용을 작성하기 위해서는 먼저 노인들의 실태가 어떠하며, 노인들이 어떠한 생각을 하고 있으며, 바라는 것이 무엇이며, 무엇을 배우고자 하는가를 알아야 한다. 노인들은 생활해 나가는 데 필요한 것을 배우고자 하기 때문이다. 노인의 생활욕구와 이에 근거를 둔 학습욕구가 밝혀지면, 전문가들의 판단에 의하여 학습할 필요가 있는 과제를 가려내어 프로그램을 만들게 된다. 일반적으로 학습할 필요가 있는 과제를 학습 영역별로 나누어 보면 다음과 같다(김영순, 2016; 허정무, 2011; 김혜순, 1984).

| 표 11-2 | 노인학교의 학습내용

교과영역	학습내용
노인복지	노인복지시설 및 정책에 관한 연구, 노후의 소득 및 재산관리, 노후 문제와 대책, 종교 및 인생의 보람에 대한 내용
건강관리	체력의 유지 및 단련을 위한 운동, 정신건강의 유지방법, 노인병과 각종 질병의 치료 및 예방법, 식생활과 관련된 지식, 공중보건
취미·오락	음악, 미술, 무용, 서예, 원예, 애완동물 기르기, 등산, 낚시여행, 바둑, 장기, 영화나 VTR시청, 사교모임이나 자치회 운영, 레크레이션.
가족생활	화목한 가정생활 방법, 가정관리에 관한 지식, 자식이나 손자녀 대하는 방법
교양·시사	국문해독과 산술지식, 간단한 외국어 회화능력, 정치, 경제, 사회문화 전반에 대한 이해, 역사나 전통문화에 대한 이해, 국·내외정세에 관한 지식
법률	가사와 관련되는 각종 생활법률 지식, 재산상속에 관한 지식
종합학습	연수, 산업시찰, 문화유적지 답사, 학습발표회, 타 노인학교와의 교환방문
직업교육	노인취업에 관한 정보, 직업의 유지에 필요한 지식, 노인들의 적성과 능력에 맞는 일의 선택과 적응
사회활동	노인의 사회적 역할에 관한 교육, 노인과 사회봉사, 봉사활동 방법, 청소년에 대한 이해와 선도.

출처: 김혜순. (1984). 노인학교의 학습프로그램과 노인의 소외감 해소에 관한 연구. 숭실대학교 대학원 석사학위논문.

(5) 교육방법

교육방법은 피교육자가 받아들이는 교육의 효과성과 직결되기 때문에 교육방법의 선택은 매우 중요하다. 노인학교에서 실시하고 있는 교육방법은 강의, 질의응답, 토론, 시청각교육, 현장학습, 모의게임, 역할극 등 다양한 형태로 이루어지고 있는 것으로 나타나고 있으나, 많은 프로그램들이 강의 위주로 되어 있다. 이러한 교육방법들은 모든 프로그램을 획일적으로 실시할 것이 아니라 프로그램의 특성에 따라 다양한 방법을 혼용하여 다르게 적용하는 것이 효과적일 것이다. 예를 들어 노인복지와 관련된 과목은 강의와 질의응답을 병행하도록 하며, 노인생활과 관련된 내용은 영화나 슬라이드를 활용하고, 가족과의 관계는 역할 연기와 토론 등의 방법을 도입하는 것이 바람직할 것이다(임춘식 외, 1999). 또한 취미활동과 관련된 분야는 현장학습이나 실습을 통하여 프로그램을 전개해야 할 것이다.

교육방법은 교육기자재와 밀접한 관계를 가지고 있다. 노인학교에서 실시하고 이는 교육방법이 대부분 강의 위주로 되어 있는 것도 교육기자재의 부재와 상당한 관련이 있을 것이다. 또한 교육공간이 다양한 교육방법을 실시하기에 부적합할 수도 있을 것이다. 교육자의 경험과 역량이 부족하거나, 노인들이 다양한 교육방법을 수용할 능력이 부족한 것도 다양한 교육방법을 활용하지 못하는 요인이 될 수 있다.

(6) 교육교재

교육방법과 함께 교육효과에 있어서 중요한 것이 바로 교육교재이다. 노인학교의 교육교재는 체계적인 교육을 위해서 반드시 필요한 것이다. 그러나 대부분 노인학교에는 마땅한 교육교재가 없다. 노인학교의 과반수는 필요할 시에만 학습교재를 만들거나 대여하여 교육시키고 있으며, 학습교재가 없는 경우가 전체의 30%나 되고, 정규교재를 사용하는 경우는 20%에 불과한 것으로 나타나고 있다(신섭중 외, 1996). 이처럼 많은 노인학교는 교육교재를 제대로 개발하여 활용하지 않는 것으로 나타나 노인을 위한 교재의 개발과 보급이 시급한 과제가 되고 있다.

교육교재는 단순히 노인학교 강의 시간에만 활용하는 것이 아니라 일상생활에서도 활용할 수 있으며, 강의내용을 복습할 수 있게 하여 오랫동안 기억할 수 있도록 하는 데 중요한 역할을 수행하고 있다. 이와 같이 교육교재가 중요성이 느껴짐에도 불구하고 많은 노인학교들이 여러 이유(재정적 문제, 전문성의 문제 등)로 교육교재의 개발을 소홀히 하고 있다. 물론 모든 프로그램마다 교육교재를 개발할 수 있는 것은 아니다. 여가활동을 중심으로 한 프로그램들은 교육교재가 꼭 필요한 것은 아니다. 하지만 약간의 전문성이 포함된 프로그램들은 교육교재가 꼭 필요하다. 어학교육 프로그램을 예만 들더라도 노인을 위한 별도의 교육교재가 필요하다. 노인학교의 한글반 교육교재를 대부분 초등학생이 사용하는 교재를 사용한다. 이것만 보더라도 노인을 위한 구별된 별도의 교재가 필요하다고 본다.

4) 노인학교의 재원

노인학교의 운영에 필요한 재원을 조달하는 방법에는 크게 네 가지가 있다. 첫째는 노인학교의 운영자가 운영비를 전부 부담하는 경우이다. 둘째는 정부의 보조금, 운영자의 일부 부담금, 지역유지의 후원금, 수강생의 회비 등으로 충당하는 형태이다. 셋째는 운영자가 경비를 부담하지 않고 지역유지의 후원금으로 운영하는 경우이다. 넷째는 노인학교 수강생의 회비에 전적으로 의존하는 형태이다. 이러한 재원조달 방법 중에서 많은 노인학교는 두 번째 유형으로 재원을 조달하고 있는 것으로 나타나고 있다(이선화, 1999).

노인학교의 운영에 필요한 재원을 정부의 보조금, 운영자의 부담금, 지역유지의 후원금, 수강생의 회비 등으로 조달하더라도, 많은 노인학교는 재정적으로 많은 여유를 가지지 못하여 운영에 어려움을 겪고 있다. 즉 운영비가 부족하여 훌륭한 강사를 초빙하지 못하고 있으며, 교육공간을 제대로 확보하지 못하고 있고, 교육용 기자재를 구입하지 못하고 있으며, 문화·여가 활동비를 제대로 지출하지 못하고 있다. 이러한 요인들이 궁극적으로는 노인학교의 질적 수준을 하락시키고 있다.

5) 노인학교 실제: 보성읍교회 부설 평생대학

① 설립목적

보성읍교회부설 평생대학은 영혼구원의 사명을 이루기 위해 선교적 차원에서 출발하였으며 지역사회를 섬기는 마음으로 봉사정신을 함양하고 유능한 강사진을 초청하여 새로운 지식을 향상시켜 정서를 순화하며 이웃 간의 정겨운 사랑을 나누고 가정의 화평을 이루기 가기 위함이다.

교육내용으로는 강의 전 경쾌한 음악과 강의 후 취미생활을 통해 육체적인 노쇠현상과 정신적 열등감을 극복하고 노년생활의 활력을 불러일으켜 생동감 넘치는 사회생활을 하는 데 일익을 담당하고 있으며 명실공히 최고의 시설과 알찬 교육시스템으로 양질의 교육을 하는 데 심혈을 기울이고 있으며 이제는 귀로 듣고 마음으로 느끼는 데 그치지 않고 행동으로 옮김으로써 지역사회의 봉사자로서 자부심을 가지고 교육에 임하도록 하여 궁극적 목표인 점진적인 신앙 성장의 기회를 제공해 주는 데 목적을 두고 있다.

② 교육이념

대한민국의 교육이념과 기독교 정신을 바탕으로 수준 높은 평생교육을 통해 아름다운 인생과 슬기로운 삶을 영위할 수 있도록 인도한다.

③ 희구하는 인간상

- 하나님 은혜에 감사하는 사람
- 노년을 보람 있게 가꾸는 사람

④ 대학(원) 경영관

- 지역사회 발전에 이바지하게 한다.

⑤ 학생상

- 섬김, 봉사, 헌신으로 함께 더불어 사는 건강한 사람

⑥ 대학(원) 교육목적

- 노후생활을 보람 있게 보낸다.
- 노후생활을 믿음으로 보낸다.
- 노후생활을 새롭게 시작한다.
- 지역사회발전을 위해 노후를 보낸다.

⑦ 대학(원) 교육목표

- 몸과 마음이 건강한 사람

- 섬김과 봉사로 은혜받은 사람
- 전문과정의 기능을 기르는 사람
- 함께 더불어 보람 있게 사는 사람

⑧ 대학(원) 교육방침

- 학생중심의 노래 부르기 활동 전개
- 교양강좌 수강으로 지적능력 신장
- 국악교실 운영으로 국악기능 신장
- 음악교실 운영으로 아코디언 연주기능 신장
- 정보화교실 운영으로 컴퓨터기능 신장
- 체육교실 운영으로 댄스 스포츠기능 신장
- 지역사회 환경정화를 위한 봉사활동 전개
- 지역발전을 위한 현장체험 및 견학학습전개
- 효율적인 반 운영을 위한 학생 자치활동 전개

Chapter 12

노인교육프로그램개발 및 평가

1. 노인교육프로그램의 개념과 필요성

1) 프로그램의 이해

현대인은 개인의 자아실현, 직업 역량개발, 취미 등 생활문화의 향유를 목적으로 평생교육에 관심을 보이며 시대와 사회의 흐름에 따라 다양하게 확산되어 왔다. 평생학습은 국가 또는 개인만의 문제가 아니라 사회적 공적 과제로서 국가가 국민에 대한 책무로 부각되고 있다. 따라서 평생교육프로그램은 평생교육기관에서 학습자에게 제공하는 서비스나 상품 가치를 초월한 지역의 중요한 자산이며, 나아가 국가의 시대적 유산이라 할 수 있다.

프로그램은 의도한 변화를 주도하는 전체 과정과 그 세부 실천전략을 보여주는 설계도이다. 상황변화에 따라 각기 다른 설계도가 그려지고, 서로 다른 프로그램으로 개발된다. 다양한 프로그램은 성인교육에의 참여를 결정짓는 요인이 된다. 성인교육의 확대는 성인교육 활동을 조직, 개발, 관리하는 프로그램개발의 필요성을 증가시켰을 뿐만 아니라 성인교육의 핵심 분야로 만들었다. 따라서 평생교육기관은 변화하는 사회에 대응하기 위해 현대인의 요구와 필요를 충족시킬 수 있는 평생교육프로그램을 제시하여야 하며, 새로운 변화를 창출할 수 있도록 지원하여야 한다.

평생교육기관의 정체성과 활성화 차원에서 평생교육프로그램은 전략적 요소로서 역할을 한다. 평생교육프로그램의 개발은 학습시간과 비용, 학습자의 능력 등 다양한 여건을 고려하여 실현 타당성과 가능성을 바탕으로 해야 한다.

다양한 평생교육프로그램의 확산은 평생교육 시대를 만드는 데 중요한 역할을 담당해 왔다. 평생교육프로그램은 학습자, 집단, 사회의 요구를 충족시켜 주며 변화를 이끌어냄으로 평생교육의 이상과 이념을 실천하는 교육적 수단이자 실체가 되었다. 특히 교육의 내용과 형식에서 다양성과 융통성을 지향하는 평생교육은 장소와 대상의 한계를 극복하며 교육의 일상화와 확대를 추구한다. 따라서 평생교육의 확산과 발전은 진정한 학습을 위한 질 좋은 평생교육프로그램 개발과 매우 밀접한 연관이 있다고 할 수 있다.

오늘날 사회의 변화 속도가 매우 빠르므로 새로운 지식과 정보를 습득할 수 있는 유연한 평생학습체제가 요구되고 있다. 특히 IT 기술의 발전으로 온라인 중심 또는 온-오프라인이 융합된 새로운 형태의 교육모형에 대한 필요성이 대두되고, 교육 공급자 수요자 간 경계가 사라지는 추세로 학습모임 등 새로운 형태의 평생교육프로그램이 필요하게 되었다.

2) 프로그램의 개념

프로그램(Program)이란 용어는 라틴어의 'pro'와 'graphein'이라는 합성어로 '미리(before)'와 '써 놓은 것(to write)'이라는 의미가 있다. 즉, 앞으로 진행일 될 일이나 계획 및 순서 등을 체계적으로 정리한 목록을 말한다. 프로그램 용어는 17세기부터 문헌에 등장하였고, 주로 운동회의 순서나 음악회 연주곡목 순서 등을 미리 짜 놓은 것의 의미로 사용되었다. 1920년대에 라디오가 개발되면서 방송시간표를 일컫는 말로 사용되었으며, 컴퓨터가 발달하면서 컴퓨터가 수행하는 순서에 따라 한 번에 하나씩 실행되는 명령어로 구성된 절차를 나타내는 의미로 사용되기도 하였다.

프로그램에 대한 사전적 정의는 목록, 순서, 예정, 계획 등으로 요약될 수 있다. 앞으로 진행될 일에 대한 예정이나 계획을 체계적으로 정리한 목록이며, 진행순서와 실천이 포함된 개념이라고 볼 수 있다. 계획은 추상적인 상태로 존재하는 일을 의미 있게 실행하기 위하여 절차와 방법, 규모 등을 미리 구체적으로 설계하는 것을 의미한다. 목록은 이를 위하여 필요한 인력, 예산, 활동내용, 방법 등을 실체화할 수 있는 지침으로 구체화한 것으로 볼 수 있다. 순서는 목록에 포함된 활동내용들이 어떤 순서대로 전개되고 운영되어야 하는지를 나타낸 것이다(신용주 외, 2016). 또한 프로그램이란 '의도된 계획에 따라 어떤 목적을 달성하기 위해 인적·물적 자원을 활용하는 일련의 집합적인 행동들'이라 할 수 있다. 프로그램은 그 성격상 집합적인 활동이며 일련의 진행과정에 따라 인간과 환경 간의 다양한 상호작용을 보여주는 역동적인 활동이다(허만영, 2004). 즉, 프로그램은 서비스 전달을 위한 도구이며, 정책이 의도하는 변화를 실천에 옮기는 모델로서의 역할을 수행하게 된다. 정책이 주로 '무엇이 되어야 하는가'라는 당위성을 다루고 있다면, 프로그램은 '어떻게 그것을 실현할 것인가'에 대한 방법론을 담고 있는데, 사회복지를 다루는 사회정책들은 '개인을 공동체에 통합시키려는데' 주된 목적을 두고 있으므로, 프로그램은 공동체 통합의 목적을 위해 사용되는 방법론적인 도구로 간주할 수 있다. 노인복지프로그램은 노인을 대상으로 의도적인 개입을 통해 노인, 노인집단, 혹은 사회 전반적인 변화를 시도한 프로그램이라고 정리할 수 있다.

3) 노인복지프로그램의 필요성

지역사회 거주 노인들을 위한 노인복지시설은 노인여가복지시설과 재가노인복지시설로 구분된다. 노인여가복지시설은 독립적으로 일상생활이 가능한 노인을 대상으로 여가 서비스 혹은 친목 장소를 제공한다. 재가노인복지시설은 심신 장애로 독립적인 생활이 어려운 노인들을 지역사회 내에서 보호하고 가족들의 돌봄 부담 완화를 위해 존재한다. 시설의 기능과 목적에 따라 차이가 있으나, 지역사회 내 사회복지시설의 공급량은 서비스 이용의 결정요인이다(정순둘 외, 2011).

1980년대 중반 이후, 탈시설화와 더불어 지역 내 노인복지시설의 지속적인 양적 팽창은 노인복지서비스의 이용 가능성을 높였다(손정렬, 2007). 노인여가시설의 99% 이상은 단순 휴식의 공간을 제공하는 경로당이다. 많은 노인이 삶의 질을 높일 수 있는 서비스 없이 공원 또는 경로당에서 시간을 보낼 수밖에 없는 여건인 것이다. 이에 노인복지기관에서의 프로그램 활성화를 통해 주변 경로당과 지역 공간을 활용한 프로그램 개발과 진행이 필요하다.

노인 평생교육은 노년기 삶의 질과 관련된 노인복지의 핵심 영역이며 최고의 복지 서비스에 해당하는 개념이다. 노년기의 당면과제인 건강관리, 기초생활보장, 고독감 해소 등을 해결하면서 비교적 여가활동이 가능한 분들에게 새로운 가능성을 제시하는 것으로 노인들의 사회 적응력을 높여 보다 만족스러운 삶을 영위하도록 돕는 것이다(서보준 외, 2015).

2. 노인교육프로그램 개발과정

1) 노인교육프로그램 개발요소

프로그램은 참여자가 잠재능력을 가지고 있고 시간의 경과에 따라 성장·변화할 수 있다는 기본 전제하에서 만들어져야 한다. 프로그램을 개발 시 생각해 볼 내용은 '가치', '실현가능성', '합리성', '효율성' 등 여러 가지가 있다. 이는 5P(Person, Problem, Purpose, Process, Place)를 들 수 있는데, 그 내용은 다음과 같다(신복기 외, 2002).

(1) 대상자

능력 수준과 흥미에 대한 적합성으로 프로그램 내용 선정에 있어서 가장 중요한 것이 대상자(Person)에 대한 고려이다. 프로그램의 내용은 대상자의 필요와 흥미 또는 능력 수준을 고려하여 친밀감이 있는 것으로 선정하여야 하고, 대상자뿐만 아니라 대상자와 관련된 가족 등도 포함하여야 한다.

(2) 문제

프로그램의 통합성이란 프로그램에 참여하는 대상자의 문제(Problem)해결이나 목표달성을 위하여 단편적인 서비스의 제공만이 아니라 인간의 경제적·사회적·심리적·문화적 제반 측면들을 통합적으로 고려하는 프로그램을 제공하여야 한다. 즉, 비행청소년이나 범죄자의 경우 비행의 감소, 재범방지 및 사회 복귀에만 그치는 것이 아닌 대상자와 그 가족의 사회적 관계망 유지와 회복, 정서적인 안정, 자립 및 갱생에 도움이 될 수 있는 대인적 서비스도 고려되어야 할 것이다.

(3) 목적

합목적성 및 일관성으로, 프로그램의 내용은 목표(Purpose)에 따라 결정되어야 한다. 참여자로 하여금 협동심을 고취시킨다는 목표를 세워놓고 그 내용에는 경쟁 상태의 활동내용만을 포함시켰다면, 프로그램의 내용과 목적이 일치되지 못한 경우이다. 따라서 프로그램 내용에 지나치게 치중하여 목적이나 목표에 전도되는 '목표 전치' 현상이 발생하지 않도록 유의하고 프로그램을 진행하는 도중에 목적과 목표에 대한 점검이 필요하다.

(4) 과정

프로그램의 과정(Process)은 지속성과 안전성을 확보하여야 한다. 프로그램은 일시적 · 일회적 내용이 아닌 장기적 · 체계적인 계획하에 제도화되어야 하며, 프로그램은 공공시설, 기업, 민간, 종교단체 등 다양한 인적 · 물적 자원과 연결시키는 체계적인 네트워크 시스템을 구축해야 한다.

(5) 장소

프로그램은 지역적인 특성을 고려해야 하며, 지역(Place) 측면에서 지역의 문화적 특성이나 전통, 관습, 방언 등을 발굴하여 프로그램명이나 집단명으로 활용할 때, 프로그램의 참여자나 팀구성원 및 지역사회 주민들이 프로그램에 더 쉽게 접근할 수 있고 호응을 얻을 수 있다.

2) 노인교육프로그램 개발과정

교육프로그램은 그 종류가 매우 다양하며, 그 규모도 짧은 시간 내에 이루어지는 단편적인 것에서부터 장시간을 필요로 하는 매우 복잡하고 광범위한 내용으로 이루어지는 프로그램도 있다. 프로그램개발은 '문제발견', '욕구분석', '목적과 목표 설정', '프로그램 실행 및 평가'이다(신복기 외, 2002).

(1) 문제의 구체화

프로그램 개발과정은 문제와 욕구에서부터 시작하며, 문제분석을 통해 프로그램의 목적이 설정된다. '삶의 질 개선'과 같은 매우 추상적인 목적에서부터, '노인문제의 해소'와 같은 지나치게 의욕적인 목적들을 제시하는 데 따른 문제점이다. 이러한 불분명한 목적 설정은 철저하지 못한 문제분석에서부터 비롯된다.

문제분석은 무엇이 문제인지를 규정하는 과정으로, 이를 통해 목적 설정이나 노력의 방향, 투입될 자원들의 할당에 대한 근거를 제시한다. 얼마나 명확하게 문제를 분석하는가에 의해서 프로그램의 목적들이 더욱 명확하게 나타날 수 있는가를 좌우하는데, 불분명한 문제분석은 모호한 목적설정과 부적절한 개입전략으로서 부정확한 서비스의 대상을 만들어 자원의 낭비를 초래하고 해결되지 않는 문제들을 축적되게 한다.

노인문제란 노인들이나 그들이 갖는 환경의 조건들이 바람직하지 않은 것으로 규정된 것이다. 바람직하지 않은 조건이란, 어떤 것의 존재나 성격을 바람직하지 않게 변경시키려는 현상을 의미한다. 노인문제들의 경우에 열악한 건강 상태, 실업, 낮은 소득, 신체 학대 등의 조건들은 사람의 존재 자체나 혹은 성격에 바람직하지 않은 변화를 만들어 낸다. 노인교육프로그램은 이러한 노인문제를 해결하기 위한 방법으로 조건과 서비스는 구분되는 것이며 서비스의 부재가 곧 노인문제는 아니다. 한 조건이 노인문제로서 규정되기 위해서는 최소한 공공의 의견 합치가 필요하고, 한 사람의 눈에 문제로 보이는 것이 다른 사람의 눈에는 그렇게 보이지 않을 수도 있다. 따라서 한 조건이 노인문제로서 자격을 갖추려면 다음이 충족되어야 한다.

첫째, 그 조건은 상당히 많은 노인에 의해 바람직하지 않은 것으로 인식되어야 하고, 둘째, 다른 조건들보다는 훨씬 더 바람직한 대안적인 해결방안들을 가진 것으로 인식되어야 한다. 셋째, 노인들로 하여금 기존의 상황을 변화시키고자 하는 동기를 유발하기에 충분할 만큼 중요해야 한다.

(2) 욕구분석

욕구분석은 한정된 지역 안에서 노인들의 욕구수준을 확인해내고 이를 수량화하는 방법으로, 노인교육프로그램이 효과적으로 기획, 실행, 평가되기 위해서는 노인의 욕구에 대한 체계적인 분석에 근거해야 한다.

욕구분석을 이해하기 위해서는 먼저 욕구의 개념을 명확히 해야 할 필요가 있고, 여기에서 욕구(need)라는 용어는 개인적인 필요나 원함(want)이 아닌 사회적 욕구를 의도하는 것이다. 즉, 개인이나 집단이 사회인으로서 기능하기 위한 잠재성을 충분히 발휘하는 것을 제한하는 것으로 확인된 어떤 경제 · 사회 · 심리 · 신체적 조건들을 말하는 것이다. 이러한 단순한 개념에서 조금만 더 들어가면, 욕구와 관련해서는 다양한 규정들이 존재함을 알 수 있는데, 인간의 욕구를 설명하기 위해서는 크게 두 가지 접근방법이 사용된다. 모든 인간들이 갖는 보편적인 욕구를 보는 심리학적 접근과 사회문화적 영향에 의한 욕구의 다양성을 보는 사회학적 접근이 있다.

첫째, 보편적인 욕구를 보는 심리학적 욕구로, 매슬로우(Maslow)의 5단계 욕구이론, 알더퍼의 ERG이론, 맥클리랜드의 성취동기이론이 있다. 매슬로우는 인간의 욕구를 다섯 가지로 분류하는데, 즉 ① 생리적 욕구, ② 안전의 욕구, ③ 사랑의 욕구, ④ 존경의 욕구, ⑤ 자아실현의 욕구 등이다. 인간의 욕구는 인간생활의 깊이와 관련되어 있다. 욕구들의 발생은 특정 집단에의 접근, 이탈, 저항, 대항, 대결 등을 초래하기도 하고 타인의 도움을 통해 개인의 욕구충족을 해소하기도 하며, 단순한 생존에 있는 것이 아니라 개인의 성격(personality)을 개발하고 형성하는 데 있어서 중요하다. 우정, 동료관계, 결혼, 취업활동, 이웃관계, 자원봉사활동, 교회활동 등의 상호관계적 경험을 통해 자신의 성격이 바람직하게 형성되고 사회의 일원으로서 성장하는 것이다. 이와 같은 개인의 성장은 전반적인 사회적 활동을 통해서 이루어진다.

| 표 12-1 | **매슬로우의 5단계 욕구**

구분	내용
1단계 생리적 욕구 (physiological need)	• 인간의 욕구 중에서 가장 기본적이고 강하며 분명한 욕구 • 배고픔, 갈증, 수면, 성욕, 피로 등 감각적 자극에 대한 욕구
2단계 안전의 욕구 (safety need)	• 생리적 욕구가 만족되면 새로운 안전 욕구에 관심 • 개인의 환경 내에서 안전성, 안락함, 평정, 평온 등을 보장받고자 하는 욕구
3단계 사랑의 욕구 (love need)	• 주로 생리적, 안전의 욕구가 충족되었을 때 나타남 • 동기부여된 개인은 타인과의 애정적인 관계, 준거집단, 사회적 관계 등을 갈망하는 욕구를 가짐
4단계 존경의 욕구 (self-esteem need)	• 존경의 욕구는 사랑을 받고 남을 사랑하려는 욕구 • 자기존중과 타인으로부터의 존경 • 능력, 신뢰감, 자신감, 자기개발, 긍정적인 자아관 등 포함
5단계 자아실현의 욕구 (self-actualization need)	• 모든 욕구가 충족되면 자아실현에 대한 욕구가 발생 • 자신이 성취할 수 있는 모든 것을 이루려는 욕구 • 자아를 실현한다는 것은 자신의 재능, 능력, 잠재력을 충분히 발휘하여 자기가 원하는 종류의 사람이 되는 것

출처: 임정문 외. (2020). 노인복지론. 서울: 동문사. 재구성.

둘째, 사회학적 욕구의 대표적인 것은 브래드 쇼(Bradshaw)의 네 가지 욕구, 즉 규범적 욕구, 인지된 욕구, 표현된 욕구, 상대적 욕구가 있다. 사회적 욕구는 인간이 지닌 기본욕구가 개인적 차원에서가 아니라 사회적 차원에서 발생가능하다는 인식에서 존재하게 된다. 즉, 사회적 욕구는 기본적 욕구 중에서 사회적 맥락을 지닌 욕구를 지칭하는 욕구로 기본적 욕구의 사회적 특징을 반영하고 있다. 따라서 사회과학의 발달은 사회변동으로 인한 욕구불만족의 원인을 개인적인 것에서 사회적인 것으로 인식할 수 있는 안목을 제공하였다. 특히, 빈곤문제와 연관하여 개인의 결함으로 인식하였다. 초기 빈곤이론이 시간이 흐름에 따라 점차 가족에서 집단 혹은 지역사회 및 국가와 세계수준에 이르기까지 확장되어 왔고, 이러한 맥락에서 빈곤문화이론, 사회해체이론, 세계체제론 등이 나오게 된 배경이다. 예를 들어, 빈곤의 원인에 대한 해석이 고대사회로 거슬러 올라갈수록 개인 책임으로 규정한 반면, 현대사회로 가까이 오면서 점차로 가족, 집단, 지역 혹은 국가나 국제사회 등으로 확대해 가는 경향을 발견할 수 있다.

| 표 12-2 | 브래드의 4가지 사회욕구

구분	내용
규범적 욕구 (normative need)	• 전문가가 주어진 상황에서 욕구라고 정의한 것 • 바람직한 수준이 정해지고 실질적으로 존재하는 수준과 비교하여 개인이나 집단이 바람직한 수준에 미치지 못하면 그들은 욕구상태에 있다고 봄 • 규범적 욕구는 쉽게 수량화될 수 있어서 구체적 표적을 제시할 수 있다는 장점 • 단점으로는 이 욕구의 기준들이 사람에 따라 달라질 수 있고, 시간에 따라 변화할 수 있음 • 예를 들면, 정부가 정한 절대빈곤 수준이나 최저임금 수준, 어린이 영양 기준
인지된 욕구 (felt need)	• 개인이나 집단의 욕망(want)과 동일시되는 욕구 • 인지된 욕구는 욕구의 주관적 지각에 초점 • 인지된 욕구는 그 자체만으로 '진짜 욕구(real need)'를 적절하게 측정하기 위한 기준이 될 수 없음 • 개인에 따라 기준이 달라 진실한 욕구파악이 중요
표현된 욕구 (expressed need)	• 인지된 욕구가 행위로 전환된 것이 표현된 욕구 • 사람들이 어떤 서비스가 필요하다고 느끼면서, 욕구가 충족되길 요청하거나 요구하는 행동을 취하는 경우의 욕구를 말함 • 서비스를 이용하려는 사람들의 수와 서비스 이용자들의 수가 많을수록 욕구들이 더 크다는 것을 반영 • 표현된 욕구는 휴먼서비스에서 가장 통상적 사정 욕구 • 사회복지서비스 분야에서 활용
상대적 욕구 (comparative need)	• 상대적 욕구는 각기 다른 인구 집단에 존재하는 서비스들의 수준 차이를 설명하기 위해 도입된 개념 • 집단들 간의 상대적인 비교를 통해 욕구의 존재를 확인 • 사람, 지역에 대한 서비스 수준차이 비교에 활용

출처: 임정문 외. (2020). 노인복지론. 서울: 동문사. 재구성.

(3) 목적 및 목표설정

목적(goal)이란 조직이 어떤 활동을 통해 달성하고자 하는 미래의 상태를 의미한다. 프로그램의 개입으로 인해 성취될 결과를 의미하므로, 목적을 기술할 때에는 문제의 분석에서 도출해야 하고 성과 지향적이어야 한다. 또한, 현실적이며 명확하게 기술되고, 추후에 관찰되고 측정될 수 있는 것으로 긍정적이어야 한다. 그러나 노인교육프로그램은 뚜렷하고 구체적인 목적을 가지고 있지 않은 경우가 많다. 간혹 노인교육프로그램의 목적이 있다 하더라도 추상적인 노인교육의 이념과 비슷하다. 노인교육프로그램의 목적을 설정함에 있어 세 가지 고려되어야 할 점이 있다. 먼저 철학적인 견지에서 옳은 것인지 확인해야 하며, 다음으로는 사회적 현실이나 요구에 충분히 고려되었는지를 확인한다. 마지막으로 노인들의 필요나 욕구를 잘 반영하고 있는지를 보아야 한다. 교육대상자의 상황과 교양, 건강 혹은 직업적 요구 등과 같은 개인적 요구가 반영되어야 하며, 교육기관의 목적이나 이념들이 반영되어야 하고 사회의 질서나 국가 발전을 위해 필요한 사항들도 반영되어야 한다. 또 그 사회가 지향하는 정치적 이념이나 철학 등도 고려되어야 한다. 즉, 교육에 참여하는 개인 학습자의 요구, 사회적 요구, 철학적 이념이 고려되어야 한다.

| 표 12-3 | 노인교육프로그램 목적의 세 가지 관점

관점	내용
철학적 관점	• 국가가 지향하는 이념을 잘 나타내고 있어야 한다. • 생에 대한 적극적인 태도를 함양하는 데 중점을 두어야 한다. • 노인강령, 경로헌장에 그 기반을 두어야 한다.
사회적 관점	• 급격한 사회변동에 효과적으로 적응할 수 있도록 설정되어야 한다. • 문화적 전통을 다음 세대에 전달하는 것이 포함되어야 한다.
개인적 관점	• 건강에 관한 문제가 반영되어야 한다. • 역할상실을 극복하는 내용이 포함되어야 한다. • 경제생활을 계속할 수 있는 내용이 포함되어야 한다. • 소외감과 고독감을 극복할 수 있는 내용이 포함되어야 한다.

출처: 허정무. (2011). 노인교육학개론. 파주: 양서원. 재구성.

한편, 프로그램 목표(objective)는 프로그램이 의도하는 바를 구체적으로 명시해 줌으로써 교육 참여자나 프로그램 운영자에게 교육의 정체성을 갖게 하는 근거를 제공한다. 목표는 정해진 기간에 전체 프로그램이 지향해 나가는 교육적 결과를 의미한다. 프로그램 목표는 즉시 시행해야 하는 구체적인 무엇을 제공해 준다. 따라서 학습자들의 어떤 행동을 개발할 것인가에 초점을 둔다. 프로그램개발을 지도, 안내하고 전체 프로그램의 목적과 다양한 활동 간에 균형을 이루도록 한다. 이와 함께 프로그램실시 후 평가기준을 제시해야 한다. 이는 해당 프로그램의 방향과 정체성을 보여주는 기능을 수행한다. 목표는 주어진 시간 안에 프로그램이 성취하기를 의도하는 결과와 영향을 기술하는 것으로, 대개 하나의 목적 성취를 위해 다수의 목표를 설정한다. 목표는 목적과 관련되어 있어야 하며, 단일한 기준(숫자, 퍼센트, 비율)을 설정해야 하며, 측정 가능해야 한다. 또한, 시간요인(재정년도, 프로그램 연도, 분기 등 표기)을 갖고, 가능한 클라이언트에 대한 성과 위주로 기술한다. 그리고 명확해야 하며, 긍정적이면서 현실적이어야 한다.

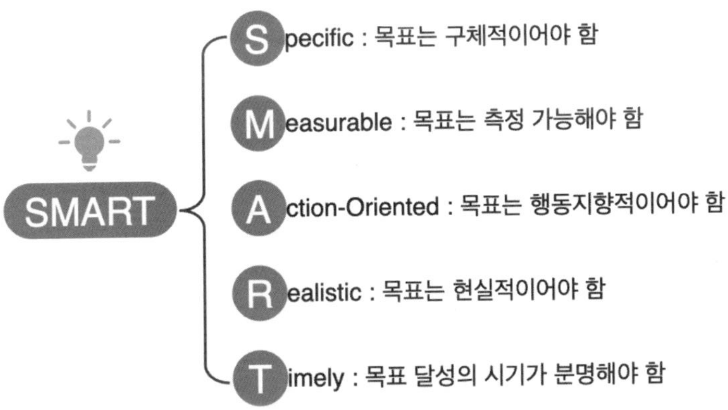

| 그림 12-1 | 목표설정 SMART 원리

노인교육의 목표는 대상 지역이나 대상 노인의 특성에 따라 달라야 한다. 따라서 노인교육의 목표를 어떻게 설정할 것인지를 노년의 발달과업, 노인들에 대한 각종 욕구 등을 조사하여 허정무(2011)는 목표설정 시안을 다음과 같이 제시하였다.

| 표 12-4 | 노인교육프로그램의 목표 시안

목표	내용
개인생활 목표	• 생에 대한 적극성을 가지며 자주적으로 계획을 세워서 생활하려는 태도를 가지게 한다. • 평생교육의 이념 아래 계속적으로 새로운 지식을 흡수하고 교양을 쌓으려고 하는 의욕을 가지게 된다. • 취미활동에 참가하여 여가활동을 즐겁게 보내기 위한 기능을 습득시킨다. • 건강과 질병에 대한 기본적인 지식을 가지도록 한다. • 건강을 유지하기 위하여 건강습관을 지니도록 한다. • 안전에 관한 기본적 지식과 태도를 함양하도록 한다. • 종교에 대한 신앙심을 두텁게 하여 편안한 마음으로 여생을 보내려는 태도를 가지게 한다.
인간관계 목표	• 젊은 사람들과의 세대차를 이해하게 한다. • 동년배 집단과 밀접한 심리적인 유대를 가지면서 어울리려는 태도를 가지게 한다. • 이웃 간에 있어서 선배시민으로서 존경을 받을 수 있는 태도를 지니게 한다. • 가정의 가풍을 이어가며 발전시키려는 태도를 가지게 한다. • 민주적인 가정의 건설을 위하여 노력하는 태도를 지니게 된다.
경제생활 목표	• 노인에게 알맞은 경제활동의 종류에 관한 정보를 얻고 이에 필요한 지식과 기술을 익히게 한다. • 경제적 지출을 감당할 수 있는 경비를 스스로 마련하는 태도를 기른다. • 근로의 가치가 신성하다는 것을 젊은 세대에게 보여주는 태도를 가지게 한다.
국가생활 목표	• 국내·외의 정치·경제·사회의 변화추세를 이해시킨다. • 전통적인 미풍양속을 다음 세대에 가르치려는 태도를 가지도록 한다. • 환경보호의 필요성을 이해하고 이를 위하여 앞장 서는 태도를 지니도록 한다. • 사회봉사활동의 필요를 인식하고 이에 적극적으로 참여하는 태도를 가지게 한다. • 청소년 선도의 필요를 인식하고 그 방법을 익히도록 한다. • 노인복지에 관한 국가 및 사회적 관심을 일으키기 위해서 노인들이 노인복지의 개념과 노인복지의 국제적 동향을 알도록 한다.

출처: 허정무. (2011). 노인교육학개론. 파주: 양서원. 재구성.

(4) 내용선정

노인교육프로그램에서 무엇을 가르치는 것이 좋을지에 대하여 여러 가지 의견이 있을 수 있으나 무엇보다 노년기에 꼭 배워야 할 필요가 있는 내용을 가르치는 것이 가장 좋을 것이다. 따라서 프로그램의 내용을 선정함에 있어 노인들이 꼭 배워야 할 내용이 무엇인지를 찾는 일이 중요하다. 그 일반적인 원리를 제시하면 다음과 같다(허정무, 2011).

첫째, 노인교육의 목표가 시사하는 바대로 그 행동을 경험할 수 있어야 한다.

둘째, 선정되는 교육내용이 대상노인의 능력수준과 흥미와 필요에 맞을수록 그 내용은 학습효과를 올릴 수 있다.

셋째, 청소년 및 중년기의 성인으로부터 노인들에게 어떤 교육을 하는 것이 좋은지에 대한 의견을 조사하도록 한다.

넷째, 당장의 생활을 위해서 도움이 되는 교육내용이 바람직하다.

다섯째, 지적인 측면은 노인들의 경험과 밀착된 교육내용이 바람직하다.

여섯째, 교육내용은 적절한 반복을 통하여 학습의 누적적인 효과가 나타나도록 조직해야 한다.

일곱째, 교육내용은 단순히 반복되는 데 그치지 않고 점차 깊이와 넓이를 더해 가도록 계열성이 고려되어야 한다.

여덟째, 여러 가지 교육내용은 그것이 노인들의 경험 속에 통합되도록 조직되어야 할 것이다.

아홉째, 하나의 교육내용이 여러 가지의 교육목표와 동시에 관련을 맺는 교육내용이 바람직하다.

내용선정을 정함에 있어서 노인교육프로그램의 대표적인 내용을 다음과 같이 제시한다(허정무, 2011).

| 표 12-5 | 노인교육프로그램의 학습내용(교과목)

학습영역	내용(교과목)
노인복지	국민연금과 노후의 소득보장, 노인과 보건의료제도, 고용의 안정과 정년, 요보호노인대책과 노후보장, 노인복지시설
건강관리 및 안전	노인과 건강, 노인에게 많은 질병과 예방, 노인과 식생활, 생활관리와 노동, 노인과 운동, 교통사고 방지
취미학습	원예, 공예, 수예, 요리, 연예
가정의 인간관계	동거와 별거, 어린이와의 생활조정, 가정에서의 노인의 역할, 자녀의 교육, 새로운 가정교육

학습영역	내용(교과목)
시사문제	사회의 변화, 세계의 동향, 한국경제, 지방자치선거
법률	생활법률, 재산과 법률
종교	생활과 종교
사회활동	노인의 사회적 역할, 사회봉사와 노인, 어린이회 등의 지도와 노인, 현대 청소년의 이해
직업생활	노인과 직업, 각 직종에 필요한 사항
노인클럽	노인클럽의 운영, 클럽의 연간 활동계획, 오락
종합학습	연수여행, 생활체험 발표, 노인문제, 노인의 교우관계, 향토의 문화

출처: 허정무. (2011). 노인교육학개론. 파주: 양서원.

(5) 프로그램 실행

노인교육프로그램 실행이란 기계론적 교육관 입장에서 기계의 작동과 같은 사전에 준비된 교육과정의 조작적 행위를 포함한다. 실행은 교수자, 운영자(관리자), 학습자 등의 상호 협동적 실천행위(cooperative arts)가 전제되어야 가능하다. 즉 노인교육프로그램 실행은 간단한 조작행위의 자동적 작동이 아닌 프로그램과 관련된 많은 사람의 통합적 상호작용의 노력에 의해 전개되는 것을 의미한다. 실행과정은 구체적인 활동단계로 조직된 프로그램 학습안과 실행형태가 결정된 후 실천에 옮기는 단계이다. 프로그램의 계획이나 조직이 실행단계를 거치지 않는다면 한낱 설계나 문서에 불과할 것이다. 프로그램 실행단계를 통해 프로그램 기획이 실천되는 것이므로 평생교육사들의 역량이 구체적으로 발휘되는 단계이기도 하다. 프로그램 실행단계에서 다음과 같은 점을 유의하면서 실행하는 것이 좋다(남정걸 외, 1995).

첫째, 소집단활동, 자기 소개시간 등을 통해 먼저 지도자와 학습자 간에 그리고 학습자 상호 간에 친밀한 분위기 조성을 위한 라포(rapport)를 형성한다.

둘째, 활동 프로그램은 무엇보다도 과정 자체에 중점을 두어야 한다. 프로그램 전개과정 그 자체가 보람되게 진행되도록 하며, 즉각적 성과나 효과를 올리는 데 급급해서는 안 된다.

셋째, 지도자와 참여자의 의견을 존중하고 그들이 제안하는 여러 건의사항을 수용적 태도로 받아들이며, 참여자에게 문제의식을 일으켜 그들이 스스로 문제를 해결하도록 도와준다.

넷째, 프로그램 내용과 방법의 혼용프로그램은 어떤 지식내용의 전달보다는 태도와 기능의 변화에 목적을 두는 경우가 많기 때문에 어떤 것은 교육방법 자체가 프로그램의 내용이 될 수 있다.

한편, 권두승(2000)은 평생교육프로그램 개발자가 프로그램 편성 후와 운영상 유의해야 할 사항을 다음과 같이 정리하였다.

첫째, 프로그램 편성 후, 특히 실행안의 구상시에 결정한 활동 대상자의 수준과 활동목표가 상정했던 바와 상당한 차이가 있다는 것이 명백한 경우, 목표를 변경하거나 내용·방법을 대체하는 등의 배려를 하는 것이 필요하다.

둘째, 프로그램은 예상외의 조건에 따라서 부득이하게 변경하지 않으면 안 되는 경우가 종종 생기게 마련이다. 이때에는 사전에 작성된 프로그램에 집착하지 말고 상황의 변화에 따라 유연하게 대처할 수 있는 자세가 중요하다. 그러기 위해서는 기상조건, 참가상황, 강사의 사정 등 예측할 수 없는 사태를 미리 예상하고 만약의 경우를 대비하여 준비(영화, 필름, VTR 등을 예비적으로 확보해 두는 일 등)해 두는 것이 필요하다.

셋째, 프로그램의 실행안을 변경하지 않으면 안 될 상황판단을 하는 체계, 예컨대 언제 어떠한 상황하에 누가 어떠한 근거로 어떻게 변경하는가를 판단하는 체제를 확립해 두는 것이 필요하다.

넷째, 운영상의 유의점으로서는 프로그램의 운영을 위한 조직들이 공통의 목표달성을 위하여 상호 역할을 분담하고 연락·협력을 효과적으로 할 수 있도록 해야 한다. 또한 사전 준비를 철저히 하고 최종적으로 점검하여 실행에 차질이 없도록 해야 한다.

다섯째, 프로그램을 실행하기 전에 점검해야 할 목록을 마련해 두고 이를 철저히 지키도록 하는 것이 필요하다. 프로그램 실행에 필요한 매체와 보조물들이 프로그램 운영 부서가 아닌 다른 담당 부서가 관장하고 있는 경우, 종종 프로그램 진행에 차질이 있을 정도로 준비상에서 하자가 발생하는 경우가 있다. 이 같은 경우를 대비하여 프로그램 운영 담당자는 반드시 실시 전에 장소를 확인해 볼 필요가 있다.

여섯째, 프로그램 실행 기관의 모든 사람이 협력해서 하는 것이지 어느 한 사람의 노력만으로 운영되는 것이 아님을 염두에 두어야 한다. 물론 프로그램을 직접 담당한 자는 관계자 전원과 하나의 목표를 달성하기 위하여 협력해 나가야 하며, 해당 기관의 모든 사람이 프로그램의 목표, 내용, 대상 등에 대해서 숙지하고 있어야 한다.

프로그램 운영자는 프로그램의 효과와 효율적인 실행을 위해서는 학습에 적합한 환경을 조성하고 프로그램 진행에 관한 사항을 확인하면서 실행해야 한다. 실제로 운영하는 단계이므로 운영자가 운영을 잘못하면 그 교육은 실패하는 경우가 많다.

(6) 프로그램 평가

월드론과 무어(Waldron & Moore)는 평가를 경험의 가치를 결정하는 하나의 과정으로 보았다. 그러므로 노인교육프로그램 평가(evaluation)란 교육활동에 대하여 가치(value)를 부여하며 판단하는 것이다(Waldron et al., 1991). 평가의 목적은 어떤 프로그램의 목표가 성취되었는지, 또 어느 정도 성취되었는지를 측정하는 것으로 프로그램 현장에서는 반드시 이루어져야 하며, 교육이 끝나고 학습자가 보여 준 변화에 대한 판단을 하기 위한 것이므로 학습자나 교수자 모두에게 필수 불가결한 활동이다.

노인교육프로그램의 평가는 주로 학습자의 성장과 프로그램의 개선에 그 목적을 둔다. 평가는 학습자에 대한 진단과 이해를 돕고, 교육 수행 관련 요인의 개선을 지원하며 교육 프로그램 관련 의사결정을 위한 가치 있는 자료를 제공한다. 특히 기획에서부터 실행에 이르는 프로그램개발의 전 과정에 대한 피드백을 제공함으로써 어떤 프로그램에 대한 최선의 결정을 내리도록 하는 데 평가의 목적이 있다. 프로그램 평가의 목적은 다음과 같다.

첫째, 평생교육평가는 실시하고 있는 평생교육이 원래의 계획대로 잘 진행되고 있는지를 확인하기 위함이다. 실시하고 있는 평생교육에 대해 학습 전, 학습 중, 학습 후 등 세 단계에 걸쳐 처음에 계획된 목표에 얼마나 도달하였는가를 파악하는 것이다.

둘째, 지도를 위한 근거자료를 제공한다. 다시 말하면 학습활동의 평가를 통해 프로그램의 내용, 방법 등을 개선해 다음 학습을 더 낫게 계획할 수 있으며, 학습자 측면에서 보면 자신의 발전 정도를 가늠해 볼 수 있으므로 학습동기를 부추기는 계기가 될 수 있다.

셋째, 평생교육 프로그램이나 활동이 관련 지역사회나 국가 발전에 얼마나 공헌하고 있는지를 밝혀 앞으로의 지역사회 개발정책이나 국가정책 결정 시 판단자료로 사용된다. 프로그램의 개발과정 혹은 프로그램 실행 중 프로그램의 개선을 위해 시행되는 형성평가(formative evaluation)와 프로그램 실시 후 프로그램의 효과성 및 효율성을 측정하고자 시행되는 총괄평가(summative evaluation)로 나눌 수 있다. 따라서 평생교육 프로그램 평가의 목적도 형성평가와 총괄평가에 따라 구분해 볼 수 있으며, 다음과 같이 기술될 수 있다(전주성 외, 2016).

그러나 노인교육프로그램 평가는 다른 성과의 평가와는 근본적으로 달라야 한다. 노인교육프로그램의 성과는 극히 짧은 시기(주 1~3회, 1회에 2~3시간)에 이루어지는 교육성과의 평가이다. 또한 가소성이 적은 시기이기 때문에 교육성과도 비교적 크게 나타난다고 볼 수 없다. 따라서 노인교육프로그램의 평가는 다른 교육프로그램과 달라야 할 것이다. 이런 관점에서 노인교육 평가의 원리적인 면을 제시하면 다음과 같다(허정무, 2011).

첫째, 노인교육의 평가는 노인교육의 목표를 기준으로 이루어져야 한다.

둘째, 제3자에 의한 평가보다는 자기평가에 중점을 두고 그 기법을 개발해야 한다.

셋째, 노인교육에 있어서 개인을 집중으로 하는 전후의 발전과정의 평가를 중시해야 한다.

넷째, 평가가 노인들의 자기존중감을 손상시켜서는 안 된다.

다섯째, 지적 영역의 지필검사를 지양하고 신체적·정의적 영역에 치중하되 평가의 방법도 다양화해야 한다.

여섯째, 노인교육의 평가는 집단 단위로 하는 평가가 이루어지는 것이 바람직하며 그 방법도 관찰을 토대로 한 집단토의법이 좋다.

노인교육프로그램 평가를 성공적으로 실시하기 위해서는 우선 평가를 위한 준거의 개발이 이루어져야 한다. 이러한 프로그램 평가를 위한 준거에는 효과성, 효율성, 적정성, 형평성, 대응성, 적절성 등이 있다.

| 표 12-6 | 프로그램 평가의 준거

평가준거	평가문항	평가영역
효과성 (effectiveness)	가치 있는 프로그램 결과가 성취되었는가?	프로그램 효과 평가
효율성 (efficiency)	프로그램을 위해 어느 정도 노력과 비용이 투입되었는가?	프로그램 비용 대 수익률 평가
적정성 (adequacy)	프로그램이 문제해결에 도움이 되었는가?	문제해결능력 평가
형평성 (equity)	비용과 효율이 집단 간에 공평히 배분되었는가?	프로그램 참여 기회 및 자원 배분 근거 평가
대응성 (responsiveness)	평생교육기관의 목표 및 참여자의 요구 충족 등이 프로그램을 통해 만족할 수준으로 달성했는가?	평생교육기관 및 참여자 요구에 대한 목표달성 평가
적절성 (appropriateness)	도출된 프로그램의 결과가 실제로 가치가 있는가?	모든 준거에 검증

출처: 김진화 외. (2012). 평생교육프로그램운영과 자료개발. 고양: 서현사. 재구성.

Chapter 13

노인 여가

1. 노인 여가의 이해
2. 노인여가복지시설
3. 노인 여가활동 문제점 및 활성화

1. 노인 여가의 이해

1) 여가의 이해

현대사회의 급속한 경제성장과 과학기술의 발달은 현대인의 생활양식, 사고방식, 가치관 등의 변화를 불러왔다. 더욱 복잡해지고 다양해지는 생활로 인해 편리함을 느끼는 만큼 신체적 · 정신적 스트레스는 더 가중되고 있으며, 이러한 스트레스를 잘 해소하는 것이 현대인의 과제로 대두되고 있다. 스트레스를 잘 관리하는 것은 현대인에게 건강한 심신을 유지하는 것이고 심리적으로 안정감을 주며 삶의 질을 높이는 요소가 된다. 따라서 이러한 삶의 질 향상을 위해 여가는 매우 중요하다. 하지만 노인에게는 직장 혹은 일에서 물러난 후로는 매일매일의 생활이 곧 여가라고 할 수 있다. 그래서 노후생활은 곧 여가생활이라고 할 수 있다.

현대의 노년기는 평균수명의 연장과 조기은퇴 등으로 점점 길어지고 있다. 노인의 여가가 중요한 이유는 기대수명이 늘어나면서 경제활동이 끝나는 퇴직 이후 20년이 넘는 기간을 여가가 차지하게 된다. 삶에서 여가 활용은 노인들 삶 전체의 활용이라고 볼 수 있다. 특히 평균수명이 80세를 넘어서면서 노후의 여가시간을 어떻게 활용하는가 하는 문제가 새로운 노인문제로 등장하고 있으며, 이에 따라 노년기 여가활동에 대한 욕구가 지속해서 증가하고 있다.

노인의 여가활동은 단순히 개인적인 활동을 넘어서서 취미, 경제력, 경험, 건강을 바탕으로 사회에 기여하는 활동의 성격을 갖는다. 또한 급변하는 사회에 적응하기 위하여, 그리고 노인의 여가문화 활성화와 보람 있는 사회활동을 위한 여가교육도 필요하다. 노인의 여가활동은 시간적 여유에 대한 취미 · 오락 활동 또는 건강과 능력의 한계 내에서 사회를 위해 기여하는 활동이라 할 수 있다(전명숙, 2023). 김춘옥(2014)은 노인의 여가를 노령기에 일정한 사회적 역할을 추구하면서 얻는 여유 있는 시간과 일정한 역할 없이 막연하게 긴 시간을 보내는 두 가지 차원으로 구분하였고 대부분 노인은 후자에 속한다고 보았다. 특히 우리나라 노인들은 노동과 사회참여의 기회가 제한되어 있어 '역할 없는 역할(Roleless role)' 또는 '역할 없는 불가피한 여가'를 강요당한 채 자신과의 의지와는 상관없이 여가를 보내는 경우가 많으며, 이는 노인의 고독감 및 고립감을 증가시켜 노년기의 삶에 대한 의욕을 상실하게 되는 원인이 된다고 보았다(홍석호, 2020; 정경희, 2014). 최성재 외(2010)는 노인 여가는 자유 의지가 개입되기보다는 노화와 은퇴로 인한 비자발적인 여가가 대부분이며, 노인은 남는 시간을 온종일 보내야 하는 여가 자체가 즐거움이라기보다는 무료함이라는 문제를 제기하고 있다.

노인의 여가는 노년기의 풍부한 시간을 이용하여 휴식, 기분전환, 건강, 사회적 성취 및 개인적 발전을 위해서 활용하는 제반 활동으로서 노인이 삶의 보람을 가지고 자기 생활의 균형을 이루면서 자아실현을 할 기회를 제공하는 것이다(Ramon, 1991). 이는 노인들이 많은 시간을 자기 자신의 만족과 사회발전을 위해서 최대한 활용해야 하는 것을 의미하며(Harbert et al., 1990), 노인의 다양한 욕구를 충족시키고 지역사회 생활에 잘 적응하며 독립적으로 살아갈 수 있도록 하는 것과도 관련되어 있다. 노인의 여가활동은 노인들에게 국가와 사회의 구성원으로서 평등하고 당당하게 가치 있는 삶을 살아갈 수 있게 하며, 개인적인 성장과 발달을 추구할 수 있게 한다(이인수, 2001). 이것은 노인들에게 단순히 취미와 오락만을 제공하는 것이 아니라 경제적으로는 소득을 보충할 기회를, 보건 · 의료적으로 만성질환에 시달리는 노인들에게 건강을, 사회 · 심리적으로는 고독감과 무력감을 느끼는 노인들에게 생에 대한 애착과 삶에 대한 자신감을, 그리고 정신적으로는 긴장감을 해소하고 적절한 정신적 자극을 주게 되어 정신건강에도 많은 도움을 줄 수 있다(전명숙, 2023).

2) 여가의 개념

(1) 여가의 일반적 개념

여가(leisure)는 어원적으로 보면 자기의 교양을 높이기 위한 적극적 행위와 아무

것도 하지 않는 소극적 상태라는 두 가지 의미를 동시에 가지고 있다. 여가는 노동의 반대개념이고, 강제성 및 의무성이 적은 행위이며, 정신적·정서적인 면에서 자유, 휴식 및 즐거움을 추구하는 자유 활동으로써 활동 자체가 목적인 활동이라고 정의할 수 있다(임정문 외, 2020).

여가의 어원은 라틴어 옵티움(optium)으로 '아무것도 하지 않는 여분' 혹은 '한가로운 휴식' 등으로 무위활동(無爲活動) 상태를 뜻하며, 라틴어 리께레(licere)는 '자유롭게 되다(to be free)' 또는 '허락하다(to be permitted)' 등을 뜻하는 말로 '자유'와 '면허'를 뜻한다. 한편 여가를 그리스어의 스콜레(Scole)에 어원을 두고 있으며 학교(school), 학자(scholar) 등의 어원에서 연유된 것으로 교육과 밀접한 관계를 맺고 있다(김동완, 2019). 그런 의미에서 아리스토텔레스(Aristoteles)는 일찍이 "교육의 목적은 여가를 슬기롭게 선용하는 데 있다"라고 하여 교육적인 측면과 연결하였다. 여가(餘暇)의 한자는 '남을 여(餘)'에 '겨를 가(暇)'로 '일을 하다가 잠시 쉴 수 있는 틈'을 의미한다. 사전적 의미로는 '일이 없어 남는 시간에 취미활동 따위를 하는 생활'이라고 정의하고 있다(국립국어원 표준국어대사전, 2024). 또는 '자유롭게 이용할 수 있는 시간'이라고 정의하기도 하는데, 하루 24시간 중 생업, 수면, 식사 등과 같은 생명의 유지를 위한 기본적인 활동을 제외하고 남은 시간으로, 보수를 고려하지 않고 자기 뜻대로 활용할 수 있는 시간을 말한다(김행숙, 2003). 내쉬(Nash, 1960)는 노동 및 수면과 아울러 기타 필요한 활동에서 벗어난 자유시간과 관련된 것으로 여가를 정의하였으며, 와일손(Wylson, 1980)은 여가를 활동과 기회 요소의 결합으로 인식하면서 자신의 의사대로 할 수 있는 활동뿐만 아니라 각종 활동의 참여를 제공하는 기회로 정의하였으며, 여가를 인간이 일과가 끝난 후의 여유시간을 적절하게 사용함으로써 일을 더욱 열심히 하게 되거나 일의 능률보다 본질의 가치를 부여하고 목표를 세움으로써 최선의 상태에 이를 수 있는 시간을 갖는 것이라고 정의하였다(정미희, 2003; Weiss, 1974).

여가란 시간을 구분하는 한 방법으로 노동이나 기타 생계유지를 위해 필수적인 활동, 즉 식사·수면 등을 위한 시간을 제외한 나머지의 비의무적이며 자유 재량적 시간으로 개인의 휴식이나 기분전환, 자기계발과 창조를 구사할 수 있는 자발적인 선택성이 주어진 시간을 의미한다(하춘매, 2011). 그러나 여가는 여유로운 시간의 개념을 토대로 자유시간에 하는 여가활동은 물론, 여가활동을 통하여 경험하는 만족과 즐거움의 심리상태와 체험까지를 포괄하는 복합적 개념이다(하춘매, 2011).

(2) 여가의 현대적 개념

현대사회에서 여가를 인식할 때 핵심적인 요소로 지각된 자유(perceived freedom)와 내재적 동기(intrinsic motivation)이며, 특정 여가행위의 선택이 자유롭게 선택되었는지, 그리고 이것이 여가활동 그 자체를 추구하는 것인지와 관련하여 여가의 특성을 이해할 수 있다(하숙례, 2014). 박창제(2020)는 근래의 여가활동에 대해 적극적·자발적 선택에 의해 목적을 가진 의미 있는 활동으로 정의되기도 한다. 또한 사회적 활동공간(in the social world)에서 이루어진다는 관점에서 경제적·사회적 구조가 반영된 특정한 시간과 문화의 산물이라고 할 수 있다(박창제, 2020).

일반적으로 여기는 크게 두 가지 개념으로 설명되고 있다. 창조적 여가(recreation)로 피로와 스트레스 등을 풀어 내일을 위한 에너지를 충전하는 것이며, 다른 하나는 오락(leisure)의 개념으로 즐겁게 지내는 것이다(최순남, 2002). 카플란(Kaplan, 1961)은 다음과 같이 여가에 관해 설명하고 있다. 즐거운 여가(leisure)의 내용을 경제적 활동과 반대되는 것, 즐거운 것, 자발적이면서 의무감이 적은 것, 심리적으로 자유를 느낄 수 있는 것, 놀이의 요소를 어느 정도 포함하고 있는 것으로 구체화한다.

여가의 현대적 개념을 시간 개념, 활동 개념, 심리학적 개념, 전체론적 개념으로 구분하여 제시하였다.

첫째, 여가의 현대적 개념으로 시간 개념이다. 여가를 생활에 있어 필수적인 활동, 즉 생리적 시간과 노동시간에 종사한 이후 남는 자유시간으로 보는 것을 의미한다(Kraus, 1971). 자유시간으로서 여가는 노동이나 기타 생계에 필요한 필수적인 활동시간을 제외한 나머지 시간으로 아무런 의무감도 없으며 자신이 자유롭게 사용할 수 있는 시간이라고 보는 관점이다. 같은 의미에서 머피(Murphy, 1975) 또한 여가는 일과 생존을 위한 기초적 욕구가 충족되고 남은 여유시간, 개인의 결정하에 재량껏 사용할 수 있는 시간이라고 설명하였다. 단순한 잉여시간 이상의 의미를 부여하여 자유와 재량의 시간으로 간주하기도 한다.

이와 같은 개념에 대해 바멜(Bammel et al., 1996)은 자유시간을 의무적인 일에서 해방된 시간이고, 여가는 자유시간에서 개인의 마음과 정신을 위해 이용되는 시간이라고 설명하며 자유시간을 여가와 동일시하지 않았다(하동현 외, 2006). 스테빈스(Stebbins, 2007) 또한 여가는 정서적으로 즐거운 기대와 활동 및 상황에 대한 회상 등 적극적인 마음 상태로 구성되지만, 자유시간은 지겹게 보낼 수 있고, 시간의 무의미한 흐름으로 불안해지거나 부정적인 마음의 상태가 될 수 있기 때문에 여가가 아니라고 설명하였다(최석호 외, 2012).

둘째, 여가의 현대적 개념으로 활동 개념이다. 여가를 노동, 가족, 사회의 의무나 통제에서 벗어나 해방되어 휴식이나 오락을 위하여 개인의 주관적 의지에 의해서, 또는 지식 획득 및 자발적 사회참여, 창조적 능력의 자유로운 실현을 위하여 스스로 참여하는 활동으로 바라본다(Dumazedier, 1967). 이는 자신의 삶을 재생산하고 재창조할 수 있는 노력의 시간으로, 여가를 휴식, 기분전환, 지식의 확대, 자발적인 사회활동 참여 혹은 개인의 창조에 대한 가능성을 자유롭게 구사할 수 있는 활동이라고 본 것이다(장재영, 2015).

셋째, 여가의 현대적 개념으로 심리학적 개념이다. 여가를 자기 성장과 자기계발을 위한 시간, 목적적인 활동으로 보며 개인적으로 이로운 결과를 도출하는 활동으로 간주한다. 뉴링거(Neulinger, 1981)는 “여가란 자유 행위자로서 자기 자신이 선택한 활동에 몰두하는 것을 의미한다”고 하였다. 뉴링거는 심리상태에 따라 여가와 비여가를 구분한 후 주로 ‘지각된 자유’와 ‘일과의 관계’에서 높고 낮음의 상태와 ‘내적 동기’, ‘외적 동기’에 따라 더욱 세분화하였다.

넷째, 여가의 현대적 개념으로 전체론적 개념이다. 앞에서 언급된 모든 관점을 절충하고 포괄하는 의미로서 개인이 자발적으로 선택하여 즐기는 모든 활동을 의미한다. 이러한 관점은 카플란(Kaplan, 1975)이 여가를 “자발적이며 즐거운 감정은 고상할 수도 있고 퇴폐적일 수도 있지만, 자유로운 선택으로 즐겁다면 그것은 여가일 수 있다"라고 조망한 것에서 비롯된 것이다. 따라서 본 관점에서 여가는 다양한 형태의 활동, 즉 일, 놀이, 교육, 종교활동 등 어떤 것도 여가가 될 수 있다.

한편, 앞서 정의한 일반적인 의미에서의 현대적 개념의 여가를 시간, 활동, 심리학적, 전체론적 개념 외에도 제도로써 추가 구분하였다(원석조, 2023). 제도로서의 현대적 여가는 여가의 본질을 노동, 결혼, 교육, 정치, 경제 등 사회제도와의 관련성에서 찾는다. 이러한 여가는 경제적 기능과 반대되는 즐거운 기대와 일로써 회상할 수 있는 것, 사회적 역할수행을 위하여 최대한 자발적이되 의무성은 최소화한 것, 심리적 자유를 느낄 수 있는 것, 자신이 속한 시대의 사회문화적 가치에 위배되지 않는 것, 관심의 정도와 중요성이 다양한 것, 가끔은 놀이의 요소를 어느 정도 포함하고 있는 것 등이 해당한다. 그리고 여가는 노동으로부터 생기는 피로, 권태감, 압박감에서 해방됨으로써 에너지를 보충하여 재생산하는 수단이다.

(3) 노인 여가의 의미

노년기의 여가는 생활과 여가를 분리하기보다는 생활 자체를 여가의 개념에 포함할 수 있다. 손자 돌보기, 요리, 친지 초대, 친구와 교제, 교회활동, 지역봉사활동, 취미활동 등 노후의 여러 가지 활동들이 노년기의 여가활동이 될 수 있는데, 의무감으로 작용할 때는 일이 될 수 있고 즐거운 역할이 될 때는 여가생활이 될 수 있다. 즉, 어떤 활동이든 노인 자신이 원하고 즐겁게 할 수 있는 일이라면 여가활동의 하나로 볼 수 있다(이해영, 2023). 이러한 관점에서 카플란(Kaplan, 1961)에 의하면 여가의 활동과 관련한 노인의 욕구를 다음과 같이 구분하고 있다.

첫째, 사회적으로 유용한 서비스를 제공하려는 욕구, 둘째, 자신이 사회의 한 부분으로 인정받고 싶은 욕구, 셋째, 여가를 만족스러운 방법으로 사용하려는 욕구, 넷째, 정상적인 동반자 관계를 즐기려는 욕구, 다섯째, 개인적으로 인정받고 싶은 욕구, 여섯째, 자기표현과 성취감의 기회를 가지려는 욕구, 일곱째, 건강을 보호하고 유지하려는 욕구, 여덟째, 적절한 정신적 자극을 받고 싶은 욕구, 아홉째, 적절한 주거조건과 가족관계를 가지려는 욕구, 열째, 정신적인 만족을 얻으려는 욕구 등을 충족시켜 줄 수 있다고 하였다(양형대, 2018).

권향임 외(2017)는 노인여가의 개념을 두 가지 측면에서 파악하였다.

첫째, 고령기에도 일정한 사회적 또는 가정적 역할에서 그 역할을 추구하는 도중에 갖게 되는 여유 있는 시간이다.

둘째, 자신에게 부여된 일정한 역할이 없어서 막연하게 보내는 긴 시간으로 보았다.

따라서 노인여가는 노동력 재생산을 위한 수단이 아니라 노동을 전제로 하지 않는 여가를 위한 여가라고 보았다. 노인여가는 일과 대립하는 개념으로 인간생활 중에서 생리적 또는 사회적 의무행위를 위해 구속되는 시간을 뺀 비구속시간 속에서 심리적으로 자유로운 의사에 따라 휴식, 기분전환, 자아실현 및 자기계발 그리고 사회적 성취를 이루기 위하여 행하는 활동을 의미하고 있어서 대부분의 경우 일거리가 없어서 자유시간의 여유를 가지는 노인의 경우와 다른 개념이라고 보았다. 노인에게 있어서의 여가개념은 재생산의 수단 또는 심신의 피로회복 등을 목적으로 하는 젊은이들의 여가 성격과는 근본적으로 그 유형을 달리한다. 노인의 경우는 언제 어디서나 여가가 넘쳐나는 생활을 하는 입장이므로 여가 자체가 즐거움이라 하기보다는 문제를 제기하고 또한 그것은 노인들에게 정신적 · 정서적 고통을 안겨 주는 결과를 초래한다. 여가를 적절히 보내지 못함으로 인해서 제기되는 문제점을 어떻게 하면 감소시킬 수 있는지, 그리고 적극적으로 여가를 즐겁고, 보람되게 보냄으로써 인생을 의미 있게 마무리 짓는 것에 초점이 맞추어져야 한다(고명석 외, 2021).

우리나라 노인들의 여가형태는 대체로 단순하고, 오락 위주이며, 여가형태의 다양성이 낮고, 특히 동적이고 외향적인 활동, 그리고 자기를 표현하고 성취감의 기회를 얻는 활동이 빈약하다는 데 문제가 있다. 노인여가란 "정신적 · 심리적 · 육체적 불편함으로부터 벗어나, 생리적 또는 사회적 의무행위를 위해 구속되는 시간 외적인 상태에서 심리적으로 자유로운 의사에 따라 만족스러워지려는 욕구충족을 위한 다양한 행위를 통해 건강, 사회성, 생활만족감, 자신감, 자립 기능, 행복감 등의 확대와 증진 효과로 삶의 질을 향상하는 것"이라 정의할 수 있다(고명석 외, 2021).

3) 여가의 역사와 여가문화

(1) 여가의 역사

고대 그리스에서는 여가의 의미를 일의 상위개념으로 생각하였고 학습과도 깊은 연관성이 있는 것으로 인식하였다(곽한병 외, 2009). 고대사회는 자기 수양과 완성에 몰두하는 삶의 한 형태였기 때문에 이러한 환경이 가능한 특권층의 사람들에 의해 문화 창조가 이루어지면서 멋있는 시와 철학의 진리 발견, 예술, 희극과 종교적인 이해 등의 활동을 자유시간에 행하는 모든 것이 오늘날의 여가활동이었고 그 시대의 문화였다(황주용, 2015). 즉 여가활동을 지적 수양을 위한 기회로 간주하였고 운동경기는 힘과 원기, 용기를 강화하는 것으로 모든 시민에 의해 수행되어야 하는 의무로 여기며 다소 목적을 지니고 있었다. 고대 로마 시대에는 눈으로 보고 즐기는 향락적이고 퇴폐적인 여가로 변질하였다.

중세 교회의 직업관은 헬라철학의 이원론적인 영향으로 영적인 것과 육체적인 것을 철저히 나누었으며, 육체는 악한 것이기에 육체로 하는 노동은 생존하기 위해 반드시 해야만 하는 필요악으로 인식하였다. 따라서 농업, 상업, 공업에 종사하는 사람들은 미천하고, 군인이나 정치인은 고귀하며, 가장 거룩한 일은 종교에 종사하는 사제직으로 자연스럽게 직업의 귀천이 등급화되면서 여가활동도 계급의 구별에 따라 나타났다. 주된 여가활동은 기도나 묵상으로 신체적이고 활동적인 여가는 찾아보기 어려웠다. 또한 여성의 여가활동은 아버지나 남편의 재산에 따라 제한적으로 활동의 차이가 있었다.

르네상스 시대 여가는 자아개발과 지적인 욕구를 충족시키는 교양 증진의 수단으로 인식되었다. 극장 및 오페라하우스 등 교양적인 여가시설이 증가하고 문학, 드라마, 음악, 미술, 발레 등이 권장되었지만 여전히 여가는 소수 귀족만 누릴 수 있는 특권이며 예술가는 기술자로 취급되었다.

산업화는 사회생활에 광범위한 변화를 불러왔다. 이 시대의 여가 역시 부유층과 귀족층만이 누릴 수 있는 일이었으며, 노동자들의 여가는 생존을 위한 투쟁의 산물로서 유한계급의 여가와는 질적인 차이가 있었다.

20세기 이후 본격적으로 대중문화의 시대를 열었다. 과거 계급 구분에 이루어지던 이전 시기까지의 여가가 대중문화의 활성화로 인하여 보편적인 대중여가의 특징을 지닌다. 현대사회에서는 가장 큰 사회문화적 변화는 '노동 및 생산 중심'에서 '여가 및 소비 중심'의 생활양식으로의 변화이다. 컴퓨터의 도입과 공장의 자동화로 노동생산성이 향상되었으며, 대중매체와 교통수단이 획기적인 발전을 거듭하게 되면서, 이를 바탕으로 대중문화산업이 급진적으로 팽창하게 되어 일상생활을 지배하기 시작하였다. 또한 대도시로 집중되던 인구가 교외 지역으로 분산되고 외식산업이 발달하며, 상업적인 여가산업이 비약적으로 발달하였다. 더불어 대중여가에 혁명적인 영향을 미친 TV가 등장하였고, 청소년을 주된 대중문화를 소비시장으로 편입시킨 미국의 음반산업은 세계시장을 석권하였다(김외숙, 2016).

근대적 여가의 중요한 전환점은 1919년 ILO(International Labor Organization, 국제 노동 기구) 제1차 총회에서 이루어진 1일 8시간 노동, 1주 48시간 노동 조약이 체결되면서이다. 노동시간에 대한 철저한 법적 규제가 노동조합 활동의 신장과 더불어 진행하면서 노동자들의 여가활동에 커다란 활력소가 제공되는 토대가 되었다. 이렇게 기술의 발전과 정보화의 특성을 갖는 20세기에는 대량생산과 근로시간의 감소로 인해 누구나 다른 어느 시대의 귀족층보다 자유와 여가를 누릴 수 있게 되었다. 문화산업과 여가, 소비와 여가 등의 관계가 공식화되면서 여가 산업이 급격히 발전하게 된 시기이며 여가의 양적 팽창이 두드러진 시기이다.

현대사회에서 여가란 일상생활로부터 자유로워지는 것으로서 건강의 회복, 휴식, 취미생활을 비롯한 문화적이고 예술적인 추구를 위해 시간 할애를 하는 것이며, 이러한 자유로운 시간을 실질적으로 점유하는 활동이라 할 수 있다(양재영, 2013).

(2) 여가문화

프랑스의 여가 사회학자인 뒤마즈디(Dumazedier)는 여가문화를 결정하는 가장 기본적 요인으로 기술적 요인, 전통적 요인, 사회경제적 요인을 들고 있다(양옥남 외, 2016).

첫째, 기술적 요인은 교통수단의 발달과 대중매체의 발달이다.

둘째, 전통적 요인은 과거의 사회구조가 사라지고 새로운 사회구조가 만들어져도 여가문화는 사람들의 정신 속에 어떠한 형태로든 잔존해서 새로운 사회에 영향을 미치는 것을 말한다.

셋째, 사회경제적 요인에서는 사회적 생산력의 발전에 따른 여가문화의 변화, 계층별 소비 관행에 따른 여가양식의 차별성이 여가문화를 결정하는 데 영향을 준다.

이렇게 여가문화를 결정하는 요인에서 유추해 볼 때 여가문화는 사회의 변동과 연관이 되고 있다. 나아가 여가문화의 긍정적 기능은 긴장 완화(휴식), 기분전환, 자아계발 등인데 우리 사회의 여가문화는 아직 휴식과 긴장 완화에만 머물러 있는 형편이다.

노인의 문화는 여가 및 사회참여를 통하여 형성되었다. 시간적으로 여유가 있는 노인들은 나름의 문화를 가질 수 있었다고 할 수 있다. 특히 전통적인 농경사회에서는 노인 자신들이 문화의 전부라고 해도 과언이 아닐 정도였으나, 산업사회로 전환하는 과정에서 노인들은 주변문화 또는 하위문화를 구성하게 되었다. 하지만 사회적으로 일부 집단의 사람들이 주도문화의 영향 속에서도 노인 문화는 자기만의 생활양식, 가치관, 규범, 그리고 언어 등을 가지고 다음과 같은 이유로 형성되기도 한다(박재간, 1997).

첫째, 노인의 절대 수가 증가하여 노인끼리 교류할 기회가 증대되었다.

둘째, 의료, 보건 등의 발달로 인하여 건강하고 활동적인 노인이 증가하였다.

셋째, 반대로 만성질병으로 고통받는 노인들이 증가하면서 공동의 관심사를 갖게 되었다.

넷째, 노인단체 같은 곳에서 노인들이 지리적으로 함께 모이려는 경향이 있다.

다섯째, 조기퇴직의 증가로 직업, 생활상이 다른 노년층과의 교류가 감소하였다.

여섯째, 금전, 지식을 갖고 있는 노인들이 여러 가지 활동을 통하여 독자적인 행동양식을 취하게 되었다.

일곱째, 노인을 위한 여러 가지 사회복지 서비스가 노인들에게 모일 기회를 제공하였다.

여덟째, 많은 수의 노인이 자녀들과 동거하지 않고 노인 단독가구를 형성하고 있다.

노인 문화에서 노인들이 주로 관심을 두는 것을 다섯 단계로 나누어 다음과 같이 제시하였다(송진영 외, 2013).

| 표 13-1 | 노인의 주요 관심사 다섯 단계

단계	발달단계			
제1단계	세상의 관심사: 사회문제 기술의 진보	타인의 일: 타인의 행동, 젊은이의 언동		유행: 멋쟁이, 패션
제2단계	외모: 신체적 변화, 복장, 옷차림	타인의 눈: 타인의 소문, 타인의 비판, 몸 가림	금전: 수입, 저축, 금전 감각	인간관계: 교류, 시어머니와 며느리, 타인의 배려
제3단계	자신의 연령: 사후의 세계, 나이를 먹는 것		자신의 신체적 변화: 백발, 체력저하, 노화	
제4단계	건강: 신체상태, 혈압		질병: 동년배의 질병과 사망, 지병	
제5단계	인생관: 인생의 종말, 종교계			

출처: 송진영 외. (2023). 노인복지론. 고양: 지식터.

근래에는 우리나라에서도 노년학 분야의 연구가 활발해지고 있는데 이것은 노인에 대한 관심이 증가하고 있는 현상으로 볼 수 있으며, 따라서 노인의 여가활동에 관한 다양한 프로그램이 마련될 수 있는 계기를 가져올 것으로 보인다. 노인은 다른 인구층에 비하여 상대적으로 여가가 많은 연령층이어서 주어진 여가를 어떻게 활용하며, 어떠한 여가문화가 그 사회에 존재하느냐의 여부는 그 사회 구성원의 삶의 질(quality of life)과도 연관된다. 우리나라도 이제부터 노인 여가로 인한 노인 문화의 태동이 보인다. 따라서 초반부터 건강한 노인 문화가 형성될 수 있도록 기틀을 바로잡아 가야 할 것이다(양옥남 외, 2016).

4) 여가의 특징

산업사회에서 후기 산업사회로 변화함에 따라 여가의 특성도 변화되었다(천정웅 외, 2014). 초기 산업사회는 경제성장을 도모하기 위하여 노동이 최고의 미덕이라는 사회적 분위기가 조성되었으나 이후 경제성장으로 인한 물질적 부의 증대는 개인에게 인간다운 삶을 영위하고자 하는 자각과 욕구를 가지게 되었다. 이에 따라 노동 이외의 시간을 보람 있게 영위하는 것이 삶에 있어 매우 가치 있고 중요한 부분이 되었다(이승만, 2008). 산업사회와 후기 산업사회 여가의 특성은 여가의 본질, 여가의 지향, 여가의 사회적 지위, 여가실태의 특성, 여가의 유행선도자, 여가 리더십, 여가의 일반적 견해, 여가 현상 특징 등을 중심으로 |표 13-2|와 같이 비교해 볼 수 있다(천정웅 외, 2014).

|표 13-2| 사회변동과 특성변화

구분	산업사회	후기 산업사회
여가의 본질	• 수단적 가치	• 자기 충족적 가치
여가의 지향	• 주지주의적 방향	• 쾌락주의적 방향
여가의 사회적 지위	• 도덕적·사회적 가치 • 노동 재생산적 여가 중시 • 지역·집단에 공헌도	• 향락적·인간적 가치 • 창조적·자기실현적 여가 중시 • 개인적 성취에의 공헌도
여가실태의 특징	• 전통적·폐쇄적·계급적 • 통제적·권위주의적 • 건전 오락적·타율적 • 형식적·질서 지향적 • 여가의 계급적 분화 • 전통적 관습에 의존한 지역적 패턴	• 개인주의적·개방적·대중적 • 자유방임적·평등주의적 • 대중 오락적·자율적 • 실익적·향락 지향 • 여가의 계급적 평준화 • 유행에 의존한 사적 패턴
여가의 유행선도자	• 행정, 종교교육의 리더	• 여가산업, 대중매체, 사회교육
여가 리더십	• 유한계급, 특권층	• 일반대중
여가의 일반적 견해	• 부정적 비관주의 • 사회문제로서의 여가	• 긍정적 낙관주의 • 문화적 필요로서의 여가

구분	산업사회	후기 산업사회
여가 현상 특징	• 행사 중심의 여가 • 위락과 스포츠의 장려 • 계몽적·교육적 활동 • 신사·숙녀형 여가 기대 • 여가 활동공간의 협소 • 지역 중심의 여가 활동 • 세대 간 격차의 존재 • 일종의 활동양식	• 상업주의적 여가 • 오락, 취미의 몰두 • 향락적·자기 지향적 활동 • 자기표현형 여가 확대 • 여가 활동공간 확대 • 가족 중심의 여가 활동 • 세대 간 격차의 축소 • 일종의 생활양식

출처: 천정웅 외. (2014). 청소년문화론. 파주: 양서원.

5) 노인 여가활동의 중요성 및 특성

(1) 노인 여가활동의 중요성

우리나라의 경우 노인의 소득보장이나 건강보장은 노인의 기본적인 생활보장을 위해 필요한 정책과제로 인식했지만, 여가 활동지원은 상대적으로 덜 중요한 사회적 과제로 인식하고 있다. 하지만 노인의 여가활동은 사회의 연장자로 대우받고 싶은 욕구, 인격의 완성을 추구하려는 욕구, 다른 사람의 문제를 해결해 주고 싶은 욕구 등 노인의 인간다운 삶을 영위하기 위한 다양한 욕구를 충족시켜 줄 수 있는 중요한 수단이다(정상양 외, 2012). 노인 여가활동은 실제로 노년기 삶의 질 향상과 노인들의 복지 욕구 충족을 위하여 다음과 같은 중요한 기능을 가지고 있다(한현지 외, 2022; 고명석 외, 2021).

첫째, 취미생활과 오락 등을 통하여 무료감을 해소한다.

둘째, 공동작업을 통하여 경제적 소득을 제공한다.

셋째, 친구 · 동호인과의 집단생활에서 서로 격려하며, 생활위험에 대처할 자원을 확보할 수 있다.

넷째, 보건, 의료 면에서 건강 체조, 스포츠댄스, 요가, 에어로빅, 게이트볼, 등산 등을 통하여 평상시 노인의 건강관리에 큰 도움이 된다. 많은 노인이 겪고 있는 만성퇴행성질환, 치매, 중풍 등 정신질환에 대한 예방 및 치료가 대부분 음악

활동, 여가활동 형태로 이루어지고 있다. 노인의 여가활동은 건강유지 및 질환예방, 치료에도 중요한 역할을 한다고 볼 수 있으며 적극적인 여가활동은 신체적, 정신적 건강증진과 사회, 심리적으로 자기통합을 이루는 데 중요한 역할을 한다.

다섯째, 사회 심리적으로 소외감과 무력감을 느끼는 노인에게 소풍, 야유회, 회식, 노인교실, 상담 등을 통하여 삶에 대한 애착과 자신감을 갖게 한다. 여가활동은 노년기의 고독 및 소외감에 따른 우울증 등 심리적, 정서적 어려움에 대하여 노년기 삶의 활력과 의욕을 제공할 수 있는 중요한 수단이 될 수 있으며, 이것은 노년기 생활에 긍정적인 영향을 준다.

여섯째, 가정적으로나 사회적으로는 역할의 상실감과 박탈감에 빠진 노인에게 환경보호, 청소년 선도, 예절 가르치기, 교통정리, 방범활동, 문화재 보호활동 등의 자원봉사활동 등을 통하여 소속감, 성취감 및 사회적 존재감, 공헌 의식을 갖게 한다.

일곱째, 새로운 역할을 제공하며 자기의 능력을 개발, 발휘할 기회를 제공하여 개인적으로는 신체 및 정신건강, 삶의 질을 향상하고 정신적으로는 다양한 여가 프로그램을 통하여 일상생활 속에서의 압박감과 긴장감을 해소하고 적절히 정신적 자극을 받게 함으로써 정신건강 면에 많은 도움이 될 수 있다.

여덟째, 여가활동은 노인의 다양한 욕구 충족에 도움을 주는 활동으로 인생주기에서 자아실현의 마지막 기회를 부여한다.

아홉째, 생애 동안 축적된 삶의 지혜를 전수하고 전통문화를 계승·발전케 하며, 지역사회 내에서 건실한 공동체의 형성에 기여할 수 있고 사회적으로는 노인에 대한 긍정적인 이미지를 형성하여 사회통합 등의 긍정적인 결과를 기대할 수 있다.

노인 여가활동이 삶의 질과 관련된 요인들을 중심으로 노인 여가활동의 중요성을 알아보면 다음과 같다(임병우 외, 2017).

첫째, 노인 여가활동은 노인의 건강을 증진하기 때문에 중요하다. 노인 여가활동은 사회심리적인 건강뿐만 아니라 신체적 건강을 유지 및 증진되게 하여 삶의 질을 높일 수 있다. 특히 여가활동과정을 수행하기 위하여 신체적인 활동은 필수 불가결하며 결과적으로 이러한 활동은 신체적인 건강을 유지 및 증진할 뿐만 아니라 만성질환을 막거나 감소시킨다.

둘째, 노인 여가활동은 삶의 목표를 재설정하게 하므로 중요하다. 직업에서 은퇴한 노인은 은퇴 이후 삶의 목표 재설정에 어려움을 겪곤 한다. 노인 여가활동은 노인의 잠재적 역할을 발견하게 하고 삶의 목표 재설정을 위한 도구의 역할을 한다. 예를 들어 노인 여가활동 중의 하나인 자원봉사활동을 통하여 사회적인 역할 수행을 함으로써 사회적인 공헌에 대한 사회적 차원의 삶의 목표와 자신의 잠재적인 능력의 발견으로 개인 차원의 삶의 목표를 설정할 수 있다.

셋째, 노인 여가활동은 자연스럽게 경제활동으로 유도될 수 있기 때문에 중요하다. 노인은 은퇴 후 일정 기간이 지나면 경제적인 어려움을 겪게 되곤 한다. 다양한 노인 여가활동 중에서 노인의 노력 여하에 따라서 경제적인 활동이 가능할 수 있을 만큼의 기술 습득이 가능한 경우가 있다.

(2) 노인 여가의 특성

노인의 여가는 재생산의 수단 혹은 심신의 피로 회복 등을 목적으로 하는 청장년층의 여가와 근본적으로 다르다. 노인의 여가는 인생을 의미 있게 마무리 짓는 것에 초점이 맞추어져 있으며, 신체적 건강증진, 사회적 접촉기회, 삶에 대한 사기 및 만족감 증진, 자신에 대한 신념과 자기 신체에 대한 자신감 부여, 유용감과 자기 가치성의 확신, 자율적인 생활에 대한 기술과 기능의 증진, 재미있고 즐거운 삶의 영위 등 노인에게 아주 많은 영향을 준다(원석조, 2023). 노인 여가의 특성은 다음과 같다(송진영 외, 2023).

첫째, 노인층은 청·장년층에 비해 스포츠나 레크리에이션 활동 등의 참여율이 저조한 반면, TV나 라디오 시청 또는 무료하게 시간을 소일하는 경우가 더 많다.

둘째, 여가시간의 활용은 노인들이 처한 개인적 상황에 따라 다르며 경제적 여건에 따라 서로 다르게 나타난다.

셋째, 노인들의 여가 활동시간은 돈이 적게 드는 TV 시청에서부터 사회활동, 많은 지역노인복지시설의 프로그램 등 매우 다양하지만 대체로 노후를 위해 별다른 저축이나 고정수입 및 경제활동이 활발하지 못한 현실적인 여건으로 적극적인 여가활동이 이루어지지 못하는 실정이다.

넷째, 노인들은 사회활동, 봉사활동 등에 소극적으로 참여하거나 정보의 단절과 세대 간 참여와 공감을 형성하는 측면에서 기회가 없거나 매우 제한적이다.

다섯째, 퇴직이나 은퇴 이후, 새로 개발한 취미나 오락이 거의 없는 실정이다. 특히 우리나라의 65세 노인층들은 과거 자녀교육과 가계부양, 가족주의적 성향을 유지해 오면서 개인의 여가생활이나 취미와 특기 등을 개발하기 위한 특별한 준비와 경험하지 못한 세대의 특성이 있어 노년기의 여가생활에 있어서 소극적이거나 소일형, 한거형의 유형을 나타내고 있다.

또한 고명석 등(2021)은 다음과 같이 노인 여가활동의 특성을 제시하였다.

첫째, 종교활동, 사교모임, 노인모임활동 등에 대한 참여도가 높다.

둘째, 정치 및 학습, 취미, 봉사, 스포츠 및 레크리에이션 등에 대한 참여율이 낮고 대부분 TV, 라디오 시청 또는 무료한 시간을 보낸다.

셋째, 노인의 경제적인 상황에 따라 여가활동을 하는 수준과 활용의 정도가 다르다.

넷째, 퇴직 후 여가활동에 대한 구체적인 계획과 노후대책이 부족한 실정이다.

다섯째, 활동적이고 역동적인 활동보다는 정적이고 단순한 여가활동을 하는 노인비율이 높다.

이처럼 노인 여가활동의 특성은 노인여가활동 프로그램과 여가시설의 부족으로 인해 시간적·공간적 접근의 제약이 없는 활동에 집중되어 있으며 노인 여가에 대한 사회적인 인식이 부족하다.

6) 노인 여가 활동의 효과

(1) 일반적인 효과

노년기의 여가활동은 노인의 복지 수준을 높이는 데 긍정적으로 영향을 미치는 것으로 알려져 있다(Zhang et al., 2017; Paggi et al., 2016). 노인이 여가활동에 참여하는 것은 본인이 좋아서 참여할 가능성이 크다. 따라서 노인이 여가활동에 참여하는 것이 노인의 복지에 유리하게 작용하는 것은 당연하다고 볼 수 있다. 실제로 그동안의 여러 연구에서, 노년기의 여가활동은 노인이 자신의 생활에 만족하는 정도와 삶의 질에 긍정적으로 영향을 미치는 것으로 나타나고 있다(Paggi et al., 2016; Menec, 2003). 최원석 외(2011)은 노년기에 적극적으로 여가활동에 참여하게 되면 노후 생활의 적응에 많은 긍정적인 효과를 다음과 같이 기대할 수 있다.

첫째, 여가활동에 참여함으로써 직장동료관계, 가족관계 등의 위축된 사회적 관계망을 보완·유지 또는 확대할 기회를 얻게 되므로 고독과 소외감을 줄일 수 있다.

둘째, 여가활동을 통해 무위 상태를 벗어나 자기 유용감과 자아개념에 긍정적인 변화가 온다.

셋째, 직장이나 가정 때문에 발휘하지 못했던 잠재적 재능을 확인하고 이를 표현함으로써 자아실현의 기회를 가질 수 있다.

넷째, 여가활동에 참여를 통해 신체 및 정신건강을 유지 및 향상시킬 수 있다.

다섯째, 후세대에 삶의 지혜와 전통문화를 전수하고 더 나아가 사회발전에 기여할 기회를 가질 수 있다.

여섯째, 여가활동을 통해 삶의 활력을 찾고, 사기와 삶의 만족도가 높아진다.

일곱째, 여가활동에 참여하는 과정에서 자신의 삶을 자율적으로 결정할 수 있는 기술과 능력이 증진되어 삶에 대한 통제력이 높아진다.

리딕(Riddick, 1986)은 노인의 경우 생활만족의 가장 영향력을 미치는 것이 여가활동이라고 하면서 노인이 사회와 가족의 소외에서 벗어나 자신감과 자긍심을 주며 자아실현을 이룰 수 있는 계기를 마련해 주는 것으로 신체 및 정신적·심리적 안녕과 삶의 만족감을 고양한다고 했다.

이렇듯 노인의 여가활동은 노화의 과정에서 발생하는 심리적인 고독감과 외로움을 긍정적인 방향으로 해소해 주고 있으며, 은퇴로 비롯된 사회적 역할의 상실을 보충해 준다. 즉, 노인의 여가활동은 노년기의 여러 가지 욕구를 위하게 되며 사회적으로 더 활동적이고 생산적일 수 있게 한다는 점에서 중요하다(임정문 외, 2020).

(2) 신체적 건강 영역

신체적 여가활동은 노인의 복지에 긍정적으로 작용하는 것으로 알려져 있다. 노년기의 여가활동은 노인의 신체적 건강 영역에서 긍정적으로 영향을 미칠 가능성이 크다. 신체적 여가활동은 헬스, 에어로빅, 요가 등과 같은 실내 레저 스포츠 활동과 걷기, 골프, 게이트볼 등 실외 스포츠 활동을 포함한다. 신체적 여가활동은 건강증진, 스트레스 해소, 긴장과 불안감 해소, 정신적 휴식, 감정이완, 긍정적 사고에 도움이 된다(최성재 외, 2010). 모자파리안(Mozaffarian et al., 2008)에 의하면, 화단 가꾸기, 골프, 걷기 등 가벼운 신체 여가활동은 고령자의 심방세동[2] 위험을 낮춘다고 했다. 또한 노년기의 여가활동은 신체적·사회적·심리적 건강에도 긍정적인 효과를 발생시킴으로써 노인들에 대한 의료비에도 절감효과를 기대할 수 있다. 예를 들어, 노년기의 여가 활동은 사망하는 비율을 줄이고, 제 역할을 하지 못하는 사례를 줄이는 것과 관련되는 것으로 알려져 있다(Iwasa et al., 2018). 노년기에 신체적 여가활동에 참여하는 것은 노인이 건강하고 에너지가 넘치는 생활을 하는 데 도움을 주고 있다(Choi et al., 2019).

(3) 정신적 건강 영역

노년기의 여가활동은 노인의 정신건강 영역에서 긍정적으로 영향을 미칠 가능성이 크다. 노년기의 여가활동에서는 노인 자신이 원하는 것을 하는 경우가 많다. 따라서 노인에게는 여가활동에 참여하는 그 자체가 즐거움을 주게 된다. 노년기에 여가활동을 할 경우, 노인은 기분이 좋아지게 된다. 그 결과, 노년기의 여가활동은 노인의 정신건강을 더 좋게 하는 데 도움을 주고 있다(노병일, 2022). 예를 들어, 정신적 위안과 심리적 안녕을 위한 여가활동은 종교 모임, 가족 모임, 친지 만나기, 향우회나 동창회 참석이 있다. 문예활동, 음악·노래교실, 전시회·영화·

---

2) 심장은 2개의 심방(atrium), 2개의 심실(ventricle)로 나뉘어 있는데 심방은 정맥혈을 심실로 전달해 주어 심실이 효과적으로 혈액을 짜낼 수 있도록 도와준다. 사람이 두 다리로 번갈아 걷듯 정상 맥박일 때 심방과 심실은 순차적으로 한 번씩 번갈아 뛴다. 심방세동(AF: Atrialfibrillation)은 심방이 불규칙적이며 가늘게 빠른 속도로 떨게 되는 병이다.

공연관람, 원예와 같은 취미활동과 컴퓨터 · 인터넷 · 채팅, TV 시청 · 라디오 청취, 장기 · 바둑, 화투 · 마작 · 카드놀이, 관광 · 여행과 같은 휴양 및 오락 활동은 즐거움을 줄 뿐만 아니라 치매 방지 효과도 있다(최성재 외, 2010).

(4) 사회적 영역

노년기에 여러 사람이 함께 모이는 여가활동을 할 경우, 노인은 사람들끼리 서로 교류하는 기회를 가지게 된다. 사회적 여가활동은 사회활동과 봉사활동으로 나눌 수 있다. 사회활동은 공동체 활동을 통해 사회 구성원으로서의 역할 담당 및 소신과 의지를 표현하는 활동이다. 자원봉사활동은 사회적 유용성을 느끼게 하고 고독을 없애며 의사소통 능력을 향상시킨다. 자원봉사활동은 자신이 속한 사회에 적극적으로 참여하여 사회적으로 필요한 일을 수행하기 때문에 사회통합에도 도움을 준다(최성재 외, 2010). 이렇게 사회적으로 교류하는 상황은 노인이 사회적으로 지지하는 새로운 관계를 형성하는 데 도움을 주고 있다. 그리고 이러한 이유로 노년기의 여가활동은 노인이 사회적으로 고립되는 상황에서 벗어나는 데 도움을 주고 있다. 사회적 여가활동은 노인의 복리에 긍정적으로 작용하는 것으로 알려져 있다. 사회적 여가활동에 참여하는 것은 사회적 교류의 크기에 영향을 미치고 있다. 따라서 사회적 여가 활동에 참여하기를 좋아하는 노인은 지역사회에서 다른 사람들과 더 넓게 교류할 가능성이 크다. 그 결과 노인은 새로운 것을 배우고 새로운 사람을 만날 기회를 더 가지게 된다(Iwasa et al., 2018). 또한 사회적 여가활동에 참여하는 것은 건강에 대한 정보를 가지는 정도에 영향을 미치고 있다. 왜냐하면 사회적 여가활동에 참여하면서 서로 교류함으로써, 노인은 건강에 대한 정보를 얻을 수 있고 또한 이런 정보를 다른 노인에게 제공할 수 있기 때문이다(Iwasa et al., 2018). 따라서 사회적 여가활동에 참여하는 노인은 더 건강한 상태를 유지할 가능성이 크다. 사회적 여가활동의 예로 노인복지기관의 활동에 참여하는 것, 미니골프를 하는 것, 동네의 모임에 참여하는 것, 자원봉사활동에 참여하는 것, 사회조직의 행사에 참여하는 것, 친구와 식사하는 것이 있다(노병일, 2022).

(5) 인지적 영역

발달과 관련된 여가활동은 노인의 복리에 긍정적으로 작용하는 것으로 알려져 있다. 발달과 관련된 여가활동에 계속 참여하는 것은 노인이 인지적 능력을 유지하거나 더 좋게 하는 데 도움을 주고 있다. 따라서 발달과 관련된 여가활동은 노인이 제 역할을 하는 능력을 개선하는 데 도움을 줄 가능성이 크다(Iwasa et al., 2018). 예를 들어 노년기에 여가활동에 더 많이 참여할 경우, 치매를 겪을 가능성이 더 적어지고 또한 전반적인 인지적 능력이 낮아질 가능성이 더 적어지는 것으로 알려져 있다(Verghese et al., 2006). 인지적 영역의 발달과 관련된 여가활동은 여가에 대한 자료를 읽는 것, 도서관에 가는 것, 편지나 글을 쓰는 것, 일반에게 공개하는 강의에 참석하는 것이 있다(노병일, 2022).

7) 노인 여가의 유형

(1) 노인 여가활동의 유형

여가활동 유형은 다양한 형태로 구분되어 진다. 이는 여가에 대해 연구자와 연구 목적에 따라 다양하게 정의하고 있으며 여가활동 유형이 서로 비슷한 내면적 특징을 가지고 있어 활동 간에 형태의 구분이 모호하기 때문이다. 외국 학자들의 여가활동 유형 분류를 살펴보면, 크라우스(Kraus, 1977)는 여가활동 유형을 스포츠 참여 및 관람, 여행, 상업적 오락 활동, 도박, TV 시청, 전자오락이라는 여섯 가지 유형으로 분류하였고, 라게브와 베어드(Ragheb et al., 1980)는 대중매체 관련 활동, 사회활동, 야외 활동, 스포츠 활동, 문화 활동, 취미활동 형태로 구분하였으며, 이소 아홀라, 잭슨 그리고 던(Iso-Ahola et al., 1994)의 신체적 활동, 옥외 레크리에이션 활동, 팀스포츠 활동, 취미활동, 가정 내 레크리에이션 활동에 따른 여가활동을 구분하였다(선우유영, 2013).

한편 국내에서의 유형 분류를 살펴보면, 문화체육관광부(2021)는 국민 여가활동 조사보고서에서 여가활동 유형을 문화예술 활동, 스포츠 활동, 관광 활동, 취미·

오락 활동, 휴식 활동, 사회 및 기타 활동의 여섯 가지 유형으로 구분하여 연구를 진행하였다. 국민여가활동 조사에서 일 년간 가장 많이 참여한 여가활동 유형을 85가지로 분류하여 질문하였다(박창제, 2020). 박창제(2020)는 노인 여가활동 유형을 스포츠 활동, 문화예술 활동, 소극적 여가활동, 친목교류 및 기타 활동이라는 네 가지 유형으로 구분하였다.

노인 여가활동에 영향을 주는 다양한 요인들을 조합하여 한거형, 자기완성형, 근로형, 사교 오락형, 사회참여형, 폐쇄형의 여섯 가지로 분류하였다(고명석 외, 2021; 김치영 외, 2014).

첫째, 한거형은 비교적 여유 있는 경제력과 시간을 활용하여 독서, 그림 음악 등의 여가활동을 즐기며 심신의 안녕을 추구하는 형이다.

둘째, 자기완성형은 은퇴 전에 하지 못했던, 또는 평소 하고 싶었던 활동을 여가와 연계하여 추진하는 것으로 주로 각종 교양강좌의 수강, 토론회 참여 등으로 인격의 완성을 위하여 노력하는 형이다.

셋째, 근로형은 대부분의 농촌 노인이 해당하며 가정 내 소일, 시간제 일을 통하여 소액의 경제적인 이득과 여가를 동시에 추구하는 형이다.

넷째, 사교 오락형은 대부분 노인이 추구하는 여가활동으로 골프와 같은 스포츠, 낚시 또는 여행과 같은 취미활동을 통하여 사교 또는 오락을 즐기는 형이다.

다섯째, 사회참여형은 각종 사회 및 지역사회활동에 적극적으로 참여하여 자아를 개발하는 형이다.

여섯째, 폐쇄형은 건강 또는 경제적인 이유로 가정 내에서 머물며 여가활동을 영위하는 형으로 하루 종일 소일로 여가활동을 대치하는 것으로 나타났다. 때로는 공원벤치에 앉아 혼자서 시간을 갖기도 한다.

또한 노인의 여가활동은 각자의 성격이나 과거의 관습에 따라 다를 수 있고 사회관계의 범위나 활동장소, 활동목적 등에 따라 분류할 수도 있다. 사회관계의 범위에 따라 노인 여가활동의 유형과 활동 내용은 가족 중심형, 가족 외 활동 중심형, 단독 충실형, 우인 교류형, 가족 충실형, 사회참여형 등으로 구분하며(박창제, 2020; 최원석 외, 2011), 활동목적에 따른 분류는 긴장해소활동, 기분전환활동, 발전적 활동, 창의적 활동, 감각쾌락활동 등으로 구분할 수 있다(권중돈, 2022; 양형대, 2018; 최원석 외, 2011).

| 표 13-3 | 노인 여가활동의 유형 분류

구분	유형	내용
활동 장소에 따른 분류	가족 중심형	자녀와의 대화 등과 같은 가족 내에서 활동
	가족 외 활동 중심형	가족 외부에서의 취미, 오락, 학습, 단체활동에 참여
	단독 충실형	미술, 음악감상, 수집, 사진, 서예, 독서 등 개인활동 위주
	우인 교류형	친구와 어울려 회식, 대화를 나누고 관혼상제에 적극 참여
	가족 충실형	가족단위의 외식, 소풍, 정원손질, 집수리 등에 참여
	사회 참여형	지역봉사, 친목회, 향우회, 동창회, 정치단체 활동 등 참여
활동 목적에 따른 분류	긴장해소활동	휴식, 수면 등
	기분전환활동	TV 시청, 라디오 청취, 독서, 영화, 스포츠 관람 등
	발전적 활동	학습, 취미활동, 여행, 사회단체 참여, 종교활동 등
	창의적 활동	요리, 집수리, 토의, 창작활동 등
	감각쾌락활동	게임, 사냥, 운동, 춤, 술 등

출처: 최원석 외. (2011). 노인복지론. 파주: 양서원.

(2) 노인 여가활동의 참여 실태

일반적으로 여성 노인이 남성 노인에 보다 가정 중심적 활동형태를 보이며, 연령이 낮을수록 여가활동 참여도가 높게 나타나고 연령이 증가할수록 적극적인 여가참여나 여가활동 범위가 축소된다. 교육수준은 여가활동 필요성과 참여도에 영향을 미치는데, 교육수준이 높은 노인은 창조적인 활동, 체력관리, 클럽활동, 봉사활동, 독서 등을 많이 하지만, 교육수준이 낮은 노인은 수면, TV 시청 등 소극적으로 시간을 보내는 경향이 많다.

경제적 요인은 여가활동 선택과 참여 정도에 중요한 영향을 미친다. 우리나라 노인은 특히 경제적 요인이 여가활동의 가장 심각한 제약요인으로 나타났다. 건강상태 역시 여가활동 범위와 참여빈도에 커다란 영향을 주며, 거주환경은 주변의 친척이나 친구가 가까이 있거나 노인복지 관련 시설이 주위에 있으면 여가 활동량과 활동 범위가 커질 수 있다.

우리나라의 노인들은 가족과 함께하는 것과 사교활동을 가장 선호하는 것으로 나타났으며, 이것은 노인의 상당수가 평소에 외로움을 많이 겪고 있음을 간접적으로 보여주는 것이라 할 수 있다.

2. 노인여가복지시설

우리나라 노인여가복지의 대부분을 담당하는 노인여가복지시설은 「노인복지법」 제36조에 따라 노인복지관, 경로당, 노인교실이 있다. 노인복지관은 노인의 교양·취미생활과 사회참여활동 등에 관한 각종 정보와 서비스를 제공하고, 건강증진 및 질병예방과 소득보장·재가복지, 그밖에 노인의 복지증진에 필요한 서비스를 제공하는 목적으로 하는 시설이다. 경로당은 지역 노인들이 자율적으로 친목도모·취미활동·공동작업장 운영을 및 각종 정보교환과 기타 여가활동을 할 수 있도록 하는 장소를 제공하는 시설이다. 마지막으로 노인교실은 노인에 대하여 사회활동 참여 욕구를 충족시키기 위하여 건전한 취미생활·노인건강유지·소득보장 기타 일상생활과 관련된 학습프로그램을 제공하는 시설이다(노인복지법, 2023). 이외에 노인의 상태나 지역여건을 감안하여 필요한 사업을 할 수 있으며, 거동이 불편한 노인을 위한 재가노인복지시설을 운영할 수 있다(김정현 외, 2022).

1) 노인복지관

노인복지관은 경로당보다 거시적이며 더 다양한 사업을 운영하고 있다. 노인복지관의 운영 목표는 복지서비스가 필요한 노인을 대상으로 건강한 노후를 보낼 수 있도록 취약노인을 돌보는 기반을 구축하고, 활동적인 노후를 위해 노인의 사회참여를 활성화하기 위한 여건을 마련하여 안정적인 노후를 위한 소득이 보장될 수 있도록 지원하는 종합적인 노인복지서비스 전달기구로서 중심적인 역할을 수행한다. 따라서 노인복지관이 진행하는 주요 프로그램은 **표 13-4**와 같이 상담, 사례관리 및 지역사회 돌봄, 건강생활 지원, 노년 사회화 교육, 지역자원 및 조직화, 사회참여 및 권익증진, 돌봄 등의 사업이 있다(보건복지부, 2023a).

| 표 13-4 | 노인복지관 주요 프로그램

<table>
<tr><th colspan="2">사업구분</th><th>프로그램</th></tr>
<tr><td rowspan="2">상담</td><td>일반상담 및 정보제공</td><td>노인복지 정보 제공 일반상담(이용상담, 접수상담)
외부 전문가 활용 정보 제공 상담(경제, 법률, 주택상담, 연금상담, 건강상담, 세무상담)</td></tr>
<tr><td>전문상담</td><td>우울 및 자살예방프로그램, 죽음준비프로그램, 집단프로그램, 자조모임, 학대 및 인권, 인지 및 행동 심리 상담, 애도, 상실, 관계(부부관계, 또래관계, 자녀관계) 등에 대한 개별 혹은 집단 개입 등</td></tr>
<tr><td rowspan="3">사례관리 및 지역사회 돌봄</td><td>위기 및 취약노인 지원</td><td>취약노인의 신체·정서·사회적 자립 지원 프로그램 운영, 노인 맞춤 돌봄서비스, 사례관리사업, 읍·면·동행정복지센터 및 유관기관 등과 연계(취약노인연계망구축사업)</td></tr>
<tr><td>지역사회 생활자원 연계 및 지원</td><td>노인에게 필요한 서비스 조정, 중재, 의뢰, 옹호, 자원연계 강화를 위한 지원 활동, 지역사회 읍면동 복지 허브화와 맞춤 돌봄에 관한 지역자원 발굴 연계</td></tr>
<tr><td>가족기능 지원</td><td>노인과 관련된 가족상담, 가족관계프로그램, 가족캠프, 세대통합프로그램 등</td></tr>
<tr><td rowspan="3">건강생활 지원</td><td>건강증진 지원</td><td>건강교육, 건강상담, 건강교실(건강체조, 기체조, 요가), 독거노인지원사업(기존 재가사업), 노인건강운동, 치매예방 인지활동서비스, 물리치료 등</td></tr>
<tr><td>기능회복 지원</td><td>양·한방진료, 작업요법, 운동요법, ADL훈련 등</td></tr>
<tr><td>급식지원</td><td>경로식당(중식서비스), 밑반찬·도시락배달, 푸드뱅크 등</td></tr>
<tr><td>노년 사회화 교육</td><td>평생교육 지원</td><td>노인역량강화교육, 정보화교육, 사회화교육, 시민사회교육, 한글교실, 외국어교실, 교양교실, 인문학교육, 예비노인 은퇴준비 프로그램, 경제교육, 생애말기 준비·설계 교육, 웰다잉교육 등</td></tr>
</table>

사업구분		프로그램
	취미여가 지원	예능활동(음악, 미술, 생활도예, 서예, 댄스), 문화활동(연극, 사진, 영화, 바둑, 장기, 레크리에이션), 취미활동(종이접기, 손뜨개질, 민속놀이), 체육활동(탁구, 당구, 게이트볼), 동아리활동 등
지역자원 및 조직화	지역자원 개발	자원봉사자 발굴·관리, 후원자 개발, 외부 재정지원기관 사업 수탁 등
	지역복지 연계	경로당 프로그램 연계 등의 지역복지기관 연계, 지역협력사업(경로행사, 나들이) 등
	주거지원	주택수리사업, 주거환경 개선사업(도배) 등
사회참여 및 권익증진	사회참여 지원	노인자원봉사 활성화 사업, 노인일자리 및 사회활동지원사업, 지역 봉사활동, 교통안전봉사, 동아리·클럽활동지원, 교통편의서비스 등
	노인권익 증진	정책건의, 노인인권 옹호, 노인인식개선사업, 편의시설 설치, 노인소비자피해예방교육, 양성평등교육, 성교육 등
	고용 및 소득지원	고령자취업지원 사업, 취업교육, 창업지원(사회적협동조합)사업 등
돌봄	요양서비스	치매환자 프로그램, 주·야간보호 등

출처: 보건복지부. (2023a). 2023년 노인보건복지 사업안내②. 세종: 보건복지부.

2) 경로당

경로당의 소극적인 운영을 개선하기 위하여 1999년 이후 경로당활성화사업을 전개하고 있다. 경로당은 지역의 노인복지센터 역할뿐만 아니라 정보센터, 학대노인 지킴이 센터로 운영된다. 경로당은 노인의 다양한 욕구를 만족시키기 위해 건강관리와 운동, 교육뿐만 아니라 여가와 자원봉사활동 등과 같은 다양한 프로그램을 활성화해 노인에게 접근성이 좋은 다목적 공간으로 활용된다. 또한, 독거노인을 대상으로 주 1회 2시간씩 건강·영양관리 및 간단한 신체기능 유지 교육 등으로 독거노인을 보호할 수 있는 공공시설의 역할을 하며, 농어촌에 거주하는 노인들의 공동생활 장소로써 열악한 주거환경의 개선과 공동난방, 공동취사를 통해 경비를 절감하고 독거노인들의 상호 안전 확인과 정서적인 외로움을 해소해 주는 공간의 역할을 한다. 그리고 전국의 6만 8천여 개의 경로당을 통해 노인학대에 관한 내용과 신고 절차 등을 안내하는 홍보 포스터를 비치하여 관련 정보를 안내하고 피해 노인을 발견할 시 지역 노인보호 전문기관에 신고하는 학대 노인 지킴이 센터로도 이용된다(보건복지부, 2023a).

보건복지부(2023)에서는 경로당의 프로그램 활성화를 위하여 분기별로 경로당의 정산을 시·군·구 및 경로당 광역지원센터에 보고할 때, 운영 중인 프로그램 현황을 추가하도록 하였으며 지역사회 안에서 프로그램과 서비스를 연계하고 조정 및 지원하기 위한 전담인력인 경로당 순회프로그램관리자로부터 매달 프로그램 현황을 정리하고 현장조사를 하게 하였다. 이러한 경로당 현황조사를 토대로 운영프로그램이 미흡한 경로당을 우선 지원하며 복지관, 사회복지시설, 보건소, 국민건강보험공단, 대한체육회 등 지역사회 내 자원 간 네트워크를 활성화하여 경로당의 여가프로그램, 건강관리프로그램, 교육프로그램 등 이용자 욕구에 맞는 다양한 프로그램을 지원하고 있다.

| 표 13-5 | **경로당 활성화 프로그램**

대분류	중분류	프로그램
건강운동	• 체조·댄스교실 • 웃음교실 • 요가·명상 • 건강운동	• 노인들의 신체적·정서적 건강유지 및 증진을 위한 건강운동 프로그램 지원
건강관리	• 건강검진 관련 • 한방치료 • 안마교실 • 방문간호	• 노인들의 신체적·정서적 건강유지 및 증진을 위한 건강검진, 한방치료 등
교육·상담	• 정보화교육 • 어학교육 • 인식개선교육 • 에너지교육 • 노인상담 • 생활·안전교육 • 프로그램발표대회	• 노후생활, 정보통신, 생애 말기 준비·설계교육 등 다양한 교육을 실시함으로써 노인들의 건전하고 건강한 노후생활 영위를 위한 교육 프로그램 제공

대분류	중분류	프로그램
여가활동	• 음악활동 • 바둑장기교실 • 문학활동 • 미술활동 • 문화·공연활동	• 노래교실 등 각종 레크리에이션 활동 등을 통해 노년의 건전한 여가·취미생활을 유지할 수 있는 프로그램 제공
권익증진	• 노인성교육 • 소비자피해예방교육 • 노인자살·학대예방교육	• 노인 권익증진을 위한 성교육, 학대예방교육 등
사회참여	• 방문 이·미용서비스 • 시설 방문 위문공연 • 자원봉사활동	• 경로당 이용 노인들을 중심으로 지역사회 청소 및 재활용품 수집, 청소년 안전지킴이 등의 봉사활동 수행
공동작업장	• 공동작업장 운영	• 경로당을 중심으로 노인들이 지역 특성에 맞는 일거리를 확보하여 공동으로 생산 활동에 참여
기타		• 지역특성에 알맞은 각종 활동

출처: 보건복지부. (2023a). 2023년 노인보건복지 사업안내②. 세종: 보건복지부.

3) 노인교실

1970년대에 노인의 교육 욕구와 고독 해소 등을 목적으로 주로 도시지역에서 많은 노인학교가 설립되었다. 노인교실은 노인학교가 설립되지 않은 도시지역과 농촌의 노인을 위해 설립되었다. 노인교실은 대한노인회가 1981년에 전국 초등학교를 하나의 단위로 하여 문교부와 내무부의 적극적인 지원으로 개설되었다(송진영 외, 2023).

노인교실은 60세 이상 노인들에 대하여 사회활동 참여욕구를 충족시키기 위하여 건전한 취미생활, 노인건강유지, 소득보장 기타 일상생활과 관련한 학습프로그램을 주 1회 이상 제공하고 있다(보건복지부, 2023a). 그러나 실제로 노인들이 원하는 분야의 교육프로그램을 중심으로 운영되고 있어 학습보다는 여가의 성격을 많이 갖는다.

| 표 13-6 | **노인교실 프로그램**

구분	프로그램
취미·여가	각종 문화·예술 활동 등
건강	체조, 요가, 단전호흡, 건강관리 등
교양	한글, 외국어, 컴퓨터, 교양강좌 등
사회참여	시민단체 및 사회활동, 자원봉사 활동 등

출처: 보건복지부. (2023). 2023년 노인보건복지 사업안내②. 세종: 보건복지부.

3. 노인 여가활동 문제점 및 활성화

1) 노인 여가활동의 문제점

우리나라 노인들은 여가활동의 대부분 시간을 효율적으로 활용하지 못하고 단순히 TV 시청이나 라디오 청취 또는 특별한 프로그램이 개발되어 있지 못한 노인정이나 노인학교에서 연령이 비슷한 노인들과 잡담 정도를 하면서 여가시간을 대부분 보내고 있다. 이것은 노인들의 여가생활에 대한 뚜렷한 정책이나 여가 프로그램의 단순화, 여가생활에 대한 우리 사회의 인식부족, 또는 노인 자신의 노후 여가에 대한 계획 부재, 노인을 위한 여가시설 미비 등으로 볼 수 있는데 이를 구체적으로 설명하면 다음과 같다(송진영 외, 2023).

첫째, 노인여가에 대한 정부의 정책적 노력이 미약한 상태인데 이는 노인들의 여가활용을 체계적이고 종합적으로 보조하는 시책이 부족하다.

둘째, 노인을 위한 여가 프로그램의 미개발이다. 현재 우리나라의 노인 여가에 대한 프로그램이 경로당이나 노인학교에서 이루어지고 있는 것이 대부분인데 이러한 프로그램들의 내용이 매우 단순하고 변화가 없어 지속적인 흥미를 느낄 수 없기 때문에 단순한 놀이를 하는 것으로 볼 수 있다.

셋째, 여가문화에 대한 우리나라 사회문화의 인식 부족이다. 노인이 여가활동을 하는 데는 가족구성원의 배려와 지역사회의 적극적인 참여가 필요한데 전혀 노인에 대한 배려가 이루어지지 않고 있다.

넷째, 노인 자신의 여가활동에 대한 주체성이 없다. 생활이 궁핍하다 보니 자연히 여가에 대한 인식이 상당히 부정적인 현실에서 노후의 여가에 대한 대책을 감히 생각하기 힘들었음을 나타내 준다.

다섯째, 노인 여가시설의 미비로 시설에 대한 시간적·공간적 접근이 용이하지 못하다는 점이다. 이는 정부의 정책적 지원이 뒷받침되지 않아 노인 여가시설이 부족하고 더불어 시설의 노후화 등의 문제가 제기되고 있다.

2) 노인 여가활동의 활성화

인구의 고령화로 더욱 길어진 노년기를 어떻게 하면 건강하고 유익하게 보내는가 하는 문제는 개인적인 문제인 동시에 사회적 큰 과제가 되고 있다. 노인문제를 극복하는 가장 중요한 방안은 노인들의 생활만족도를 높이는 것인데 그들의 생활만족도를 높이는 데 가장 효율적인 방안의 하나는 노인들의 여가활동을 활성화하는 것이다.

노인의 빈곤문제 해결을 위한 소득보장이나 질병문제 해결을 위한 의료보장은 노인의 건강을 유지하고 인간으로서의 기본적인 생계를 유지하는 데 절대적으로 필요한 당면 과제인 반면, 여가활동은 노인의 생존에 직접적인 영향을 덜 미치는 분야로 인식하는 것이 일반적인 시각이다. 그러나 노인의 삶 자체가 여가라고 한다면 노인의 여가활동도 의료나 소득보장 못지않게 중요한 기능을 갖는다. 그 중요한 이유는 다음과 같이 정리할 수 있다(고명석 외, 2021).

첫째, 노인도 젊은 사람처럼 국가와 사회의 구성원으로 평등하고 당당하게 가치 있는 삶과 무한한 성장을 추구할 수 있다는 원리, 즉 노인복지정책에 있어 '사회적 통합의 원리'와 '성장 및 발달욕구 충족의 원리' 측면에서 볼 때 노인에게도 젊은 사람처럼 여가활동을 즐기며 성장 및 발달욕구를 추구할 권리가 있다.

둘째, 현대 산업화 사회에서 발생하는 노인문제의 하나인 '고독 및 소외감'은 우울증과 생의 의욕에 직결되므로 이러한 고독과 소외감을 해결하는 수단으로서의 여가활동은 곧 노인의 생존과 직결되는 문제이기도 하다.

셋째, 정신질환, 치매, 중풍, 고혈압, 당뇨, 관절질환 등 노인의 만성퇴행성질환 대부분의 예방 및 관리는 실제로 여가활동의 형태로 이루어지는 경우가 많기에 여가활동은 곧 의료보장의 한 영역이 될 수 있다.

따라서 노년기의 삶의 질에 커다란 영향을 미치는 여가활동 참여를 촉진해 나갈 방안을 살펴보면 다음과 같다(노길희 외, 2023; 한현지 외, 2022; 박창제, 2020; 임정문 외, 2020; 홍석호, 2020).

첫째, 노인들 스스로 여가에 대한 인식변화를 통하여 새로운 노년기 문화를 정립하여야 할 것이다. 노인 여가활동에 대한 인식을 개선하기 위해 교육과 홍보를 강화해야 한다. 특히 노인 여가에 대한 편견, 왜곡된 노인 여가관 등 부정적 인식이 개선되어야 한다. 또한 노인복지와 관련 전문인은 물론 가정과 학교, 사회 내에서 긍정적으로 노인 여가에 대한 인식을 전환하는 공감대가 형성되어야 하며, 이를 위한 구체적인 방안을 제시하여야 한다.

둘째, 노인들이 여가활동에 필요한 기본적인 자원을 국가와 가족들이 제공하여야 한다. 이에 따른 물적·인적 자원의 국가적 지원의 확대뿐만 아니라 노인 여가활동을 효과적으로 지도할 수 있는 전문가들을 양성하고 노인 관련기관에 적절한 배치가 필요하다.

셋째, 노인들의 개별적인 특성을 고려한 다양한 여가 프로그램이 개발되어야 한다. 노인 간 사회적 여건과 여가에 대한 인식과 경험의 차이를 고려한 여가활동 프로그램이나 정책을 개발할 필요가 있다. 특히 우리나라 노인들은 유교 문화의 영향, 성별에 따른 교육수준 차이, 경제활동 참여율의 차이, 가정에서 분리된 역할 등으로 여가에 대한 인식과 경험에 뚜렷한 차이를 보인다. 따라서 노인의 성격과 심리적 특성, 여가욕구 등 기호에 맞게 차등적이며 개별화된 여가활동을 제공할 수 있는 사회적 자원체계를 확보해야 한다.

넷째, 노인 여가활동의 제약원인 중에 '경제적 부담'과 '건강, 체력이 좋지 않음'

등이 매우 높은 것을 확인했다. 따라서 여가활동 참여에 취약한 노인들을 대상으로 제약요인을 제거하기

위한 방안이 모색되어야 한다. 특히 저소득 계층이나 독거노인들에 대한 여가활동 활성화 방안을 모색해야 한다. 노년층의 건강과 경제적인 문제는 노인의 여가활동에 직접적인 영향을 미치는 중요한 요소에 포함된다. 거시적 차원에서 정부는 노인들을 대상으로 한 여가정책을 전체 노인의 문제로 인식하고 적극적으로 해결해야 할 중요한 정책과제로 인식해야 한다.

Chapter 14

노인자원봉사

1. 노인자원봉사활동
2. 외국의 노인자원봉사 사례
3. 노인자원봉사활동의 활성화

1. 노인자원봉사활동

1) 자원봉사활동의 개념과 정의

자원봉사(Volunteerism)는 '의지(will)'라는 의미의 라틴어인 볼로(volo)에서 '자유의지', '마음속 깊이 우러나오는 의사'라는 볼룬타스(voluntas)로 어원이 변화되면서 오늘에 이르렀다. 즉, 자원봉사는 타인이나 제도에 의한 것이 아니라 자신의 자유의지(freewill)를 바탕으로 자발적인 행동을 실천하는 것을 의미한다(김종민 외, 2011). 자원봉사라는 용어는 1930년 세계사회사업가대회에서 처음으로 사용하게 되었으며, 우리나라는 1998년 사회복지사업법에서 자원봉사의 용어를 사용하여 자원봉사활동에 대한 근거를 마련하였고, 자원봉사를 진흥시키기 위하여 2005년 8월 4일 법률 제7669호로 「자원봉사활동 기본법」을 제정하여 2006년 2월 5일부터 시행하였다(임정문 외, 2020). 같은 법에 따라 자원봉사활동이란 개인 또는 단체가 지역사회 · 국가 및 인류사회를 위하여 대가 없이 자발적으로 시간과 노력을 제공하는 행위를 말한다(자원봉사활동 기본법, 2017).

자원봉사활동이란 공공복지를 향한 가치이념임과 동시에 민주적 방법에 의한 자주적 협동적인 실천 노력으로, 개인, 집단, 지역사회에서 발생하는 제반 사회문제를 예방 · 해결하고 사회적 환경을 개선하기 위하여, 자신이 가지고 있는 돈, 지식, 시간, 노력 및 기술 등의 자원을 공사의 조직체를 통하여 무보수로 제공하는 활동이라고 정의할 수 있다(이해영, 2023). 인류사회의 협조를 향한 인간 개인의 자유의지를 의미하는 것이다.

한국사회복지협의회는 자유의사에 의하여 자발적으로 하는 실천행위 그 자체이며 복지사회를 만드는 데 적극적으로 참여하는 의도적, 계획적인 일상활동이라 할 수 있다. 즉 시민의식을 기초로 지역사회를 위해 보다 살기 좋고 밝은 생활로, 상호 연대하면서 구축해가는 끊임없는 활동이다(한국사회복지협의회, 1994).

자원봉사활동은 봉사가 의미하는 '주는 자와 받는 자'와의 관계와 같은 일방적이고 일시적인 자혜심이나 감상주의 또는 값싼 영웅주의의 발로가 아니다. 인간으로서 스스로 타인과 더불어 생활하며 선한 활동을 함으로써 자기실현과 자아초월을 지향하는 것으로, 여기서 말하는 자기실현은 자신을 찾는 일임과 동시에 자기를 성취하는 것이다. 즉, 자원봉사활동은 진실된 자신의 궁극적인 표현인 무사무욕의 달성을 지향하기 위한 계속적인 성장과 자기회복(self-renewal)의 과정이다(Knowles, 1982). 따라서 자원봉사활동은 어떤 특정한 사람이나 집단, 그리고 시간과 물질의 여유가 있는 사람만이 하는 것이 아니다. 좁은 의미의 사회복지 분야에서 행해지는 활동만도 아니며 자선활동 혹은 구빈활동만도 아니다. 보다 넓은 의미의 활동, 즉 인간성을 회복하고 가정의 기능을 회복하고 보완하며, 민주 공동체를 회복시키기 위하며 한 사람 한 사람의 마음을 엮어가는 활동이며, 민주시민으로서의 평생복지 교육, 훈련이며 인간 상호 간의 공동목표를 실현하기 위해 언제, 어디서나, 누구나, 자발적으로 참여하는 사랑의 복지활동이다(이해영, 2023). 이는 공동참여에 의한 공동복지를 이룩하기 위해 존엄성, 자발성, 자율성, 상호성, 연대성, 그리고 창조성과 책임성을 갖고 무보수로 참여하고 민주적인 방법에 의해 실천해가는 사랑의 복지활동이라는 점에 그 가치를 두고 있다(김영호, 1997).

노인자원봉사의 개념과 그 의미도 이와 크게 다르지 않다. 그러나 노인자원봉사는 노인이 자원봉사의 대상이 되는 '노인을 위한 봉사', 노인이 자원봉사의 주체가 되는 '노인에 의한 봉사'로 구분할 수 있다(고양곤 외, 2003). 노인자원봉사의 영역은 이러한 대상으로서의 노인자원봉사, 주체로서의 노인보다 양자의 개념을 모두 노인자원봉사라 칭하고, 그에 대한 사회적 필요성을 높이 평가하고 있다(노길희 외, 2023).

노인자원봉사활동이란 노인은 자원봉사로 여가의 활용과 사회참여를 통해 사회 통합적인 노년기 활동으로 고독과 역할상실 문제를 해결할 수 있다. 또한 노년기에 과거의 경험과 지혜를 살려 계속적인 성장과 자기회복을 도모하며, 지역사회복지 증진을 위해 활동하는 일체의 행위이다. 즉, 노인의 신체적·물질적 능력과 여가를 할애하고 그들이 가진 경험 등을 활용하여 사회복지를 위해 기여하는 활동이다(임정문 외, 2020).

2) 자원봉사의 특성

(1) 일반 자원봉사의 특성

일반적인 자원봉사의 특성은 자발성, 무보수성, 공익성, 지속성을 특성이 있다(김종민 외, 2011).

첫째, 자발성은 누군가로부터 어떤 행동을 강요받는 것이 아니라 평등한 인간관계를 기반으로 타인의 어려움이나 사회문제를 자신의 문제로 받아들여 개인의 의사와 주체성에 의해 활동하는 것으로 자원봉사활동에 있어서 가장 핵심적인 특성으로 인정되고 있다.

타인에 의해 자원봉사 참여를 권유받았을 경우 자발적이지 않다고 생각할 수도 있겠으나, 참여여부에 대한 판단과 결정은 본인의 의지에 따라 주체적으로 이루어지는 것이기 때문에 이러한 경우에도 자발적 행동이라고 볼 수 있다. 하지만 중·고등학교에서는 내신 성적에 반영되기 때문에, 대학에서 취업을 위한 '스펙 쌓기'의 일환이기 때문에, 기업에서는 승진이나 업적에 영향을 미치기 때문에 반강제적으로 행해지는 자원봉사는 진정한 의미의 자원봉사라고 보기에는 다소 무리가 있다.

둘째, 자원봉사활동은 무보성 혹은 무대가성을 원칙으로 하고 있다. 무보성이란 경제적 수입을 목적으로 한 활동이 아니라 활동 자체가 의미 있는 목적인 경우를 말한다. 따라서 자원봉사자는 금전적인 보수나 대가와 같은 물질적인 보상을 바라지 않아야 한다. 엄격하게 말하면, 자원봉사활동을 통해서 발생하는 소요경비조차도 자원봉사자가 직접 부담하는 것을 원칙으로 하지만, 간혹 봉사활동에 대해 교통비나 식사비와 같은 최소한의 실비를 제공하는 봉사기관도 있다. 이처럼 실비를 지급받는 자원봉사자를 우리는 '유급 자원봉사자'라고 부르고 있다. 일본에서는 아르바이트(arbeit)와 볼런티어(volunteer)의 합성어인 '아르바이티어'(arbeiteer)라는 용어가 사용되고 있고, 최근에는 일본 젊은이들 사이에 직업체험을 목적으로 실비의 급여를 받고 다양한 직종을 경험하는 '보라바이트'(볼런티어와 아르바이트의 합성어)가 새로운 구직형태로 주목을 받고 있다.

우리는 남을 배려하는 마음으로 향수를 몸에 뿌리고 다닌다고 생각하겠지만, 하루 종일 좋은 향수 냄새를 맡는 것은 결국 본인이라는 사실을 알아야 한다. 자원봉사활동이 바로 향수와도 같은 것이다. 나의 봉사활동이 타인을 위한 것으로 생각할 수 있지만, 결국은 본인에게 정신적 보람이나 만족을 느끼게 해주기 때문에 무보성의 자원봉사활동을 통해 자원봉사자는 충분히 그 대가를 금전적 혜택이 아닌 다른 형태로 받게 된다.

셋째, 자원봉사활동은 전체 사회의 복지향상에 기여하는 동시에 인류사회의 공동선을 달성한다. 이를 공익성이라고 한다. 자원봉사활동이 되기 위해서는 금전적 대가를 바라지 않고 자발적으로 타인을 돕는 것만으로는 충분하지 않다. 가족이나 친지 혹은 개인기업의 영리추구를 위해 금전적 보수를 받지 않고 자발적으로 하는 행동을 자원봉사활동이라고 하지 않는다. 개인의 사사로운 이익에서 벗어나 사회구성원으로서 사회문제에 대한 관심과 해결을 위한 책임성을 가지고 참여하는 활동을 공익활동이라고 하는데, 자원봉사활동은 지역사회와 국가, 그리고 전 세계를 위한 공익활동이어야 한다.

넷째, 자원봉사의 지속성 특성은 일회성이 아니라 꾸준히 계속되어야 하고, 즉흥적인 것이 아니라 계획적인 활동이어야 한다는 의미이기도 하다. 자원봉사활동은 자유의지에 따른 자발적인 활동이기 때문에 언제든지 그만둘 수 있다는 생각으로 충동적인 활동이 되어서는 안 된다. 자원봉사활동은 타인을 배려하고 타인과의 신뢰적인 관계를 바탕으로 하는 공익활동이기 때문에 지속성이 없는 자원봉사는 대상자에게 상처를 주거나 불신감을 초래할 뿐 아니라 공익성을 목적으로 하는 봉사활동의 의미를 잃게 된다.

(2) 노인자원봉사의 특징과 특성

자원봉사자의 특징은 교육수준이 높을수록, 소득수준이 높을수록, 일하는 사람일수록, 결혼한 사람일수록 자원봉사를 더 많이 한다는 사실이다. 이런 특징은 노인자원봉사에서도 나타난다. 고소득층은 더욱 다양한 사회적 연결망을 갖고 있고, 자원봉사 요청을 더 많이 받고 있다. 그리고 부자는 높은 사회적 지위에 따라 공동체에 기여해야 한다는 사회적 의무감을 더 많이 느낄 것이며, 또한 일하는 사람은 일 없는 사람보다 사회적 책임의식이 더 높아야 한다(Morrow-Howell, 2010; Wilson and Musick, 1997).

노인이 종교적인 자원봉사활동을 많이 한다는 사실도 눈에 띈다. 종교는 자원봉사활동의 중요한 동인이다. 종교활동을 열심히 하는 사람일수록 자원봉사활동도 열심히 한다(Krause, 2009; Haski-Leventhal, 2009).

미국은 노인보다 35~54세 연령층이 자원봉사를 더 많이 하고 있지만 유럽의 경우 일반적으로 노인의 자원봉사활동 참여율이 가장 높다. 노인의 여가시간이 많다는 것이 이유가 되겠지만 그보다는 자원봉사활동이 노인의 삶의 질을 향상하고 노인의 신체적·정신적 건강에 도움이 되기 때문이다. 노인의 자원봉사 동기도 청년층과 다르다. 청년층 자원봉사의 가장 큰 동기는 인간관계 맺기지만 노인은 공동체에 대한 봉사의식과 책임의식이 가장 큰 동기이다(원석조, 2023).

노인자원봉사활동은 이러한 일반적인 자원봉사의 특성에 더해 양방향성, 양면성, 치료성, 자조성이라는 네 가지 특성을 보인다(김동배, 2000).

첫째, 노인자원봉사는 양방향성 특성을 보인다. 즉, 노인이 자원봉사활동에 참여함으로써 행위 주체자로서 노인과 행위의 대상이 되는 측이 상하관계 또는 일방적인 제공자의 역할을 하는 것이 아니라 자원봉사를 행함으로 자기 삶의 보람, 즐거움을 받게 되는 양방향성을 가진다.

둘째, 노인자원봉사는 양면성을 지닌다. 사람들은 일생동안 타인에게 도움을 주는 존재로서뿐만 아니라 언제든 타인에게 도움을 받는 입장에 처할 수 있다. 노인들은 자신들이 젊은 시절에 참여한 봉사활동에 대한 보상으로서 타인의 봉사를 받을 수도 있고, 현재는 누군가에게 봉사를 받지만 또 다른 사람에게 자신이 봉사를 행할 수 있는 주체적인 양면성을 지닌다.

셋째, 노인자원봉사는 치료적 특성이 있다. 노년기에 타인을 위해 돕고, 사회발전에 기여하고자 하는 활동에 참여함으로써 자원봉사활동에 참여한 노인은 신체적·심리적인 긍정적 보상을 받을 수 있고, 이에 따라 자신이 지닌 심신의 문제를 해소하는 효과를 나타낼 수 있으므로 노인자원봉사활동은 치료적 특성을 가진다.

넷째, 노인자원봉사는 자조성의 특성이 있다. 동시대를 살아오며 현재 노년기를 살아가는 노인들이 서로 공감하며 동일한 문제를 함께 고민하고, 집단을 구성하여 서로 함께 자신들의 문제해결을 도울 수 있으므로 노년기 자원봉사활동은 자조성의 요소를 지니고 있다. 대부분 노인은 생애주기상 은퇴를 맞이하게 되면서, 긴 여가시간이 주어지게 된다. 이로 인해 의미 있는 여가시간을 영위하는 것이 노년기 삶의 질에 매우 중요한 부분을 차지하게 되며, 노년기 사회활동의 대부분은 이러한 여가시간을 어떻게 보내는지에 달려 있다. 이러한 측면에서 노인의 자원봉사는 노인들이 새로운 역할을 부여받아 사회적 존재로서 사회에 참여할 수 있도록 한다. 또한 여가를 유용하게 활용함으로써 사회문제를 해결하고, 고독과 소외문제를 해결하는 데 중요한 역할을 한다.

이와 같이 노년기의 자원봉사활동을 통해 지역사회에 대한 소속감이나 지역사회 문제를 해결하기 위한 실천적 역량이 증가한다(이금룡 외, 2019).

3) 노인자원봉사의 필요성

우리나라 노인들은 대부분 직장에서 은퇴하고 가정에서도 뚜렷한 역할 없이 많은 시간을 무료하고 지루하게 보내고 있다. 노인들은 은퇴한 후 강제적이고 의무적인 일에서 벗어나 자신들의 모든 시간을 여가시간으로 보내고 있지만, 이러한 시간을 유용한 여가활동으로 전환시켜 주는 것이 더욱 중요하다고 볼 수 있다. 그러나 대부분 노인은 여가에 대한 인식 부족과 경제적인 어려움, 국가시책과 사회적 자원 등이 미흡하여 만족스러운 여가활동을 누리지 못하고 있다. 노년기의 경우에 하루 24시간이 전부 여가일 수도 있는 노인들의 생활은 여가를 어떻게 보내는가에 따라 노년기의 삶을 풍요롭고 성공적으로 영위할 수 있는지를 결정하게 된다. 노인들이 가질 수 있는 자유시간을 충분히 갖는다는 것은 그들에게 주어진 특권이다. 그러므로 노인들에게 주어진 풍부한 시간을 개인의 만족과 지역사회의 기여를 위해서 어떻게 최대한 활용해야 할 것인지에 대한 관심이 점차 확산하고 있다.

퀸즈랜드 대학의 연구에 의하면, 노인자원봉사는 다음의 두 가지 요인에 의하여 건강한 노화방지에 기여할 수 있다고 강조하였다(임정문 외, 2020).

첫째, 노인이 목적의식을 갖고 인생을 의미 있게 느끼며 스스로가 능동적으로 행복을 누리고 있다고 생각하는 노인일수록 지역사회에 덜 관여하는 노인들에 비하여 질병에 걸릴 확률이 낮다.

둘째, 노인자원봉사활동은 병약한 노인을 위한 서비스에 있어서 매우 중요한 기여요인이 되므로, 이는 노인자원봉사자들이 노인을 위한 활동에 있어서 쉽게 감정이입을 할 수 있기에 '후기노인(old-old)'을 위하여 자원봉사하는 '초기 노인(young-old)'의 사례로 제시하였다.

따라서 노인자원봉사활동에 대한 필요성을 설명하면 다음과 같다(Fischer & Schaffer, 1993).

첫째, 노인층의 잠재적 생산력은 중요한 사회경제적 자원이 될 수 있다.

둘째, 노인자원봉사활동이나 고령자 고용 그리고 기업 정신에 따라 노인층에게 생산적인 노화를 위한 기회를 제공하는 것은 사회와 공공의 책임이다.

셋째, 노인자원봉사활동이 사회적 문제들은 완전히 해결할 수는 없지만 사회복지를 위하여 괄목할 만한 영향력을 행사할 수 있다.

넷째, 노인자원봉사활동에 대한 지지와 투자는 우리 사회와 개인 모두의 책임이다. 루치아니(Luciani)의 연구에서는 "자원봉사를 하는 노인들은 자원봉사를 하지 않는 노인보다 인생의 만족도도 높았으며, 특히 노인들에게 정신적 · 육체적 건강에 도움을 주며 뜻하지 않은 경험을 얻을 수 있다"고 강조하였다(Luciani, 1992).

4) 노인자원봉사활동의 의의

노인자원봉사는 노인의 살아온 경험이나 능력을 사회에 재투자하고 노인의 적극적 사회참여 및 인적자원을 활용하는 것으로 노인에게 적합한 새로운 봉사활동을 개발하는 기회가 된다. 또한 노인의 지식, 경험 기술을 사회의 자원으로 활용하는 이점이 있을 뿐만 아니라 궁극적으로 노인 스스로 자립하고 존경받고 공헌하고 지혜로운 노년기를 보낼 수 있게 하므로 그 의미가 중요하다(노길희 외, 2023). 노년기의 자원봉사활동 참여는 노인 개인적 차원에서부터 사회적 차원에 이르기까지 다양한 긍정적 효과를 지닌다. 노인 개인에게 있어서 자원봉사 주체로 참여하는 것은 생산적이고 사회통합적인 노후생활을 영위할 수 있도록 도와주어 노인 삶의 질 제고에 기여할 수 있다. 이러한 노인자원봉사의 개인적 측면과 사회적 측면에서 긍정적 효과를 구체적으로 살펴본다.

(1) 개인적 측면

개인적 측면에서의 긍정적 효과는 상실된 사회적 역할 보충, 긍정적 자아상 유지, 소외감 극복, 자기성장 및 자아실현, 건강유지, 삶의 의욕과 만족도 증진 등이 있다(노길희 외, 2023; 이해영, 2023; Kovacs & Black, 1999; Lum & Light, 2005).

첫째, 은퇴로 인하여 상실한 사회적 역할과 지위를 보완해 준다. 자원봉사활동을 통해 사회의 일원으로서 지위와 역할을 갖게 되고 자발적으로 그 역할을 행함으로써 활동에 보람을 느끼게 된다.

둘째, 자신의 유용성을 스스로 확인하여 긍정적 자아개념을 확립하도록 해준다. 자원봉사활동의 참여는 사회의 일선에서 물러나 자칫하면 상실되기 쉬운 자신의 사회적 가치성을 회복하고 유지할 수 있게 함으로써 아직도 자신이 사회에 유용한 존재라는 긍정적 자아상을 갖게 한다. 또한, 퇴직 이후 갖기 쉬운 자신에 대한 부정적인 평가에서 벗어나 긍정적 자아상을 유지 시키고 자존심을 향상해 줄 수 있다.

셋째, 노년기에 나타날 수 있는 고독과 소외문제를 완화해 준다. 나이가 들면서 노인들은 직장에서 물러남으로써 사회로부터 소외감을 느끼게 된다. 자원봉사활동의 참여는 다시 자신을 사회 속에 참여시키므로 사회로부터의 소외감을 극복할 수 있게 한다.

넷째, 노년기에도 자기성취, 자기성장, 자기실현의 욕구를 가지며, 자원봉사활동을 통해 이러한 욕구를 충족시킬 수 있다. 지금까지 하지 못했던 일들을 자원봉사활동을 통해 실현해 나갈 수 있으며, 이러한 활동과정을 통해 창의성을 발휘할 수 있고, 책임성 있게 일을 수행할 수 있는 계기를 갖는다.

다섯째, 신체적·정신적 건강 유지 및 향상에 기여할 수 있다. 자원봉사활동은 일상적인 생활을 보다 계획적이고 조직적인 생활을 하도록 만들어 적절한 긴장과 규칙적인 활동을 유지함으로써 정신적·육체적 건강을 유지할 수 있다. 실제 많은 연구가 자원봉사활동이 노인의 신체적, 정신적 건강에 긍정적 영향을 미치고 있음을 밝히고 있다.

여섯째, 자원봉사활동의 참여는 궁극적으로는 노인의 생활만족도를 높이고 삶의 의욕을 높이는 결과를 초래한다.

(2) 사회적인 측면

사회적 측면에서의 긍정적 효과는 노인과 노화에 대한 긍정적 인식, 사회에 대한 봉사와 발전에 기여, 고령사회의 대응책 등이 있다(이해영, 2023; 노길희 외, 2023; 최성재 외, 2010; 박재간, 2002).

첫째, 노인과 노화에 대한 긍정적 인식을 가지게 한다. 일반적으로 노인이 되면 신체, 정신기능이 떨어져 사회적으로 별로 쓸모없는 대상으로 여겨지는 경향이 있으며, 이러한 편견은 더욱더 노인에 대한 편견을 확대한다. 그러나 노화의 과정은 개인마다 다르며, 노인층에는 중년기나 다름없이 사회에서 얼마든지 능력을 발휘할 수 있는 노인들이 있다. 이러한 노인들의 적극적인 자원봉사활동은 사회가 가지고 있는 노인에 대한 잘못된 편견을 없애고 긍정적으로 노인과 노화를 인식하는 데 도움이 될 수 있다.

둘째, 유휴 노인인력의 다양한 인적자원을 활용함으로 사회적 생산성을 제고할 수 있다. 그동안 연마해 온 지식과 기술, 경험을 자원봉사활동으로 살림으로써 사회복지에 공헌하고 나아가 사회의 개선과 발전에 기여하게 된다. 노인들의 자원봉사활동은 사회의 많은 젊은이에게 자극이 될 수 있으며, 사회적으로 부족한 복지인력을 보충하는 데도 큰 의의가 있다. 특히, 노인 스스로 노인을 돕는 일은 노인을 더 잘 이해할 수 있어 적절한 도움을 줄 수 있고 도움받는 노인 입장에서도 친근감과 심리적 안정감을 가지고 도움을 받을 수 있어 크게 장려되어야 할 일이다.

셋째, 노인의 자원봉사활동은 급격한 인구 고령화로 인한 노인과 노령기의 연장에 따른 여러 가지 부정적 요인들을 해결해 줄 수 있다. 노인에 대한 복지 지출 비용 절감 및 복지 인력의 보완으로 활용할 수 있으며, 사회적 연대 및 사회통합의 촉진 등 다양한 긍정적 효과를 가져올 수 있다.

UN에서도 고령사회의 대응책으로 제시되고 있는데, 1999년 세계인의 해에서 노인을 위한 5가지의 원칙, 즉 자립, 참여, 보호, 자아실현, 존엄성이 제시되었고 이중 참여의 원칙은 자원봉사를 통해 사회에 참여하는 것을 강조하고 있다(이인수, 2001). 미국은퇴자협회(AARP)는 노인에게 있어 자원봉사는 자신감이나 자아인식 이외에도 실제 생활에 있어 다음과 같은 도움을 준다고 하였다(AARP, 1996).

첫째, 자원봉사를 함으로써 새로운 사람을 만나고 튼튼한 유대관계를 맺을 기회가 생긴다.

둘째, 새로운 역할을 수행하면서 나태해지기 쉬운 일상습관에 신선한 자극을 갖게 된다.

셋째, 자원봉사를 하면서 새로운 기술, 경험, 지식을 습득하게 되어 차후 새로운 직업, 사업의 발판이 된다.

넷째, 남을 돕는다는 자부심으로 보람 있는 일에 열중함으로써 우울증, 기타 생활의 여러 가지 심리적 고충에서 해방된다.

이처럼 많은 연구들이 노인들의 자원봉사활동이 노인의 삶의 만족도를 높이는데 기여하고 있다고 설명하고 있으며 자원봉사활동의 참여가 성공적인 노년기를 보내기 위해 중요한 요소임을 강조하고 있다(김미혜 외, 2003).

5) 노인자원봉사활동과 건강

노인자원봉사의 가장 큰 장점은 신체적·정신적 건강증진에 있다. 자원봉사활동을 하게 되면 신체적·정서적·인지적 기능이 나아지고, 뇌 건강도 좋아지며 삶의 질도 개선된다(원석조, 2023). 지역사회 활동에 자원봉사자로 참여함으로써 자신이 사회에 가치 있는 존재란 사실을 깨닫게 되고, 다른 사람으로부터 인정도 받게 되어 자기효능감과 자존감이 향상된다. 아울러 노인 건강 악화의 주요 원인인 우울과 절망도 낮추고, 나아가 수명도 연장한다. 노인자원봉사활동이 노인 건강에 미치는 영향을 정리하면 다음과 같다(Krause, 2009; Lum and Lightfoot, 2005; Haski-Leventhal, 2009; Musick and Wilson, 2008).

첫째, 자원봉사자는 정신적 건강에 영향을 미친다. 자원봉사자는 자원봉사활동을 통해 자존감과 자기통제감이 높아지는 것을 스스로 깨닫는다. 자신의 신체적 문제나 사적 문제를 잊어버리기도 한다. 이런 것들은 건강을 개선하는 요인이 된다.

둘째, 자원봉사자는 신체기능 개선에 영향을 미친다. 규칙적인 신체활동은 노인의 신체적 약화를 느리게 하거나 역전시키는 효과가 있다. 몸을 움직임으로써 신체적 기능과 유연성, 힘이 강화되기 때문이다.

셋째, 자원봉사자는 인지기능의 개선에 영향을 미친다. 노인이 되면 인지기능이 쇠퇴한다. 기억력 쇠퇴, 기획 능력, 일상생활 수행능력이 감퇴하는 것이 일반적이다. 자원봉사활동에 참여하면 기획 능력이 자극받고 책임의식이 강화되는데, 이것은 인지기능의 쇠퇴를 막는데 도움이 된다.

넷째, 자원봉사자는 우울의 감소에 영향을 미친다. 자원봉사활동은 심리적 안녕에도 좋다. 사회적으로 필요한 일을 함으로써 존재감을 가지게 되기 때문에 노인 우울을 예방하거나 감소시키는 효과가 있다. 자원봉사활동을 하는 노인이 일반 노인보다 우울 비율이 낮은 것은 입증된 사실이다.

다섯째, 수명 연장에도 영향을 미친다. 노인자원봉사활동은 사망률을 낮추고 기대수명을 높인다. 자원봉사활동을 하는 노인의 평균수명이 그렇지 않은 노인에 비해 더 높고, 건강상태도 더 좋으며, 사망률이 낮다는 것을 증명하는 실증적 연구가 적지 않다.

| 표 14-1 | 노인자원봉사활동이 노인 건강에 미치는 영향

구분	영향
정신적 건강	자원봉사자는 자원봉사활동을 통해 자존감과 자기통제감이 높아지는 것을 자각함
신체기능 개선	규칙적인 신체활동은 노인의 신체적 약화를 느리게 하거나 역전시키는 효과가 있음
인지기능 개선	자원봉사활동에 참여해 기획능력이 자극받고 책임의식이 강화되면 인지기능의 쇠퇴를 막는 데 도움이 됨
우울 감소	자원봉사활동을 통해 존재감이 생기면 우울을 예방하거나 감소시키는 효과가 있음
수명 연장	노인자원봉사활동은 사망률을 낮추고 기대수명을 높임

출처: 원석조. (2023). 노인복지론(제4판). 고양: 지식터.

반면에 노인자원봉사활동에도 부정적인 면이 있다. 역할 긴장(role-strain)이 그것이다. 역할 긴장은 여러 가지 역할을 동시에 맡게 되면 생긴다. 자신에게 부여된 역할이 시간, 에너지, 감정 등 자신이 가진 자원을 초과할 때 생긴다. 청년층이 노인보다 더 많이 느낀다. 하지만 노인도 너무 많은 자원봉사활동과 사회활동을 하게 되면 역할 긴장이 발생할 수 있다(원석조, 2023).

6) 참여 동기와 활동 지속성

(1) 노인자원봉사자의 참여 동기

노인자원봉사의 동기는 '이타적(altruistic)'인 것과 '이기적(egoistic)'인 것에 대해 명확한 구분이 없이 나타나는 혼합적인 현상이라고 말한다. 즉, 단일한 동기가 아닌 여러 가지 동기에서 나오는 보상적 경험(rewarding experience)이라고 설명하고 있다(Cnaan et al., 1991).

노인 봉사자의 중요한 동기는 시간활용의 문제로 보고 있다. 노인자원봉사자들은 젊은 봉사자들에 비해 '바쁘게 움직이고 활동적으로 살기 위한 방법'으로 여기면서 참여하고 있다(Fischer et al., 1991). 또 다른 노인들의 중요한 봉사활동의 동기는 여타 어려운 사람들을 돕는 데 있다(Morrow-Howe et al., 1989). 그러므로 노인들의 봉사활동에 대한 동기와 만족은 이타주의에 근거를 두고 있으며, 그것은 가족이나 친구들이 경험한 혜택과 종교적인 관심 등이 주요 이유로 보고 있다. 그리고 노인자원봉사활동은 가끔 교우관계의 필요성에서 동기부여를 받고 있다(O'Reilly et al., 1995). 노인들은 자원봉사활동을 통해 교우관계를 형성하고 자신들이 함께 일하는 동료들과의 친분관계가 봉사활동의 경험에 있어 가장 흥미 있고 중요한 부분이 된다고 노인들은 언급하고 있다. 따라서 노인들의 자원봉사에 대한 동기부여는 적합한 봉사활동을 통해서 스스로 의식변화를 갖게 하는 데 있다. 대다수 노인은 수동적이고 피부양자라는 부정적인 이미지를 내면화하여 자신의 잠재능력을 소홀하게 여기는 경향이 있다. 그렇다면 수동적으로 받기만 하는 대상이 아니라, 도움을 줄 수 있고 사회적 책임의식을 갖는 인식전환이 필요하다(임정문 외, 2020).

(2) 노인자원봉사활동 지속성

최근 노인자원봉사자들이 많은 숫자로 증가하고 있지만(Chamber, 1993), 현실적으로 봉사활동을 시작한 후 1년 안에 그만두는 사례가 매우 빈번하다. 대부분의 노인은 자신들이 활동해 왔던 것보다 더 높은 수준의 만족감과 일에 대한 기대감을 가지고 있으며, 봉사활동을 통해서 다른 사람과 접촉하며 자신이 인정을 받고 칭찬받기를 바라는 것으로 나타났다. 큔과 시어스(Kuene & Sears)는 가족들과 활동하는 노인자원봉사활동을 지속하기 위해서 봉사자들에게 공개적인 인정, 동료집단 지지, 교통편의 제공, 식사 제공 등과 같은 활동 유지의 전략이 필요하고, 자원봉사자들의 동기에 유의해서 바람직한 봉사활동의 기회로 연결시키는 배려가 필요하다고 권고하고 있다(Kuene et al., 1993). 그리고 노인자원봉사활동을 지속시키는 중요한 요인으로서 제도적인 지지를 강조하고 있다(Sainer et al., 1971). 자원봉사활동은 다른 사람을 도우면서 자신이 생산적이며 유용한 존재라고 느끼고 있음에도 불구하고, 더욱 중요한 것은 자원봉사 프로그램의 효과성과 자원봉사자의 만족도를 높이는 데 있어서 그 프로그램에 대한 제도적 지지에 달려 있다고 강조하였다

(Strom et al., 1994). 따라서 노인자원봉사활동의 지속성과 프로그램의 성공을 위해 몇 가지 제시해 보면, 첫째는 자원봉사자들이 그들의 관심사항을 파악해서 일의 할당과 스케줄에 투입해야 하고, 둘째는 자원봉사자들을 선발하는 장치를 구축하고 그들의 정보내용을 받아 연수교육의 기회를 주면서 완성해야 할 특정한 임무를 확인하고 평가해야 하며, 셋째는 자원봉사자들이 자신들의 봉사활동에 대해 충분히 인정받게 하는 것 등으로 요약할 수 있다(임정문 외, 2020).

(3) 국가의 역할

노인자원봉사활동은 기술과 지식을 갖춘 노인의 잠재능력을 사회적으로 활용할 수 있게 함으로 사회에 경제적인 도움이 된다. 가족을 돌보는 것이나 배우자와 손자녀를 돌봄으로써 시설케어 비용을 절감할 수 있다. 노인자원봉사는 노인의 신체적·정신적 건강을 유지시키는 데 도움을 주는데, 이는 노인 의료비 때문에 경제적으로도 유익하다. 노인이 건강하면 노인 의료비가 감소한다. 또한 노인자원봉사활동은 노인에 대한 사회적 인식의 전환과 노인차별주의 의식의 약화, 사회적 배제의 방지에 기여하고, 사회적 연대감과 사회통합을 촉진한다.

이처럼 노인자원봉사가 사회적으로 기여하는 바가 많기 때문에 국가는 관심을 두고 활성화를 적극 지원하고 있다. 정부로서는 바랄 나위가 없는 것이다. 정부에게 노인자원봉사활동의 활성화는 노인도 좋고 정부도 좋은 윈-윈 전략이다. 하지만 노인자원봉사활동에 관심을 두는 조직은 정부뿐만 아니라 비영리조직과 지역사회집단도 있다. 정부, 비영리조직, 지역사회집단이 노인자원봉사활동에 적극성을 보이는 이유는 다음과 같다(Morrow-Howel, 2010).

첫째, 정부 자원이 줄어드는 시점(정부 지원의 감소 또는 중단)에 욕구가 있는 사람에게 서비스를 계속 제공하기 위해서이다.

둘째, 교회, 지역사회집단, 정당과 같은 비영리조직을 지원하기 위해서이다.

셋째, 지역사회에 더 많은 사람이 간여함으로써 시민사회를 강화한다.

한편, 노인자원봉사에 대한 정부의 적극적 관심에 대해 비판적인 시각도 있다. 정부가 건강한 노화와 적극적 노화의 방법 중 하나로 사회활동을 권장하면서 자원봉사활동도 적극 권유하고 있으나 지나치면 노인을 불편하게 할 수도 있다는 지적이다. 또한 정부가 자원봉사를 공식화하는 데 주력하면 이에 부담을 느끼는 노인은 비공식적이거나 작업장 같지 않은 자원봉사 장소를 찾게 된다. 또 정부가 공식적 자원봉사를 중시하면 자원봉사가 전문화로 나아가게 된다. 자원봉사의 전문화는 노인의 자원봉사 참여를 제한하는 부작용 발생하게 된다.

| 표 14-2 | **노인자원봉사활동에 대한 정부의 역할**

구분	내용
정부 역할 필요성	• 노인자원봉사가 사회적으로도 많은 기여를 하기 때문에 각국 정부는 관심을 두고 활성화를 적극 지원하고 있음 • 정부에게 노인자원봉사활동의 활성화는 노인도 좋고 정부도 좋은 윈-윈 전략
유의점	• 정부가 건강한 노화와 적극적 노화의 방법 중 하나로 사회활동을 권장하면서 자원봉사활동도 적극 권유하고 있으나 지나치면 노인을 불편하게 만듦 • 정부가 자원봉사를 공식화하는 데 주력하면 이에 부담을 느끼는 노인은 비공식적이거나 작업장 같지 않은 자원봉사 장소를 찾게 됨 • 정부가 공식적 자원봉사를 중시하면 자원봉사가 전문화로 나아가게 됨. 자원봉사의 전문화는 노인의 자원봉사 참여를 제한하는 부작용 발생

출처: 원석조. (2023). 노인복지론(제4판). 고양: 지식터.

2. 외국의 노인자원봉사 사례

1) 미국

미국은 자원봉사를 당연한 활동으로 여기는 문화가 있다. 직장이 있건 없건 간에 미국인에게 자원봉사는 '시민의 책임이며 의무'라는 사상을 바탕으로 일상화되어 있고 사회생활의 필수적인 부분이다. 이러한 자원봉사활동은 금전적 보상을 바라지 않기 때문에 미국의 예산에도 많은 기여를 한다. 자원봉사자들의 사회적 기여도는 국가예산도 절약하게 되고 노년기를 의미 있는 시간으로 채워나갈 수 있어 매우 긍정적 효과를 거둘 수 있다(김종민 외, 2011).

미국의 노인자원봉사활동은 국가 주도의 국가봉사단인 노인봉사단(Senior Corps)과 미국퇴직자협회(American Association of Retired Person: AARP), 퇴직자 경영인 봉사단(Service Corps of Retired Executive Association: SCORE) 등 민간영역의 다양한 비영리기관들에 의해 활발하게 운영되고 있다(김종민 외, 2011).

(1) 노인봉사단

연방정부사업인 노인봉사단(Senior Corps)은 1993년 서비스와 자원봉사를 통해 삶을 증진하고, 지역사회를 강화하며, 시민연계를 촉진하기 위해 창설된 「전국 및 지역사회 봉사협력기구」(Corporation for National and Community Service: CNCS) 산하에 소속되어 있다. 55세 이상의 은퇴자들이 지역사회 문제를 해결하고 도움이 필요한 노인들에게 필요한 서비스를 제공하는 노인봉사단은 기존의 전국 노인봉사단(National Senior Service Corps: NSSC)에 소속되었던 퇴직자 노인자원봉사 프로그램(Retired & Senior Volunteer Program: RSVP), 양조부모프로그램(Foster Grandparents), 노인동료프로그램(Senior Companions) 등 세 가지 프로그램을 통해 활동하고 있다. 1960년대 이후부터 약 40년간 노인봉사단에 참여한 봉사자 수가 약 50여만 명에 이른다.

(2) 미국퇴직자협회

미국퇴직자협회(American Association of Retired Person: AARP)는 미국의 노인관련단체 중에서 가장 규모가 큰 비영리단체이다. 1947년 엔드러스 박사가 '전국은퇴교사협회'를 설립하여 운영하다가, 1958년 미국은퇴자협회를 새로이 창립하였다. 50세 이상이면 누구나 가입할 수 있는 AARP는 미국 내 총 2,200개의 지부와 56개의 사무소가 있고, 미국 전체 투표자의 20%가 회원인 명실상부한 미국 최대의 노인권익단체이다. '봉사를 받지 말고 봉사하자(To serve, not be served)'라는 슬로건 아래 AARP 회원들에게 지역사회 봉사활동을 적극적으로 권장하고 있다. 자원봉사활동을 위한 모집과 배치를 위해 자원봉사 재능은행을 운영하고 있고, 세부적인 봉사활동 프로그램이 잘 개발되어 있다.

(3) 퇴직자 경영인 봉사단

퇴직자 경영인 봉사단(Service Corps of Retired Executive Association: SCORE)은 1964년 미국 중소기업청에 의해 설립된 비영리단체로 전미 지역에 61개의 지부 책임자와 364개의 지역사무소를 갖추고, 13,000여 명의 기업 경영상의 풍부한 경험을 가진 자원봉사자가 중소기업·소기업의 창립과 경영에 대한 자문을 통해 기업의 성장 및 발전에 이바지하고 있다.

오랜 역사를 지닌 퇴직자 경영인 봉사단은 1970년대 지역지부를 만들고, 일대일 비즈니스 서비스를 확대하여 다양한 비즈니스 문제에 대한 워크숍과 세미나 제공하며 사업을 확장해 나갔으며, 1996년부터는 온라인 기반을 통해 기업에 전자메일 조언 및 상담을 시작하면서 큰 규모의 퇴직 및 현직 경영자들이 경영자문 서비스를 제공하는 비영리단체로 성장하였다.

퇴직자 경영인 봉사단의 봉사자들은 기업경영에 대한 풍부한 지식과 경험을 가진 대기업 중역 퇴직자 및 현직자로써 대부분 대기업 중역, 중소기업 대표, 경영진, 회사 리더들이다. 이들은 창업하거나 성장 및 도약을 꾀하는 중소기업 및 소기업의 기업가들에게 관련 경영자문을 통해 성공적인 기업 운영을 돕는다. 자원봉사자들은 서비스를 무료로 제공하고 있으나 교통비 등 서비스를 제공하는 데 드는 비용은 보상받는다.

2) 일본

일본에서는 기반이 취약한 소규모 임의단체가 법인격을 취득하기가 거의 불가능했다. 따라서 대부분 공익활동을 추구하는 많은 NPO는 임의단체로 활동할 수밖에 없었다. 일본에서 시민활동이 사회적 시선을 끌게 된 것은 1995년 1월에 발생한 한신-아와이 대지진 이후이다. 사고 수습 현장에서 많은 시민 자원봉사자로 조직된 다양한 민간비영리조직(NPO)의 활약상은 사회공헌활동에 대한 사회적 관심을 불러일으켰고, 비영리조직(NPO)의 중요성과 역할을 인식하게 되었다. 이는 일본 사회의 기본적인 사회구조였던 '관'(정부영역: 제1섹터)과 '민'(민간영리영역: 제2섹터)의 양극구조에서 벗어나 민간공익영역(제3섹터)이 추가된 삼각구조로 전환할 수 있는 계기가 되었다. 이에 따라 정부 및 사회 각계에서 NPO의 활동을 지원하기 위한 공감대가 형성되고 법적, 제도적 노력이 본격화되면서, 1998년 「특정비영리활동촉진법」이 시행되기에 이르렀다. 10명 이상의 회원만 있으면 기본 재산이 없더라도 간단한 절차를 거쳐 법인격을 취득할 수 있게 한 특정비영리활동촉진법으로 인해 지역사회를 기반으로 하는 다양한 소규모 NPO들이 지역사회를 위한 자원봉사활동과 사회공헌활동을 할 수 있게 되었고, 지방자치단체는 이들의 활동을 적극적으로 지원하고 있다(김종민 외, 2011).

(1) 단카이 노블레스 오블리주

단카이 노블레스 오블리주(Dankei Nobless Oblige: DNO)는 일본의 베이비붐 세대인 단카이 세대의 대량 퇴직을 맞이한 일본 사회를 활력 있게 유지하기 위해, 단카이 세대의 자립과 지역사회 정착을 지원하기 위해 설립된 특정비영리활동법인이다. DNO는 단카이 세대에게 지역사회 관련 정보를 제공하고 탄탄한 네트워크를 구축할 수 있도록 지원하여 단카이 세대의 힘을 이끌어 내고, 고령사회에 기여하는 것을 목표로 사업을 추진한다. 특히 이들의 사회공헌활동을 증가시키기 위한 계몽 활동과 강습회 등의 사회교육사업, 정책연구사업, 은퇴자와 지역사회 주민 간의 교류를 지원하는 교류사업 등 지역사회의 특수성을 최대한 살릴 수 있는 방향으로 사업을 구상하고 있다. DNO는 단카이 세대에게 교육, 연구활동, 네트워크, 지역사회 현장 체험 및 NPO 연수 기회를 제공하여 새로운 만남과 교류 속에서 자신에게 적합한 삶의 방법과 지역사회 거점을 발견할 수 있도록 다양한 방법으로 조직적인 서비스를 제공한다.

(2) 일본평생현역추진협의회

일본평생현역추진협의회는 '평생 현역'이라는 슬로건하에 설립되었다. 이들은 의욕 넘치는 노년기·활력 넘치는 사회, 은퇴 후에도 계속해서 지역사회에서 활약하는 평생 현역형 사회 실현을 목표로 사업을 추진하고 있다. 현역 시절의 기술과 경험, 인생에서 습득한 귀중한 지혜를 사회에 환원하고, 보람되고 의미 있는 활동을 통해 제2의 인생을 성공적으로 영위하고 싶으며 지식과 잠재력을 활용하여 사회에 공헌하고자 하는 단카이 세대를 대상으로 한다. 또한 프로그램 참여자들을 위하여 이메일, 뉴스레터, 홈페이지 등의 핫라인뿐 아니라 이들을 위한 상담 서비스를 제공하는 등 다양한 지원책을 마련하여 단카이 세대의 지속적인 사회참여를 지원하고 있다.

(3) 액티브 시니어 클럽

액티브 시니어 클럽은 전문은퇴자들이 계속해서 사회활동에 참여하여 자기실현을 도모하고 제2의 인생을 설계할 수 있도록 지원하는 단체이다. 이 클럽은 홈페이지, 뉴스 레터, 책 등을 통해 일반 시민에게 정보를 공개하고 세미나 개최, 강사 파견과 제2의 인생준비를 위한 정보를 충실히 제공하고 있다. 노무사, 행정 서사, 변호사, 사법 서사, 세무사, 보험 설계사 등의 자격을 가진 은퇴자들로서 자원봉사정신이 넘치는 전문가를 대상으로 자원봉사자를 모집하고 있다. 사회공헌을 목표로 각 전문가가 협력하여 각각의 지식과 정보를 제공, 지원, 전개함으로써 한 분야에 얽매이지 않고 종합적으로 활동한다. 은퇴, 재취업 및 창업, 생애설계, 자원봉사 등에 관심 있는 일반 시민(은퇴자 혹은 은퇴 예정자)이 '액티브 시니어 클럽'의 수요처가 된다. 또한 은퇴자들이 다양한 취미생활과 자원봉사활동을 즐길 수 있도록 자원봉사단체, 자원봉사에 관련된 법인 설립 절차에 관한 정보를 제공하고 있다.

(4) 히노에 단카이 세대 광장

히노에 단카이 세대 광장은 '삶의 보람, 일하는 보람, 지역사회에서의 보람'을 모토로 히노에에 거주하고 있는 단카이 세대가 중심이 되어 만들어진 단체로서 히노 시(市)의 후원을 받는 임의단체이다. 단체의 특징은 단카이 세대와 지자체가 함께 지역자원의 특성을 살려서 '살기 좋은 지역사회 만들기'를 실현한다는 점이다. 히노에에 거주지를 두고 있는 55세 이상 고령자 및 지역 거주자, 지역사회 NPO 등이 참여 대상이자 수요처이다. 단체에서는 단카이 세대의 활동을 지원하는 활동기반정비사업(체험회, 지역축제, 지역사회 네트워크 구축), 지자체로부터 위탁받은 사업(조사연구, 취업지원), 자체사업인 잡목림 보전활용사업 등을 실시하고 있다. 히노에 시는 단카이 세대라면 누구나 주체가 되고, 지역 내에서 자유롭게 소통하며, 공공의 가치를 우선으로 삼는 지역사회가 될 수 있도록 민관이 협력하여 적극적으로 노력하고 있다.

3) 유럽

유럽 각국이 노인자원봉사에 관심을 보이는 이유는 사실 고령화 때문이다. 노인자원봉사활동의 활성화는 고령화 문제에 대처할 수 있는 유력한 방안이다. 유럽의 주요 노인자원봉사조직을 소개하면 다음과 같다(Euro Health Net, 2012).

(1) 영국

영국의 퇴직노년자원봉사프로그램(Retired and Senior Volunteer Programme)은 50세 이상 퇴직자의 자원봉사활동을 지원하는 조직이다. 다양한 기술과 경험을 가진 퇴직자의 능력을 지역사회봉사에 활용하는 데 목적이 있다. 20개 지역에 약 만 4천 명의 자원봉사자가 있으며, 모든 자원봉사자는 기본적으로 무보수이다. 보건, 환경, 문화유산 등의 영역에서 프로그램을 운영하고 자원봉사자를 교육하는 전업 직원도 있다. 주요 활동은 틴에이저를 위한 멘토(Grandmentors), 멀리 떨어져 사는 퇴직 선원들을 연결해주는 프로그램, 자전거 재활용사업, 홈리스를 위한 음식배달사업 등이다.

(2) 네델란드

길드 네덜란드(Gilde Nederland)는 네덜란드 전역에 60개 이상의 길드조직을 가진 자원봉사단체이다. 50세 이상의 퇴직한 사람들이 자원봉사자로 활동하며, 개인, 비영리조직, 기업을 상대로 자신의 지식과 경험을 바탕으로 무보수로 자문을 한다. 길드조직은 자전거 투어, 통역 봉사, 학생 통학 코치 등의 봉사활동을 한다.

(3) 독일과 슬로베니아

'세이 예스(Say yes!)'라는 봉사단체는 적극적 시민과 적극적 노인에게 자원봉사활동의 기회를 제공하고자 하는 슬로베니아와 독일의 자원봉사조직이 서로 교류하는 국가 간 조직이다. 세대와 문화적 차원에서 양국의 자원봉사 경험을 교환한다.

(4) 헝가리와 슬로바키아

헝가리와 슬로바키아 평생교육단체 간의 상호협력 프로젝트로서 평생교육과 세대 간 소통을 목적으로 노인자원봉사학습조직(Learning through Volunteering in Senior Age)을 구성하였다. 두 나라에서 자원봉사자를 파견하여 경험을 공유한다.

3. 노인자원봉사활동의 활성화

우리나라 노인들의 자원봉사활동 경험은 대체로 적으며 희망사항도 저조한 편이다. 이는 노인들의 자원봉사활동에 대한 사회화가 상당히 부족함으로 기인한다.

노인들의 권위주의적 성격, 강한 가족주의 의식, 수동적 성향, 건강과 경제 수준의 열악성의 원인으로 볼 수 있다. 따라서 노년기에 삶에 유용한 자원봉사활동 참여를 높이기 위해서는 자원봉사활동에 대한 인식과 관심을 높여야 하며 이를 위한 방안으로 다음과 같이 제시할 수 있다(노길희 외, 2023; 이해영, 2023; 임정문 외, 2020).

첫째, 잠재적인 노인자원봉사자를 발굴하기 위해 적극적인 홍보전략의 개발이다. 노인자원봉사자를 발굴하고 모집 때는 지속적인 모집방식으로 많은 자원봉사자를 확보하는 것이 바람직하다. 노인들에게 자원봉사에 관한 동기와 흥미, 각종 정보를 제공하기 위해서는 대중매체를 이용하여 공익광고로서 행정기관의 광고, 봉사단체의 광고, 사회복지기관의 홍보는 물론, 전문가 단체의 모임, 노인학교, 지역부녀회 등을 대상으로 홍보하고 모집하는 전략이 효과적이다. 기존의 노인단체가 노인복지기관의 홍보물, 현재 활동 중인 노인자원봉사자를 통해 홍보하는 방법, 매스컴을 통한 홍보 등을 활용할 수 있다. 그리고 어떠한 모집방법이 효과적인지 대한 평가작업을 거쳐 홍보전략을 수정, 보완해 나가는 것이 필요하다.

둘째, 노인자원봉사를 위한 건강증진과 소득보장이다. 자원봉사활동에 적극적으로 참여하기 위해서는 우선 건강 유지와 일정한 소득이 보장되어야 한다. 대부분의 노인은 봉사활동에 참여하지 못한 이유가 건강문제와 용돈 문제로 나타났다. 대개 노인이 되면 생리적 노화현상에 따라 비활동적일 수 있으나, 대다수가 비활동의 원인을 노인 자신의 욕구가 아닌 사회적 추방의 결과로 받아들이고 있다. 그러므로 노후 생활의 만족을 얻기 위해서는 자원봉사활동을 통해 기존의 사회적 역할을 대신하여 건강 유지와 삶의 보람을 갖는 데 있다. 또한 노인자원봉사활동의 붐을 조성하기 위해 「국민기초생활보장법」에 의한 생계지원의 확대, 보건의료서비스, 간병서비스의 제도화 등이 실시되어야 한다.

셋째, 노인자원봉사의 인센티브로서 사회적 제도 도입이다. 자원봉사활동의 추진단체가 주최하는 행사에서 발생하는 사고에 대비하고, 아울러 노인들의 사기진작과 지속적인 활동의 동기부여를 위하여 노인자원봉사의 상해제도, 포상제도, 저축제도 등을 적극적으로 도입해야 한다. 그리고 노인들은 생산적 활동에 참여하에 생활하는 경우보다는 자신이 축적한 재원이나 자녀에게 의존하여 생활하는 경우가 대부분이므로, 봉사활동에 소요되는 비용이 부담되지 않도록 해야 한다. 그러므로 봉사활동 중의 사고와 위험에 대비를 위한 상해보험제도를 도입하기 위한 재원 확보가 필요하고, 노인들의 활동비를 지원해 주기 위해서는 정부와 지방자치단체에서의 재정지원이 마련되어야 한다(이가옥, 1997).

넷째, 자원봉사활동에 참여하면서 다양한 활동 영역에서 봉사 참여자들이 안전에 위협받는 위험한 상황에 직면하게 되거나, 안전사고를 겪는 등 다양한 위험 가능성이 존재한다. 특히 노인의 경우 신체적·경제적으로 손실이 일어날 확률이 더 높다. 안전한 자원봉사활동 환경을 만들기 위해 많은 노력을 기울이고 있지만 아직은 시스템의 외형적인 틀을 만들어 가는 단계이며, 시스템의 내부를 질적으로 내실 있게 다져 나가는 방안이 필요하다(정진경, 2019). 반면에 프랑스와 독일은 의료기관이나 사회복지시설의 자원봉사자, 공공기관과 교회의 자원봉사자, 시민보호를 위한 자원봉사자, 생명구조 활동자, 헌혈자 및 장기 기증자 등을 법률에 의한 당연히 가입 대상자로 적용하고 있다. 국가가 공익 목적의 자원봉사활동을 적극 지원하여 자원봉사가 활성화되어 있으며, 이러한 지원의 하나로 자원봉사활동 관련 재해위험을 산재보험제도를 통해 보호하고 있다(김상호, 2013). 유럽의 일부 국가와 미국은 봉사활동 중 제삼자에게 손해를 입힌 경우, 자원봉사자에 대한 면책 규정이 있어 자원봉사자의 책임부담을 완화해 주기도 한다. 따라서 사회복지 분야의 자원봉사자를 산재보험 당연 가입대상자로 설정하여 노인자원봉사자의 안전한 활동환경이 보장되어야 한다.

다섯째, 노인자원봉사자에 대한 사전교육의 강화이다. 노인자원봉사활동을 효율적으로 수행하기 위해서는 개인의 봉사활동에 필요한 기본적 철학, 봉사활동의 원칙, 봉사활동에 필요한 지식과 실천기술에 대한 교육이 필요하다. 노인자원봉사교육은 예비훈련, 기본훈련, 현직훈련 프로그램 등을 단계적으로 실시하여 봉사활동의 효과성을 높여야 한다. 효과적인 교육을 위해서는 노인들의 오랜 경험과 지식을 활용하면서 교육내용이 흥미롭고 쉽게 설명된 시각적 자료를 활용하는 것이 중요하다. 이에 따라 노인들의 특성에 적합한 자원봉사 교육프로그램을 개발하여 토착적인 노인자원봉사자들을 확대해 나가야 한다(김범수 외, 2015; 이가옥,

1997).

여섯째, 노인들의 자원봉사활동에 지속성을 위한 프로그램개발이다. 노인자원봉사활동을 유지하기 위해서는 지리적 재배치, 개인적인 건강, 충분한 시간 등을 고려하여 봉사활동을 통한 성취감의 기회를 제공해야 한다. 특히 노인들이 자원봉사기관에서 소속감을 느끼거나 타인으로부터 격려를 받는다면 봉사활동을 지속시키는 수단이 될 수 있다(김범수 외, 2015; 이가옥, 1997). 노인들에게 봉사활동 유지에 향상을 기하기 위해서는 노인의 인구사회학적 특성, 즉 성별, 연령, 종교 등과 경제적 상황, 건강상태를 개별적으로 충분히 고려하여 봉사활동을 위한 동기부여, 만족감 고취 등이 제공되어야 한다.

일곱째, 재난 대응 현장 매뉴얼과 국내외 자원봉사 조직 간의 지속적인 네트워크가 잘 구축되어야 한다. 재난 현장에 대응하기 위해서는 지역·광역·중앙단위의 자원봉사센터의 임무와 역할, 의사소통 구조가 잘 갖추어져 있어야 하고 재난대응 교육과 훈련이 필수적이다(김범수 외, 2015; 이가옥, 1997). 따라서 현장 매뉴얼이 필요하고 여기에는 현장센터의 활동목표, 임무, 조직구성과 담당 등이 명시되어야 한다. 또한 자원봉사 조직 간의 네트워크를 잘 구축하여 지역자원봉사활동의 상시 활동에 연결시켜 네트워크의 지속성이 보장되도록 하여야 한다(이은애, 2019). 재난상황에서 노인의 유휴인력을 자원봉사로 전환할 수 있는 시스템과 사회적 지원체계의 부족으로 잠재적 노인자원봉사자가 기회를 놓치는 경향이 있다. 따라서 노인들이 더욱 적극적으로 자원봉사활동에 참여하여 재난상황에서도 그들의 경험과 지혜를 발휘할 수 있도록 기회를 제공하여야 한다.

Chapter

15

노년기 죽음의 이해

1. 노인의 죽음
2. 죽음문화
3. 죽음준비교육

1. 노인의 죽음

1) 죽음의 이해

(1) 죽음의 의의

죽음이란 무엇인가? 우리는 이러한 질문에 대해 어느 누구도 객관적이고, 명확한 답변을 내릴 수는 없다. 완전하지 못한 인간에게 죽음은 미완성의 완성이다. 우리 속담에 '대문 밖이 저승'이라는 말이 있다. 사람은 언제 죽을지 모른다는 의미이다(장선철 외, 2018). '생자필멸(生者必滅)'이라는 말이 있듯이 모든 인간은 반드시 죽음을 맞이한다. 분명한 것은 사람은 반드시 죽는다. 따라서 인간은 생명 탄생과 동시에 죽음이 예정되어 있다는 필연성과 생명을 영원히 유지할 수 없다는 유한성을 지니게 된다. 인간에게 있어서 죽음은 현재의 삶과 절대 분리될 수 없고, 그 삶은 생명을 유지해 주지만, 이후에는 반드시 죽음이 뒤따르는 원칙성 때문에 삶과 죽음은 불가분의 관계인 것이다. 인간 삶의 끝에는 반드시 죽음이 기다리고 있고 삶의 여정은 죽음 맞이의 준비 기간이자 과정이라고 볼 수 있다. 더불어 죽음은 인간 삶의 과정, 즉 인간의 성장 및 발달의 마지막 단계에 속해 있기 때문에 삶의 현실이자 삶의 총체적 완결이라고 볼 수 있다(전명숙, 2023). 죽음은 죽는 순간부터 그동안 살아 왔던 삶으로 절대 되돌아갈 수 없다는 불가역성을 지니는 동시에 인간이 직접 경험해 보지 못하여 입증할 수 없는 미지의 세계라는 불가지성을 지닌다(김상우, 2005). 로버트슨(Robertson)은 죽음 직전에 가장 강한 감정은 공포이며 분노와 냉소가 뒤따른다고 하였고(Robertson, 1987), 질부르그(Zilboorg)는 죽음의 공포는 인간에게 있어서 극렬하므로 부정(denial)의 방어기제가 나타난다고 하였다(Zilboorg, 1943). 베커(Becker)는 인간은 유한적 존재로 죽음을 피할 수 없다는 것을 깨닫는 순간부터 죽음 공포의 노예가 되고 이를 벗어나기 위해 불멸의 존재를 찾게 되며, 죽음의 공포는 모든 불안의 근원으로 죽음 불안의 회피가 등장한다고 하였다(Becker, 1973). 파이어스톤(Firestone)은 생의 과정에서 죽음 불안 반응은 방어적 행동 및 자기 보호적으로 나타나고(Firestone, 1993), 솔로몬(Solomon)은 죽음의 두려움이 클수록 자존감을 충족시키기 위해 스스로 의지하는 자존감의 근거에 집착하면서 자신의 존재가치를 확인한다고 하였다(Solomon et al., 2015). 따라서 인간은 죽음 이후 어떻게 될지 모른다는 사실과 혼자 미지의 세계를 가야 한다는 불안과 두려움에 사로잡히며 공포에 시달리게 되므로 죽음의 공포에 수반되는 복합적 감정의 혼합이고, 구체적 공포 대상은 죽음에 이르기까지 경험하는 육체와 마음의 고통인 것이다(구인회, 2015).

프로이트(Freud)는 삶의 본능과 동시에 죽음의 본능도 함께 지니고 태어났다고 보면서 죽음을 삶의 목적으로 보았다(Freud, 1915). 융(Jung)은 인간의 탄생에 의미가 있듯이 죽음도 인간의 삶에서 중요한 의미를 지니고 있다고 하였다(Jung, 1999). 또한, 실존주의 철학자 야스퍼스(Jaspers, 1948)는 죽음을 인간의 존재에 대한 근본적 의의로 설명하였다(채유진, 2021). 독일의 철학자 마틴 하이데거(Martin Heidegger)는 인간과 비인간으로 구분하여 인간은 실존하지만 나무나 바위는 단순히 존재한다고 말하였으며, 인간의 현존재는 필연적으로 일시적인 것이다고 하였다(Heidegger, 1971). 이것을 바탕으로 다음의 사실을 이해할 수 있다(황필호, 2002).

첫째, 인간은 불완전을 추구하고 삶보다는 죽음을 향해 열려 있기에 인간은 '죽음을 향한 존재'이다.

둘째, 사람들은 자신보다는 타인의 죽음에 관심을 가지면서 자신의 죽음에 대해서는 외면하려고 하지만 죽음은 항상 '나의 것'이다.

셋째, 인간이 죽음을 향한 존재라는 사실은 죽음이란 저절로 인간에게 '던져진 것'이며, 죽는 사람을 위로하는 사람들은 사실상 위로하고 있는 자신을 위로하고 있다.

넷째, 인간에게는 죽음을 어떻게 맞이하느냐에 따라서 '진정한 삶'과 '거짓된 삶'이 있는데, 죽음을 회피하려는 사람들은 그렇게 하지 못할 뿐 아니라 후자의 삶을 마치게 되고, 이를 수용하고 인정한다면 니체(Nietzsche)가 말하는 '자유로운 죽음'을 맞이할 수 있는 전자의 삶을 살게 되는 것이다.

이 사실을 수용하지 못하면 마지막 순간까지 죽음을 인정하지 않으려 하고, 죽음으로부터 달아나려고만 한다(장선철 외, 2018). 우리가 죽음이 무엇인지 배우고, 이해하고, 준비해야 하는 이유가 바로 이 때문이다.

(2) 죽음의 정의

표준국어대사전(국립국어원 표준국어대사전, 2024)에서는 죽음을 '죽는 일, 생물의 생명이 없어지는 현상'이라고 정의하고 있다. 죽음은 생물학적 죽음, 의학적 죽음, 법률적 죽음으로 나눌 수 있다.

첫째, 죽음을 생물학적 정의에 의하면 심장과 폐가 정지되어 영혼과 육체가 회복될 수 없을 정도로 이탈된 상태를 의미한다(고윤석, 2010). 그리고 심폐소생술을 하지 않거나 그 효과가 없을 때 나타나는 뇌신경과 모든 조직이 괴사하는 과정으로 건강한 신체의 세포가 생명정지 상태로 가는 과정이다(김창숙 외, 2002). 즉, 죽음은 심장정지 하나로 모든 세포의 정지라고 볼 수 없어 단순한 심폐기능의 마비나 기능 수행의 불가능으로 정의 내릴 수 없다. 따라서 생물학적 관점의 죽음은 인간의 모든 세포가 연속적인 화학변화의 중지를 의미한다.

둘째, 의학적 죽음은 심장박동과 호흡이 영구적으로 정지되었다는 증거가 있는 경우를 말하며, 호흡과 심장의 완전한 정지뿐만 아니라 뇌의 활동이 중지된 상태를 모순과 논쟁이 가장 낮은 죽음이라고 정의하고 있다. 그러나 최근 의학발달에 따른 의술개발로 뇌기능 정지 상태에서 호흡과 심장박동 등의 활동을 연장하게 되어 뇌사(腦死)라는 죽음에 대한 새로운 판정 기준이 도입되었다(김대동, 2010). 뇌사의 개념은 말 그대로 뇌의 죽음을 뜻하는 것으로 1800년대부터 정의되고 있지만, 사회적으로 다양한 의견이 제시되고 있어 하나의 통일된 개념으로 정의하기에는 조심스러운 부분이 있는 실정이다(김창숙 외, 2002). 그럼에도 불구하고 우리나라는 1983년 대한의학협회에서 죽음에 대해 심장, 폐, 뇌 반사의 불가역적 정지 상태를 인정하며 죽음의 증상으로 호흡정지, 심박동정지, 동공확대, 광 반사 소실이라고 했고, 1989년에는 심장, 폐 기능의 불가역적 정지, 뇌간을 포함한 전뇌기능의 불가역적 소실이라고 했으며, 1993년에는 처음으로 뇌사에 관한 선언으로 의학적 죽음이 심박동과 호흡운동 정지에 더불어 뇌의 기능 정지까지 포함하게 되었다(노유자 외, 1997).

셋째, 법률적 죽음에 관한 의미나 가치보다는 죽음의 책임을 묻는다. 그러므로 자연사(natural death)보다는 외부 자극, 즉 물리적이거나 정신적인 것에 의한 죽음인 살인을 논하게 된다. 법에서는 살인죄(Totung, Homicide)의 범위 안에서 인간의 죽음을 바라본다. 형법상에 있어서 '살해'는 고의로 사람의 생명을 자연적인 죽음의 시기 전에 단절시킨 것이지만, '과실치사'는 사람을 죽음에 이르게 하는 것이다. 살해는 그 수단 방법에 불문한다. 사람의 죽음 기준에 관해서는 형법학에서 몇 가지 간단한 이론을 제기한다. 첫째는 호흡이 끝난 시점을 택하는 호흡 종지설이 있고, 둘째는 심장의 박동이 끝난 시점을 택하는 맥박 종지설(심장설)이 있다. 마지막으로는 심장이식 수술이 개발됨에 따라 뇌의 장기사를 개체의 죽음으로 보는 경우처럼 뇌파의 일정 기간 정지로써 뇌사를 판정하려는 뇌파 종지설(뇌사설)이 있다. 민법에서는 사람의 사망과 함께 상속·유언의 효력발생, 잔존배우자의 재혼, 보험금이나 연금청구 등이 관련되어 있다. 이러한 관점에서 볼 때, 사망의 시점은 사망으로 판단할 수 있는 시점 중에서 가장 확정적인 시기로 결정하는 것이 타당하다. 왜냐하면 사망의 효과가 발행한 후에 다시 소생하게 되면 원상으로 회복하는 법률관계가 복잡하여지기 때문이다. 이러한 점에서 사망으로 판단할 수 있는 최후의 시점인 심장의 박동이 정지된 때(심장설)로 보는 것이 타당하다(조만형, 2022). 사람의 죽음에 대한 일반적인 법률 정의는 생명에서의 이탈(departure from life), 육신적 삶의 정지(cessation of his physical life)라고 말할 수 있으며 좀 더 정확히 표현하자면 혈액순환의 완전한 정지(total stoppage of the circulation of blood)와 호흡이나 맥박과 같은 생명 기능의 정지이다. 이처럼 죽음에 대한 법적 이해는 죽음을 과정(process)으로 보는 것이 아니라 어떤 시간의 순간에 일어나는 사건(event)으로 보고 있다(김동일 외, 2023).

2) 죽음 불안에 대한 영향

(1) 아리에스의 죽음공포

아리에스(Aries)는 『죽음의 역사』라는 저서를 통해 죽음을 공포의 대상으로 여기고 두렵게 느끼게 되는 이유에 대해 여덟 가지로 설명하고 있다(Aries, 1975).

첫째, 죽음을 경험할 수 없는 것에 대한 공포로, 죽음은 인생에서 연습 없이 단 한 번만 경험해야 하는, 즉 알 수 없고 짐작도 할 수 없는 사건이 공포로 느껴지는 원초적인 공포라고 하였다.

둘째, 고독에 대한 두려움으로, 환자는 병을 진단받는 순간부터 본격적인 의료적 개입이 이루어지기 때문에 의도치 않은 고립을 당하고 소외감을 느끼게 된다고 하였다.

셋째, 인간관계의 단절로 인한 두려움인데, 환자는 의료적 개입과 치료가 삶의 중심이 되기 때문에 다양한 사회적 관계 및 외부와 단절되고, 이로 인해 주변인들을 잃게 되는 고독감과 소외감에 대한 두려움을 느끼게 된다.

넷째, 신체를 잃게 될지 모른다는 두려움으로, 이것은 죽음을 앞두고 있는 환자에게 가장 큰 두려움이라고 말하고 있다.

다섯째, 자기통제능력을 상실하게 되는 두려움으로, 환자는 지금까지 주도적인 삶을 살았지만 병의 진행 과정을 통해 그 위기를 느끼면서 통제력 상실의 두려움을 느끼는 것이다.

여섯째, 통증에 대한 두려움으로, 환자는 진통제로도 통증 조절이 어렵게 되는 상황을 경험하면서 통증이 오기 전부터 심리적으로 불안정하면서 두려움을 호소하게 되는 것이다.

일곱째, 삶에 대한 주체성 상실에 대한 두려움으로, 지금까지의 삶에 대한 의미나 가치 또는 무엇을 남기면서 살았는지에 대한 물음으로 자신의 주체성을 상실하게 됨에 대해 두려움을 가지게 된다는 것이다.

여덟째, 퇴행에 대한 두려움으로, 환자는 병의 진행으로 인해 타인에게 의존하고 폐를 끼치는 것에 대한 두려움을 가지게 된다고 말하고 있다.

(2) 토르손과 포웰의 죽음의식

토르손과 포웰(Thorson & Powell, 1988)은 죽음에 대한 불안요소와 죽음에 대한 의미를 죽음의식(Death Orientation)이라는 개념을 제시하였다. 이들이 제시한 죽음의식은 죽음의 염려나 걱정, 죽음에 대한 불안, 죽음에 대한 두려움과 무서움, 죽음에 대한 이해, 죽음에 대한 의미로 구성된 다측면적인 개념이라고 한다. 죽음의식은 이러한 요소들에 의하여 죽음의식이 이루어진다고 하면서 인간은 죽음에 대하여 다음과 같은 태도를 보인다고 하였다. 첫째는 죽음에 대한 두려움의 태도이고, 둘째는 죽음을 극복하려고 하는 불복종 태도이다. 따라서 임종을 앞둔 환자들이 죽음에 대한 두려움을 완화하여 평안하고 평화로운 죽음을 맞이할 수 있도록 도움을 제공하는 일은 매우 중요하다고 하였다.

(3) 알폰스 디켄의 죽음감정

알폰스 디켄(Alfons Deeken)은 『상실감과 임종에 대한 호스피스 케어』에서 인간은 죽음의 공포에 대해 불안과 두려움의 반응이 9가지 형태로 나타난다고 설명하고 있다(Deeken, 1999).

첫째, 통증에 대한 공포인데, 죽음을 앞둔 환자는 신체적, 정서적, 사회적, 정신적 고통에 대한 두려움과 공포를 느끼게 된다.

둘째, 고독의 공포로, 말기환자는 죽음을 앞두고 자신이 혼자 남겨지게 될 것이라는 마지막 시간에 대한 두려움을 나타낸다.

셋째, 불쾌한 경험의 공포로, 환자는 병의 진행을 통해 자신이 타인에게 추해지는 외모나 부정적인 이미지를 보이게 되는 것에 대한 두려움을 느끼면서 불쾌감이 병원, 병실 등의 환경으로 연결되어 나타난다.

넷째, 가족과 사회에 대한 부담의 두려움으로, 환자는 병으로 인해 가족과 사회에 경제적으로 부담을 주어 자신이 그들에게 과도한 짐이 될 것이라는 두려움을 가지게 된다.

다섯째, 미지에 대한 두려움으로, 죽음은 알 수 없는 세계이고 통제 불가능하기 때문에 이에 대한 불안은 무지와 수동적 반응으로 나타난다고 하였다.

여섯째, 삶의 공포로부터 결과하는 죽음의 공포로, 인간에게 죽음과 삶의 공포는 함께 존재한다고 하면서 인간의 감정은 삶의 흔적이고 죽음의 염려라고 하였다.

일곱째, 인생과업에 대한 불완전함의 두려움으로, 환자는 인생과업의 끝마침이나 잠재적인 깨달음을 얻지 못하는 인생의 마지막 시간을 고통스럽게 여긴다. 결국 죽음의 공포는 삶의 성취가 만족스럽지 못한 이들에게 가장 큰 두려움이 되어 불완전함의 고통으로 다가온다.

여덟째, 인간소멸의 두려움으로, 죽음의 두려움에서 가장 근본적인 것이고, 인간의 자기소멸 공포는 자기보호라는 당연한 본능으로 자연스러운 현상이다.

아홉째, 사후재판과 처벌의 두려움으로, 이것은 경우에 따라 나타나지만, 대부분의 사람은 인생에서 훌륭한 업적에 보답하고 죄악은 벌하게 되며 사후 선고를 받게 된다는 믿음을 지니게 된다고 하였다.

3) 노년기 죽음의 의미와 특성

(1) 노년기 죽음의 의미

'죽음에는 때가 없다'라는 말이 있듯이 죽음은 생의 마지막 과정에 들어선 노인 세대만의 전유물은 아니다. 그러나 젊은이보다는 노인이 가까이 다가온 죽음을 준비하며 살아간다고 볼 수 있어 노년기에 죽음을 준비하는 것은 생의 핵심 과업이라 할 수 있다(전명숙, 2023). 따라서 노인은 죽음 자체보다 '언제', '어떻게' 죽느냐 하는 임종에 관한 관심이 더 큰 것으로 보고되고 있다. 즉, '좋은 죽음(Good Death)에 대한 소망을 품고 있다는 것이다(김신미 외, 2003). 노년기에 자신 또는 타인의 죽음은 생물학적 현상으로 누구나 겪는 당위성을 갖고 있지만, 정신적으로나 심리적으로는 노인 개개인의 삶의 태도와 죽음에 대한 사회적 이해에 따라 다양한 의미를 가지고 있다(전명숙, 2023).

노인이 노년기에 접어들면 당연히 죽음과 자신의 붕괴하는 불가피한 현상을 자각하기 시작하고, 지나온 일생을 회고하며 자신의 성격을 재조직·재통합하려는 행동 경향을 보이는데, 이는 과거에 대한 회상을 통해 자아에 대한 새로운 사고, 과거 경험과 그 의미의 재평가 등에 의해 나타난다(Butler, 1975). 또한, 나이가 들어감에 따라 죽음에 대한 의식은 항상 수반되며, 살아갈 수 있는 시간이 상대적으로 짧아지고 죽음이 다가온다고 자각하는 것은 그들이 남은 생을 어느 정도 유용하게 보내는 데 중요한 역할을 한다(정상기, 2012). 노년기에는 정신·심리적 건강에 영향을 주는 죽음을 직시하고 이해할 수 있게 되면서 나머지 인생에서 일어나는 갖가지 어려운 변화들에 적극적이고 생산적으로 대처해 나갈 수 있으며, 노년기 죽음의 직시가 남은 인생을 좀 더 긍정적으로 보게 하며, 노년기의 심리적 적응을 성취하여 아무런 두려움 없이 죽음에 직면할 수 있도록 해주는 긍정적인 측면을 갖고 있다(이혜경, 2017).

따라서 노년기 죽음의 의미는 지금까지 지나온 다른 어떤 시기보다 삶의 모든 영역에 큰 영향력을 지니고 있으며, 자신의 죽음을 어떻게 인식하고 있느냐에 따라 자신과 자신이 살아온 삶을 의미 있고 가치 있는 것으로 평가하고, 앞으로 남아 있는 삶을 보다 건강하고 활기차게 보내고자 하는 삶에 대한 태도와 만족도에 영향을 준다고 할 수 있다(전명숙, 2023).

(2) 노년기 죽음의 특성

인간이 생에 있어 누구나 노인이 되어서 죽음을 맞이하게 된다. 이는 거부할 수 없는 자연의 진리이며, 누구나 겪게 되는 당연한 현상이다. 이처럼 노인이 되어 죽음을 맞이하게 되는 것이 자연스러운 일이라는 인식 때문에 노인들이 죽음에 대해 담담하게 받아들이는 것처럼 보이기도 한다. 개인마다 인식의 차이가 다르겠지만 노인의 죽음은 좀 더 현실에 가깝다. 하지만 절대적인 신앙심을 가져서 죽음을 천국(극락)으로 가는 길이라고 생각하는 일부를 제외하고는 대부분 죽음을 받아들이는 과정에서 불안, 두려움, 공포감을 느끼지 않을 수 없다. 한편으로는 강하게 부정하기도 한다. 때문에, 노인들은 일부러 겉으로 표현하는 담담함과는 달리 죽음과 연관되는 행동이나 말들을 회피하기도 한다. 이렇게 노인의 죽음은 주변 가족은 물론이고 노인 자신에게 복잡 미묘한 감정으로 받아들여지고 있다.

노년기에 이르러서 주변인의 죽음, 특히 배우자의 죽음을 겪게 되면 노인들의 죽음에 대한 불안과 공포는 심한 우울증과 좌절감을 느끼게 하기도 한다. 그래서 자신의 죽음에 대해 부정하기도 하지만, 결국에는 자신의 죽음도 가까워 왔음을 수용하는 태도를 보인다.

노인의 죽음에 대한 태도의 국내 연구에서 노인들은 죽음을 자연현상으로 삶의 마지막 과정이라 생각하고 긍정적인 태도를 보이며, 이러한 태도는 생활만족도, 자신이 지내온 생에 대한 평가, 불안감, 내세에 대한 태도 등이 유의한 관계가 있었다고 하였다(조은아, 2022). 이와는 반대로 노인들의 죽음에 대한 태도가 부정적이며, 이러한 태도에는 성별, 연령, 사회적 및 가족적 요인들이 영향을 미치는 것으로 나타났다(임송자 외, 2012). 한편, 죽음에 대한 불안을 연구한 결과 노인들의 죽음 불안은 죽음 그 자체보다 죽어가는 과정에서 야기되는 질병, 고통으로 인한 불안이 더 높고, 자신보다는 타인에 대한 죽음 불안이 더 높은 것으로 나타났다. 또한, 통계적으로 사회적 지지(가족, 친구 등), 성별, 교육수준, 연령 등이 죽음 불안에 영향을 주는 것으로 나타났다(안경진 외, 2021).

| 표 15-1 | 죽음 불안에 영향을 미치는 요인

요인	죽음불안의 수준
인구사회학적 특성	• 여성: 죽음에 따른 신체, 심리적 고통에 대한 불안 수준이 높음 • 남성: 인생 계획과 목표를 실현하지 못한 것에 대해 불안해함 • 연령: 정적 또는 부적 관계가 있다는 상반된 연구결과 • 결혼: 이혼 별거 노인의 불안 수준이 더 높음 • 교육수준: 교육수준이 높을수록 죽음불안 수준이 더 높음 • 종교: 종교가 있는 노인의 죽음불안 수준이 낮지만 종교 유무보다는 신앙심과 내세에 대한 믿음 정도가 더 중요한 요소임
건강상태	• 질병이 있고 건강 평가가 부정적일수록 죽음 불안수준이 높음
심리특성	• 분노, 불평, 불안수준이 높을수록 죽음 불안수준이 높음 • 고독 수준이 높을수록 죽음불안 수준 높음 • 자아통합 수준이 낮고 부정적 자아개념을 가지고 있을수록 불안수준이 높음 • 삶의 만족도가 낮을수록 죽음에 대해 거부적인 태도를 보임

요인	죽음불안의 수준
가족환경	• 가구형태: 독신의 죽음불안 수준이 가장 높음 • 가족 수입: 상반된 결과 • 가족 관계: 가족 간의 유대관계와는 의미 있는 관련성이 없음
사회적 지지	• 사회 관계망이 위축되고 사회적 지지수준이 낮을수록 불안수준이 높음

출처: 최원석 외. (2011). 노인복지론. 파주: 양서원.

(3) 노인의 좋은 죽음

노인을 대상으로 한 좋은 죽음(Good death), 죽음에 대한 인식(Recognition of death)은 노인들이 죽음을 긍정적으로 경험할 수 있는 방법을 제공하기 위해 동서양에서 다양하게 다루어졌다(김명숙, 2010). 노인이 인식하는 좋은 죽음은 죽음 과정의 전인적인 측면에서 존엄하게 대우를 받으며 자율성과 죽음에 대한 신념이나 가치관이 보장되는 것으로 정의하고 있다(이명숙 외, 2013). 노년기 삶과 죽음에 대한 이해, 죽음과 죽어감의 이해, 잘 살고 잘 죽는 법, 임종문화에 대한 변화, 호스피스·완화의료와 연명의료결정법 등 죽음과 관련된 다양한 이슈에 대해 사람들의 관심이 증가하고 있다(전명숙, 2023).

우리나라에서는 2000년대 중반부터 무의미한 연명치료 중단과 인간으로서 존엄한 죽음에 대한 필요성이 사회문제로 제기되었고, 2016년 「호스피스·완화의료 및 임종과정에 있는 환자의 연명의료결정에 관한 법」 제정으로 이에 따른 국가적 개입과 죽음에 대한 사회적 관심이 높아지기 시작하면서 좋은 죽음을 준비하는 데 도움을 줄 수 있는 방법 마련과 죽음 준비의 필요성이 강조되었다(길태영, 2019). 문헌에서는 웰빙(Well being), 웰에이징(Well aging)과 관련하여 죽음이라는 단어와 직면하기 어렵다는 점을 들어 웰다잉(Well dying)이라는 용어가 등장하기 시작하였고, 사회복지를 포함한 다양한 학문 분야에서 좋은 죽음, 품위 있는 죽음, 존엄한 죽음으로 함께 다루었고, 임종의 순간에 존엄성과 품위가 유지되는 것을 좋은 죽음으로 표현하였다(민들레 외, 2017).

좋은 죽음에 대한 인식은 다각적이고 개별화된 경험에 의해 묘사되는 것으로

의학에서는 임상적, 문화적, 윤리적 기준에 따라 달라질 수 있다고 주장하였고, 심리학, 신학, 사회학, 인류학 등의 학문 분야에서는 죽어가는 개인의 관점과 가족구성원의 역할에 의해 마지막 삶의 질에 영향을 받는다고 보고하였다(전명숙, 2023). 하지만 우리 사회는 죽음을 공포로 여기는 문화를 갖고 있어서 죽음에 관한 개방적인 대화를 시작으로 어떻게 죽고 싶은지, 실제로 삶의 끝에서 필요한 것과 원하는 것이 무엇인지에 대한 질문에 대답을 찾아낼 수 있어야만 더 많은 노인들이 좋은 죽음을 맞이하게 되고 삶의 마지막을 위한 가능성과 변화의 기회를 얻게 된다(Meier et al., 2016).

한국 노인은 좋은 죽음에 대한 질문에 고통이 없는 편안함, 죽음에 대한 준비(유언, 장례준비 등), 가족에게 부담을 주지 않는 것, 가족과 좋은 관계를 유지하는 것을 중요한 요소로 간주하였으며, 특히 자손에게 미치는 영향이 매우 중요한 요인인 것으로 밝혀졌다(길태영, 2019).

좋은 죽음에 대한 노인의 인식을 분석한 연구에서는 노인들은 좋은 죽음을 생의 가장 큰 복 중 하나로 간주하여 운명적인 사고로 바라보는 것, 하늘이 주신 명을 다하여 사는 것으로 삶의 마무리를 할 기회를 제공하는 중요한 과업으로 인식하는 것, 죽음에 관한 생각을 통해 삶에 여러 가지 긍정적 영향을 미치는 것, 죽음을 순리로 받아들이는 것과 또 다른 삶의 시작으로 인식하는 것, 독립적으로 생활할 수 있을 때 죽는 것, 행복한 삶을 살려고 하는 것으로 일상의 삶을 잘 살아가는 것이 결국은 좋은 죽음을 맞게 하는 것, 마지막 순간까지 자식과 가족을 배려하고 인간으로서 존엄성을 지키며 자연스럽게 삶을 마무리하는 것, 가족들과 따뜻한 집에서 임종을 맞이하는 것과 준비된 죽음 등 좀 더 다양하게 좋은 죽음에 대해 인식하고 있었다(신향숙, 2018).

길태영(2019)은 좋은 죽음에 대한 노인의 인식에 관한 연구들을 재해석하여 좋은 죽음에 대한 한국 노인의 인식을 네 가지로 정리하였다.

첫째, 좋은 죽음에 대한 경험적 해석이다. 노인들은 삶의 과정에서 인식하게 된 죽음의 경험적 해석을 바탕으로 좋은 죽음을 천수를 다하는 죽음, 고통 없는 편안한 죽음, 자연스러운 죽음 등으로 다양하게 표현하였다.

둘째, 배려와 소망이 담긴 죽음이다. 노화로 인한 장애나 자율적으로 통제할 수 없는 상황을 염려하여 가족이나 주변 사람들을 힘들게 하지 않고 좋은 이미지를 갖고 죽음을 맞이하는 것이다. 이와 관련하여 노인들은 자손이나 배우자보다 먼저 죽는 것, 자손들이 잘사는 것을 보고 죽는 것, 가족들이 임종을 지켜주는 것을 가장 큰 소망으로 여겼고, 가족들과 주변 사람들에게 부담을 주지 않는 배려하는 죽음을 맞이하는 것을 좋은 죽음으로 인식하였다.

셋째, 죽음을 준비하며 삶의 의미를 유지하는 것이다. 노인이 스스로 결정하고 준비하는 삶의 마무리가 이들에게는 하나의 큰 축복으로 죽음의 순간까지 후회 없을 만큼 의미 있고 가치 있는 삶을 살고자 하는 궁극적인 삶의 목표가 담긴 의미이다. 이와 관련하여 노인들은 자신이 원하는 곳에서 맞이하는 죽음, 좋은 죽음을 위한 준비, 후회 없이 살다 가는 의미 있는 죽음을 좋은 죽음으로 인식하였다.

넷째, 죽음을 받아들이는 것이다. 노인이 되기까지 자신의 노화 및 질병, 가족 및 친지, 사회적으로 다양한 삶의 경험을 통해 죽음관이 형성되고, 이러한 개인의 죽음관은 삶과 상호작용하는 것으로 사후세계에까지 영향을 주고받는다. 이와 관련하여 노인들은 삶의 소멸, 삶으로부터의 해방, 삶의 연장, 또 다른 삶의 시작을 스스로 받아들여야 할 좋은 죽음으로 인식하였다.

2. 죽음문화

1) 죽음과 장례

4,800여 년 전, 점토판에 새겨진 인류 최초의 이야기 '길가메시'에는 죽음에 관해 이야기하고 있다. 길가메시(수메르어: 𒀭𒉋𒂵𒎌 빌가메시, 아카드어: 𒀭𒄑𒂆𒈦 길가메시)는 고대 메소포타미아 수메르 왕조 초기 시대인 우루크 제1왕조의 전설적인 왕(재위 기원전 2600년경?)으로 수많은 신화나 서사시에 등장하는 영웅이다(위키백과, 2024). 반

은 신이고 반은 사람인 길가메시는 친구였던 엔키두의 죽음으로 인해 절망에 빠져 죽음을 세상에서 가장 못된 괴물이라고 생각한다. 길가메시는 죽음이 언젠가 자신을 데려갈 생각에 두려웠고, 죽음을 없앨 방법을 찾으러 떠나게 된다. 그러나 죽음을 없앨 방법은 찾을 수가 없었다. 집으로 돌아온 길가메시는 결혼하여 자녀를 낳게 되는데, 자녀를 통해 자신의 몸은 비록 죽을지라도 자신의 생명은 아이를 통해 계속 이어질 거라는 깨달음을 얻게 된다(오진원 외, 2017).

장례라는 이야기, 죽음이라는 이야기는 동서양뿐만 아니라 세계 어떤 나라 사람들에게도 해결하지 못하는 미제이다. 길가메시의 이야기는 세상에서 제일 오래된 이야기이다. 그러나 죽음에 관계된 이야기를 하는 것은 그만큼 죽음이 사람들에게 큰 영향을 주고 있다는 사실이다. 중국의 진시황(BC 259~210)이라는 막강한 권력을 자랑했던 황제도 죽지 않기 위해 불사약을 찾으려 했으나 찾지 못하고 죽음을 맞이했다. 진시황뿐 아니라 많은 사람이 시대와 장소를 불문하고 죽음에 대해 생각하기 시작했다.

죽음 뒤에 무엇이 있을까? 그래서 생겨난 문화가 바로 장례문화이다. 장례문화의 특징 중 한 가지는 죽은 사람만 장례에 해당하지 않고 살아있는 사람도 장례문화에 해당된다. 결국 삶과 죽음은 수레바퀴와 같고 동전의 양면과도 같다. 서로 별개일 수 없는 삶과 죽음은 각 나라와 사람들에게 맞는 여러 가지 문화로써 다가오게 되었다.

2) 종교적 죽음문화

(1) 기독교

기독교에서 일반적으로 이해하는 죽음은 영혼이 육체로부터 분리되어서 육체는 흙으로 돌아가고 영혼은 하나님에게로 돌아가는 것을 말한다. 그러나 본질적인 관점에서 죽음은 범죄한 인간이 거룩하신 하나님으로부터 분리되어 생명을 주신 하나님과 단절된 상태를 말한다.

하나님께서 주신 생명의 호흡을 가진 인간에게 죽음이 찾아온 것은 언약으로 주신 선악을 알게 하는 나무의 열매를 먹은 아담의 범죄로부터 시작된다. 인류의 조상이자 언약의 대표자인 아담의 범죄는 그 후손인 모든 인류를 죄의 권세 아래 놓이게 만들어 동일한 죽음이라는 형벌을 받게 하였다. 그러므로 기독교에서의 죽음은 원죄에 대한 형벌이자 사후의 영원한 세계로 진입하는 관문 역할을 한다(우정길, 1997).

아담의 범죄로 죽음의 권세 아래 놓이게 된 인간을 구원하기 위해 사람의 몸을 입고 제2의 아담으로 오신 예수 그리스도께서는 십자가에서 죽음을 정복하고 모든 믿는 사람에게 참 생명을 주셨다. 그러므로 그리스도를 믿는 사람은 영원히 죽지 않고 완성된 천국에서 하나님과 그리스도 생명의 풍성함을 누리며 영원히 살게 될 것이다.

삶의 마지막 순간에 영혼과 육체의 분리가 일어난다. 흙으로 만들어진 육체는 흙으로 돌아가고 하나님으로부터 받은 영혼은 그것을 주신 창조주께로 돌아간다(전도서 12:7). 육체를 떠난 영혼은 새로운 몸을 입고 하나님 앞에서 선과 악의 심판을 받게 되고, 그 후 영원한 죽음(지옥)이나 영원한 생명(천국)으로 나뉘게 된다. 성경은 개인적인 죽음과 함께 예수님의 재림과 함께 올 인류에 대한 최후의 심판에 대해 말씀하고 있다(요한복음 5:29). 모든 인류는 부활하여 하나님과 어린양의 보좌 앞에서 심판을 받아 신자들은 천국으로 불신자들은 지옥으로 가게 될 것이다.

신약성경은 인간에게 피할 수 없는 권세를 가지고 두려움을 주는 죽음에 대해 예수께서 십자가의 죽으시고 부활하심으로 이미 승리하셨음을 말씀하고 있다(로마서 8:2). 죄와 사망에서 예수님의 승리는 그분을 믿고 따르는 성도들에게도 동일하게 그 승리가 주어졌으며 마지막 날에 승리하신 예수님께서 주신 생명의 부활로 나타나게 될 것이다.

기독교에서의 부활은 육체의 부활을 의미한다(Chron, 1963). 아퀴나스의 관점에 의하면 영혼은 육체와 분리된 후 계속 생존하긴 하지만 육체 없이는 불완전하기 때문에 육체도 부활해야 한다. 최후의 심판 후 최종적인 부활은 육체의 부활로써 계획되어 있으며, 이 부활은 동시에 불멸성을 의미한다. 여기서 주목할 점은 육체와 영혼이 분리되었음에도 불구하고 여전히 신체적 감각은 존재하는 것으로 설명하고 있다.

기독교의 내세관에서는 천국에 있더라도 육체 없이 영혼만 존재하는 모습은 불완전한 양태로 본다. 따라서 천국에서의 시간은 기본적으로 그리스도의 재현으로 시작될 최후의 심판에서 자신의 육체가 부활할 것을 기다리는 순간들이다. 다시 말해 기독교적 내세관은 현세에서는 죽음 이후 영혼의 부활을 기다리고, 내세에서는 최후의 심판을 통한 육체의 부활을 기다리는 구조로, 육체와 영혼이 모두 부활해야 비로소 완전하게 부활한 것이다(이동윤 외, 2019).

(2) 불교

불교에서는 살아있는 동안 착하게 살았거나 나쁘게 산 사람은 죽은 후에 그에 상응하는 다음 생을 받는다고 한다. 혹시 양쪽에 해당하지 않는 사람은 7일씩 각기 다른 심판관에게 가서 그동안 어떻게 살아왔는지 재판을 받는다고 한다. 모든 것이 일시적인 순간이며 부자연스럽고 불안한 상태의 것은 계속 존재할 수 없다고 본다. 지속적인 죽음은 어떤 현상을 중요시하는 세계(현상학 무시), 순간순간 일어나는 죽음은 영원히 반복된다고 보며, 일반적인 죽음은 신체기능이 수명을 다해 멈추는 것으로 본다. 잡아함경(雜阿含經)에서는 죽음을 다음과 같이 말하고 있다.

> "죽음이란 무엇인가? 저러한 중생들이 저러한 종류로 몰락하여 옮겨가되 몸이 파괴되고 壽(수)가 다하며 火(화)가 떠나고 命(명)이 소멸해서 陰(음)을 버리는 때가 이른 것을 죽음이라 한다."

> "수와 난과 식은 身(신)을 버릴 때 함께 버린다. 그 몸은 흙더미 속에 버려져 心(심)이 없어 木石(목석)과 같다. 이를 사(죽음)라고 한다."

대승불교에서는 생명의 본질을 존재로 보지 않고 업으로 본다. 이러한 업설의 생명관에서 보면 생명의 존엄은 업의 결과, 즉 인과응보이다. 이러한 관점에서 인간의 생명은 본래 존엄한 것이 아니라 고귀한 삶이 생명을 존엄하게 만든다고 볼 수 있다. 즉, 선업을 쌓는 것을 강조하는 불교 윤리의 측면에서 더욱 발전시키고 있다. 결국 대승 보살 사상과 맥을 함께 하고 있으며, 중생구제라는 대승의 등불을 밝히고 있다(한성열, 2019).

불교는 삶과 죽음 그 어떤 것에도 무게 중심을 두고 있지 않다. 어느 것 하나 의미 없지도 않고 가볍지도 않다. 그렇게 끝도 없고 시작도 없는 연속선 안에 있는 것이기에 지금 각자가 처해있는 상황에서 항상 해왔던 것처럼 하면 되는 것이다. 그리고 생(生)도 없고, 멸(滅)도 없다. 이는 법성(法性)에는 본래부터 생멸거래(生滅去來)가 없다는 의미이다(김호귀, 2016).

불교에서는 살아서 자신을 둘러싼 인연을 담담하게 받아들여 인연을 따라 모든 것을 성취하며(隨緣行), 죽음에 이르러서도 삶에 집착하지 않고 여전히 흔들림 없는 마음을 유지하는 것을 가르친다. 삶은 기쁨이고 죽음은 두렵거나 슬픈 일이 아니다. 그냥 단순히 인연 따라 일어난 현상의 하나에 불과한 것일 뿐이다. 그러므로 붙들어야 할 삶이나 밀어내야 할 죽음이란 개념은 없다. 태어나고 죽음이 마치 한 조각의 구름이 일어나고 사라지듯, 인연이 모이면 생기고 인연이 흩어지면 멸하는 하나의 현상일 뿐, 일어남의 기쁨이나 멸함의 슬프고 안타까운 의미 따위는 전혀 개입되지 않는 것이 할 일을 마친 선가(禪家)의 생사 인식이다.

선가(禪家)에서는 삶과 죽음을 하나로 보는 철저한 생사일여관(生死一如觀)이 깔려 있다. 삶과 죽음이 둘이 아니라는 인식이다. 불교에서 몸은 죽으면 지수화풍으로 흩어지고 마는 것이니 무상하다는 것이다. 세상의 모든 것이 고정되어 있지 않고 무너져 버리는데, 몸이라고 해서 예외가 아니라는 뜻이다. 그리고 12 인연법을 설명하고 결국 무명으로 인해 몸을 받아 괴로움을 받고 윤회하게 된다는 내용이다. 이것이 곧 불교 죽음관의 핵심(한성열, 2019)이다.

(3) 유교

유교 문화는 의례문화라 특징지을 수 있다. 유교에서는 사람들이 죽음을 맞이하게 되면 혼은 하늘로 올라가고, 몸은 땅으로 들어간다고 생각했다. 다른 여러 종교와 다르게 천국과 지옥을 믿거나, 윤회를 믿지 않는다. 이승의 삶과 저승의 삶으로 구분하여 이승에서 살다가 죽으면 저승에서 삶을 이어 간다고 한다. 몸에 대한 생각이 여느 다른 종교와 구분되는데, 죽어 있는 몸을 잘 보살피면 복을 받게 되고 보살피지 못하면 화를 받는다고 생각했다. 자연스럽게 조상을 숭배하는 의식이 여기에서 기인한다.

중용(中庸)에서는 "죽은 사람을 섬기기를 살아있는 사람과 같이하며, 없는 사람 섬기기를 살아 있는 사람 섬기는 것과 같이 해야 한다(事死如事生事亡如事存 孝之至也, 中庸 19章)"라고 하였으며, 원래 상(喪)은 죽었다는 의미인데 이것을 사(死)라 사용하지 않고 상(喪)이라 하는 것은 효의 지극함인데 효자의 마음으로 차마 사(死)라고 사용할 수 없기 때문이다.

유교는 다른 종교에서 말하는 신비체험이나, 초월자에 대한 숭배는 불필요한 것이다. 이렇게 죽고 사는 이치를 쉽게 파악할 수 있는 것은 음양(陰陽)과 기(氣)라는, 이미 형성된 성리학적 지식체계를 받아들이면서 가능해진다. 즉, 삶과 죽음을 이루는 근본적 법칙을 언어적으로 전이시키면서, 지식체계가 형성되는 것이다. 만물을 이루는 근원적 요소에 대한 추구와 인간, 우주, 자연을 관통하는 상관적 사유의 전개는 그 법칙을 알고자 하는 지적 욕망을 자극하고, 그렇게 해서 획득된 지식은 학문과 수양, 정치 등 모든 영역을 총괄하는 일정한 지식체계를 형성하게 된다. 이처럼 성리학적 방법론이 모든 자연현상과 인간사에 적용될 수 있다는 믿음이 생기면서, 조선 전기 성리학은 단순한 경세적 사상체계만이 아닌, 인간사의 가장 깊은 문제까지도 해답을 제시할 수 있는 시대의 지도적 이념체계로 자리 잡아 나가게 된다.

(4) 유대교

스올(Sheol), 하데스(hades)는 구약과 신약에서 나오는 단어로써 죽음이나 무덤을 의미한다. 히브리인들의 죽음에 대한 이해는 죽은 자들이 가게 되는 스올(Sheol)사상에 잘 나타나 있다. 스올은 '지하세계', '무덤 같은 곳'(grave), '황량한 광야 같은 곳', '쇠퇴와 조락(凋落)', '쓸쓸한 곳', '무력한 곳', '버려진 곳' 등으로 상징되었으며,

한마디로 생명의 상실이 죽음이었다. 그리고 스올의 공간적 위치는 지하세계로 보았다(우장수, 2014). 스올이라는 지하세계에서는 그림자로서만 존재한다(욥기 26:5; 이사야 14:9). 천당이나 지옥의 개념은 없고, 죽으면 몸은 땅으로, 영혼은 하나님 곁으로 간다고 생각한다. 사람의 존재와 죽음 이후의 삶의 주인은 신(God)으로서 모든 결정은 신에게 있어서 죽음을 두려워할 필요가 없고, 사는 동안 올바르게 살아야 함을 믿는다. 하나님께서 죽음과 생명을 자유롭게 처리하신다는 기대, 희망, 이것이 유대인들을 믿음의 민족이 되게 하였다. 흙으로 사람을 지으시고 코에 생기를 불어 넣으시고 사람이 되게 하신 하나님께서는 생명의 주인이 되시기에 우리가 생각하지 않은 때에 우리의 생명을 거둬가실 수도 있는 것이다(우장수, 2014).

유대인들은 사람이 사망하면 눈을 감겨준다(창세기 46:4). 이는 죽음과 수면(睡眠)의 유사성으로 설명될 수 있고 아마 세계적으로 보편적 현상일 것이다. 유가족은 시체와 입을 맞추기도 하였다(창세기 50:1). 다음은 시체를 물로 씻고 몰약과 침향으로 염(殮)을 하였던 것으로 보인다(우장수, 2014).

구약성경에는 죽음이란 '천막의 줄이 끊어지는 것, 천막의 말뚝이 뽑히는 것(욥기 4:21), 철거되는 천막 자체'로 설명된다(예레미야 10:20). 유목민족으로서의 생존 바탕이 붕괴하는 것이 죽음이라고 여겼다. 죽음의 종류에는 네 가지가 있다. 그것은 '자연사, 하나님과의 관계 단절, 거룩한 전쟁의 죽임(타살), 자살' 등이다(이양구, 2003; Roland, 1960).

첫째, 자연적 죽음의 자연사이다. 사람은 누구나 때가 되면 죽게 마련이다. 죽음에는 자연적 죽음과 비자연적 죽음이 있다. 전자는 하나님이 주신 선천적 수명을 다 누리다 죽게 되는 것으로 누구나 담담하게 받아들이는 것이다. 후자의 것으로는 천수(天壽)를 누리지 못하고 비명(非命)이나 재난으로 사망하는 경우이며, 특히 자살하는 경우는 최악의 죽음이 된다.

둘째, 하나님과의 관계 단절은 비가시적 죽음이다. '하나님과의 교제가 곧 생명이다'라는 사고가 히브리인들의 죽음과 삶에 대한 기본 체계이다. 삶(생명)은 '하나님과 관계를 맺으며 하나님을 찬양하는 행위'이며 죽음은 '하나님과 관계가 단절된 상태'를 뜻한다(문희석, 1993; Hans, 1973). 하나님이야말로 생명의 원천이다.

셋째, 거룩한 전쟁(herem, חרם, 철저진멸, 聖戰, Holy War)으로 인한 죽임 문화가 있었다. 이는 절대적인 여호와 하나님 공동체를 이루기 위한 하나님의 명령이었다. 특히 가나안에 번성하였던 바알(Baal)과 아세라(Ashera) 부부 신을 섬기던 농경민족의 우상숭배는 이스라엘 백성에게는 용납이 될 수 없는 것이었다. 그래서 가나안 진입과정에서 여호와 종교문화와 바알 종교문화의 투쟁과 갈등이 심각하였다. 대표적인 투쟁이 엘리야 예언자와 바알 사제 450명과 아세라 사제 400명과의 1:850의 대결이었다(열왕기상 18:20-40).

넷째, 생명이 하나님께로부터 왔기에 자살은 금지되어 있다. 그러나 예외로 자살하는 경우도 있다. 대표적으로 사울 왕이 사무엘 예언자와 관계가 끊어지고 악령에 시달리다가 마침내 블레셋 군대와 길보아에서 전투하던 중에 패배하게 되고, 그 고통을 이기지 못하고 사울 왕은 자결하였다. 그를 지켜본 무기 담당관도 스스로 목숨을 끊었다.

| 그림 15-1 | 유대교 추모식

출처: 조선일보. (2018.11.02.). 유대교 추모식에선 왜 돌을 올려놓을까

비석이나 추모소에 돌을 올려 누군가를 추모하는 것은 유대교의 오랜 관습이다. 제2차 세계대전 당시 1,100명의 유대인을 구해낸 오스카 쉰들러의 실화를 바탕으로 한 영화 '쉰들러 리스트(Schindler's List)'에서 유대인들이 쉰들러의 무덤에 돌을 놓고 간 것도 이 추모 방식을 따른 것이다. 유대인 사이에서도 의견이 분분하지만 공통된 견해는 유대인들이 돌을 '영원함'의 상징으로 본다는 것이다. 히브리어로 돌은 'even'인데 연속성을 상징하는 두 어원인 'av'와 'ben'이 합쳐진 말이다. 반면 꽃은 '소멸'의 상징으로 본다. 유대교 경전에 '꽃은 아름답지만 결국 떨어

진다'고 나와 있기 때문이다. 이 때문에 유대인들은 추모의 뜻으로 돌을 올려놓는다. 고인을 영원히 기억하겠다는 의미이다.

또한 종교적인 이유도 있다. 유대교에서는 신과 자신들의 관계를 목동과 양으로 자주 비유한다. 고대 목동은 양을 풀어놓을 때 조약돌로 수를 표시했다가 양을 무사히 집으로 데려갔다. 유대인들은 무덤에 돌을 놓아 신이 고인의 영혼을 놓치지 않고 무사히 데려가길 바란다.

(5) 이슬람

이슬람의 구원은 선과 악의 행위기준에 의해 천국과 지옥의 삶이 결정된다. 이슬람 내에도 학파들마다 내세관에 대해 세세한 부분에 차이가 있는 것이 사실이다. 꾸란의 내용 중 20% 이상이 종말과 내세에 관한 것이지만, 구체적인 설명이 부족하여 하디스를 참조할 수밖에 없다(공일주, 2015).

이슬람에서는 인간의 삶이 수태되면서부터 시작된다고 믿는다. 인간이 모태에 수태되어 영원한 내세의 삶을 살기까지 네 단계의 길을 걷는다고 한다. 첫 단계는 모태에서의 삶, 두 번째 단계는 현세에서의 삶, 세 번째 단계는 무덤에서의 삶(Barzakh), 네 번째 단계는 내세(천국 혹은 지옥)에서의 삶이다(고광석, 2016). 일반 종교와 다른 점은 무덤에서의 삶이 있다는 것이다. 사람이 죽으면 마지막 심판 때까지 무덤에서 살게 되는데 이것을 바르자크(Barzakh)라고 한다. 일종의 이승을 떠난 첫 내세라고 할 수 있다. 심판 날까지 무덤에서 산다는 것이다. 하지만 최종목표는 꾸란에서 묘사하고 있는 천국에서 영원히 사는 것이다(고광석, 2016).

이슬람에서 인간은 알라가 정한 운명이 다하면 현세의 삶을 마치고 무덤에서 대기하다가 마지막 날에 알라의 심판을 받아야 하는데 이것을 '죽음'으로 이해한다. 그래서 이슬람에서는 인간이 죽으면 영원한 내세에서 살기 때문에 죽음은 끝이 아니라 새로운 삶의 시작이라고 믿고 있다. 알라는 인간을 만들었고 때가 되면 생명을 가져가고 또 때가 되면 부활하게 하여 심판한다는 것이 이슬람의 내세관이다. 그래서 독실한 무슬림들은 죽음은 알라가 부여한 생명을 다시 가져가는 것이기 때문에 지나친 미련을 두지 않는다. 그러나 이슬람에서 운명적이지 않은 특별한 죽음이 있는데, 그것은 지하드(聖戰)에서의 죽음이다(고광석, 2016). 그들은 알라가 정한 운명의 기한대로 살지 못하고 알라와 이슬람을 위해 목숨을 잃게 되므로 그들의 죽음은 특별한 가치가 있다(우정현, 2010). 그래서 지하드에서 죽은 전사들은 알라의 심판을 거칠 필요가 없이 곧바로 천국으로 들어가게 된다는 꾸란을 믿고 있다(우정현, 2010).

이슬람에서는 인간이 죽으면 세 가지가 무덤까지 따라간다고 한다. 가족과 부와 업적이다. 그중 가족과 부는 돌아오고 한 가지만 남는데 업적이다. 그의 업적은 무덤에 남아 알라의 심판을 기다린다. 그리고 마지막 날 알라 앞에서 오직 자신의 업적 즉 믿음의 척도에 따라 심판을 받기 때문이다(최영길, 2009).

이슬람에서 천국은 여러 개의 공간으로 존재한다고 하는데, 이슬람 학자들에 따라 두 개, 네 개, 일곱 개 또는 여덟 개를 말한다. 천국은 최상의 쾌락을 누리는 곳이며 천국의 모습은 어느 곳과도 비교가 되지 않는 매우 경이로운 곳으로 묘사하고 있다(최영길, 2010). 지옥도 천국처럼 일곱 층으로 되어있어 가장 낮은 곳으로 내려갈수록 나쁜 곳이며, 그중 지옥에는 무슬림들이 가는 자한남(jahannam), 기독교인들이 가는 우타마(hutamah)와 유대인들이 가는 라자(razah), 위선자들이 가는 하위야(hawiyah), 우상숭배자들이 가는 힘(jahim) 등이 있다고 한다(최영길, 2010). 19명의 천사들이 지옥의 가장자리를 순찰하며 나오려고 하는 자들을 밀어 넣는다.

(6) 힌두교

인도의 갠지스강은 죽은 사람과 산 사람을 모두 포용하는 물이라고 여기며, 사람이 죽으면 그곳에서 빠르게 화장한다. 빠른 시간에 화장하는 이유는 불길과 함께 영혼이 하늘로 올라갈 수 있다고 생각하기 때문이다. 힌두교인들은 사람을 화장하는 순간에 거의 울지 않는다. 죽음이란 몸에서만 일어나고 영혼은 다시 환생한다는 윤회를 믿고 있다. 윤회를 거듭하면서 조금씩 깨달아진 진리가 완전해질 때 윤회의 굴레가 끊어지고 신에게 갈 수 있다고 믿는다. 죽음이란 하나의 삶에서 또 하나의 삶으로 갈 수 있는 통과의례라 여기고 있다.

(7) 한국의 무속신앙

무속신앙은 일반적으로 무당을 중심으로 하여 민간에서 전승되고 있는 종교적 현상으로, 민간신앙 중에서도 가장 확고한 신앙체계를 이룬다. 한국의 무속신앙은 기본적으로 생사화복, 그 가운데 죽음을 다루는 데 특화된 원시종교이다. 이론화되지 않지만, 직접적인 삶의 경험과 삶의 욕망을 수긍한다. 한국에서 죽음을 '돌아가셨다'라고 표현하는 것은 무속인이 삶의 세계를 이승으로 죽음 후의 세계를 저승으로 표현하면서 이승에서 저승으로 돌아가 살게 된다는 의미이다(한성열, 2019). 무속신앙에서 죽음을 처리하는 과정은 저승을 전제로 하고 있으며, 죽은 영혼을 저승으로 잘 보냄으로써 산 자들에게 해를 끼치는 원혼이 되지 않도록 하는 데 초점이 있다. 저승으로 돌아가 살게 되는 영혼을 귀신이라 칭하고, 이승에서 사는 귀신은 원한이 많기 때문에 살아있는 사람에게 고통과 재앙을 주는 두려운 존재로 굿을 하게 된다(최영숙, 2019). 그래서 이승에 대한 집착이 더욱 뚜렷하다. '사후 술 석 잔 말고 생전에 한 잔 술이 달다'라거나 '개똥밭에 굴러도 이승이 낫다'라는 말은 모두 현세적인 가치관을 드러내는 표현이다.

무속신앙에서는 죽음 자체를 한스러운 것, 죽음을 가져온 것은 부정한 것이라는 기본적 견해를 가지고 있기 때문에 '굿'이라는 의식을 한다. 이는 죽음에 의한 원한이나 불행을 벗어나지 않으면 죽은 자 자신은 물론이고 살아있는 사람에게 나쁜 영향을 미친다고 믿기 때문에 이를 소멸시킬 필요가 있다는 것이다(최길성, 1994). 현세적 가치관에 충실한 점을 보여주고 있다. 무속신앙의 죽음에 대한 의식구조 중 뚜렷한 것은 죽더라도 생전의 경험 가운데 일부는 그대로 남는다는 것으로, 죽은 사람의 영혼이 실제로 산 자와 관계를 유지하게 된다. 생전의 경험 중에서 죽어서도 죽지 않고 살아남는 원한은 강하게 작용한다. 누구에게 한을 가지고 있거나 복수하고자 하는 마음은 오랫동안 남아서 산 자에게 어떤 위험한 행동을 감행하기도 한다. 때로는 개인에 대한 원한과 복수심으로 집단과 사회에 대한 한과 분노를 가진다. 그러나 어느 것이나 현실 생활에서의 복수를 전제로 한 직접적인 것이라기보다는 죽음이란 새로운 차원을 통해서 걸러진 간접적인 것이다(배영기, 2006). 이처럼 무속신앙의 죽음관에 대한 설명을 정리하면 다음과 같이 설명하고 있다(한성열, 2019).

첫째, 죽음은 생명에 대립하는 것이 아닌 또 다른 삶으로 나아가는 지점이며 다른 세계를 위해 맺힌 것을 풀어야 할 이유가 있다는 것이다.

둘째, 무속신앙은 죽음을 인간의 영혼이 보이는 존재에서 떠나 무공간적인 보이지 않는 존재 무시간적 영원 존재로 회귀하는 것으로 보았다.

셋째, 인간은 죽은 후에 자신의 행적에 따라 지옥 또는 극락에서 영원히 산다고 생각했고, 혹은 죽은 후에 종(種)을 달리하여 다시 태어날 수도 있다고 생각한다.

넷째, 무속신앙 자체는 현세에 대해서 집착이라고 할 만큼 관심이 있으며, 현세에 가치를 두고 있어 일회적인 인간의 삶을 보다 긍정적이며 적극적으로 살아갈 수 있도록 하는 기반으로 작용하고 있다.

3) 지역적 죽음문화

(1) 한국 사회의 죽음문화

한국인의 죽음에는 한국의 사상과 종교적 전통에 대한 이해가 필요하다. 한국은 무속, 불교, 도교, 유교, 기독교 등의 종교적 문화가 사상과 혼합되어 현대의 문화까지 오게 되었다. 무속신앙(삼국시대)에서 보는 죽음은 이승과 저승으로 나뉘었으나 서로 연결되어, 죽음을 통해 이승에서 저승으로 옮겨간다고 생각했다. 삶과 죽음은 하나로써 죽음을 삶의 연속으로 해석하여 수의를 만들어 죽음을 준비하며 죽은 사람이 저승으로 간다는 생각으로 춤과 노래를 행하였다. 신라시대 불교문화는 죽음에 대한 관념은 변하지 않았으나 죽음 후 화장하는 풍습이 생겨났다. 고려시대는 무속신앙과 불교적 문화가 더해진 유교식 상례(喪禮, 장례식의 유교적 절차)가 제정되어 유교식 토장과 불교식 화장법이 함께 주류를 이루었다.

조선시대는 유교가 국교가 되면서 불교식이었던 화장이 금지되었고, 사별한 사람들을 위로하기 위한 초종의식(사별한 사람들이 죽음으로 인한 상실[충격, 비탄] 경험), 장송

의식(상실감을 수용), 상제의식(죽음의 사실을 받아들이고 슬픔도 어느 정도 극복)의 세 단계로 상례가 주류를 이루었다. 조선시대 이후에는 무속신앙, 도교, 불교, 유교, 기독교 등의 문화가 혼재된 특성을 나타냈다.

한국의 죽음문화는 삶과 죽음을 영혼과 육신의 결합과 분리에 따라 구분하고, 이승과 저승의 세계를 수용하는 것에 근본을 두고 있는 것으로 나타난다(조계화 외, 2006).

(2) 일본의 죽음문화

일본에서 차에 탄 채로 조문하는 '드라이브 스루(Drive-Thru)' 방식의 장례식장이 등장해 주목받고 있다. 아사히신문, 교도통신 등에 따르면 관혼상제 업체 '렉스트 아이(Lext Ai)'는 이날 나가노(長野)현 우에다(上田)시에 '드라이브 스루 장례식장'을 열었다. 운영 방식만 보면 이 장례식장은 드라이브 스루 패스트푸드점과 크게 다르지 않다. 조문자는 차에서 내리지 않은 채 접수대에 차를 멈춘 다음 태블릿 PC의 방명록에 이름을 적고 불을 붙이지 않는 전열식 향을 직원에게 건넨다.

차에 탄 채로 조문하는 장례식장 등장.

조문자는 접수대 뒤
큰 창 너머로 빈소 방문

출처: 중부일보. (2017.12.17.).

조문자는 접수대 뒤 큰 창 너머로 빈소 내부의 모습을 볼 수 있다. 조문자가 도착하면 빈소의 램프에 불이 들어오는데, 상주들은 모니터 화면을 통해 조문자가

향을 올리는 것을 확인할 수 있다. 이 업체가 이런 새로운 방식의 장례식장을 도입한 것은 한 사람이라도 더 많은 사람이 빈소에 오면 고인이 기뻐할 것이라는 판단에서다. 보통의 장례식장이라면 가기 힘든 고령자, 혹은 신체가 부자유스러운 사람도 드라이브 스루 방식이면 빈소에 가는 부담을 덜 수 있다. 렉스트 아이(Lext Ai)는 '남에게 피해를 주지 않으려 장례식장에 가지 않았다'는 고령자의 말을 듣고 새 방식의 장례식장을 도입하기로 결심했다며 '복장을 갖추지 않고 조문을 할 수 있는 것도 장점'이라고 말했다. 그는 "원래 새로운 방식은 받아들이기 힘들다"며 "드라이브 스루 장례식이 익숙하지 않기는 하지만, 도전하지 않으면 시대에 맞는 새로운 방식이 탄생할 수 없다"라고 말했다(연합뉴스, 2017).

(3) 동남아시아의 죽음문화

중국 남부 지방이나 필리핀, 인도네시아 등 동남아시아 여러 지역을 가다 보면 깎아지른 절벽에 관을 매달아 놓은 문화를 볼 수 있는데, 동물이나 악귀들의 공격으로부터 안전하게 시신을 보호하려는 것을 볼 수 있다. 이렇게 시신을 매달게 되면 영혼이 편안하게 쉬고, 하늘로도 쉽게 올라갈 수 있고, 조상의 영혼이 후손들을 보호하고 도와줄 것이라고 믿었기 때문이다(오진원, 추덕영, 2017).

(4) 중동사회의 죽음문화

이슬람 문화권에 속하는 중동사회의 사람들 대부분은 죽음이 만유의 창조주인 알라에게로 귀의하는 것이라고 믿었다. 개인의 죽음은 모든 것의 종말이라고 생각하지 않았고, 죽음은 영혼이 육체와 분리된 후 천상 세계로 돌아가는 것으로 의미한다.

수메르와 아카드 문명에서 발견되고 알려진 신화와 문헌들이 표현하는 것은 죽음이라는 문제를 인간 존재의 중심 문제로 여겼다는 것이다. 그들은 인간이 죽어서 영혼이 되며, 그들은 대개 무덤을 거쳐 지하세계에 들어가는 것으로 인식하였다. 이러한 영혼들이 들어가는 지하세계 전체를 아랄루(Aralu)라고 불렀으며, 이 공간을 땅 밑의 거대하고 우주적인 공간으로 인식하였다. 수메르와 아카드의 사람들은 사람이 죽을 때, 어둡고 먼지투성이며, 공포로 가득한 영역으로 들어가 지하세계를 주관하는 신들 앞으로 안내되고, 이들에게 심판받게 된다고 생각하였다. 또한 그들이 받는 심판의 기준은 불명확하며, 그 공간 자체는 아무런 희망이나 즐거움이 없는 세계로 묘사하고 있다(서창립, 2015).

(5) 서구사회의 죽음문화

초기 중세시대에는 자연과 신의 법에 따라 이 세계가 연결되어 있다고 생각하여 사후세계에 관해 다소 긍정적 관점을 가지고 있다. 모든 사람에게 일어나는 일련의 사건이며 재회를 약속하는 의미로 이해하였고, 중세 중기에는 죽음이 구원이며 천국으로의 입문이라 생각하였다. 한편으로는 홀로 심판의 날을 직면해야 한다는 두려움과 불안감이 있었지만, 죽는 순간에 어떻게 죽는지가 매우 중요한 문제로 자신의 행동을 재검토하는 유일한 기회로 여기게 된다. 죽음 후의 의식은 죽은 이를 기억하기 위한 욕망과 슬픔 및 비탄을 표현하는 데 초점을 두었다.

미국은 19세기 산업화로 이행하면서 죽음에 대한 낭만적인 가치보다 장례를 하나의 문화적 패키지로 제도화했다. 미국인들은 장례를 죽은 자에 대한 명상과 그와 연관하여 현실로 남겨진 자신들의 삶을 반추하는 계기로 인식했고, 유한한 자신들의 삶을 아쉬워했다(박선영, 2008). 그러나 미국은 영국의 청교도들이 정착하여 세운 나라로써 죽음 뒤에는 천국에서 다시 재회할 것을 믿는 기독교 죽음문화이다. 성경에서 이야기하는 것처럼 육신은 흙으로 만들어져 있어 흙으로 돌아가는 것을 당연하게 여기고 땅속에 매장하는 문화이다.

> "네가 흙으로 돌아갈 때까지 얼굴에 땀을 흘려야 먹을 것을 먹으리니 네가 그것에서 취함을 입었음이라 너는 흙이니 흙으로 돌아갈 것이니라 하시니라(창세기 3:19)"
>
> "그가 그의 밭머리에 있는 그의 막벨라 굴을 내게 주도록 하되 충분한 대가를 받고 그 굴을 내게 주어 당신들 중에서 매장할 소유지가 되게 하기를 원하노라 하매(창세기 23:9)"

기독교의 죽음문화는 구약성서를 통해 그 기원을 알 수 있다. 구약의 창세기부터 시편 이후까지는 죽음의 보편성과 아울러 연관된 인생의 허무함을 제시하고 있다. 특히 죄와 관련이 있는 죽음은 죄의 결과라고 말한다.

로마인들은 죽은 자에 대한 자비심을 매우 민감하게 드러냈다. 지금은 많은 부분이 생략되었지만, 그 대표적인 사례는 임종의 순간에 행해졌던 절차이다. 임종이 임박하면 시신을 맨땅에 내려놓은 다음 키스로 죽어가는 자의 마지막 숨결에 동참했고, 절명한 후에는 그 주변에 있던 사람들이 죽은 자의 이름을 큰 소리로 부르는 소명의식을 거행했다. 로마시민들은 죽음을 가톨릭이라는 종교를 통해 극복해 왔다. 임종 시에는 동네 교회에서 장례식을 치르고 교회에선 조종을 울려 망자의 천국행을 기원하는데 죽음을 종교와 일치시켜 죽음에 대한 슬픔을 종교로써 이겨내는 행위였다(박선영, 2008).

(6) 뉴질랜드의 죽음문화

뉴질랜드 마오리족은 사람이 죽으면 그 영혼이 뉴질랜드 북쪽 끝에 있는 케이프 레잉가 쪽 고향으로 여기는 상상의 섬을 향한 긴 여행을 떠난다고 생각한다. 이러한 특정 문화는 문화적 가치 기준을 지키는 사람들을 보호해 준다. 무엇보다 문화는 '이 세상은 좋은 사람들에게는 불행한 일이 일어나지 않는 공정한 세상'이라는 생각을 심어준다. 또한, 종교적인 의미 등으로 상징적인 불멸성을 부여해 줌으로써 문화적 가치 기준을 지키는 사람들의 안전을 약속해 준다. 이렇게 문화적 가치 기준을 지키는 것은 스스로 자신이 속한 세상의 가치 있는 구성원으로 인식하게 하고, 결국 죽음에 대한 공포에 대처할 수 있도록 도와준다(황인수 외, 2019).

(7) 아프리카의 죽음문화

아프리카에서는 근본적으로 죽음을 긍정적으로 인식한다. 죽음은 개인의 삶 전체성에 완전히 통합된다는 관점을 가지고 있다. 죽음의 반대가 출생이며 출생이 인간을 연결하는 하나의 사건으로 죽은 사람들과 후에 다시 태어날 사람을 연결하는 것으로 생각한다. 사후 세계는 현실에서 다른 세계로 떠나는 이세계(異世界)이며, 삶의 세계가 사후의 세계로 인식한다(조계화, 이윤주, 이현지, 2006). 그러므로 죽음이 끝이 아닌 것으로 믿는다.

3. 죽음준비교육

1) 죽음준비교육의 필요성

죽음준비교육은 죽음을 바르게 이해하고, 삶을 보다 의미 있게 살도록 도와주며, 갑자기 찾아오는 죽음을 편안히 받아들일 수 있도록 준비하는 것을 의미한다. 사람들로 하여금 죽음을 자연스럽게 수용하도록 돕는 것이 목적이다(장선철 외, 2018).

죽음준비교육은 '죽음교육(death education)'과 '죽음상담(death counseling)' 영역을 포괄한다. 죽음교육은 죽음과 관련된 지식과 죽음의 가치와 태도를 재정립하는 기회를 제공하는 활동을 말한다. 죽음상담은 자신의 죽음이나 의미 있는 타자의 죽음으로 인한 심각한 상실감으로부터 회복할 수 있도록 원조하는 과정이다(장선철 외, 2018).

미국에서는 1960년대부터 죽음에 대한 교육이 시작되었다. 유치원에서부터 초중 고등학교, 대학교에 이르기까지 죽음에 대한 강좌를 교과과목으로 가르치고 있다. 평생교육 차원에서도 교육하고 있다. 일본에서는 1980년부터 죽음학을 정식강좌로 채택했다. 우리나라에서는 2007년 '삶과 죽음을 생각하는 회'에서 죽음준비교육이 시작되었다.

죽음준비교육은 모든 연령층에게 필요하다. 최근에는 죽음준비교육이 시행되는 곳이 늘고, 죽음준비가 사회적 이슈로 부각되고 있지만 과거에는 죽음에 대해 말하는 것조차 금기시되었던 것이 사실이다. 이와 같이 죽음을 회피하는 문화의 영향으로 죽음을 준비해야겠다는 의식이나 죽음을 준비하는 구체적인 정보나 지식이 없었다. 특히 인생의 마지막 단계에 있는 노인들에게는 죽음이 직접적인 문제이기 때문에 많은 두려움을 갖게 된다. 따라서 노인들에게 죽음에 대한 두려움을 감소시키고, 남아 있는 삶을 풍성하고 충실하게 살아갈 수 있도록 돕는 죽음준비교육이 필요하다. 남아 있는 가족들을 위한 행정적, 법적 책무를 제대로 실행하기 위해서도 필요하다. 죽기 전에 화해와 용서를 하기 위해서도 죽음준비교육이 필요하다(장선철 외, 2018).

죽음은 만남을 기약하지 못하는 이별이다. 아내나 남편, 자식이나 부모, 사랑하는 친구와 연인과의 관계를 단절하고 떠나야 한다. 서로 위로하고 평화를 나누면서 감사와 행복을 공유할 수 있는 이별을 준비하지 않으면 안 된다. 의식이 있고 마음과 몸이 성할 때 화해와 용서를 해야 한다. 사랑하기 때문에 겪는 슬픔과 행복감은 간직하면 그만이다. 그러나 원한은 그렇지 않다. 살면서 서로 미워하고, 질시하고, 배신했던 일을 안고 죽을 수는 없다. 더 이상 화해할 수 있는 길이 없기 때문이다. 유기체가 살아오면서 서로 주고 받은 상처를 고백하고 화해와 용서를 해야 한다(장선철 외, 2018).

2) 죽음준비교육의 목적

노인은 자신이 죽음이 임박했다는 것을 알고 있는 동시에 지금-여기에서의 일상이 이어지리라고 생각한다. 이러한 불균형한 정서적 긴장은 노인들을 불안과 초조, 분노와 절망에 빠지게 만들기도 한다. 노인들은 이러한 정서적 긴장상태의 원인이 죽음에 대한 두려움 때문이라고 명시적으로 지칭하지 않는다(장선철 외, 2018).

죽음준비교육은 노인들이 죽음에 대해 솔직하게 논의할 수 있도록 돕는다. 그것이 죽음준비교육의 첫 번째 목적이다. 죽음이 두렵지 않은 사람은 아무도 없다. 죽음을 피하고 싶다고 생각하지 않는 사람도 없다. 그러나 어느 누구도 죽음을 피할 수 없다. 따라서 노인들이 솔직하게 죽음에 관한 생각과 인식, 정서와 느낌 등을 이야기하면서 죽음을 회피하지 말고 직면해 볼 필요가 있다. 또한 죽음준비교육은 노인들이 죽음을 이해하도록 돕는다. 그것이 죽음준비교육의 두 번째 목적이다. 죽음이 무엇인지 알고, 자신의 죽음을 이야기할 수 있다면 삶도 죽음도 훨씬 더 밝아질 것이다. 노인들은 오랜 세월을 살면서 많은 사람들의 죽음을 경험했고, 죽음에 대해 고뇌하면서 나름대로 죽음을 수용하고 있다. 철학, 문학, 종교에서 경험이 죽음에 대한 지혜들이 가득하다. 그 죽음에 대한 지혜를 바탕으로 죽음을 어떻게 인식하고 느끼고 있는지를 꺼내놓게 하면 노인들 스스로 죽음을 이해하게 된다(장선철 외, 2018).

3) 죽음준비교육의 효과

죽음준비교육은 죽음을 어쩔 수 없이 받아들여야 하는 암울한 숙명이 아니라 스스로 준비하고 맞이할 수 있다는 자신감을 갖게 해준다. 죽음준비를 어떻게 하느냐에 따라 죽음이 축복이 될 수도 있고 그렇지 않을 수도 있다는 사실을 노인들 스스로 발언하게 된다면 그들의 삶이 훨씬 더 밝아지고 따뜻해질 것이다. 죽음에 대한 불안과 초조가 그만큼 사그라질 것이다. 죽음준비교육의 구체적인 효과는 다음과 같다(장선철 외, 2018).

첫째, 죽음준비교육의 가장 큰 효과는 죽음의 공포를 완화시키는 것이다. 죽음 그 자체를 체험적으로 알 수는 없지만 죽음과 삶의 의미를 통찰할 수는 있다. 무의식중에 억압하고 있던 죽음에 대한 공포를 의식화하면서 죽음의 공포를 완화시킬 수 있다.

둘째, 죽음준비교육을 받으면서 죽음에 대해 사색하고 죽음에 대한 글을 읽는 등 여러 활동을 하면서 무의식적으로 죽음과 친숙해진다. 처음에는 불안하고 두렵지만 계속 접하다 보면 친숙해지고 불안감이 사라지기 마련이다.

셋째, 죽음준비교육을 받으면서 일생이 변화의 연속임을 깨닫고 죽음도 하나의 변화 과정이라는 것을 인지하게 된다. 인간은 일생동안 무수한 변화를 거치면서 어른이 되고 노화한다. 이러한 변화 과정의 연장이 바로 죽음이라는 것을 수용하게 되면 죽음에 대한 공포가 완화된다.

넷째, 영원한 생명에 대한 희망이 생긴다. 영원한 생명에 대한 희망은 죽음의 공포를 극복하는 가장 강력한 도구이다. 종교적인 의미뿐만 아니라 죽음이 끝이 아니고 영원한 생명이 있다는 것을 인지하는 것 자체가 노인들이 죽음불안과 공포에서 벗어나는 데 큰 도움이 된다. "사람이 죽으면 어떻게 되는가?"에 대한 궁극적인 대답이 되기 때문이다. 죽는다고 해서 모든 것의 끝이 아니라는 것을 인식하게 되면 삶과 죽음에 대한 태도가 완전히 달라진다.

4) 죽음준비교육의 실제

(1) 죽음준비교육 내용

죽음준비교육 프로그램개발을 위해 다루어질 내용을 죽음, 죽음의 과정, 사별의 세 가지 주제 영역으로 개발하여 제시하였다(이이정, 2004). 죽음에 대한 이해, 인간의 성장과 노화, 사별에 대한 관리, 성숙한 죽음 등으로 다양한 연령과 계층의 학습자들이 아름다운 생의 마무리에 대해 반추하고 생의 마무리와 관련된 지식을 제공하는 것을 내용으로 하고 있다(최운실 외, 2021).

| 표 15-2 | 죽음준비교육의 주제 영역과 내용

주제	영역	내용
죽음	철학	• 삶과 죽음의 의미, 인간의 유한성, 인간의 운명 등
	사회, 윤리	• 인간답게 죽을 권리, 존엄사, 생명 유언장 등 • 죽음에 대한 태도의 문명사적 변천 과정
	심리	• 죽음 불안, 공포, 발달적 관점에서의 죽음에 대한 인식과 태도의 변화, 인생의 정리와 회고
	종교, 휴머니즘	• 각 종교에 따른 죽음관과 내세관, 임사 체험 등
	의학	• 죽음의 의학적 판단 문제, 죽음의 원인과 질병과의 유관성
	법	• 재산분배와 관련된 유언과 상속 문제 등의 법적 문제
	문화	• 장례와 상례, 애도 의식 및 죽음에 대한 태도의 문화적 비교

	기타	• 사망률, 평균 수명 등 죽음에 관련된 통계적 접근 등
죽음의 과정	심리	• 죽음을 받아들이는 심리적 단계 등
	임종 간호	• 환자의 알 권리, 호스피스 제도 등
사별	심리	• 자살, 유산, 낙태, 갑작스러운 죽음 등 특별한 형태의 상실에 대한반응 등
	사별관리	• 사별 후의 생활의 변화와 대처 방법 • 비탄 극복을 위한 관계자의 역할 등

출처: 이이정. (2004). 노인 학습자를 위한 죽음준비교육 프로그램개발 연구. 연세대학교 대학원 박사학위논문.

(2) 죽음준비교육 활동

죽음준비교육 활동은 유언장 작성, 사전의료의향서 작성, 자서전 쓰기, 묘지 및 화장터 방문, 공동묘지 방문, 입관 체험, 영정사진 찍기 등이 있다(최운실 외, 2021).

① 유언장 작성

유언장은 반드시 죽음이 임박할 때 쓰기보다는 오히려 건강할 때 작성하는 것이 지금까지의 삶에 대해 돌아보고, 남은 인생의 방향을 결정하는데 도움이 된다.

미리 써보는 유언장의 기본 형식이다. 이 외에도 자유롭게 남기고 싶은 이야기를 쓸 수 있으며, 반드시 자필로 기록하고 도장을 찍어야 법적으로 유효하다. 성명, 주민등록번호, 주소, 작성 연월일, 장소는 필수 작성사항이다(장선철 외, 2018).

유언장

1. 개인 신상정보

가. 성명: 김동일

나. 주민등록번호: ○○○○○○-○○○○○○○

다. 생년월일: ○○○○년 ○○월 ○○일

라. 주소: 서울특별시 서대문구 홍제원 1길 12

마. 작성일: ○○○○년 ○○월 ○○일

바. 작성 장소: 서울특별시 서대문구 홍제원 1길 12

2. 임종방식

가. 시신처리방법

나. 장기증 여부

다. 사전의료의향서 작성 여부

3. 장례방식

가. 선호하는 장례방식

나. 원하는 장례순서

다. 초대를 바라는 사람의 명단

라. 장례식 중 거절하고 싶은 것(화환, 조의금 등)

4. 유산상속

가. 유산배분 방식

나. 유산사회 환원 여부

5. 금융정보

가. 금융 자산 내역

나. 채무 문제

다. 각종 증서 및 통장 보관 위치

6. 남기고 싶은 말

가. 나의 배우자에게

나. 자녀들에게

다. 친구, 친지들에게

라. 사랑하는 사람들에게 드리는 말씀

| 그림 15-2 | **유언장의 예**

② 죽음에 대한 인식 확인

내 삶의 남은 시간이 (　　　)뿐이라면

우선순위	하고 싶은 일
1	
2	
3	

내 삶의 남은 시간이 (　　　)뿐이라면

우선순위	하고 싶은 일
1	
2	
3	

내 삶의 남은 시간이 (　　　)뿐이라면

우선순위	하고 싶은 일
1	
2	
3	

③ 나의 장례식 체크리스트

1. 장례식 진행 여부

1) 장례식을 하겠다. ( )
2) 장례식을 하지 않겠다. ( )

2. 장례식의 형식은

1) 전통적인 예식으로 하기를 원한다. ( )
2) 나의 종교인 식으로 하기를 원한다. ( )
3) 내 장례식에는 조문객이 검은 상복을 입지 않고 평상복으로 와주었으면 한다. ( )
4) 가족이 원하는 대로 해도 상관없다. ( )
5) 기타 ______________________

3. 영결식 여부

1) 영결식을 하기를 희망한다. ( )
2) 영결식은 필요없다고 생각한다. ( )

4. 장례식 간소 및 성대 여부

1) 장례식은 간소하게 가족과 가까운 친지, 친구와 하고 싶다. ( )
2) 최대한 성대하게 치르고 싶다. ( )

5. 장례식의 장소는

1) 장례식장 ( )
2) 성당 ( )
3) 집 ( )
4) 기타에서 하기를 희망한다.

6. 장례식 때 수의는

1) 준비되어 있다. ( )
2) 평소 입던 옷 중 가장 잘 어울리는 옷을 입었으면 한다. ( )
  ↳ 구체적으로
3) 가족의 선택에 따르겠다. ( )
4) 기타 ______________________

7. 관 여부는

1) 관 등의 용품은 화려하고 값비싼 것으로 하지 않기를 희망한다. (   )
2) 최대한 좋은 것으로 했으면 한다. (   )
3) 기타 ____________________

8. 영정사진은

1) 준비되어 있다 (   )
2) 아직 준비되지 않았다 (   )

9. 장례식에서 특별히 원하는 것을 적어보십시오.

1) 제단 장식 또는 헌화에는 내가 좋아하는 꽃을 사용하기를 희망한다.
2) 좋아하는 음악을 틀어 주었으면 한다.
└→ 구체적으로
3) 영결식에서 틀어주었으면 하는 동영상이 준비되어 있다.
4) 관에 함께 넣었으면 하는 것은 이다.
5) 장례식에 오신 분들께 답례를 한다면 어떤 방식으로 하기를 원하십니까?
6) 그밖에 원하는 것은?

10. 장례 후

1) 매장하겠다. (   )
   선산으로 가겠다. (   )
   __________ 공원묘지로 가겠다. (   )
   아직 준비하지 않았으므로 가족의 선택에 따르겠다. (   )
2) 화장하겠다. (   )
   __________ 봉안당(납골당)으로 가겠다. (   )
   수목장을 하겠다. (   )
   해양장을 하겠다. (   )
   기타 ____________________
   준비하지 않았으므로 가족의 선택에 따르겠다. (   )

11. 장례비용은

1) 준비되어 있다면(구체적으로 비용까지)
   장례보험
   예금
   상조회 가입
2) 준비되어 있지 않다 (   )

R e f e r e n c e

참고문헌

강병근. (2008). 노인인권보호에 관한 국제법적 논의: 유엔규약인권위원회 일반논평을 중심으로. 서울국제법연구, 15(2), 91-116.

강욱. (2014). 남녀 노인의 성 인식 및 성생활 실태와 생활만족도에 관한 연구. 순천대학교 대학원 석사학위논문.

강욱모. (2011). 적극적 고령화정책 실현을 위한 노년교육의 발전방향. 휴먼파워21, 7(2011), 26-33.

강지현, 박부진. (2003). 한국 노인부부의 성 의식과 성 생활에 관한 사례 연구. 노인복지연구, 22, 105-126.

강진경, 신수진, 최혜경. (2001). 결혼지속 연수에 따른 한국 부부의 사랑 구조의 변화 양상. 가정과삶의질연구, 19(5), 51-66.

강현욱, 박경민. (2012). 도시와 농촌 노인의 우울에 미치는 영향요인 비교. 한국노년학, 32(1), 129-143.

강혜영, 이태영, 서진원, 최상기, 이승채, 신경훈. (2007). 정보활용의 이해. 대구: 태일사.

계보경. (2017). 해외 디지털 리터러시 교육과정 및 프로그램 운영 동향. 대구: 한국교육학술정보원.

고광석. (2016). 이슬람, 기독교와 뿌리가 같은가?. 서울: 엔크.

고명석, 김효정, 박선태, 박성수, 박연희, 홍예람. (2021). 노인복지론. 서울: 동문사.

고양곤, 모선희, 원영희, 이금룡. (2003). 노인과 자원봉사활동. 서울: 학지사.

고윤석. (2010). 의료현장에서 경험하는 죽음: 웰다잉 교육매뉴얼. 서울: 각당복지재단.

고재욱, 황진수. (2013). 노인복지론. 파주: 양서원.

공일주. (2015). 이슬람과 IS. 서울: 기독교문서선교회.

과학기술정보통신부, 한국지능정보사회진흥원. (2022). 디지털정보격차 실태보고서. 대구: 한국지능정보사회진흥원.

구인회. (2015). 죽음에 관한 철학적 고찰: 철학자들 죽음으로 삶을 성찰하다. 파주: 한길사.

국가인권위원회. (2004). 유엔인권해설집: 국제인권장전. 서울: 국가인권위원회.

국가평생교육진흥원. (2022). 2021 평생교육백서. 서울: 국가평생교육진흥원.

국윤경. (2018). 노인대학 참여에 따른 노인 삶의 만족도와 노인대학 활성화 방안. 전남대학교 교육대학원 석사학위논문.

권두승. (2000). 성인학습 지도방법의 이론과 실제. 서울: 교육과학사.

권명숙. (2002). 노인의 성(Sexuality)에 대한 탐색적 연구. 연세대학교 대학원 박사학위논문.

권정희. (2004). 부산시 노인의 성생활 실태 및 노인의 성 인식에 관한 연구. 인제대학교 사회복지대학원 석사학위논문.

권중돈. (2016). 노인 인권과 사회복지실천. **한국노인복지학회 학술대회, 6**(2), 5-22.

권중돈. (2021). **인간행동과 사회복지실천: 이론과 적용**. 서울: 학지사.

권중돈. (2022). **노인복지론(8판)**. 서울: 학지사.

권중돈. 이은영, 박현주, 이은주, 정희남. (2016). **노인 인권 길라잡이: 노인복지시설 인권교육교재**. 서울: 국가인권위원회.

권향임, 김선녀, 김현옥, 배숙경, 전영숙, 조미숙, 최세영. (2017). **노인복지론**. 파주: 양서원.

기순임. (2011). 노인종합복지관 사회복지사의 인권민감성과 노인인권 인식에 관한 연구. 서울시립대학교 도시과학대학원 석사학위논문.

기영화, 김남숙, 김선주, 성정은. (2010). **노인 문화예술교육 모델 발굴 연구**. 서울: 한국문화예술교육진흥원.

기영화. (2007). **노인교육의 실제**. 서울: 학지사.

길태영. (2019). 한국노인의 좋은 죽음에 대한 인식: 질적 해석적 메타통합의 적용. **노인복지연구, 74**(2), 193-218.

김경희, 유수정. (2020). 노인들의 미디어 리터러시가 자기효능감과 삶의 만족도에 미치는 영향: 미디어에 대한 접근·통제능력과 사회적 소통능력을 중심으로 장년층과의 비교 연구. **사이버커뮤니케이션학보, 37**(3), 95-138.

김계숙. (1999). 여성의 성건강 개념 개발 연구. 이화여자대학교 대학원 박사학위논문.

김근홍. (2001). **한·독 노인복지이해**. 서울: 학문사.

김기영. (2005). 노인의 성생활 실태와 인식에 관한 연구. 중앙대학교 행정대학원 석사학위논문.

김길자. (2004). 평생교육 관점에서의 노인교육 프로그램 연구: 노인교실을 중심으로. 성신여자대학교 대학원 박사학위논문.

김남희, 신기원, 이재풍, 이외승, 이용한. (2014). **노인복지론**. 서울: 동문사.

김대동. (2010). **품위 있는 죽음과 생명의 상담**. 서울: 한들 출판사.

김동배, 손의성. (2005). 한국노인의 우울 관련변인에 관한 메타분석. **한국노년학, 25**(4), 167-187.

김동완. (2019). 청소년의 여가태도와 위험행동과의 관계에서 감각추구성향의 매개효과. 대구한의대학교 대학원 박사학위논문.

김동일, 류철식, 박임선, 김병남. (2023). **노인교육을 위한 웰빙과 웰다잉 그리고 엘에이징**. 서울: 동문사.

김동희, 조성채, 김길평, 오용교, 박형선, 김유섭, 이영희, 오승호, 김갑선. (2003). **운동과 건강관리**. 서울: 웅보출판사.

김명숙. (2010). 한국인의 죽음에 대한 인식과 태도에 관한 철학적 고찰. **유학연구, 22**, 73-108.

김명용, 전혜정. (2016). 노인의 정보기술 이용여부와 이용만족도가 우울에 미치는 영향. 노인복지연구, 71(1), 85-110.

김문조, 김종길. (2002). 정보격차(Digital Divide)의 이론적·정책적 재고. 한국사회학, 36(4), 123-155.

김미라. (2010). 일 지역사회 보건직 근무자의 호스피스 완화 케어 관련 인식조사. 한양대학교 임상간호정보대학원 석사학위논문.

김미숙. (2006). 부모의 양육태도 및 정신건강과 유아의 사회 · 정서발달과의 관계. 아주대학교 교육대학원 석사학위논문.

김미옥. (1987). 노인의 소외감과 신체적 노화에 관한 연구. 이화여자대학교 대학원 석사학위논문.

김미자, 김정희, 배철우, 양원영, 이석진. (2023). 노인교육론. 서울: 동문사.

김미혜, 정진경. (2003). 노인자원봉사자의 봉사활동 헌신과 생활만족도에 관한 연구: 활동이론을 중심으로. 한국사회복지학, 54, 221-244.

김미혜. (1999). 노인과 인권. 복지동향, 8, 20-26.

김범수, 권선진, 손영희, 신승연, 이종복, 전종숙, 정옥희, 정용충, 최은숙. (2015). 자원봉사론. 서울: 학지사.

김병수. (2008). 사상체질에 따른 맞춤형 식단이 청소년 선수의 경기요소와 경기기록에 미치는 영향: 근대5종 및 중장거리선수 중심으로. 공주대학교 대학원 박사학위논문.

김상우. (2005). 죽음의 사회학. 부산: 부산대학교 출판부.

김상진. (2018). 문화예술교육의 노인복지 지원 활성화 연구. 한양대학교 대학원 석사학위논문.

김상진. (2022). 해외 사례를 통한 국내 노인 문화예술교육 프로그램 활성화 방안: 미국 · 일본 중심으로. 한양대학교 대학원 박사학위논문.

김상호. (2013). 독일 산재보험제도의 적용방식과 시사점: 자원봉사자와 특수형태근로종사자 중심으로. 한국사회정책, 20(3), 171-195.

김세훈, 김형숙, 박만용, 안영노. (2004). 문화예술교육 중장기 발전방안. 서울: 한국문화관광정책연구원.

김소영. (2016). 문화예술교육 프로그램이 학습자의 창의· 인성 발달에 미치는 영향 연구. 추계예술대학교 대학원 박사학위논문.

김수지, 오송자, 최화숙. (2001). 호스피스: 사랑의 돌봄. 서울: 수문사.

김승국. (2003). 노인들의 삶의 질에 영향을 미치는 성 생활에 관한 연구. 동아대학교 정책과학대학원 석사학위논문.

김신미, 이윤정, 김순이. (2003). 노인과 성인이 인식하는 '좋은 죽음'에 대한 연구. 한국노년학, 23(3), 95-110.

김연순. (2005). 생애사를 통해 본 여성 노인의 섹슈얼리티. 여성건강, 6(2), 121-146.

김영석. (1999). 멀티미디어와 정보사회. 서울: 나남출판사.

김영순. (2016). 노인평생교육의 활성화방안에 관한 연구: 한국과 주요 외국사례를 중심으로. 건국대학교 행정대학원 석사학위논문.

김영완. (2009). 써키트 웨이트트레이닝과 유산소운동이 여대생들의 건강관련 체력 및 신체조성에 미치는 영향. 전남대학교 대학원 석사학위논문.

김영호. (1997). 노인여가활동과 노인자원복지프로그램. **노인여가의 현황과 과제**. 서울: 한국노인문제연구소.

김오차. (2007). 한국의 노인교육정책에 관한 분석적 연구. 안양대학교 대학원 박사학위논문.

김외숙. (2016). **여가관리**. 서울: KNOU Press.

김용숙. (2010). **현장에서 본 노인 성교육: 성 상담의 실제와 요구**. 인구보건복지협회.

김용인. (2002). 중등학교 체육 특기 · 적성 활동과 정신건강에 관한 연구. 단국대학교 교육대학원 석사학위논문.

김원경, 전제아. (2011). 한국 노인교육 연구동향: 2000년 이후 국내 학술지 논문을 중심으로. **평생교육학연구**. **17**(4). 235-263.

김윤재, 이주영. (2017). **노인교육론**. 파주: 정민사.

김은명. (2007). 프로그램 운영과 수강 만족도 분석을 통한 노인교육의 활성화 방안. 경성대학교 대학원 박사학위논문.

김익균, 김인수, 이형진, 정용민, 최윤신. (2008). **노인복지론**. 파주: 교문사.

김재각. (2017). 고령층 정보화 교육 활성화 방안에 관한 연구. **디지털산업정보학회논문지**, **13**(4), 57-69.

김정균. (1984). 노인보건과 건강관리. **월간간호**, **8**(2), 35.

김정운. (2018). **에디톨로지**. 서울: 21세기북스

김정현, 조성희, 박현식, 김욱. (2022). **노인복지론**. 파주: 양서원.

김종길. (2006). 고령화사회에서의 지방정부의 노인교육 활성화 방안에 관한 연구: 지역사회단위의 노인교육모형을 중심으로. 충남대학교 대학원 박사학위논문.

김종남. (2008). 교육비참여자들의 노년기교육 요구 및 장해요인. 한서대학교 대학원 석사학위논문.

김종민, 이금룡, 원영희, 한정란, 전혜정, 김태일, 김봉환, 강창훈, 채준안, 서의동, 김필숙. (2011). **노후설계 교육프로그램 및 매뉴얼 개발·보급**. 고양: 한국노인인력개발원.

김종서. (1982) **노년기 생활**. 서울: 대한노인회.

김종서. (1984) **노인교육과정개발: 노인문제와 노인교육에 관한 연구 세미나 보고서**. 서울: 유네스코 한국위원회.

김종윤, 서수현, 김지연, 조병영, 김인숙, 옥현진. (2017). 디지털 리터러시 인지적 영역의 평가요소 개발. **청람어문교육**, **66**, 133-166.

김주동. (2012). 지방정부공무원들의 퇴직준비교육 프로그램 요구분석과 설계. 숭실대학교 대학

원 박사학위논문.
김지현. (2006). 노인의 성생활 실태, 성인식 및 성생활만족도에 관한 연구. 이화여자대학교 대학원 석사학위논문.
김진범. (2007). 노인대학 운영에 관한 연구: 당진감리교회 사례 중심으로. 목원대학교 신학대학원 석사학위논문.
김진숙, 여익구, 박희숙, 김미숙. (2018). **노인교육론**. 고양: 공동체.
김진아. (2012). 목회자아내의 결혼만족도가 역할만족도에 미치는 영향. 성결대학교 신학대학원 석사학위논문.
김진화, 김소현, 전은선. (2012). **평생교육프로그램운영과 자료개발: 평생교육기관을 위한 매뉴얼**. 고양: 서현사.
김창숙 민순, 박재경, 박영주, 장숙희, 정영주. (2002). **기초호스피스**. 서울: 현문사.
김철웅. (2020). 고령화시대의 통합적 노인교육목회 연구. 장로회신학대학교 교육대학원 석사학위논문.
김치영, 고명수, 김영대. (2014). **노인복지론**. 서울: 동문사.
김태준, 홍영란, 김선자, 박응희, 정혜령, 한정란. (2007). **고령화 사회에 대응하기 위한 노년교육 장기 발전 방안 연구**. 서울: 한국교육개발원.
김하나. (2020). 노년기 삶에서 예술 활동이 갖는 평생학습의 의미: 시각예술활동 노인 중심으로. 이화여자대학교 대학원 박사학위논문.
김학실, 심준섭. (2020). 노인의 디지털 리터러시와 사회활동. **정책분석평가학회보, 30**(2), 153-180.
김행숙. (2003). 청소년의 여가의식 및 여가활동 실태에 관한 연구. 호서대학교 행정대학원 석사학위논문.
김형수. (2000). 노인자살의 이해와 일차적 예방. **한국인구학, 23**(2), 167-187.
김형수. (2006). 한국 '노인교육전문가 양성과정'의 평가도구 개발과 노인교육프로그램의 적합성 평가연구. 인하대학교 대학원 박사학위논문.
김형수. (2009). 고등부 검도선수들의 성취목표성향 및 시합의 중요성에 대한 인식정도가 경쟁상태 불안에 미치는 영향. 공주대학교 대학원 석사학위논문.
김혜경. (2005). **고령층 정보화교육 교수법 개발**. 서울: 한국정보문화진흥원.
김혜순. (1984). 노인학교의 학습프로그램과 노인의 소외감 해소에 관한 연구. 숭실대학교 대학원 석사학위논문.
김혜원. (2003). 남녀청소년들의 성지식, 성태도, 성행동의 현황 및 관계분석. **한국심리학회지 상담 및 심리치료, 15**(2), 309-328.
김호귀. (2016). **육조대사법보단경**. 파주: 한국학술정보.
김희수. (2022). **노인상담의 이해**. 서울: 동문사.

나동석, 김영대. (2011). 노인의 성생활과 성태도가 삶의 만족도에 미치는 영향. 노인복지연구, 52, 185-203.

나임순. (2005). 노인의 성지식과 성태도가 성욕구 대처행동에 미치는 영향: 수도권 노인을 중심으로. 숭실대학교 대학원 박사학위논문.

남기민. (2011). 사회적 노화 이론들에 관한 연구. 한국사회과학연구, 33(1), 33-50.

남정걸, 권이종. (1995). 사회교육 및 청소년 프로그램 편람. 서울: 교육과학사.

남희경. (2023). 노인의 디지털 리터러시가 삶의 만족도에 미치는 영향. 한서대학교 대학원 박사학위논문.

노길희, 박일연, 백종진, 이경자. (2023). 노인복지론. 고양: 지식터.

노길희. (2007). 노인의 성만족에 영향을 미치는 요인에 관한 연구. 숭실대학교 대학원 박사학위논문.

노병일, 김은이. (2007). 노인의 사회적 배제와 이에 따른 케어복지적 함의. 대한케어복지학, 7, 5-19.

노병일, 노대겸. (2015). 삶에 대한 세대 연속적 인식: 팀 보울러의 『리버보이』를 중심으로. 사회과학논문집, 33(2), 95-126.

노병일, 모선희. (2007). 사회적 지지의 수준과 차원이 노인 우울에 미치는 영향. 한국노년학, 27(1), 53-69.

노병일. (2018). 아동권리와 복지. 고양: 지식공동체

노병일. (2022a). 노인복지론. 서울: 동문사.

노병일. (2022b). 사회문제론. 파주: 양서원.

노유자, 한성숙, 안성희, 김춘길. (1997). 호스피스와 죽음. 서울: 현문사.

류종훈, 임창덕, 윤인호, 김동석, 오지혜. (2006). 노인교육의 이론과 실제. 서울: 학문사.

모선희. (1998). 노인학교의 현황과 발전방향. 노인복지연구, 창간호, 122.

모선희. (2004). 경제적·사회적·문화적 권리 NAP 수립을 위한 노인권 기초현황조사. 서울: 밝은 노후를 만들어 가는 사람들의 모임.

문화체육관광부. (2019). 경기도 문화예술진흥 중단기 종합계획(2020-2024). 세종: 문화체육관광부.

민들레, 조은희. (2017). 한국 사회에서 좋은 죽음에 대한 개념 분석. 노인간호학회지, 19(1), 28-38.

박경, 이희숙, 김선경, 고정애, 유춘자, 김혜경, 허정은. (2015). 성심리와 성건강. 서울: 시그마프레스.

박광성, 정호성. (2019). 노인의 성 건강과 성생활의 실태. 대한의사협회지, 62(6), 301-307.

박민석. (2021). 평생교육 관점에서 시니어 문화예술교육 프로그램 참여 동기와 효과에 관한 연구. 안동대학교 대학원 박사학위논문.

박봉길, 송인석. (2014). 독거노인의 스트레스와 자살생각 간의 관계. **한국사회복지학, 66**(2), 51-74.

박석돈, 박순미, 이경희. (2018). **노인복지론(제3판)**. 파주: 양서원.

박선영. (2008). 한국과 서양의 장례 꽃장식 비교분석 및 선호도 조사. 경희대학교 아트퓨전디자인대학원 석사학위논문.

박성희. (2015). **노인교육론**. 파주: 양서원.

박은지. (2018). 원예치료가 장애인의 자아존중감과 우울에 미치는 영향. 목포대학교 대학원 박사학위논문.

박응희. (2016). 노인문화예술교육의 평생교육학적 성찰: 부산문화예술교육지원센터를 중심으로. **문화예술교육연구, 11**(4), 45-62.

박재간. (2002). 노인의 자원봉사활동. **고령자 취업과 자원봉사활동**. 서울: 한국노인문제연구소.

박종한. (2006). 성공적 노화에 영향을 미치는 사회적, 심리적, 생물학적 결정요인들. 영남대학교 대학원 박사학위논문.

박지원. (2014). 성년후견제도의 사회복지적 지원방안 연구. 제주대학교 행정대학원 석사학위논문.

박창제. (2020). 성별에 따른 노인의 행복감에 영향을 미치는 여가 요인 연구. **한국노년학, 40**(1), 163-178.

박태룡. (2006). 노인의 성에 대한 태도 조사. **사회복지개별연구, 12**(3), 235-249.

박태룡. (2008). **노인복지 이론과 실제**. 경산: 대구대학교출판부.

박형규. (2001). 고령화사회에 있어 노인의 성생활 실태에 대한 연구: 경기도 수원시 거주 노인을 중심으로. 강남대학교 사회복지대학원 석사학위논문.

박희숙, 장원태, 오정희. (2016). **NCS 노인복지론**. 고양: 공동체.

배영기. (2006). **죽음에 대한 문화적 이해: 살아 있는 사람들이 알고 싶은 죽음의 세계**. 파주: 한국학술정보.

배진희, 엄기욱. (2009). 노인의 자살시도에 영향을 미치는 요인. **한국노년학, 29**(4), 1427-1444.

변용찬, 강민희, 이송희, 전광석. (2009). **성년후견제 사회복지분야 지원방안 연구**. 서울: 보건복지가족부.

변희정. (2013). 서예교육의 활성화 방안에 관한 연구: 사회문화예술교육 분야를 중심으로. 동방대학원대학교 석사학위논문.

보건복지부. (2011). **노인의 안전한 성생활을 위한 연구**. 서울: 보건복지부.

보건복지부. (2023a). **2023년 노인보건복지 사업안내**. 세종: 보건복지부.

보건복지부. (2023b). **제1차 고독사 예방 기본계획(2023~2027)**. 세종: 보건복지부.

보성평생대학. (2015). 보성평생대학 20년사. 보성: 보성평생대학.

서강대학교 생명문화연구소. (1998). 생명과 호스피스. **제15회 세미나 자료집**. 7-8.

서병숙. (1996). **노인연구**. 서울: 교문사.

서보준, 서명환, 신성철. (2015). **평생교육론**. 고양: 공동체.

서영환, 박후성. (2006). 여성의 운동과 올바른 영양 섭취. **한국 스포츠 리서치, 17**(2), 225-234.

서인균, 이연실. (2016). 독거노인의 사회적 자원과 자살생각 간의 관계에 대한 우울의 매개효과. **노인복지연구, 71**(2), 219-247.

서정애. (2010). **노인 성 상담 사례로 본 노인의 성문화**. 인구보건복지협회 학술대회 자료집.

서창립. (2015). 구약의 사후세계관(死後世界觀)과 그에 영향을 끼친 고대 근동의 관념: 고대 수메르/아카드와 이집트를 중심으로. 장로회신학대학교 신학대학원 석사학위논문.

서홍란, 정윤경, 김희년. (2013). 신체적 질환이 노인 우울에 미치는 영향과 자기돌봄행위의 조절효과. **노인복지연구**, 61, 57-83.

선우유영. (2013). 한국청소년패널조사를 이용한 중학생의 여가유형에 대한 종단분석. 경기대학교 교육대학원 석사학위논문.

성숙자. (2006). 임종 전 환자에 대한 호스피스의 활동에 관한 연구. 가야대학교 행정대학원 석사학위논문.

손유림, 김재룡. (2017). 우리는 다시 젊어질 수 있는가? 생물학적 노화 연구의 시사점. **Yeungnam University Journal of Medicine, 34**(1), 1-10.

손의성, 한정란, 전수경. (2018). **고령사회 인생 3모작 설계를 위한 노인교실(노인대학) 교육 프로그램 개발 연구**. 세종: 보건복지부.

손창형. (2006). 노인의 성생활과 삶의 만족도에 관한 연구. 영남대학교 행정대학원 석사학위논문.

손희영. (2017). 노인의 사회 참여 확장을 위한 문화예술교육 연구: 공익을 넘어 공존으로. 성균관대학교 대학원 박사학위논문.

송명미. (2016). 고령화사회 노인평생교육 활성화 방안에 관한 연구. 건국대학교 행정대학원 석사학위논문.

송선희, 최명숙, 이상매, 서경조, 이화식, 문미, 최상훈, 유찬열, 주민경, 권승숙, 문형남, 저의정, 하경분, 최숙희. (2011). **노인교육론**. 서울: 신정.

송영웅. (2023). 전문직 은퇴노인의 웰빙교육프로그램 참여 경험의미 탐색. 단국대학교 대학원 박사학위논문.

송윤정. (2006). 노인정보화 교육의 만족요인 분석. 서울대학교 행정대학원 석사학위논문.

송진영, 유광수. (2023). **노인복지론**. 고양: 지식터.

신섭중, 이춘기, 류기형, 김동국. (1996). 노인대학 교육프로그램의 모형에 관한 연구: 부산광역시를 중심으로. **사회복지연구**, 6, 1-63.

신용주, 김혜수. (2016). **노인복지론**. 고양: 공동체.

신진영. (2014). 노인의 성(性)이 생활만족도에 미치는 영향에 관한 연구. 고려대학교 인문정보대학원 석사학위논문.

신해윤. (2022). 경도인지장애 노인의 성공적 노화 경험: 구성주의 근거이론. 고신대학교 대학원 박사학위논문.

신향숙. (2018). 장기요양시설 입소노인의 죽음에 대한 인식 및 자기결정 경험 연구. 서울기독대학교 대학원 석사학위논문.

안경진, 박경숙. (2021). 노인의 죽음에 대한 인식과 경험: 죽음의 고통과 삶의 의미. 인간·환경·미래, 26, 63-97.

안옥희, 박인전. (1993). 도시주부의 성역할 태도와 가정관리에 대한 가치의식이 가사노동만족도에 미치는 영향. 대한가정학회지, 31(4), 1-21.

안지숙. (2018). 한국 노인의 건강관련 삶의 질과 영향요인 추이. 한국보건간호학회지, 32(2), 275-287.

안태윤, 김영혜, 고지영, 김명일. (2011). 노인의 성생활 실태와 정책지원방안 연구. 수원: 경기도가족여성연구원.

양옥경, 주소희. (2011). 독거노인 자살사고에 영향을 미치는 요인에 관한 탐색적 연구. 정신보건과 사회사업, 37(4), 321-347.

양옥남, 김혜경, 박화옥, 정순돌. (2012). 노인복지론. 고양: 공동체.

양원영. (2018). 에곤 쉴레의 인물화 작품을 통한 감상자의 자기성찰에 관한 연구: 실존주의적 관점을 중심으로. 대한전시디자인학회, 15(1), 19-29.

양원영. (2022). 하이데거의 예술사상에서 바라본 창의적 노화를 위한 Creative Art가 갖는 평생학습의 의미. 숭실대학교 대학원 박사학위논문.

양재영. (2013). 여가가 일과 삶의 질에 미치는 영향: 여행사 직원의 여가태도 수준을 중심으로. 경기대학교 대학원 박사학위논문.

양형대. (2018). 노인의 영성이 삶의 만족에 미치는 영향: 노인여가활동의 조절효과. 호남신학대학교 기독교상담대학원 석사학위논문.

양형윤. (2010). 현행 한국무용 프로그램이 노인교육에 미치는 영향 분석. 서울여자대학교 전통문화예술대학원 석사학위논문.

엄소라. (2021). 노인 문화예술 교육을 통한 문화예술 참여 활성화 방안 질적연구: 강원도 원주시 6090 청춘합창단 사례중심으로. 중앙대학교 예술대학원 석사학위논문.

엄현목. (2019). 고령화 시대 노인 문제 유형과 노인 목회를 통한 교회 성장 방안. 총신대학교 대학원 박사학위논문.

염형국. (2004). 시설장애인의 인권보장을 위한 실천방안 모색. 교남 소망의 집. 개원 22주년 기념 세미나 자료집.

오병훈. (2006). 노인 우울증의 진단과 치료. 대한임상노인의학회지, 7, 83-92.

오석창. (2021). 고령사회에서의 노인평생교육 운영 및 발전방안 연구. 중원대학교 대학원 박사학위논문.

오세근. (1997). 노인의 성적 권리에 대한 복지 철학적 이해. **사회복지정책, 5**, 81-92.

오인근. (2008). 노인자살생각에 대한 경로 분석. 연세대학교 대학원 박사학위논문.

오정숙. (2019). 노인의 사회복지서비스가 사회활동과 자아통합감을 매개하여 삶의 만족도에 미치는 영향. **사회과학연구, 30**(1), 87-111.

오지안, 유재원. (2018). 노년층의 디지털 리터러시가 심리적 안녕감과 삶의 만족도에 미치는 영향. **한국공공관리학보, 32**(2), 319-344.

오진원, 추덕영. (2017). **문화마다 달라요: 세계의 장례**. 서울: 현암사.

오진주. (1998). 노인의 성생활 경험에 대한 서술적 연구. **한국보건간호학회지, 12**(2), 236-251.

오현조. (2004). 노인의 성생활이 노화인지도와 생활만족도에 미치는 영향. 신라대학교 사회복지대학원 석사학위논문.

오현주. (2021). 액티브시니어를 위한 인문예술교육 프로그램. **지역복지정책, 32**, 71-99.

우장수. (2014). 유대교-기독교-통일교의 죽음 문화 비교 연구. 선문대학교 신학전문대학원 석사학위논문.

우정길. (1997). 죽음교육에 대한 실존주의적 고찰. 고려대학교 대학원 석사학위논문.

우정현. (2010). 이슬람의 선교 전략과 한국교회의 대응방향. 대신대학교 신학대학원 석사학위논문.

원석조. (2023). **노인복지론(4판)**. 고양: 지식터.

유경, 민경환. (2005). 정서 대처 양식과 정서 인식이 장·노년기 주관적 안녕감에 미치는 영향. **한국심리학회지: 사회 및 성격, 19**(4), 1-18.

유미선. (2024). 노인복지관 선배시민교육 참여자의 지역사회 실천 경험에 관한 근거이론 연구. 서강대학교 신학대학원 박사학위논문.

유상오. (2011). **은퇴하면 뭐 먹고 살래**. 서울: 나무와숲.

유성호, 김형수, 모선희, 윤경아. (2015). **현대노인복지론(제5판)**. 서울: 학지사.

유영직. (2014). 시·군지역의 노인자살률에 영향을 미치는 요인에 관한 연구. 목포대학교 대학원 박사학위논문

유용식. (2014). 노인근로자의 인권침해 실태에 관한 사례연구. **노인복지연구,** (66), 37-54.

유재남. (2016). 고령자의 활동적 노화가 삶의 만족도에 미치는 영향요인. **한국노년학, 36**(4), 1075-1088.

육성필, 최광현, 김은주, 이혜선. (2011). **노인자살 위기개입**. 서울: 학지사.

윤가현. (2012). **성, 그 억압과 진보의 역사**. 파주: 살림.

윤우상. (2019). 노인의 성생활과 성태도가 행복감에 미치는 영향: 성태도의 매개효과를 중심으로. 국제신학대학원대학교 박사학위논문.

윤희정, 신혜리, 김영선. (2020). 중고령자의 디지털정보화 활용 수준과 삶의 만족도의 관계: 사회적 자본의 매개효과 분석. 정보화정책, 27(4), 85-100.

이가옥. (1997). 한국노인 자원봉사의 현황과 과제. 성공회대학논총, 10, 143-181.

이경희. (2006). 홀로된 여성노인의 성(性)에 관한 현상학적 연구: 성욕표출과정에서 성의식의 변화를 중심으로. 전남대학교 대학원 석사학위논문.

이관춘. (2014). 평생교육철학. 아주대학교 대학원 강의노트.

이규석. (2018). 노인의 사회적 여가활동과 성공적 노화의 관계: 인천광역시 남동구를 중심으로. 장로회신학대학교 목회전문대학원 석사학위논문.

이금룡, 김진원. (2019). 노인자원봉사 활동과 지역사회 역량에 관한 지역사회 소속감 매개효과 연구: 보건복지부 노인전문자원봉사 지원사업 참여노인들을 대상으로. 한국노년학, 39(1), 73-92.

이동윤, 강선보. (2019). 죽음교육의 필요성(죽음과 교육). 서울: 동문사.

이명숙, 김윤정. (2013). 노인이 인식하는 좋은 죽음. 한국콘텐츠학회, 13(6), 283-299.

이미란, 김선희. (2016). 한국노인의 성 연구 동향 분석. 예술인문사회융합멀티미디어논문지6(5), 111-123.

이미현. (2017). 아버지를 사별한 청소년 자녀의 적응경험. 전주대학교 대학원 박사학위논문.

이상민. (2009). 사회문화예술교육 프로그래밍에 있어서 스토리텔링 기법 적용에 관한 연구: 노인 연극을 중심으로. 예술경영연구, 15, 27-44.

이상행. (2014). 노인의 라이프스타일에 따른 주관적 건강상태 비교분석: 2014 생활시간조사를 이용하여. 강원대학교 대학원 석사학위논문.

이선화. (1999). 노인대학 프로그램의 참여유형과 만족도에 관한 연구. 동아대학교 교육대학원 석사학위논문.

이승만. (2008). 한국적 여가교육을 위한 지식체계 및 실행활성화 요인 탐색. 이화여자대학교 대학원 박사학위논문.

이애화. (2015). 디지털 리터러시 교육을 위한 디지털 역량의 개념적 특성과 한계. 교육문화연구, 21(3), 179-200.

이연호, 김광민. (2015). 인구변화가 지역경제 성장에 미치는 영향: 충북의 경우. 산업경제연구, 28(4), 1493-1513.

이영란. (2017). 어린이와 청소년을 위한 문화예술교육 활성화 방안 연구. 대전대학교 대학원 박사학위논문.

이예슬. (2020). 사회복지사의 전문직 정체성과 직무만족과의 관계: 노인인권의식의 매개효과. 대구가톨릭대학교 대학원 석사학위논문.

이왕식. (2009). 노인의 성욕구 표출에 관한 연구: 공원에서 소일하는 남성노인을 대상으로. 고려대학교 인문정보대학원 석사학위논문.

이원태, 문정욱, 류현숙. (2017). 지능정보사회의 공공정보화 패러다임 변화와 미래정책 연구. 진천: 정보통신정책연구원.

이윤조, 이경화, 김남희, 신혜란. (2016). 경기도 노인평생학습 활성화 방안 연구. 수원: 경기도평생교육진흥원.

이은경. (2018). 건강보험 재정의 현황과 정책과제. 보건복지포럼, 2018(2), 51-64.

이은애. (2019). 예방적 차원에서 본 자원봉사 현장의 안전과 보호. 재난현장자원봉사센터: 역할과 매뉴얼의 활용 방향. 서울: 한국중앙자원봉사센터.

이이정. (2004). 노인 학습자를 위한 죽음준비교육 프로그램 개발 연구. 연세대학교 대학원 박사학위논문.

이인수. (2001). 한국 노인의 정치 및 사회활동을 위한 과제. 노인복지연구, 14, 35-66.

이인수. (2001). 한국 노인자원봉사의 의미와 실태. 노인복지연구, 12, 25-45.

이인정, 최해경, (2020). 인간행동과 사회환경. 파주: 나눔.

이정연. (2022). '노화' 원리 알면 '장수' 비결도 안다!. (마음 건강 길. 2022.02.06. 검색)

이종영. (2016). 북유럽 노인복지와 사회보장제도에 관한 고찰. 한서대학교 대학원 박사학위논문.

이지성. (2019). 에이트: 인공지능에게 대체되지 않는 나를 만드는 법. 서울: 차이정원.

이창수, 윤영철, 김영옥. (2005). 인권관련 정부 통계 현황에 대한 실태조사. 서울: 국가인권위원회.

이창은, 김주희. (2000). 유배우자 노인의 성에 대한 탐색적 연구. 한국노년학, 20(3), 185-195.

이해영. (2023). 노인복지론(6판). 서울: 창지사.

이현승, 김현진. (2003). 늙어가는 대한민국: 저출산 고령화의 시한폭탄. 서울: 삼성경제연구소.

이현심, 김승용. (2009). 노년기 남성의 性생활에 관한 질적 연구. 노인복지연구, 0(45), 207-234.

이혜경. (2017). 웰다잉 준비교육 프로그램의 개발과 효과. 목포대학교 대학원 박사학위논문.

이혜린. (2007). 노인의 성생활 실태에 관한 연구: 포항시를 중심으로. 경희대학교 행정대학원 석사학위논문.

이혜원. (2000). 가정봉사원의 노화사실 인지정도와 노인에 대한 태도-급여유무별 비교. 한국사회복지학, 43, 358-384.

이혜자, 김윤정. (2004). 부부관계(사랑과 성)가 노년기 삶의 질에 미치는 영향. 한국노년학, 24(4), 197-214.

이혜정. (2021). 노인의 신체적 자기개념과 성공적 노화 관계에서 긍정심리자본과 자아통합의 매개. 인천대학교 대학원 박사학위논문.

이효원. (2017). 초고령화 사회에 노인의 삶의 질 향상을 위한 노인교육방안 모색. 동아대학교 대학원 석사학위논문.

임병우, 김은주, 임종철, 주경희. (2017). 노인복지론. 고양: 공동체.

임병우, 임중철, 주경희. (2023). 노인복지론. 고양: 지식터.

임송자, 송선희. (2012). 죽음에 대한 태도가 죽음불안에 미치는 영향. 한국콘텐츠학회논문지, 12(5), 243-255.
임영식, 박지영, 어성연, 정경은, 진민진, 전아영, 김태환. (2013). 문화예술교육 효과분석 연구: 노인 문화예술교육 지원사업. 서울: 한국문화예술교육진흥원.
임은숙. (2000). 교회의 노인교육프로그램 활성화 방안에 관한 연구: M교회의 사례를 중심으로. 중앙대학교 사회개발대학원 석사학위논문.
임장남. (2008). 노년기 성교육 프로그램 개발과 효과성 연구. 서울기독대학교 대학원 박사학위논문.
임재홍. (2020). 공무원의 퇴직준비교육 참여 경험에 관한 연구. 숭실대학교 대학원 박사학위논문.
임정문, 나직균, 이덕희, 이상민, 한현지. (2020). 노인복지론(개정판). 서울: 동문사.
임종린. (2017). 선배시민 사회참여 및 역할인식 증진 영향요인에 관한 연구. 한국사회복지행정학, 19(4), 1-31.
임춘식, 김근홍, 김형방, 김형수, 김혜경, 서윤, 안진, 유성호, 이근홍, 이윤로, 이인수, 이해영, 이현기, 이현지, 임병우, 전광현, 조미경, 조추용, 현외성. (2008). 노인복지학 개론. 파주: 학현사.
임춘식, 황진수, 김지수. (1999), 노인교실 운영실태 조사 연구: 서울특별시 노인교실을 중심으로. 노인복지연구, 5, 125-160.
임춘식. (1997). 현대사회와 노인문제. 서울: 유풍출판사.
임춘식. (2009). 노인의 성: 노인복지. 서울국제노인문화예술제 학술세미나집.
임효석. (2010). 노인들의 정보활용이 생활만족에 미치는 영향. 대국한의대학교 대학원 박사학위논문.
장미라. (2018). 클레이를 활용한 표현활동이 노인의 정서에 미치는 영향: 도서지역 노인을 위한 미술교육을 중심으로. 한국교육원대학교 교육대학원 석사학위논문.
장선철, 김남원. (2018). 노인상담. 서울: 동문사.
장재영. (2015). 인터넷 중독 청소년의 증상완화를 위한 표현예술치료 사례연구: 여가태도 개선을 중심으로. 명지대학교 사회교육대학원 석사학위논문.
전명숙. (2023). 노인복지학. 서울: 동문사.
전주성, 임경미, 김미자. (2016). 교육복지 프로그램 개발의 이론과 실제. 고양: 공동체.
정경희, 오영희, 강은나, 김경래, 이윤경, 오미애, 황남희, 김세진, 이선희, 이석구, 홍송이. (2017). 2017년도 노인실태조사. 세종: 보건복지부
정경희. (2014). 성공적인 시니어 일자리 창출을 위한 지원정책 모색. In 고령사회, 행복한 일자리 상상. 미래포럼.
정미희. (2003). 휠체어장애인의 여가활동 실태조사. 나사렛대학교 재활복지대학원 석사학위논문.
정상기. (2012). 한국인의 죽음이해: 웰다잉 지도자 교육과정. 서울: 각당복지재단.

정상양, 김옥희, 엄기욱, 이경남, 박차상. (2012). 한국노인복지론(4판). 서울: 학지사.
정은희. (1993). 부모로부터의 독립과 대학생활적응과의 상관 연구. 연세대학교 대학원 석사학위논문.
정진경. (2019). 예방적 차원에서 본 자원봉사 현장의 안전과 보호. 자원봉사 활동현장에서의 안전. 서울: 한국중앙자원봉사센터.
조계화, 이윤주, 이현지. (2006). 더 좋은 삶: 삶을 강화하는 죽음 이야기. 파주: 양서원.
조만형. (2022). 현대인에게 꼭 필요한 생활속의 법. 서울: 박영사.
조성남. (2004). 에이지붐 시대: 고령화 사회의 미래와 도전. 서울: 이화여자대학교출판부.
조성희. (2008). 교회에서의 노인교육에 관한 한 연구. 한일장신대학교 한일신학대학원 석사학위논문.
조영황. (2005). 고령화 대응전략으로서의 노인인권 정책방향. 한국노인복지학회 추계학술대회 자료집, 5-17.
조유향. (2008). 노인간호. 서울: 현문사.
조은아. (2022). 노인요양시설 입소 노인의 좋은 죽음에 대한 인식, 죽음 불안 및 죽음준비도가 연명의료 중단에 대한 태도에 미치는 영향. 고령자. 치매작업치료학회지, 16(1), 51-61.
조현. (1994). 우리나라 호스피스 모델 개발에 관한 연구. 대한병원협회지, 4-16.
조효제. (2016). 인권의 문법. 서울: 후마니타스.
지은정, 금현섭, 하세윤. (2012). 고령화사회 노인의 사회 참여 활성화 방안: 노인일자리사업과 자원봉사를 중심으로. 서울: 한국노인인력개발원.
진민지. (2011). 여성결혼이민자의 사회적응을 위한 문화예술교육 요구분석. 추계예술대학교 문화예술경영대학원 석사학위논문.
진영선. (2014). 노년: 인생 제2막의 삶. 대구: 경북대학교 출판부.
진영훈. (2008). 노인의 성 욕구에 대한 연구 호서대학교 벤처전문대학원 석사학위논문.
채유진. (2021). 호스피스 환자를 위한 심리상담 모형개발 및 적용. 차의과대학교 대학원 박사학위논문.
천정웅, 장근영, 이채식, 김윤나. (2014). 청소년문화론. 파주: 양서원.
최길성. (1994). 한국무속의 이해. 서울: 예전사.
최미진. (2019). 성공적노화 자원으로 운동참여의 심리적 경험과 생활기술. 한국체육대학교 대학원 박사학위논문.
최복현. (2013). 노인교육 전담기관의 프로그램 운영 실태에 관한 연구: C시 운영자의 관점에서. 한국교원대학교 교육대학원 석사학위논문.
최성재, 장인협. (2010). 고령화사회의 노인복지학. 서울: 서울대학교 출판문화원.
최숙영. (2018). 제4차 산업혁명 시대의 디지털 역량에 관한 고찰. 컴퓨터교육학회 논문지, 21(6), 25-35.

최순남. (2002). 현대노인복지론. 서울: 법문사.
최승은. (2021). 노인 일자리 정책의 효과성분석: 소득과 생활만족도를 중심으로. 서울대학교 대학원 석사학위논문.
최영길. (2009). 성 꾸란: 의미의 한국어 번역. 파하드 국왕 꾸란 출판청.
최영길. (2010). 꾸란 주해. 서울: 세창.
최영숙. (2019). 웰다잉. 천안: 대한웰다잉협회.
최운실, 송성숙, 최라영, 김경은, 김정진, 이준석. (2021). 노인교육론. 파주: 양서원.
최원석, 오승택. (2011). 노인복지론. 파주: 양서원.
최은영. (2018). 한국 노인의 노화에 대한 태도 유형화: 정신건강과의 관계를 중심으로. 경희대학교 동서의학대학원 석사학위논문.
최진일, 이민홍. (2013). 노인의 성지식과 성태도가 생활만족도에 미치는 영향에 대한 성행동의 매개효과 연구. 한국사회복지교육, 21, 19-39.
최화숙. (2002). 호스피스 간호사 최화숙이 쓴 아름다운 죽음을 위한 안내서: 人生의 마감시간에 우리는 무엇이 되어서 만날 것인가?. 서울: 월간조선사
최흥식. (2011). 고령화 사회의 노인정보화 증진방안에 관한 연구. 사회과학논총, 27(1), 53-85.
탁지현. (2019). 크리에이티브 에이징의 관점에서 본 문화예술교육의 방향성. 한국무용교육학회지, 30(4), 43-59.
통계청. (2020). 장래인구특별추계: 2017~2067. 대전: 통계청.
하숙례. (2014). 프로선수들의 여가태도 및 여가정체성과 심리적 행복감의 관계. 용인대학교 대학원 박사학위논문.
하춘매. (2011). 한국 여가 · 레크리에이션 사상 연구. 고려대학교 대학원 박사학위논문.
한국문화예술교육진흥원. (2017). 2016 복지기관 문화예술교육 지원사업 개선방안 연구. 복지기관 지원사업의 의미와 분석기준. 116.
한국문화정책개발원. (1994). 문화교육을 위한 개념: 입장과 제안. 서울: 한국문화정책개발원.
한국사회복지협의회. (1994). 사회복지사전(최신판). 서울: 한국사회복지협의회.
한국생명존중희망재단. (2023). 2023 자살예방백서. 세종: 보건복지부.
한덕현. (2023). 고령화사회에서의 노인평생교육 프로그램 요구분석: 전라북도 중소도시를 중심으로 원광대학교 대학원 박사학위논문.
한상완, 이지연, 이재윤, 최상희. (2005). 지식정보사회에서의 정보활용. 서울: 한국도서관협회.
한성열. (2019). 불교 죽음관과 상장례의 콘텐츠화 연구. 원광대학교 대학원 박사학위논문.
한수정. (2023). 노인교육과 문화예술교육: 4.0 평생학습 시대의 문화예술교육론. 고양: 어가.
한영희. (2003). 노인들의 생활체육 참여에 따른 생활만족 및 정신건강과의 관계. 한국체육대학교 사회체육대학원 석사학위논문.
한정란, 박성희. (2006). 세계의 노인교육. 서울: 학지사.

한정란, 이이정, 조해경, 전수경, 박성희, 김형수, 나항진, 이화정, 이경희, 이호선. (2006). **세계의 노인교육**. 서울: 학지사.

한정란. (2015). **노인교육론: 노인을 위한, 노인에 관한, 노인에 의한 교육**. 서울: 학지사.

한준상. (1999). **21세기 한국노인교육의 장기정책 발전방안 연구**. 서울: 미래창조과학부.

한현지, 임선희, 김우호, 김현진, 이경희. (2022). **노인복지론**. 서울: 동문사.

함혜근. (2017). 코스메틱테라피 프로그램이 노인의 인지기능 및 심리적 특성에 미치는 영향. 건국대학교 대학원 박사학위논문.

허정무. (2011). **노인교육학개론**. 파주: 양서원.

허지혜. (2010). 노인복지관의 사회교육프로그램을 중심으로 한 노인음악교육 실태분석. 이화여지대학교 교육대학원 석사학위논문.

허평화. (2011). 한국노인자살의 연구동향과 과제. 호서대학교 벤처전문대학원 박사학위논문.

현외성. (2016). **노인복지학 신론**. 파주: 양서원.

홍석호. (2020). 경제적 부담과 건강 문제를 겪는 노인들의 여가만족 요인에 관한 연구: 여가활동을 중심으로. **한국노년학, 40**(1), 197-216.

홍숙자. (2012). **노년학 개론**. 서울: 하우.

홍영희. (2002). 노인의 이성교제와 정신건강에 관한 연구. 대구대학교 사회복지대학원 석사학위논문.

홍현방. (2002). 성공적인 노화 개념정의를 위한 문헌연구. 이화여자대학교 대학원 박사학위논문.

황영희. (2009). 독일노인교육의 역사적 변천과 한국에의 시사점. **21세기사회복지연구, 6**(2), 200-221.

황영희. (2011). 고령사회에 대비한 대학개방을 통한 노인교육 연구: 프랑스·독일·영국 노인대학 사례를 중심으로. 서울기독교대학교 대학원 박사학위논문.

황인수, 김미안, 이진경. (2019). **좋은 죽음 나쁜 죽음: EBS 다큐프라임 생사탐구 대기획 'Death'**. 서울: 책담.

황정우, 이강욱, 김정유, 이동하, 김두명. (2017). 동거 및 독거노인의 우울이 자살사고에 미치는 영향과 대인관계의 조절효과. **정신건강과 사회복지, 45**(1), 36-62.

황주용. (2015). 한국 여가문화의 변천과정과 미래전망. 고려대학교 대학원 박사학위논문.

황필호. (2002). 죽음에 대한 서양인과 한국인의 견해. 한국사회복지연구소 국제학술세미나 자료집. 1-40.

松井政明, 山野井敦徳, 山本都久. (1997). *高齢者教育論. 東京: 東信堂*.

Albert, A., & Porter, J. R. (1988). Children's genderrole stereotypes: A sociological investigation of psychological models. *Sociological Forum, 3*, 184-210.

Allison, M. K. (2005). *Hospice philosophy, practice, and the construction of personhood among British Hospice Patient.* Ph. D. diss., Detroit, Michigan: Wayne State University.

American Association Retired Person (1996). *Guidebook of Planning for the Retirement*.

Anderson, W. T. (1999). Communities in a world of open systems. *Futures, 31*(5), 457-463.

Ariès, P. (1975). *Essais sur l'histoire de la mort en occident du moyen-age à nos jours.* Paris: Le Seuil.

Ashmore, R. (2006). Why people die by suicide. *Mental Health Practice, 10*(2), 26-27.

Atchley, R. C. (1971). Retirement and leisure participation: continuity or crisis?. *The Gerontologist, 11*(1), 13-17.

Baltes, P. B., & Baltes, M. M.(1990). *Successful Aging: Perspectives from the behavioral science.* New York: Cambridge University Press.

Baltes, P. B., & Mayer, K. U. (1999). *The berlin aging study: Aging from 70 to 100.* New York: Cambridge press.

Bammel, G., & Bammel. L. B. (1996). *Leisure & human behavior.(3rd ed.).* Madison: Brown and Benchmark. 하동현, 황성혜 역. (2006). 여가와 인간행동. 서울: 백산출판사.

Barker, R. L. (2003). *Social Work Dictionary(5th ed).* Washington D.C.: NASW Press.

Baumeister, R. F. (1990). Suicide as escape from self. *Psychological Review, 97*(1), 90-113.

Beaver, M. L., & Miller, D. (1992). *Clinical social work practice with the elderly: Primary, secondary and tertiary interventions(2nd ed.).* Homewood, IL: Dorsey Press.

Beck, A. T., Steer, R. A., Kovacs, M., & Garrison, B. (1985). Hopelessness and eventual suicide: A 10-year prospective study of patients hospitalized with suicidal ideation. *The American Journal of Psychiatry, 142*(5), 559-563.

Becker, E. (1973). *The denial of death.* New York: Free Press.

Bee, H. L. (2008). *The journey of adulthood (6th ed).* Upper Saddle River, N.J.: Pearson Education.

Bem, S. L. (1974). The measurement of psychological androgyny. *Journal of Consulting and Clinical Psychology, 42*, 155-162.

Bem, S. L. (1977). On the utility of alternative procedures for assessing psychological androgyny. *Journal of Consulting and Clinical Psychology, 45*, 196-205.

Bem, S. L. (1981). Gender schema theory: A cognitive account of sex-typing. *Psychological Review, 88*, 354-364.

Binstock, R. H., & Shanas, E. (1985). *Handbook of aging and the social sciences (2nd ed.).* New York: Van Nostrand Reinhold.

Birren, J. E. (1961). *Handbook of aging and the individual: psychological and biological aspects.*

Chicago: University of Chicago Press.

Blazer, D. G. (2007). *Essentials of geriatric psychiatry.* Washington, DC: American Psychiatric Publishing, Inc.

Blumenthal, S. J., & Kupfer, D. J. (1990). *Suicide over the life cycle: Risk factors, assessment, and treatment of suicidal patients.* Washington, DC: American Psychiatric Press.

Bollnow, Otto-Friedrich. (1962). *Das Hohe Alter.* In: Neue Sammlung.

Breen, L. Z. (1960). *Handbook of social gerontology.* Chicago: Read Mcnally.

Brossoie, N. (2015). *Social gerontology. In Gerontology for the Health Care Professionals(3rd ed.),* edited by R. H Robnett and W. C. Chop. Burlington: MA, Jones & Bartlett Learning.

Brown, G. K. (2002). *A Revuew of Suicide Assessment Measures for Intervention Research with Adults and Older Adults.* Philadelphia: University of Pennsylvanin.

Brown, L. (1989). Is there sexual freedom for our aging population in long-term care institutions?. *Journal of Gerontological Social Work, 13*(3-4), 75-93.

Butler, R. N. (1975). *Why survive? Being old in America.* New York: Harper & Row.

Byer, C., & Shainberg. L. (1993). *Dimensione of buman sexuality(4th ed.).* Madison, Wisconsin: Brown & Bencham.

Byrne, D., & Murnen, S. K. (1988). Maintaining loving relationships. In R. Sternberg & M. L. Barnes (Eds.), *Psychology of love*(pp. 293-310). New Haven, CT: Yale University Press.

Capuzzi, D. (Ed.). (2004). *Suicide across the life span: Implications for counselors.*

Carroll, J. L. (2019). *Sexuality now: embracing diversity(6th ed.).* Australia; Boston: Cenage.

Castel, A. D. (2018). *Better with Age: The Psychology of Successful Aging.* New York: Oxford University Press.

Chambre, S. M. (1993). Volunteerism by Elders: Past Trends and Future Prospect. *The Gerontologist, 33*(2), 221.

Chen, N. (2001). The meaning of aging. *Journal of Extension, 39*(6), 1-2.

Chodorow, N. (1978). *The reproduction of mothering: Psychoanalysis and the sociology of gender.* Berkeley: University of California Press.

Choi, C., & Bum, C. H. (2019). Physical leisure activity and work for quality of life in the elderly. *Journal of Physical Education and Sport, 19*(2), 1230-1235.

Choron, J. (1963). *Death and Western Thought.* N.Y.: Collier Books.

Clark, M. S., & Reis, H. T. (1988). Interpersonal processes in close relationships.

Annual Review of Psychology, 39, 609-672.

Cnaan, R. A., & Goldberg-Glen, R. S. (1991). Measuring Motivation to Volunteers in Human Services. *Journal of Applied Behavioral Science, 27*(3), 269.

Cohen, K. P. (1979). *Hospice, prescription for terminal care.* Germantown, Md.: Aspen Systems Corp.

Cohen. G. D. (2006). Research on creativity and aging: The positive im파pact of the arts on health and illness. *Generations, 30*(1), 7-1.

Collingwood, R. G. (1938). *The Principles of Art.* Oxford University Press.

Cottrell, L. (1942). The Adjustment of the Individual to His Age and Sex Roles. *American Sociological Review, 7*, 617-620.

Cowgill, D. O. (1974). The aging of populations and societies. *American Academy of Political and Social Science, 415*(1), 1-18.

Cowgill, D. O., & Holmes, L. D. (1972). *Aging and modernization.* New York: Appleton-Century-Crofts.

Cox, C., & Pardasani, M. (2017). Aging and human rights: A rights-based approach to social work with older adults. *Journal of Human Rights and Social Work, 2*(3), 98-106.

Croce, B.(1978). *Aesthtic: A Science of Expression and General Linguistic, trans.* By Douglas Ainslie. Nonpareil Books Edition.

Cumming, E., & Henry, W. E. (1961). *Growing Old: The Process of Disengagement.* New York: Basic Books.

Dai, J., Chiu, H. F., Conner, K. R., Chan, S. S., Hou, Z. J., Yu, X., & Caine, E. D. (2011). Suicidal ideation and attempts among rural Chinese aged 16-34years -Socio-demographic correlates in the context of a transforming China. *Journal of Affective Disorders, 130*(3), 438-446.

Deeken, A. (1999). The need for death education. *Gan To Kagaku Ryoho, 19*(9), 1247-1252.

DeLamater, J. D., & Sill, M. (2005). Sexual desire in later life. *Journal of sex research, 42*(2), 138-149.

Dumazedier, J. (1967). *Toward a society of leisure.* New York: Free Press.

Durkheim, E. (1951). *Suicide: A study in sociology.* New York: The Free Press. 황보종우 역. (2019). 에밀 뒤르켐의 자살론. 파주: 청아출판사.

Elizabeth, A. P., Lynda, A. A., Andrea, Z. L., Larson., & Eric, B. L. (2004). Old adults' views of 'successful aging': How do they compare with researchers' definitions?

Journal of the American Geriatrics Society, 52(2), 211-216.

Erikson, E, H. (1963). *Childhood and Society(2nd ed.).* New York: Norton.

Euro Health Net. (2012). *Healthy and Active Ageing*. Brussels: EHN.

Feldman, N. S., & Sweeney, S. W. (1989). Lifelong education for lifelong needs. *Adult Learning, 1*(3), 14-17.

Firestone, A. D. (1993). Medicare hospice benefit: Early program experience. *Health Care Financing Review.*

Fischer, L. R., & Schaffer, K. B. (1993). *Older Volunteers: a guide to research and practice.* California: Sage Publications.

Fischer, L., Mueller, D., & Cooper, P. (1991). Older Volunteers: A Discussion of The Minnesota Senior Study. *The Gerontologist. 31*(2), 183-194.

Franco, V. W. (1979). Reverence for the humanity of dying. The hospice demonstration program. *Inquiry. 21,* 338-348.

Freud, S. (1915). Our attitude towards wars. in The standard edition of the complete psychological works of Sigmund Freud, vol. xiv. trans. James Strachey in collaboration with Anna Freud, assist. Alix Strachey and Alan Tyson. London: The Hogarth Press.

Gaylord, S. A., & Zung. W. W. K. (1987). Affective disorders among the aged. Carstensen L. L., Edelstein B. A. Edelstein (Eds.), *Handbook of Clinical Gerontology.* New York: Pergamon Press.

Geriatric Mental Health Foundation. (2020). *Anxiety and older adults: Overcoming worry and fear.* https://www.aagponline.org/index.php?src=gendocs&ref=anxiety

Gerner, R. H., & Jarvik. L. F. (1984). Antidepressant drug treatment in the elderly. E. Friedman, J. Mann, S. Gershon (Eds.), *Depression and anti-depressants: Implications for cause and treatment.* New York: Raven.

Gewirth, A. (1982). *Human rights: essays on justification and applications.* Illinois: The University of Chicago Press.

Glass, T. A. (2003). Assessing the success of successful aging. *Annals of Internal Medicine, 198*(5), 382-383.

Gong, S. (2010). *A Literature Survey on Environmental Issues and Life Pattern Changes.* Working Paper 2010-08, Korea Environment Institute.

Gottehrer, D, M., & Hostina, M. (1998). *Essential Characteristics of a Classical Ombudsman.* American: American Bar Association.

Granello, D. H. (2007). *Suicide: An Essential Guide for Helping Professionals and Educators.*

Boston: American Counseling Association.

Hanna, G. P., & Perlstein, S. (2008). *Creativity matters: Arts and aging in America.* Americans for the Arts.

Hanna, G., Patterson, M., Rollins, J., & Sherman, A. (2011). The arts and human development: Framing a national research agenda for the arts, lifelong learning, and individual well-being. *National Endowment for the Arts.* Retrieved from http://arts.gov/sites/default/files/TheArts AndHumanDev.pdf.

Hans, W. W. (1973). *Anthropologie des Alten Testaments.* Munchen: Kaiser. 문희석 역. (1993). 구약성서의 인간학. 서울: 대한기독교출판사.

Harbert, A. S., & Ginsberg, L. H. (1990). *Human Services for Older Adults: concepts and skills.* Columbia University of South Carolina Press.

Haski-Leventhal, D. (2009). Elderly Volunteering and Well-Being: A Cross-European Comparison Based on SHARE Data. *Voluntas, 20*(4), 388-404.

Hatfield, E. (1988). Passionate and companionate love. In R. J. Sternberg & R. J. Barnes (Eds.), *Psychology of love* (pp. 191-217). New Haven, CT: Yale University Press.

Havighurst, R. J. (1972). *Developmental Tasks and Education.* NY: David McKay.

Heidegger, M. (1971). *Erlauterungen zu Holderlins Dichtung.* Frankfurt: Klostermann.

Hersen, M., & Van Hasselt, V. B. (Eds.). (2013). B*asic interviewing: A practical guide for counselors and clinicians.* Routledge.

Hogeboom, D. L., McDermott, R. J., Perrin, K. M., Osman, H., & Bell-Ellison, B. A. (2010). Internet use and social networking among middle aged and older adults. *Educational Gerontology, 36*(2), 93-111.

Homans, G. C. (1961). *Social behaviour: Its elementary forms.* New York: Harcourt, Brace & World.

Hooyman, N. R., & Kiyak, H. A. (2008). *Social Gerontology: A Multidisciplinary Perspective(8th ed.).* New York: Pearson Education Inc.

Idler, E,, & Bonyamini. (1997). Self-rated Health and Mortality: A Review of Twenty-seven Community Studies. *Journal of Health and Social Behavior, 38*, 21-37.

Ife, J. (2006). Human rights and human services: Opportunities and challenges: 초청 사회복지 분야 인권관점 도입·확산을 위한 워크숍. 서울: 국가인권위원회.

Ife, J. (2012). *Human rights and social work: towards rights-based practice(3rd ed.).* Cambridge: Cambridge University Press.

Ilomäki, L., Kantosalo, A., & Lakkala, M. (2011). What is digital competence? *In*

Linked portal. Brussels: European Schoolnet.

International Federation of Social Workers(IFSW). (2002). *IFSW Manual: Social work and the rights of the child.*

Irving, P. H., & Beamish, R. (2014). *The upside of aging: how long life is changing the world of health, work, innovation, policy, and purpose.* Hoboken: Wiley. 김선영 역. (2016). **글로벌 고령화 위기인가 기회인가: 전 세계 고령화 현상에 대한 미국 밀켄 경제연구소의 심층 진단과 해법.** 서울: 글담.

Iso-Ahola, S. E., Jackson, E., & Dunn, E. (1994). Starting ceasing and replacing leisure activities over the life span. *Journal of leisure Research, 26(3),* 227.

Iwasa, H., & Yoshida, Y. (2018). Actual conditions of leisure activity among older community-dwelling Japanese adults. *Gerontology & Geriatric Medicine, 4*, 1–11.

Jarvis, P. (1990). Trends in Education and Gerontology. *Educational gerontology, 16*(4), 401-409.

Joiner, T. (2002). *Suicide Science: Expanding the Boundaries.* Boston: Kluwer Academic.

Jung, C. G. (1999). *Jung on death and immortality.* Edited by Jenny Yates. NJ: Princeton university.

Kade, S. J. (2001). *Selbstronganisiertes alter: Learen in "reflexiven milieus".* Bielefeld: Bertelsmann.

Kalish, R. A. (1976). Death in a social context. In R. H. Binstock and E. Shanvas(Eds.). *Handbook of Aging and the Social Sciences*, 483-507.

Kang, E. (2018). Labour Force Participation and Social Participation among Older Adults in Korea. *Health and welfare policy forum, 264*(5), 44-55.

Kaplan, M. (1961). Toward a theory of leisure for social gerontology. In R. W. Kleeneier(Ed.), *Aging and Leisure.* NY: Oxford University Press.

Kaplan, M. (1975). *Leisure: Theory and policy.* NY: John Wiley & Sons, Inc.

Karen, V. D. (2016). Creativity and the golden years: Biopsychosocial and cultural influences for living a successful life. *Sociology and anthro-pology, 4*(12), 1093-1098.

Knowles, M. S. (1982). Motivation in Voluntarism: Synopsis of a Theory, in *Voluntary Action news, 31*, New York: Voluntary Action Center.

Koenig, H. G., & Blazer, D. G. (1996). *Depression. In Encyclopedia of Gerontology: Age, Aging, and the Aged, edited by J. E. Birren.* San Diego: CA, Academic Press.

Kohli, M. (1978). *Soziologie des Lebenslaufs.* Darmstadt & Neuwied. Luchterhand.

Kovacs, P. J., & Black, B. (1999). Volunteerism and older adults: Implications for social work practice. *Journal of Gerontological Social Work, 32*(4), 25-40.

Kraus, R. (1971). *Recreation and leisure in modern society.* NY: Appleton.

Krause, N. (2009). Church-Based Volunteering, Providing Informal Support at Church, and Self-Rated Health in Late Life. *Journal of Aging and Health, 21*(1), 63-84.

Kübler-Ross, E. (1969). *On Death and Dying: What the Dying have to Teach Doctors, Nurses, Clergy, and Their Own Families.* New York: Scribner. 이진 역. (2018). **죽음과 죽어감.** 서울: 청미.

Kuehne, V. S., & Sears, H. A. (1993). Beyond the Call of Duty: Older Volunteers Committed to Children and Families. *Journal of Applied Gerontology, 12*(4), 425.

Kumar, G., & Steer, R. (1995). Psychosocial correlation of suicidal in adolescent psychiatric inpatients. *Adolescence, 25*(3), 213-247.

Lange, J., & Grossman, S. (2018). *Theories of aging. In Gerontological Nursing Competencies for Care(4th ed.).* edited by K. L. Mauk. Burlington, MA: Jones & Bartlett Learning.

Leenaars, A. (2004). Psychotherapy with Suicidal People: The Commonalities. *ARCHIVES OF SUICIDE RESEARCH, 10*(4), 305-322.

Lemieux, A. (1995). The University of the Third Age: Role of Senior Citizens. Educational gerontology, 21(4), 337-344.

Linehan, M. M. (1993). *Cognitive-behavioral treatment of borderline personality disorder.* New York: Guilford Press.

Loges, W., & Jung, J. (2001). Exploring the digital divide: Internet connectedness and age. *Communication Research, 28*(4), 536-562.

Luciani, J. (1992). Motivational Determinants of Volunteer: A logistic regression analysis using between-group and within-group triangulation techniques. Ph. D. dissertation. The University of Pennsylvania.

Lum, T., & Light, E. (2005). The Effects of volunteering on the physical and mental health of older people. *Research on Aging, 27*(1), 31-55.

MacKinnon, C. A. (1987). *Feminism unmodified: Discourses on life and law.* Cambridge, MA: Harvard University Press.

Malfour, M. M., & John, F. S. (1983). Whither hospice evaluation. *J. of Chronic Disease, 36*(11), 731-736.

Masters, W. H., & Johnson, V. E. (1966). *Human sexual response.* Boston: Little, Brown. 진봉천 역. (1966). **인간의 성반응: 마스터즈 보고.** 서울: 호문사.

McClusky, H.Y. (1974), Education for Aging, in Grabowski, S. M., & Mason, W. D.

(Eds.). *Learning for Aging.* Washington, D.C.: Adult Education for the USA.

McClusy, H. Y. (1971). *Education: Background paper for 1971 White Horse conference of aging.* Washington, DC: Whithe House Conference on Aging.

Meier, E. A., Gallegos, J. V., Thomas, L. P., Depp, C. A., Irwin, S. A., &Jeste, D. V. (2016). Defining a Good Death(Successful Dying): Literature Review and a Call for Research and Public Dialogue. *American Journal of Geriatric Psychiatry, 24*(4), 261-271.

Menec, V. H. (2003). The relation between everyday activities and successful aging: A 6-year longitudinal study. *Journal of Gerontology: Social Sciences, 58B*(2), S74-S82.

Menninger, K. A. (1938). *Man against himself.* San Diego: Harcourt, Brace.

Michael, R. T., Gagnon, J. H., Laumann, E. O., & Kolata, G. (1994). *Sex in America.* Boston, MA: Little, Brown.

Miller, R. A. (1990). Aging and the Immune Response. In E. L. Schneider & J. W. Rowe(Eds.), *Handbook of the Biology of Aging(3rd ed.).* CA: Academic Press.

Morrow-Howell, N., & Mui, A. (1989). Elderly Volunteers: Reason for Initiating and Terminating Service. *Journal of Gerontological Social Work, 13*(3/4), 21-34.

Morrow-Howell, N. (2010). Volunteering in Later Life: Research Frontiers. *Journals of Gerontology. Series B, 65*(4), 461-469.

Moschis, G. P., Lee, E., & Mathur, A. (1997). Targeting the mature market: opportunities and challenges. *Journal of Consumer Marketing, 14*(4), 282-293.

Mozaffarian, D., Wilson, P. W., & Kannel, W. B. (2008). Beyond established and novel risk factors lifestyle risk factors for cardiovascular disease. *Circulation, 117*(23), 3031-3038.

Murphy, J. F. (1975). *Recreation and leisure service: a humanistic perspective.* Iowa: W. C. Brown.

Nash, J. B. (1960). *Phiosophy of recreation and leisure.* Lowa: W. C. Brown.

National Mental Health Association. (2004). *Depression and older Americans.* www.nmha.org/ccd/support/factsheet.older.cfm.

Neugarten, B., Havighurst, R. J., & Tobin, S. S. (1968). Personality and Patterns of Aging. In B. L. Neugarten(Ed.). Middle Age and Aging. Chicago: University of Chicago Press.

Neulinger, J. (1981). *The psychology of leisure(2nd ed.).* Springfield, IL: Charles C. Thomas.

Norris, P. (2001). *Digital divide: Civic engagement, information poverty, and the Internet worldwide.* Cambridge: Cambridge University Press.

OECD. (2011). *Understanding the digital divide.* Paris.

O'Reilly, P., & Caro, F. (1995). Productive Aging: An Overview of the Literature. *Journal on Aging and Social Policy, 6*(3), 39-71.

Ortner, S. B. (1974). Is Female to Male as Nature is to Culture? In M. Rosaldo, & L. Lamphere (Eds.). *Women, Culture and Society*. Stanford, CA: Stanford University Press.

Paggi, M. E., Jopp, D., & Hertzog, C. (2016). The importance of leisure activities in the relationship between physical health and well-being in a life span sample. *Gerontology, 62*(4), 450–458.

Pearson, J. L., & Brown, G. K. (2000). *Suicide Prevention in Late Life: Directions for Science and Practice. Clinical psychology review, 20*(6), 685-705.

Peterson, D. A. (1983). *Facilitating education of older learners.* San Frandisco: Jossey-Bass Publishers.

Peterson, D. A. (1990). A history of the education of older learners, In R. H. Sherron & D. B. Lumsden (Eds.), *Introduction to Educational Gerontology (3rd ed.)*. NY: Hemishere Publishing Corp.

Piaget, J. (1951). *Play, dreams, and imitation in children.* New York: Norton.

Plummer, J. T. (1974). The concept and application of life style segmentation. *Journal of Marketing, 38*(1), 33-37.

Popovic, M. (2005). Intimacy and its relevance in human functioning. *Sexual and Relationship Therapy, 20*(1), 31-49.

Ragheb, M. G., & Beard, J. G. (1980). Meaning Leisure Satisfaction. *Journal of Leisure Research, 12(1),* 20-33.

Ramon, S. (Ed.). (1991). *Beyond Community Care: Normalisation and Integration Work.* Houndmills: MacMillan Press Ltd.

Reighert, E. (2011). *Social work and human rights: A foundation for policy and practice*. New York: Columbia University Press.

Richardson, V. E., & Barusch, A. S. (2006). *Gerontological Practice for the Twenty-First Century.* New York: Columbia University Press.

Riddick, C. C. (1986). Life Satisfaction Precursors. *Journal of Leisure Research, 18*(4), 259-265.

Riley, M. W., & Foner, A. (1968). *Aging and society*. New York: Russell Sage Foundation.

Robertson, H. (1987). *Meeting death: In hospital, hospice, and at home.* Diane Pub.

Roland de Vaux. (1960). *Das Alte Testament und seine Lebensordnungen.* Freiburg: Herder. 이양구 역. (2003). **구약시대의 생활풍속.** 서울: 대한기독교출판사.

Rowe, J. W. & Kahn, R. L. (1987). Human ageing: Usual and Successful. *Science, 237*(4811), 143-149.

Rowe, J. W., & Kahn. R. L. (1998). *Successful aging.* New York: Dell Publishing a Division of Random House.

Rubin, Z. (1973). *Liking and loving: An invitation to social psychology.* Oxford, England: Holt, Rinehart & Winston.

Sadava, S. W., & Matejcic, C. (1987). Generalized and specific loneliness in early marriage. *Canadian Journal of Behavioral Science, 19*(1), 56-66.

Sainer, J., & Zander, M. (1971). Guideline for Older Person Volunteers. *The Gerontologist. 11*(3), 201-204.

Salzman, C., & Shader, R. I. (1979). Clinical evaluation of depression in the elderly. In A. Raskin & L. E. Jarvik(Eds.). *Psychiatric symptoms and cognitive loss in the elderly evaluation and assessment techniques.* Washington: Hemisphere Pub. Co.

Schoenfeld, D., Malmrose, L., Blazer, D., Gold, D., & Seeman, T. (1994). Self-rated Health and Mortality in the High-functioning Elderly-A Closer Look at Healthy Individuals: Ma-cArthur Field Study of Successful Aging. *Journal of Gerontology: Medical Sciences, 49*, M109-M115.

Sherron, R. H., & Lumsden, D. B. (1990). Introduction to Educational *Gerontology (3rd ed.).* NY: Hemishere Publishing Corp.

Shiel, W. C. (2020). *Medical definition of aging.* https://www.medicinenet.com/script/main/art.asp?articlekey=13403.

Shin, K. Y., & Ko, J. U. (2015). Influence of elderly people's lifestyle on successful aging. *The Journal of the Korea Contents Association, 15*(9), 243-256.

Solomon, D. H., Reed, G. W., Kremer, J. M., Curtis, J. R., Farkouh, M. E., Harrold, L. R., Hochberg, M. C., Tsao, P., & Greenberg, J. D. (2015). Disease activity in rheumatoid arthritis and the risk of cardiovascular events. *Arthritis & Rheumatology, 67*(6), 1449-1455.

Sprecher, S., & Hendrick, S. (2004). Self-disclo-sure in intimate relationships: Associations with individual and relationship characteris tics over time. *Journal of Social and Clinical Psychology, 23*(6), 857-877.

Stebbins, R. A. (2007). *Serious leisure: a perspective for our time.* New Brunswick, N.J.:

Transaction Publishers. 최석호, 이미경, 이용재 역. (2012). 진지한 여가. 서울: 여가경영.

Sternberg, R. J. (1987). Liking versus loving: A comparative evaluation of theories. *Psychological Bulletin, 102*(3), 331-345.

Strehler, B. L. (1977). *Time, Cells and Aging(2nd ed.).* New York: Academic Press.

Strom, R. D., & Strom, S. K. (1994). Grandparent Volunteers in the School: Building a Partnership. *Journal of Institutional Psychology, 21*(4), 329.

Sum, S., Mathews, R. M., Hughes, I., & Campbell, A. (2008). Internet use and loneliness in older adults. *CyberPsychology & Behavior, 11*(2), 208-211.

Sun, W. D. (2008). Policy issues for promoting physical activity of older people in Korea. *Health and Welfare Policy Forum, 135*(1), 25-36.

Sweet, W. (2003). *Philosophical theory and the universal declaration of human rights.* Ottawa: University of Ottawa Press.

Thorson, J. A., & Powell, F. C. (1988). Element of death anxiety and meanings of death. *Journal of clinical Psychology, 44*(5), 691-701.

Trilling, B., & Fadel, C. (2009). *21st century skills: Learning for life in our times.* San Francisco: Jossey-Bass. 한국교육개발원 역. (2012). 21세기 핵심역량: 이 시대가 요구하는 핵심스킬. 서울: 학지사.

Twycross, R. (1995). *Introducing palliative care.* Redcliff Medical Press.

UNESCO Education Sector. (2004). *The Plurality of Literacy and its implications for Policies and Programs: Position Paper.* Paris: United National Educational, Scientific and Cultural Organization.

United Nations Department of Economic and Social Affairs. (2020a). *Vienna International Plan of Action.* https://www.un.org/development/desa/ageing

United Nations Department of Economic and Social Affairs. (2020b). *International Day of Older Persons 1 October.* https://www.un.org/development/desa/ageing

Verghese, J., LeValley, A., Derby, C., Kuslansky, G., Katz, M., Hall, C., & Lipton, R. B. (2006). Leisure activities and the risk of amnestic mild cognitive impairment in the elderly. *Neurology, 66*, 821-827.

Waldron, M. W., & Moore, G. (1991). *Helping adult learn: Course planning for adults.* Toronto: Thompson Educational Publishing.

Weeks, J. (1986). *Sexuality.* London: Routledge. 서동진, 채규형 역. (1999). 섹슈얼리티: 성의 정치. 서울: 현실문화연구.

Weiss, F. (1974). *A Philosophical definition of leisure In Bucher, C. A(Eds.).* Dimensions of

physical education. St. Louis: C. V. Mosby Co.
WHO. (2002). *Defining Sexual Health.* Report of a Technical Consultation on Sexual Health. Geneva: WHO.
WHO. (2010). *Develop sexual health programmes.* A framework for action. For further information contact: Department of Reproductive Health and Research.
Wilson, J., & Musick, M. (1997). Who Cares? Toward an Integrated Theory of Volunteer Work. *American Sociological Review, 62*(5), 694-713.
Wylson, A. (1980). *Desion for Leisure Entertainment.* Boston: Butter Worth.
Zastrow, C., & Bremner, J. (2004). *Understanding human behavior and the social environment.* Belmont, CA: Thomson Learning.
Zhang, W., Feng, Q., Lacanienta, J., & Zhen, Z. (2017). Leisure participation and subjective well-being: Exploring gender differences among elderly in Shanghai, China. *Archives of Gerontology and Geriatrics, 69*, 45-54.
Zheng, R., Spears, J., Luptak, M., & Wilby, F. (2015). Understanding older adults'perceptions of Internet use: An exploratory factor analysis. *Educational Gerontology, 41*(7), 504-518.
Zilboorg, G. (1943). Fear of death. *The psychoanalytic Quarterly, 12,* 465-475.
고독사 예방 및 관리에 관한 법률. (2023). law.go.kr
국가인권위원회법. (2023). law.go.kr
국립국어원 표준국어대사전. (2025). stdict.korean.go.kr
노인복지법 시행규칙. (2024). law.go.kr
노인복지법. (2023). law.go.kr
대한노인회서울시연합회. (2024). seoulsenior.or.kr/bbs/board.php?bo_table=1102&wr_id=4
문화예술교육진흥법. (2024). https://www.law.go.kr
방준석. (2021.03.10). 100세 시대의 고찰: 노화 이론. yakup.com
사회복지포털 복지넷. (2024). bokji.net
서울경제. (2011.01.04). 정보화 교육, 노인층 삶의 질 향상의 원동력. m.sedaily.co
아르떼365. (2018.02.05.). '다양성 · 전문성 · 지속성'을 향한 해외 노인 문화예술교육 프로그램: 크리에이티브 에이징 센터 · 수 카사(SU-CASA) · 카트레부(cARTrefu)를 중심으로. arte365.kr
연합뉴스. (2017). 일본서 '드라이브 스루' 장례식장 등장. www.yna.co.kr
위키백과. (2023). 길가메시. ko.wikipedia.org
자원봉사활동 기본법. (2017). www.law.go.kr
장사 등에 관한 법률. (2023). www.law.go.kr
조선일보. (2018.11.02.). 유대교 추모식에선 왜 돌을 올려놓을까. www.chosun.com

중부일보. (2017.12.17.). 편리하긴 하겠지만⋯ 차에 탄 채로 조문하는 장례식장 등장. joongboo.com/news/articleView.html?idxno=1214952

통계청 SGIS플러스(통계지리정보서비스). (2024). sgis.kostat.go.kr

평생교육법. (2024). www.law.go.kr

e-나라지표. (2024). www.index.go.kr/unity/potal/eNara/main/EnaraMain.do?cdNo=000

OECD data. data.oecd.org

AUTHORS

저자소개

김동일

교육학박사

광신대학교 초빙교수

김종식

사회복지학박사

광신대학교 전임교수

박임선

교육학박사

심리학박사 수료

최승아

교육학박사

마음사랑심리상담센타장

노인교육론

초판 1쇄 인쇄 / 2025년 8월 25일
초판 1쇄 발행 / 2025년 9월 1일

•

공저자 / 김동일 · 김종식
박임선 · 최승아
발행인 / 이 중 수
발행처 / **동 문 사**

•

서울특별시 서대문구 홍제원 1길 12
(홍제동 137-8)
Tel: 02)736-3718(대), 736-3710, 3720
Fax: 02)736-3719
등록번호: 1974.04.27. 제9-17호
가격: 26,000원

•

ISBN: 979-11-6328-695-0 (93370)
E-mail: dong736@naver.com
www.dongmunsa.com